세상의 속도를
따라잡고 싶다면

# Do it!

웹 분야 1위
저자가 알려 준다!

—— 쉽고 빠르게 달리는 **백엔드 개발**

# Node.js
# 프로그래밍 입문

**자바스크립트**+**노드제이에스**+**익스프레스**+**몽고DB**로 개발 순서에 따라 **직접 서버 만들기!**

웹 분야 베스트셀러 저자! 고경희 지음

**이지스 퍼블리싱**

세상의 속도를 따라잡고 싶다면 **Do it!**
변화의 속도를 즐기게 됩니다.

# Do
# it!

## Do it!
쉽고 빠르게 달리는 백엔드 개발
# Node.js 프로그래밍 입문
Do it! Node.js Programming for Beginner

**초판 발행** • 2023년 11월 10일
**초판 2쇄** • 2024년 10월 25일

**지은이** • 고경희
**펴낸이** • 이지연
**펴낸곳** • 이지스퍼블리싱(주)
**출판사 등록번호** • 제313-2010-123호
**주소** • 서울특별시 마포구 잔다리로 109 이지스빌딩 4층(우편번호 04003)
**대표전화** • 02-325-1722 | **팩스** • 02-326-1723
**홈페이지** • www.easyspub.co.kr | **페이스북** • www.facebook.com/easyspub
**Doit! 스터디룸 카페** • cafe.naver.com/doitstudyroom | **인스타그램** • instagram.com/easyspub_it

**총괄** • 최윤미 | **기획 및 책임 편집** • 이소연 | **IT 2팀** • 신지윤, 이소연, 정유민
**베타테스트** • 반보영, 이지수, 임혁, 허귀영 | **교정교열** • 박명희
**표지 및 본문 디자인** • 트인글터 | **인쇄** • 보광문화사
**마케팅** • 권정하 | **독자지원** • 박애림, 김수경 | **영업 및 교재 문의** • 이주동, 김요한(support@easyspub.co.kr)

ISBN 979-11-6303-524-4 13000
가격 36,000원

# 노드제이에스 개발의 첫걸음!
# 입문자와 현직 개발자 모두 이 책으로 시작했습니다!

### 노드를 처음 접한 입문자도!

노드를 한 번도 공부한 적 없지만 이해하기 쉬웠어요! 이론으로만 끝나지 않고 애플리케이션을 따라 만들어 보니 **실제 프로젝트에서 노드를 어떻게 사용하는 지 쉽게 파악**할 수 있었습니다. '노드 초보자도 이 책으로 입문한다면 단기간에 쉽고 빠르게 노드의 세계로 빠져들 것입니다!

• 프런트엔드 신입 개발자_**반보영**

### 노드로 외연을 넓히고 싶은 백엔드 개발자도!

노드에 기반한 백엔드 개발자의 수요는 점점 증가하고 있습니다. 저는 파이썬 백엔드 개발자의 수요가 많지 않아 고민하던 중에 노드를 배우게 되었습니다. 이 책은 **파이썬 개발자가 아주 짧은 기간 안에 노드 백엔드 개발을 효과적으로 배울 수 있게 도와줍니다.** 다른 언어를 기반으로 개발하던 분들에게 도움을 줄 것이라고 확신합니다.

• 파이썬 백엔드 개발자_**임혁**

### 프로젝트를 위해 노드 도입을 고민하는 실무 개발자도!

실무를 하다 보면 빠른 시간 안에 새로운 기술을 적용해 결과물을 만들어 내야 할 때가 있습니다. 이 책은 **노드의 기본부터 서버 구축은 물론 암호화, 오류 처리, 토큰 인증과 같은 간과하기 쉬운 내용까지 미리 대비할 수 있도록 도와줍니다.** 이 책은 바쁜 시간을 쪼개어 새로운 언어를 배우고, 업무에 적용하는 것에 부담을 느끼는 실무자들을 위한 좋은 출발점이 될 것입니다.

• 카카오뱅크 소프트웨어 엔지니어_**허귀영**

### 이미 노드로 개발하는 풀스택 개발자도 추천합니다!

**흩어져 있는 지식을 이해하기 쉽게 개발 순서대로 구성**한 저자의 센스가 돋보이는 책입니다. 노드로 화면 개발부터 서버 개발까지 구현하는 데 관심 있는 모든 분들께 이 책을 적극 권합니다. 노드를 이 책으로 시작했다면 더 쉽고 편했을 것 같습니다. 여러분은 이 책으로 좀 더 쉽고 빠르게 공부하셨으면 좋겠습니다.

• 풀스택 개발자_**이지수**

# 웹 분야 1위 저자가 알려준다!
# 목표를 향해 빠르게 달리는 노드 백엔드 개발!

요즈음 웹 개발에서 노드제이에스(이하 노드)는 가장 핫한 주제입니다. 웹 개발에 조금이라도 관심이 있다면 프런트엔드 언어인 자바스크립트는 한번쯤 들어보았을 텐데, 이 자바스크립트로 백엔드 개발이 가능하다면 어떨까요? 이 책에서 공부할 것이 바로 자바스크립트 기반으로 백엔드 개발을 시작할 수 있게 해주는 노드입니다. 웹 개발의 프런트엔드와 백엔드를 모두 자바스크립트로 다룰 수 있다니 정말 멋지지 않나요? 개발이 처음이라고요? 괜찮습니다. 이 책은 여러분의 첫걸음을 도와줄 친절한 길잡이가 되어 줄 것입니다. 직접 코딩해 보면서 느끼는 성취감과 함께 노드의 세계를 탐험해 보세요.

### 개발 단계별로 예제 코드를 직접 작성하면서 공부합니다
이 책의 가장 큰 장점은 직접 코딩하면서 개발 능력을 키울 수 있도록 구성했다는 것입니다. 웹 개발 초보자도 직접 서버를 구현해 볼 수 있도록 개발 단계에 따라 처음부터 끝까지 따라 하면서 배울 수 있게 준비했습니다. 눈으로 따라가면서 내용을 이해하는 것도 좋지만 코드를 직접 작성하면서 공부한다면 더 오래 기억되겠죠? 그래서 모든 예제를 직접 입력해 보면서 결과를 확인할 수 있도록 구성했습니다. 모든 예제를 실습하고 나면 노드를 기반으로 한 서버 개발의 흐름을 이해할 수 있을 것입니다.

### 스스로 연습할 수 있습니다. 물론 틀려도 괜찮습니다.
각 장마다 스스로 풀어 볼 수 있는 연습 문제를 준비했습니다. 한번에 해결하지 못하더라도 실망하지 말고 정답을 확인하면서 어느 부분이 부족했는지 확인하고 체크해 두세요. 책을 다 마친 후에 다시 한번 틀렸던 부분을 확인하면 그때는 쉽게 이해할 수 있을 거예요. 연습을 거듭할수록 실수를 줄일 수 있답니다.

### 백엔드 개발을 위한 기본 개념도 놓치지 않습니다
이런 코드를 왜 사용해야 하는지, 초보자들이 어느 부분에서 실수하는지 친절하게 알려드립니다. 또한 백엔드 개발에서 꼭 알아야 할 네트워크 개념을 차근차근 설명하고, 노드를 사용하려면 알아야 할 자바스크립트 기본 문법도 다룹니다. 이미 알고 있는 내용이라면 복습하는 마음으로 훑어보고, 처음 공부하는 내용이라면 이번 기회에 기본기를 다져 보세요.

## 실제 애플리케이션을 개발해 봅니다

웹 애플리케이션을 실제로 개발하면서 그 과정에 필요한 다양한 지식과 기술을 배웁니다. 연락처 관리 애플리케이션을 만들면서 백엔드 개발이 어떻게 이루어지는지 차근차근 살펴봅니다. 실제 개발 순서를 따라 배우면서 서버의 역할과 기능을 효과적으로 이해할 수 있습니다. 책의 마지막에서는 지금까지 공부한 것을 통째로 정리할 수 있는 블로그 애플리케이션을 만들어 봅니다. 서버와 데이터베이스로 구성된 블로그를 개발하면서 백엔드 개발의 흐름을 빠르게 파악하고 프레임워크와 노드로 효과적인 서버를 구현하는 데 필요한 다양한 기능에 익숙해질 수 있습니다. 단계별로 한 번, 집중적으로 또 한 번 공부하면 이 책의 모든 내용을 여러분의 것으로 만들 수 있겠죠? 실제로 사용할 수 있는 애플리케이션을 만들면서 개발을 공부하고 하나씩 만들어 가는 것이 얼마나 재미있는지 알게 될 거예요. 기본 개념부터 실제 애플리케이션 개발까지, 이 책 하나로 완성할 수 있습니다.

이제부터 쉽고 재미있게 노드와 백엔드 개발의 세계를 함께 탐험해 볼까요? 여러분의 웹 개발 여정이 즐거운 시간이 되길 바라며, 이 책이 좋은 친구가 되기를 기대합니다!

마지막으로 이 책의 기획부터 모든 과정을 함께한 이소연 님께 이 자리를 빌려 감사를 드리며, 여러모로 많은 도움을 주신 박명희 실장님, 최윤미 팀장님께도 고마움을 전합니다.

**고경희** 드림 (funcom@gmail.com)

서버의 핵심을 향해 한눈 팔지 않고 달린다!
# 익숙한 자바스크립트 문법으로 직접 코딩하며
# 서버의 핵심을 빠짐없이 공부해요!

이 책은 노드로 서버 프로그래밍을 시작할 때 필요한 내용을 모두 담았습니다. 실제 서버 개발 순서에 따라 예제를 구성하여 흐름을 이해하며 공부하고 나면 내 손으로 자신만의 서버를 구현할 수 있습니다. 이 책은 서버를 처음부터 하나씩 만들어 완성할 수 있도록 구성했으므로 장별로 꾸준히 학습하길 바랍니다.

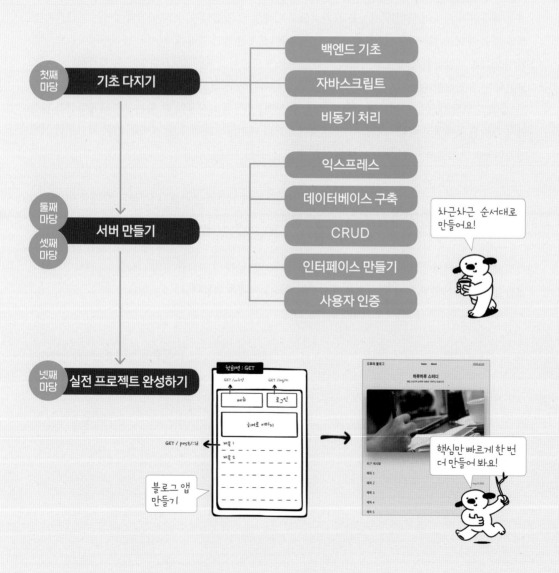

# 노드, 처음 시작한다고?
## 혼자서도 체계적으로 공부할 수 있도록 구성했어요!

문법을 사용하는 기본 형식을 먼저 익힙니다. 기본기를 탄탄하게 쌓을 수 있어요!

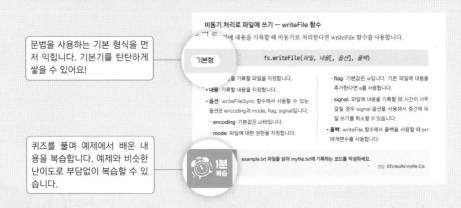

### 비동기 처리로 파일에 쓰기 — writeFile 함수

파일에 내용을 기록할 때 비동기로 처리한다면 writeFile 함수를 사용합니다.

**기본형**

```
fs.writeFile(파일, 내용[, 옵션], 콜백)
```

- 내용을 기록할 파일을 지정합니다.
- **내용**: 기록할 내용을 지정합니다.
- **옵션**: writeFileSync 함수에서 사용할 수 있는 옵션은 encoding과 mode, flag, signal입니다.
  - **encoding**: 기본값은 utf8입니다.
  - **mode**: 파일에 대한 권한을 지정합니다.
- **flag**: 기본값은 w입니다. 기존 파일에 내용을 추가한다면 a를 사용합니다.
- **signal**: 파일에 내용을 기록할 때 시간이 너무 걸릴 경우 signal 옵션을 사용해서 중간에 파일 쓰기를 취소할 수 있습니다.
- **콜백**: writeFile 함수에서 콜백을 사용할 때 err 매개변수를 사용합니다.

퀴즈를 풀며 예제에서 배운 내용을 복습합니다. 예제와 비슷한 난이도로 부담없이 복습할 수 있습니다.

**1분 복습**

example.txt 파일을 읽어 myfile.txt에 기록하는 코드를 작성하세요.

정답 03\results\myfile-2.js

---

서버를 직접 만들면서 코드를 내 것으로 만들고 응용력을 키워보세요.

**Do it! 실습**

### 전체 연락처 표시 화면 만들기

**준비** index.html, routes\contactRoutes.js, controllers\contactController.js
assets\...ts\views\index-1.ejs, results\controllers\contactController-11.js

**결과 비교** re...

몽고DB에 ... 에서 화면에 보여 주는 템플릿부터 만들어 보겠습니다. 전체 화면 코드는 ... 에 있으므로 이 파일을 사용해서 index.ejs 파일을 만들어 보겠습니다. index.e... 뿐만 아니라 라우트 파일과 컨트롤러 파일을 오가면서 실습해야 하니 어떤 파일을 수정하는지 잘 확인하면서 따라 하세요.

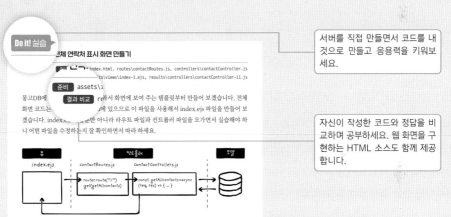

자신이 작성한 코드와 정답을 비교하며 공부하세요. 웹 화면을 구현하는 HTML 소스도 함께 제공합니다.

---

해당 장에서 배운 것들을 모두 활용한 문제를 풀어 봅니다. 어렵게 느껴진다면 힌트를 보고 도움을 받으세요.

**03 마무리 문제**

지금까지 공부한 내용을 떠올려 보면서 다음 문제를 해결해 보세요.

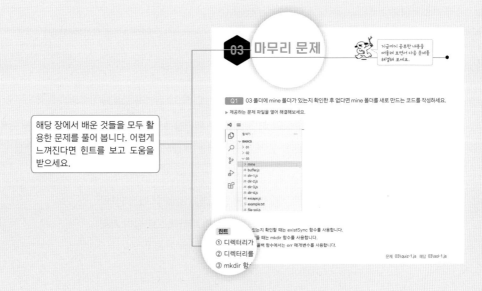

**Q1** 03 폴더에 mine 폴더가 있는지 확인한 후 없다면 mine 폴더를 새로 만드는 코드를 작성하세요.

▶ 제공하는 문제 파일을 열어 해결해보세요.

**힌트**

있는지 확인할 때는 existSync 함수를 사용합니다.
① 디렉터리가 ...들 때는 mkdir 함수를 사용합니다.
② 디렉터리를 ... 콜백 함수에서는 err 매개변수를 사용합니다.
③ mkdir 함수...

문제 03\quiz-1.js 해답 03\sol-1.js

## 실습 파일 제공 — 이 책에 나오는 예제의 완성 소스 파일을 내려받으세요

이 책에서 다루는 모든 개념은 직접 코딩하면서 배울 수 있습니다. 실습할 때 사용하는 실습 파일과 결과 파일을 이지스퍼블리싱 홈페이지나 저자 깃허브에서 내려받으세요. 자신이 직접 작성한 실습 파일, 결과 파일과 비교하며 공부하면 학습 효과가 올라갈 거예요.

- 이지스퍼블리싱 홈페이지: www.easyspub.co.kr → 자료실 → 책 제목 검색
- 저자 깃허브: github.com/funnycom/doit-node

## 저자 직강 동영상 — 고경희 선생님께 1:1 과외를 받아 보세요

이 책의 핵심 내용을 담은 저자 직강 동영상 강의를 무료로 제공합니다. 책과 함께 시청하면 노드제이에스에 더 쉽게 입문할 수 있어요.

- 유튜브 채널: youtube.com/user/easyspub

## Do it! 스터디룸 — 함께 공부하고 책 선물도 받아 가세요

혼자 공부하기가 막막한가요? 이지스퍼블리싱에서 운영하는 네이버 카페 '두잇 스터디룸'에서 같은 고민을 하는 친구들과 함께 공부해 보세요. 내가 잘 이해한 내용은 남을 도와주고 내가 잘 이해하지 못한 내용은 도움을 받으면서 공부하면 복습 효과도 누릴 수 있습니다.

- 두잇 스터디룸: cafe.naver.com/doitstudyroom

## 온라인 독자 설문 — 보내 주신 의견을 소중하게 반영하겠습니다!

왼쪽 QR코드를 스캔하여 이 책에 대한 의견을 보내 주세요. 더 좋은 책을 만들도록 노력하겠습니다. 의견을 남겨 주신 분께는 보답하는 마음으로 다음 6가지 혜택을 드립니다.

1. 추첨을 통해 소정의 선물 증정
2. 이 책의 업데이트 정보 및 개정 안내
3. 저자가 보내는 새로운 소식
4. 출간될 도서의 베타테스트 참여 기회
5. 출판사 이벤트 소식
6. 이지스 소식지 구독 기회

# 백엔드를 처음 공부한다면? — 독학을 위한 30일 정석 코스

백엔드 프로그래밍의 기초를 배우려고 책을 샀는데 혼자서 어떻게 공부해야 할지 막막한가요? 이 계획표에 따라 한 달 동안 공부하면 백엔드 프로그래밍 초보를 탈출할 수 있습니다. 여러분이 목표한 날짜를 기록하며 계획한 대로 공부해 보세요. 한 달 뒤엔 코드를 이해하고 스스로 코드를 만들 수 있는 백엔드 개발자로 성장한 자신을 만날 수 있을 거예요.

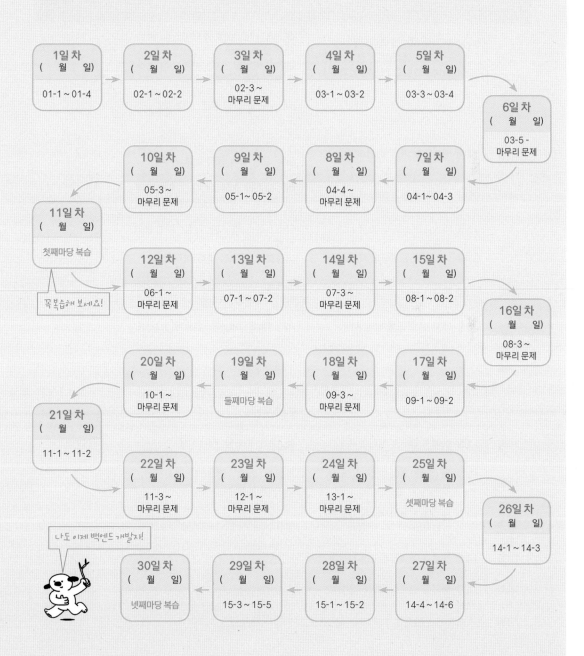

## 노드를 빠르게 입문하고 싶다면? — 강의와 중급자를 위한 15일 집중 코스

백엔드 개발 입문을 빠르게 집중해서 공부하고 싶나요? 이미 프로그래밍을 경험한 적이 있거나 백엔드를 이해한다면 기초는 탄탄하게, 핵심은 확실하게 다루는 15일 집중 계획표에 맞춰 노드를 학습해 보세요. 이 계획표로 한 학기 수업도 가능합니다.

| 회차 | 진도 | 주요 키워드 | 완료 날짜 |
|---|---|---|---|
| 1회 | 01장 백엔드 개발이 뭐예요?<br>　　 — 노드 시작하며 환경 설정하기<br>02장 자바스크립트 기초 문법과 모듈 | 웹 개발 기본 용어, 클라이언트, 서버, 환경 설정, npm<br>템플릿 리터럴, 함수, 비동기 처리, 노드 코어 모듈, 글로벌 모듈 | / |
| 2회 | 03장 파일 관리하기 — path,<br>　　 File System 모듈 | path 모듈, 절대 경로, 상대 경로, FS 모듈, 버퍼, 스트림 | / |
| 3회 | 04장 네트워크 기초 및 서버 만들기 | HTTP, 요청 메서드, IP, 포트, HTTP 모듈, 요청 객체, 응답 객체, 라우팅 | / |
| 4회 | 05장 노드와 비동기 처리 | 비동기 처리, 논블로킹 I/O, 이벤트 루프, 콜백 함수, 프라미스, async/await | / |
| 5회 | 06장 익스프레스로 더 쉽게 서버<br>　　 만들기<br>07장 익스프레스 도우미, 미들웨어 | 익스프레스 라우팅, 요청 객체, 응답 객체<br>미들웨어, 라우터 객체, 바디파서 | / |
| 6회 | 08장 몽고DB와 데이터베이스 | 관계형 데이터베이스, NoSQL 데이터베이스, 몽구스, dotenv, 스키마, 모델 | / |
| 7회 | 09장 CRUD 코드를 위한 API<br>　　 작성하기 | API, RESTful API, 컨트롤러, MVC 패턴, CRUD | / |
| 8회 | 중간 점검 | | |
| 9회 | 10장 템플릿 엔진으로 인터페이스<br>　　 만들기 | 템플릿 엔진, 템플릿 파일, EJS 엔진, EJS 템플릿 | / |
| 10회 | 11장 폼에서 라우트 처리하기 | 폼, URL 인코딩, API 적용 | / |
| 11회 | 12장 웹 애플리케이션에서 관리자<br>　　 등록하기 | 사용자 인증, 암호화, 해시 함수, bcrypt 모듈 | / |
| 12회 | 13장 웹 애플리케이션에서 사용자<br>　　 인증하기 | 사용자 인증, JWT, 쿠키, 세션, 토큰 | / |
| 13회 | 14장 블로그 애플리케이션 시작하기 | | / |
| 14회 | 15장 블로그 관리자 페이지 만들기 | | / |
| 15회 | 최종 점검 | | |

첫째
마당

# 백엔드
# 기초 다지기

첫째마당에서는 백엔드 개발을 시작하기 전에 미리 알아 두어야 할 기본 개념을 소개합니다. 그리고 백엔드 개발에서 노드를 사용하는 이유를 알아보고, 자바스크립트 언어의 기초 문법과 함께 HTTP 프로토콜의 기본 특성도 함께 살펴보겠습니다.

▶ 이 책에서는 노드제이에스Node.js를 줄여서 노드라고 합니다.

# 01

# 백엔드 개발이 뭐예요?
## — 노드 시작하며 환경 설정하기

백엔드 개발이란 말은 어디선가 조금 들어봤지만 개념을 정확히 모르
겠다면 01장부터 살펴보길 바랍니다.
이 장에서는 백엔드 개발이 무엇이고 어떤 것을 공부해야 하는지 알아
봅니다. 그리고 백엔드 개발에 사용하는 노드를 살펴보고, 노드를 사용
하기 위한 개발 환경까지 꼼꼼하게 다뤄 보겠습니다.

# 01-1 | 백엔드 개발 기본 개념 다지기

웹 개발을 처음 공부한다면 이 절부터 읽어 보세요. 프로그래밍을 시작하기 전에 알아 두면 좋을 웹 개발 관련 기본 용어와 상식부터 간단히 알아보겠습니다.

## 웹 개발 기본 용어

웹 개발을 공부하다 보면 '클라이언트와 서버', '프런트엔드와 백엔드'처럼 낯선 용어를 만납니다. 웹 개발을 공부할 때도 도움이 되지만 상식적으로 알아 두면 좋을 내용을 먼저 정리해 보겠습니다.

### 클라이언트와 서버

인터넷에서 정보를 주고받을 때 정보를 요청하는 컴퓨터를 클라이언트, 정보를 제공하는 컴퓨터를 서버라고 합니다. 식당을 예로 들어 보겠습니다. 식당에서 음식을 만드는 주방은 '서버', 식당을 찾은 고객은 '클라이언트'라고 할 수 있습니다. 고객(클라이언트)이 메뉴(웹 사이트)를 보고 음식(정보)을 주문하면 주방(서버)에서 음식(정보)을 만들어 고객에게 제공합니다. 고객이 요청해야만 주방에서 음식을 만들겠죠. 우리가 배울 노드는 주방에서 음식을 더 쉽고 빠르게 만들 수 있도록 도와주는 요리사라고 할 수 있습니다. 즉, 노드는 서버를 만들고 동작하게 하는 도구입니다.

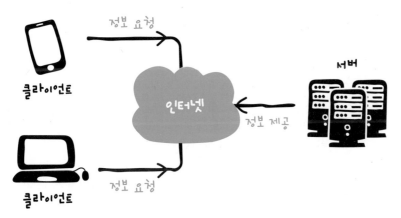

클라이언트와 서버의 작동 원리

## 서버를 만든다고요?

개발할 때 '서버를 만든다'는 것은 눈에 보이는 서버 컴퓨터가 아니라 서버에서 실행할 프로그램을 만든다는 의미입니다. 웹 서버를 만든다고 하면 웹 서버로 동작하게 하는 프로그램을 만든다는 뜻이 되는 거죠.

서버는 어떤 서비스를 제공하는지에 따라 역할이 달라집니다. 포털 사이트처럼 사용자에게 정보를 제공하는 서비스도 있지만 그 밖에 메일 서비스, 채팅 서비스 등 다양한 서비스들이 있죠. 이렇게 서버는 어떤 역할을 하느냐에 따라 웹 서버, 메일 서버 등으로 부릅니다. 서비스에 따라 서버도 여러 종류가 있겠죠? 서버가 해당 서비스를 제공하게 하려면 그에 맞는 프로그램을 실행해야 합니다.

서버 프로그램을 만들 때는 자바나 PHP, 파이썬 등 프로그램 언어를 선택해 그에 맞는 개발 환경을 구축합니다. 이 책에서는 자바스크립트 언어를 활용한 노드를 사용해 서버 프로그램을 만들어 보겠습니다. 노드가 무엇이고 어떤 장점이 있는지는 01-2절에서 자세히 다루겠습니다.

대규모 시스템으로 서버 프로그램이 저장되어 있는 서버룸

## 프런트엔드와 백엔드는 어떻게 다를까요?

앞에서 클라이언트와 서버를 간단히 살펴보았는데, 클라이언트 쪽을 개발하는 것을 '프런트엔드 개발'이라고 하고 서버 쪽을 개발하는 것을 '백엔드 개발'이라고 합니다.

책을 구매하는 온라인 사이트를 개발한다고 가정해 볼까요? 사용자가 접속하는 웹 브라우저 화면에는 책 이미지와 책을 소개하는 설명, 가격, 구매 버튼 등 여러 가지 요소가 있는데 이것들을 사용자가 편리하게 이용할 수 있도록 배치하는 게 프런트엔드 개발입니다. HTML, CSS,

자바스크립트 등의 언어로 웹 페이지의 레이아웃, 디자인, 사용자 입력 처리, 데이터 표시 등을 구현하죠. 또, 여러 브라우저와 기기에서 웹 페이지가 일관되게 동작하도록 최적화하고 테스트하는 작업도 포함됩니다.

상품 정보 화면에서 사용자가 구매할 책과 수량을 선택하고 배송받을 주소를 입력한 후 [구매하기] 버튼을 누르면 그 정보는 백엔드로 넘어갑니다. 어떤 책을 몇 권이나 구매하는지, 배송할 주소는 어디인지 등의 정보는 데이터베이스에 저장합니다. 저장한 결과는 다시 프런트엔드에 넘겨 주문 완료 페이지로 표시해 줍니다.

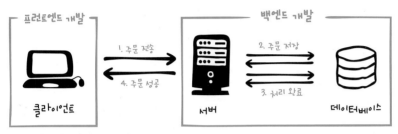

프런트엔드 개발과 백엔드 개발

**프런트엔드**는 사용자와 만나는 영역이어서 개발의 초점이 '사용자'에 맞춰져 있습니다. 사용자가 정보를 쉽게 요청하고, 서버에서 받은 정보를 사용자가 보기 쉽게 만드는 것이 목표죠.

반면에 **백엔드**에서는 개발의 초점이 '자료'에 맞춰져 있습니다. 사용자가 보낸 요청을 분석하고 자료를 처리합니다. 처리한 결과를 데이터베이스에 안전하게 저장하기도 하고 다시 사용자에게 넘겨주기도 하죠.

백엔드 개발을 하려면 서버뿐만 아니라 데이터베이스도 함께 공부해야겠구나!

웹 개발은 이렇게 2개의 영역으로 나눠지고 각 영역마다 사용하는 기술과 언어가 다릅니다. 이 책에서는 백엔드 개발 방법을 중심으로 배우는데 이때 노드를 활용할 것입니다.


## HTTP 프로토콜

클라이언트로부터 주문 정보를 받아 서버로 넘기거나 주문에 성공했다고 서버에서 클라이언트로 알려 줄 때는 인터넷을 통하겠죠? 이때도 미리 약속된 규칙을 따르는데 이것을 **HTTP 프로토콜**이라고 합니다. 예를 들어 사이트 정보를 보고 싶을 때 브라우저 창에 사이트 주소를 입력하거나 로그인할 때 아이디와 비밀번호를 입력하고 [확인] 버튼을 클릭하는 것 모두 클라이언트와 서버 간의 규칙입니다. 그래서 백엔드 개발을 공부할 때는 클라이언트와 서버 간의 HTTP 프로토콜을 이해해야 합니다. HTTP 프로토콜은 04장에서 자세히 알아봅니다.

이렇게 프런트엔드에 해당하는 클라이언트와 백엔드에 해당하는 서버, 데이터베이스가 서로 연관되어 웹 애플리케이션의 전체 동작을 구성하여 사용자가 원하는 서비스를 이용할 수 있게 해줍니다.

## 이 책에서 공부할 백엔드 개발 기초 지식

앞서 살펴봤듯이 백엔드 개발을 하려면 프로그래밍 언어뿐만 아니라 데이터베이스나 HTTP 프로토콜 등 공부해야 할 것이 많습니다. 이 책에서 공부하게 될 백엔드 개발에 필요한 기초 지식을 간단히 살펴보겠습니다.

### 1. 자바스크립트에 기반한 노드

백엔드 개발을 할 때는 여러 프로그래밍 언어를 사용할 수 있습니다. 가장 많이 사용하는 언어는 자바<sup>Java</sup>죠. 이 외에도 파이썬, PHP 등도 사용할 수 있고요. 최근에는 노드도 많이 사용합니다. 노드를 언어라고 생각할 수도 있습니다. 그런데  노드는 언어가 아니라 자바스크립트라는 언어로 서버를 개발할 수 있도록 도와주는 도구입니다. 즉, 백엔드 개발에서 자바스크립트를 사용할 수 있게 환경을 만들어 주는 것이 노드입니다.

노드는 프런트엔드 개발 언어로 잘 알려진 자바스크립트를 이용해서 서버를 만들 수 있게 해 주는 실행 환경입니다. 이미 프런트엔드를 공부했거나 자바스크립트를 사용해 본 적이 있다면 좀 더 쉽고 빠르게 서버를 만들 수 있겠죠? 노드를 사용하면 서버 코드를 자바스크립트로 구현할 수 있으므로 프런트엔드와 백엔드 간에 언어를 일관되게 유지할 수 있습니다.

프런트엔드 개발을 하고 있지만 백엔드 개발이 궁금하다거나 백엔드 개발이 무엇인지 경험해 보고 싶다면 노드로 시작하는 것이 편리합니다.

### 2. 익스프레스 프레임워크

웹 개발에서는 '프레임워크'라는 용어를 자주 만납니다. 프레임워크가 무엇인지부터 알아보겠습니다. 클라이언트의 요청을 처리하려고 프로그램을 만드는 것을 '서버를 만든다'고 합니다. 서버를 만들려면 여러 작업 단계가 필요한데요. 서버를 만들 때마다 반복되는 작업이 있습니다. 프레임워크는 서버를 만들 때 반복되는 패턴과 복잡한 기능을 처리해 주는 함수를 제공합니다.

예를 들어 파스타 요리를 할 때도 밀가루를 반죽해서 면을 준비하고 토마토와 다양한 향신료를 사용해서 소스까지 직접 만들 수도 있습니다. 하지만 미리 준비한 면과 토마토 소스를 사용하면 파스타를 더 쉽고 빠르게 만들 수 있죠. 이와 마찬가지로 자바스크립트만으로 서버를 만들고 필요한 기능을 한 줄 한 줄 작성할 수도 있지만, 익스프레스Express.js 프레임워크를 사용하면 서버를 더욱 빠르게 만들고 기능을 추가할 수 있습니다. 이처럼 프레임워크를 사용하면 개발의 효율성뿐만 아니라 생산성도 높일 수 있죠.

노드에서 서버를 만들 때 사용하는 프레임워크는 여러 가지 인데, 그중에서 익스프레스 프레임워크는 웹 서버를 간결하고 빠르게 개발할 수 있도록 설계되어 많은 개발자들이 사용

합니다. 이 책에서는 노드에서 프레임워크 없이 서버를 만들어 본 다음에 익스프레스를 사용하면 얼마나 편리한지 비교해 보겠습니다. 자세한 내용은 06장에서 설명합니다.

▶ 익스프레스 외에 노드에서 자주 사용하는 프레임워크로 코아, 소켓, 네스트제이에스Nest.js가 있습니다.

## 3. 데이터베이스 관리를 위한 몽고DB

백엔드 개발에서는 데이터베이스에 필요한 모든 자료가 저장됩니다. 책 구매 사이트라면 책 제목과 가격, 저자 이름 등을 비롯해서 사용자가 남긴 별점, 서

평 등도 함께 저장되겠죠. 이렇게 저장된 정보는 클라이언트의 요청에 따라 책 정보를 꺼내와서 보여 주기도 하고 사용자가 남긴 별점을 다시 데이터베이스에 추가하기도 합니다.

그래서 백엔드 개발에서는 데이터베이스 관리도 매우 중요합니다. 데이터베이스의 형태도여러 가지이므로 프로젝트나 회사 방침을 살펴보고 선택해서 사용하면 됩니다. 이 책에서는 NoSQL 데이터베이스인 몽고DB<sup>MongoDB</sup>를 다룹니다. 자세한 내용은 08장에서 설명합니다.

## 4. API 구축하기

백엔드 개발의 핵심은 API를 구축하는 것입니다. API<sup>Application Programming Interface</sup>는 서로 다른 2가지 프로그램을 중간에서 연결해 주는 프로그램이라고 생각하면 쉽습니다. 예를 들어 외국어를 못 할 경우 외국 식당에서 주문하려면 통역사나 번역 애플리케이션의 도움을 받을 수 있습니다. 이렇게 서로 다른 2개의 언어 사이에서 의사 소통을 원활하게 해주는 통역사나 번역 애플리케이션을 API라고 생각할 수 있습니다.

웹 애플리케이션을 만들 때는 클라이언트와 서버 사이에서 자료를 주고받아야 합니다. 이때 API가 클라이언트와 서버 사이에 상호 작용을 할 수 있도록 만들고 자료를 전달해 주는 역할을 합니다. 특히 HTTP 프로토콜을 사용해서 정보를 주고받는 API를 RESTful API라고 하는데, 이 책에서도 이 API를 만드는 방법을 공부합니다. 09장에서 좀 더 자세히 설명할 것이니 지금은 이런 게 있다는 정도로 이해하고 넘어가세요.

지금까지 살펴본 것처럼 백엔드 개발은 여러 영역으로 구성되어 있고 서로 맞물려서 애플리케이션을 만듭니다. 애플리케이션을 개발할 때 어떤 언어와 프레임워크를 사용할 것인지에 따라 코드 작성이 조금씩 달라지지만 전체 흐름은 같습니다.

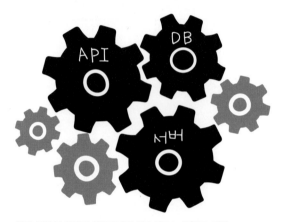

여러 영역이 맞물려 애플리케이션을 만드는 백엔드 개발

이 책에서는 노드의 기초 문법을 먼저 배우고 익스프레스 프레임워크를 사용해 서버를 만든 뒤, 몽고DB를 사용해서 자료를 저장하고 관리하는 방법을 살펴봅니다. 그리고 마지막으로 API를 통해서 애플리케이션을 완성하는 방법까지 알아보겠습니다.

# 01-2 │ 노드란 무엇일까요?

노드를 공부하기에 앞서 노드가 무엇이고 어떤 특징이 있는지 알아보겠습니다. 노드의 정체를 알면 우리가 무엇을 공부할 것인지 감이 잡힐 것입니다.

## 노드의 정의

먼저 노드의 공식 웹 사이트부터 살펴봅시다. https://nodejs.org/learn으로 접속해 볼까요?

▶ 브라우저 화면을 마우스 오른쪽 버튼으로 클릭하고 [한국어(으)로 번역]을 선택하면 웹 사이트가 한글로 표시됩니다.

노드의 공식 웹 사이트

이 내용을 한 줄로 설명하면 다음과 같습니다.

> Node.js는 Google Chrome V8 자바스크립트 엔진을 실행하는 JavaScript 런타임입니다.

용어도 낯설고 무슨 뜻인지 쉽게 와 닿지 않죠? 이 내용을 하나씩 풀어 보겠습니다.

## 크롬 브라우저의 V8 엔진

자바스크립트는 처음 개발할 때 웹 브라우저라는 환경에서만 실행되는 언어였습니다. 개발자가 작성한 코드를 이해할 수 있는 프로그램이 웹 브라우저 안에 포함되어 있는 것이죠. 이것을 **자바스크립트 엔진**JavaScript engine이라고 합니다. 예전에는 크롬을 비롯해 파이어폭스 등 웹 브라우저마다 자체 자바스크립트 엔진을 가지고 있었습니다. 브라우저 간의 경쟁이 치열해지고 웹 개발에서 자바스크립트 역할이 커지면서 브라우저마다 자바스크립트 엔진을 강화했던 거죠. 구글의 크롬 브라우저에서 개발한 V8이라는 자바스크립트 엔진의 성능이 꽤 뛰어났고, 이 V8 엔진을 사용해서 웹 브라우저 밖에서 자바스크립트를 사용할 수 있도록 해보자고 등장한 것이 바로 노드입니다.

앞에서 살펴본 노드의 정의에서 V8 엔진을 실행한다는 말은 웹 브라우저에 포함되어 있던 V8 엔진을 기반으로 만들었다는 뜻으로 이해하면 됩니다.

### 자바스크립트 런타임

노드의 정의에서 'JavaScript 런타임'이라는 말이 있죠? 런타임이라는 용어에는 많은 뜻이 담겨 있지만 여기에서는 자바스크립트를 실행할 수 있는 환경이라고 이해하면 됩니다. 노드에는 V8 엔진이 포함되어 있으므로 노드만 설치한다면 웹 브라우저 밖에서도 자바스크립트를 실행할 수 있는 환경이 만들어지는 거죠.

자, 이제 노드의 정의를 한 번 더 살펴볼까요? 어떤 의미인지 이제 감이 올 것입니다.

> Node.js는 Chrome V8 JavaScript 엔진으로 빌드된 JavaScript 런타임입니다.

노드는 백엔드 개발에서 사용하기 때문에 기존의 자바스크립트 기능 외에도 컴퓨터에 있는 파일을 관리하거나 데이터베이스에 연결하는 등 서버 역할을 하는 다양한 기능이 포함되어 있습니다.

## 노드의 장점 3가지

백엔드 개발에서 사용하는 프로그래밍 언어는 다양합니다. 그중에서 자바스크립트 언어를 사용하는 노드를 선택하는 이유는 무엇일까요?

### 1. 하나의 언어로 프런트엔드와 백엔드를 개발할 수 있습니다

앞에서 웹 개발은 클라이언트 쪽을 개발하는 프런트엔드와 서버 쪽을 개발하는 백엔드로 나뉜다는 것을 살펴보았습니다. 프런트엔드 개발에서는 HTML, CSS, 자바스크립트, 리액트 같은 언어를 사용하고 백엔드 개발에서는 자바를 비롯해 PHP, 루비, 파이썬 등 다양한 언어를 사용합니다. 그래서 처음에 웹을 개발할 때에는 프런트엔드 개발자와 백엔드 개발자의 역할이 각각 구분되어 있었지만 노드가 등장하면서 백엔드 개발에서도 자바스크립트를 사용할 수 있게 되었습니다. 즉, 자바스크립트 언어 하나로 프런트엔드와 백엔드를 함께 개발할 수 있어서 이제는 프런트엔드 개발자도 백엔드 개발에 도전할 수 있게 되었습니다.

자바스크립트를 사용해서 프런트엔드와 백엔드를 한꺼번에 개발하는 사람을 흔히 풀스택fullstack 개발자라고 해!

## 2. 개발자 커뮤니티의 규모가 크고 다양합니다

노드는 2009년에 출시했는데 지금까지 사용되고 있습니다. 그동안 많은 개발자들이 노드를 사용해 온 그만큼 커뮤니티도 다양하게 만들어져서 활동하고 있습니다. 커뮤니티가 많다는 것은 여러 환경에서 사용자끼리 피드백이 활발하고 지역별 또는 주제별로 다양한 논의가 이루어졌다는 뜻이겠죠? 그래서 프로그래밍 언어나 프레임워크를 선택할 때 커뮤니티의 규모는 좋은 선택 기준이 됩니다.

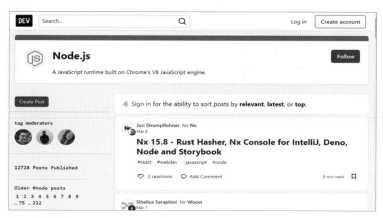

노드 커뮤니티(https://dev.to/t/node)

## 3. 서드파티 모듈이 많습니다

노드는 사용자가 많고 오랫동안 업데이트해 온 만큼 사용할 수 있는 서드파티 모듈이 많습니다. 서드파티third-party란 '제3자'라는 뜻이고 모듈module은 기능 묶음을 가리킵니다. 그래서 서드파티 모듈이란 노드 제작 업체와 개발자 외에 다른 사람이 만들어 놓은 기능 묶음이라고 생각하면 됩니다. 개발을 하다 보면 이것저것 기능이 필요한데 이미 다른 사람들이 만들어 놓은 모듈이 많으므로 가져다 사용하면 됩니다. 모듈을 직접 만들지 않아도 되니 개발이 훨씬 편리하겠죠?

# 01-3 │ 노드 설치하기

노드는 브라우저 밖에서 자바스크립트를 실행하도록 해주는 런타임 환경이므로 실습하기에 앞서 프로그램을 설치해야 합니다. 노드를 실행할 수 있는 환경을 만들어 보겠습니다.

**Do it! 실습** ▶ **노드 설치하기**

**1.** https://nodejs.org/로 접속하고 [Download Node.js(LTS)]를 클릭해서 노드를 내려받습니다. 버튼에 표시된 LTS는 안정적인 버전이라는 뜻입니다.

**2.** 브라우저 오른쪽 위에 내려받은 파일이 나타나면 클릭합니다.

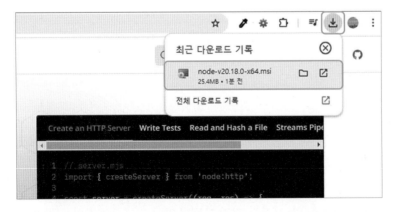

▶ 최신 크롬 브라우저에서는 주로 작업 표시줄 오른쪽에 다운로드 아이콘이 나타납니다. 이 아이콘을 클릭한 후 내려받은 파일을 선택합니다.

**3.** 노드를 설치하는 동안 다른 옵션은 선택하지 않아도 됩니다. 화면의 지시 사항을 보면서 순서대로 [Next]를 클릭하고 [Install]을 선택하면 노드가 설치됩니다. 설치가 완료되면 [Finish] 버튼을 선택해 창을 닫습니다.

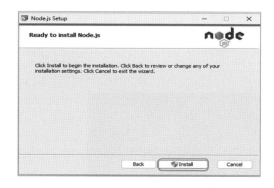 

**4.** 노드가 제대로 설치되었는지 확인해 볼까요? 윈도우라면 작업 표시줄의 검색 창에 '명령 프롬프트'이라고 입력한 후 Enter 를 눌러 명령 프롬프트 앱을 실행합니다. 윈도우에서는 명령 프롬프트라고 부르지만 여기서는 통틀어 '터미널'이라고 부르겠습니다.

▶ 운영체제가 맥OS라면 독이나 런치패드에서 ▶_ 아이콘을 클릭해서 터미널 앱을 실행하세요.

**5.** 터미널 창에 node라고 입력한 후 Enter 를 눌러 보세요. 설치한 버전이 표시되며 노드가 실행되고 커서가 〉 모양으로 바뀝니다. 이제부터 어떤 자바스크립트 코드도 실행할 수 있다는 뜻입니다.

▶ 개발을 하다 보면 현재 사용하는 노드 버전을 확인해야 할 경우가 있습니다. 그럴 때는 터미널 창에서 node를 실행해 보면 됩니다.

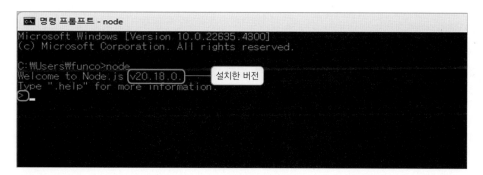

**6.** 자바스크립트를 사용할 수 있는 상태이므로 다음과 같이 간단한 자바스크립트 코드를 입력해 보세요. 결괏값 3이 명령 프롬프트 창에 나타납니다.

▶ console.log는 명령 프롬프트 창에 실행 결과를 표시하는 함수입니다.

```
console.log(1 + 2)
```

**7.** 노드가 제대로 설치된 것을 확인했으니 Ctrl+C를 두 번 눌러서 노드 실행 환경에서 빠져나온 후 터미널 창을 닫습니다.

**Do it! 실습** ▶ **비주얼 스튜디오 코드 설치하고 환경 설정하기**

노드를 사용해 프로그래밍하려면 우선 코드 편집기가 필요합니다. 이미 익숙하게 사용하는 편집기가 있다면 써도 되지만 여기에서는 비주얼 스튜디오 코드(이후 줄여서 VS Code)를 이용하겠습니다. VS Code 안에는 터미널 창이 통합되어 있으므로 코드를 작성한 후 명령 프롬프트 창(윈도우)이나 터미널(맥)에서 노드를 따로 실행하지 않아도 됩니다.

**1. VS Code 설치하기**

https://code.visualstudio.com 사이트에 접속하면 자동으로 사용자 시스템을 인식한 후 화면 중앙에 [Download for Windows]나 [Download for Mac] 버튼을 표시합니다. 이 버튼을 클릭하면 사용자의 시스템에 맞는 VS Code를 즉시 내려받을 수 있습니다.

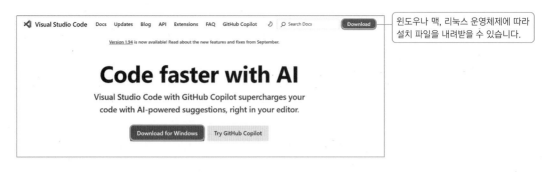

윈도우나 맥, 리눅스 운영체제에 따라
설치 파일을 내려받을 수 있습니다.

VS Code의 설치 과정은 모두 한글로
설명하므로 화면의 지시 사항을 보면서
쉽게 따라 할 수 있습니다.

## 2. 한글로 설정하기

VS Code를 내려받으면 영어 상태이므로 한글을 사용하고 싶다면 언어를 설정해야 합니다.
VS Code 첫 화면의 오른쪽에 언어 팩 설치를 위한 안내문이 표시됩니다. [설치 및 다시 시작]
을 클릭하면 VS Code가 종료되
었다가 다시 실행되면서 이번에
는 한글로 바뀌어 표시됩니다.

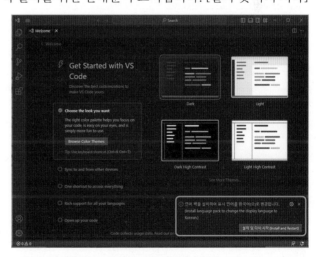

▶ 만약 언어 팩 설치를 위한 안내문이 보이지
않는다면 단축키 Ctrl + Shift + P 를 눌러 커맨
드 팔레트를 실행한 후 Configure Display
Langage를 검색해 [한국어]를 선택하면 됩
니다.

### 3. 색 테마 선정하기

VS Code를 사용하기 전에 색 테마color themes를 선택할 수 있습니다. 기본적으로 어두운 테마로 되어 있는데 오른쪽에 표시된 작은 그림을 보면서 원하는 테마를 선택하면 됩니다. 이 책에서는 코드를 읽기 쉽게 밝은 테마로 표시해 진행하지만, 모니터를 오래 들여다볼 때는 어두운 테마로 설정하면 눈의 피로를 줄일 수 있습니다. 테마를 선택한 후에는 [완료로 표시]를 클릭합니다.

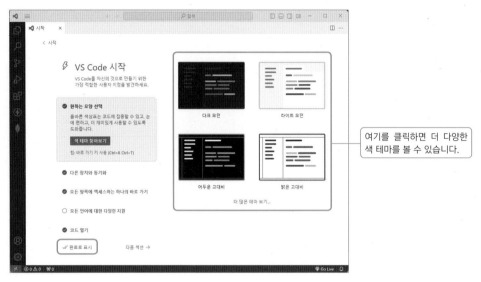

▶ 이후에는 [관리 ⚙ → 테마 → 색 테마]를 선택해서 테마의 색을 변경할 수 있습니다.

**4.** 시작 화면이 보인다면 VS Code에서 코드를 작성할 수 있는 준비가 모두 끝난 것입니다. [시작] 탭의 닫기 버튼을 눌러서 닫습니다.

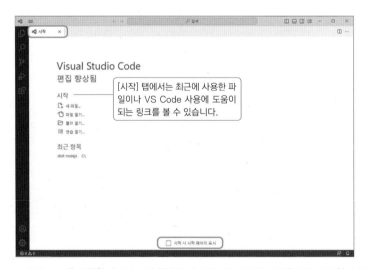

▶ VS Code를 실행할 때마다 시작 화면이 나타나는데, 이것이 번거롭다면 시작 화면 아래쪽에 있는 [시작 시 시작 페이지 표시]에서 체크를 해제하세요. 그러면 VS Code를 실행할 때 시작 화면이 나타나지 않습니다.

**Do it! 실습** ▶ **작업 폴더 추가하기**

VS Code에서 코드를 작성하려면 가장 먼저 작업할 폴더를 추가해야 합니다. 01장부터 05장까지는 노드의 기본 문법을 살펴볼 것이므로 내려받은 실습 파일 중에 basics 폴더를 작업 폴더로 사용하겠습니다.

▶ 실습 파일은 이지스 홈페이지 자료실에서 내려받을 수 있습니다.(www.easyspub.co.kr → 자료실 → 도서명 검색)

**1.** 화면 왼쪽의 사이드 바에서 맨 위에 위치한 🗐 아이콘을 선택하고 [폴더 열기]를 클릭합니다.

▶ 메뉴에서 [파일 → 폴더 열기]를 선택해도 됩니다.

**2.** 이 책에서 제공하는 실습 파일이 있는 폴더에서 [basics]를 선택하고 [폴더 선택]을 클릭합니다.

**3.** 신뢰할 수 있는 코드인지 확인한다면 [예, 작성자를 신뢰합니다.]를 클릭합니다.

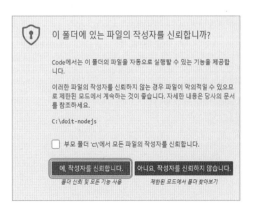

**4.** VS Code의 왼쪽에 탐색기 창이 열리면서 작업 폴더 안의 내용이 나타납니다. 실습 코드가 장별로 정리되어 있으니 책의 내용을 따라 하면서 적절한 코드를 참고하거나 실습 코드를 직접 작성하면 됩니다.

▶ Ctrl+B를 누르거나 🗐 아이콘을 클릭하면 탐색기 창을 열거나 닫을 수 있습니다.

---

**Do it! 실습** ▶ **첫 번째 노드 프로그램 실행하기**

준비 01\hello.js

노드를 설치하고 VS Code의 개발 환경도 모두 설정했다면 이제 간단한 노드 코드를 작성하고 실행해 보겠습니다. 프런트엔드 개발에서는 JS 파일을 HTML 문서에 연결하거나 HTML 문서 안에 직접 입력한 후 웹 브라우저에서 확인하지만, 노드에서는 즉시 실행하고 결과를 확인할 수 있습니다.

**1.** VS Code를 실행한 후 01폴더에 있는 hello.js 파일을 클릭합니다. 아직 아무 내용도 없는 파일이죠. 여기에 다음과 같이 입력하고 저장합니다. name 인자를 받는 hello라는 함수를 선언했고 '홍길동'이라는 이름을 사용해서 hello 함수를 실행했습니다.

**Do it! 코딩해 보세요!** • 01\hello.js

```
function hello(name) {
    console.log(name + " 님, 안녕하세요?");     ── 함수 선언
}
```

```
hello("홍길동");     ── 함수 실행
```

**2.** VS Code에서 [Ctrl]+[Shift]+[`](윈도우)나 [Control]+[Shift]+[`](맥)을 눌러 터미널 창을 엽니다. 터미널 창에 현재 작업 폴더 경로가 나타납니다. 노드에서 자바스크립트 파일을 실행할때는 현재 폴더에 있는 파일만 실행할 수 있습니다. 01 폴더에 있는 hello.js 파일을 실행하려면 우선 basics 폴더에서 01 폴더로 이동해야 합니다. 터미널 창에 다음과 같이 입력해서 현재 폴더를 01 폴더로 이동합니다. cd는 change directory의 줄임말로 폴더를 이동하는 명령입니다. 경로에 \01이 추가되면 폴더가 이동된 것입니다.

▶ 맥 키보드에서 백틱(`)이 안 보인다면 숫자 ① 왼쪽의 ⓦ 키를 누르면 됩니다.

```
터미널
cd 01
```

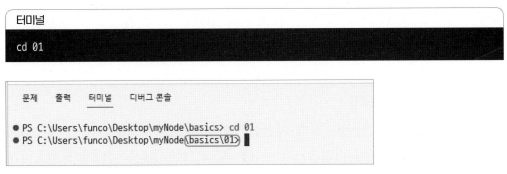

▶ 터미널 창은 콘솔 창이라고도 합니다.

**3.** 노드에서 자바스크립트를 실행하는 명령은 node입니다. node 명령 뒤에 실행할 자바스크립트 파일명을 입력하면 되죠. 이때 파일 확장자 .js는 생략할 수 있습니다. 그래서 대부분의 개발자들은 hello.js 파일을 실행할 때 다음처럼 터미널 창에 확장자를 생략하고 입력합니다.

```
터미널
node hello.js
```
또는
```
터미널
node hello
```

▶ 터미널 창에 다른 내용이 입력되어 있다면 clear를 입력해서 깨끗하게 정리할 수 있습니다.

**4.** hello 함수를 실행한 결과가 터미널 창에 표시됩니다. 이렇게 노드를 사용하면 웹 브라우저가 아닌 환경에서도 자바스크립트를 실행할 수 있습니다.

```
터미널
PS C:\Users\kyrie\Desktop\basics\01> node hello
홍길동 님, 안녕하세요?
```

# 01-4 | 패키지 관리는 npm으로 해요

개발을 하다 보면 모든 기능을 직접 만드는 게 아니라 이미 누군가 완성해 놓은 모듈을 사용할 경우가 많습니다. 모듈을 사용할 때 이와 비슷한 라이브러리나 패키지라는 용어를 만나기도 합니다. 이 용어들을 간단히 정리하고 노드에서 필수적인 패키지 관리가 무엇인지 알아보겠습니다.

## 모듈, 패키지, 라이브러리

노드에서는 프로그램을 기능별로 쪼갠 후 필요할 때마다 가져와서 사용합니다. 이렇게 작은 단위로 쪼갠 것을 **모듈**module이라고 합니다. 작성한 코드를 다른 곳에서도 사용할 수 있도록 모듈은 파일 형태로 저장되어 있습니다. 모듈 안에서 사용한 함수나 변수를 내보낼 수도 있고 다른 코드 안에서 특정 모듈을 가져와서 사용할 수도 있습니다. 예를 들어 앞에서 살펴본 hello.js도 다른 코드에서 인사말을 표시하고 싶을 때마다 가져다 사용할 수 있습니다.

자주 사용하는 기능 모듈들을 묶어 놓은 것을 **패키지**package라고 합니다. 패키지는 배포할 수 있게 여러 모듈과 관련된 파일을 묶어 놓은 것이라고 생각하면 됩니다. 바로 이어서 설명할 패키지 매니저인 npm에서 여러 모듈을 내려받아 사용하는데, 다른 사람이 모듈을 내려받을 수 있도록 공개하는 것을 **배포**라고 합니다. 예를 들어 익스프레스 프레임워크는 여러 가지 모듈을 패키지 형태로 공개해 놓은 것입니다. 노드는 다양한 패키지를 손쉽게 설치하고 사용할 수 있다는 게 큰 장점입니다.

**라이브러리**library는 모듈보다 더 큰 단위입니다. 특정 기능을 수행할 수 있도록 모듈을 여러 개 묶어서 하나의 라이브러리로 만듭니다. 라이브러리에 있는 모듈도 필요할 때마다 가져와서 사용할 수 있습니다. 노드에서는 라이브러리나 모듈을 한꺼번에 묶어서 '모듈'이라고도 합니다. 예를 들어 노드에 포함되어 있는 fs 라이브러리는 fs 모듈이라고도 하며, 파일과 관련된 여러 기능을 포함하고 있습니다.

## 패키지 매니저 — npm

백엔드 개발을 하다 보면 필요한 기능이 이미 구현되어 있는 경우가 많습니다. 예를 들어 서버를 만들고 연결하는 기능도 이미 다른 개발자들이 완성해 놓은 것들이 많죠. 이런 완성된 기능은 패키지 형태로 공개되어 있고 필요한 사람은 누구나 추가해서 사용할 수 있습니다.

패키지 매니저는 애플리케이션을 개발할 때 다양한 패키지를 관리할 수 있게 해주는 편리한 도구입니다. 패키지 매니저를 사용하면 개발할 때 어떤 모듈을 사용했고, 그 모듈의 버전은 무엇이었는지 등을 저장해 둡니다. 예를 들어 애플리케이션을 만들 때 여러 모듈을 사용하는데 그 애플리케이션과 함께 모듈도 자동으로 내려받습니다.

npm은 node package manager의 줄임말로 자바스크립트 라이브러리를 비롯해 프레임워크, 플러그인 등 다양한 패키지를 내려받아 사용할 수 있게 해줍니다. 노드를 설치하면 npm도 함께 설치됩니다. npm을 통해 다른 사람이 만든 패키지를 사용할 수도 있고, 여러분이 개발에 더욱 익숙해진다면 직접 만든 코드를 패키지를 통해 다른 사용자와 공유할 수도 있습니다. npm 공식 웹 사이트(https://www.npmjs.com)에서 원하는 패키지를 검색할 수 있습니다.

> npm 웹 사이트에 올라와 있는 패키지라고 해서 모두 유용한 것은 아니니 주의하세요.

npm 공식 웹 사이트(https://www.npmjs.com/)

▶ npm 외에도 페이스북에서 개발한 Yarn이라는 패키지 매니저도 많이 사용합니다. npm과 호환하면서 npm보다 빠르고 안정적이어서 npm보다 Yarn을 선호하는 사용자도 많습니다. 여기에서는 노드에 포함되어 있어서 별도의 설치가 필요 없고 많은 개발자가 사용하고 있는 npm을 사용하겠습니다.

노드에는 npm이라는 공식 패키지 매니저가 있지만 개발자 중에는 Yarn을 사용하는 경우도 있습니다. npm이 있는데 Yarn이 왜 등장했을까요? 의존성 관리가 약하다는 npm의 단점 때문입니다. 여기에서 '의존성'의 의미를 잠시 살펴보겠습니다.

애플리케이션을 개발하다 보면 패키지를 여러 개 사용하는데 그중에는 하나의 패키지가 다른 패키지에 의존하는 경우가 많습니다. 예를 들어 A라는 패키지를 사용하려고 하는데 B 패키지와 C 패키지에 의존하고 있다면 모두 함께 설치해야 합니다. 이런 패키지 간의 의존 관계를 패키지 매니저에서 관리해 주는 것이죠. Yarn의 경우 npm보다 패키지 설치가 빠르고 의존성 관리도 뛰어납니다.

## Do it! 실습 ▶ npm 초기화하기

npm을 활용해 패키지를 사용하기에 앞서 초기화해 보겠습니다. 참고로 노드를 사용해 애플리케이션을 만들 때마다 npm을 초기화하고 해당 애플리케이션의 패키지를 관리해야 합니다. 여기에서는 basics 폴더 안의 01~05 폴더를 사용해 npm 사용법을 알아보겠습니다. 우선 basics 폴더로 이동합니다.

**1.** VS Code의 터미널 창을 보면 현재 작업 폴더 위치가 보일 것입니다. 현재 폴더 위치가 basics\01 폴더라면 다음과 같이 입력해서 한 단계 위, 즉 basic 폴더로 이동합니다. 여기에서 '..'는 한 단계 위의 부모 폴더를 가리킵니다.

```
터미널
cd..
```

**2.** 작업 폴더가 basics 폴더로 바뀌었다면 다음과 같이 입력해서 npm을 초기화합니다.

```
터미널
npm init
```

**3.** 이후에 터미널 창에 몇 가지 정보를 입력하는 창이 나타나는데, 아직 이 정보까지는 신경 쓰지 않아도 되므로 커서가 나타날 때까지 계속 (Enter)를 누릅니다.

```
문제    출력    디버그 콘솔    터미널

Use `npm install <pkg>` afterwards to install a package and
save it as a dependency in the package.json file.

Press ^C at any time to quit.
package name: (basics)
version: (1.0.0)
description:
git repository:
keywords:
author:
license: (ISC)
About to write to C:\Users\kyrie\Desktop\basics\package.json:

{
  "name": "basics",
  "version": "1.0.0",
  "main": "index.js",
  "scripts": {
    "test": "echo \"Error: no test specified\" && exit 1"
  },
  "author": "",
  "license": "ISC",
  "description": ""
}

Is this OK? (yes) []
```

npm 초기화하기

**4.** 작업 폴더에 package.json이라는 파일이 생길 것입니다. VS Code의 파일 탐색 창에서 package.json 파일을 선택해 편집 창에 열어 보세요. 파일 이름에서도 알 수 있듯이 그 안에는 애플리케이션을 개발할 때 사용한 모듈이나 패키지 및 패키지 버전 등의 정보가 담깁니다.

```
{} package.json ×
{} package.json > ...
   1  {
   2    "name": "basics",
   3    "version": "1.0.0",
   4    "description": "",
   5    "main": "index.js",
      ▷ 디버그
   6    "scripts": {
   7      "test": "echo \"Error: no test specified\" && exit 1"
   8    },
   9    "author": "",
  10    "license": "ISC"
  11  }
```

아직은 기본 내용만 포함되어 있지만, 앞으로 필요할 때마다 pacakge.json 파일을 열어서 설명하겠습니다.

package.json 파일의 기본 내용

노드에서 패키지를 사용할 때는 npm 공식 웹 사이트(https://npmjs.com)에서 패키지를 검색할 수도 있고 누군가에게 추천받을 수도 있습니다. 여기에서는 터미널에 표시되는 글자색을 바꾸는 간단한 패키지를 검색해서 설치해 보겠습니다.

**1.** npm 공식 웹 사이트로 이동한 후 terminal을 검색하면 아주 많은 결과가 나타날 것입니다. 검색 결과 오른쪽에 가로 막대 3개가 있는데 여기에서 p는 인기도$^{popularity}$, q는 품질$^{quality}$, m은 유지보수$^{maintenance}$를 뜻합니다. 이를 참고해서 패키지를 선택할 수 있습니다.

**2.** 패키지마다 클릭하면 어떻게 설치하는지, 그리고 어떤 식으로 사용하는지 잘 설명되어 있습니다. 여기에서는 ansi-colors라는 패키지를 선택하겠습니다.

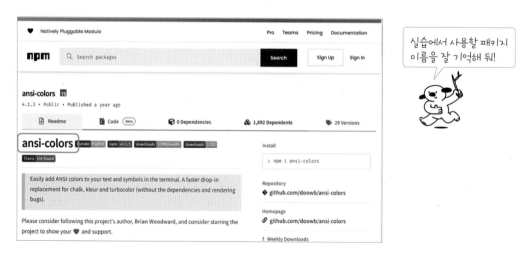

> 실습에서 사용할 패키지
> 이름을 잘 기억해 둬!

**3.** VS Code 터미널로 돌아와서 터미널 창에 다음과 같이 입력합니다. ansi-colors 패키지를 설치하는 명령입니다. 여기에서 install 명령은 간단히 줄여서 i라고 해도 됩니다.

▶ 패키지 설치와 관련된 여러 옵션이 있는데 이 책에서 다룰 때마다 그때그때 설명하겠습니다.

**4.** 터미널 창에 패키지 설치 과정이 휘리릭 지나가면서 순식간에 끝납니다. 그리고 작업 폴더를 보면 node_modules 폴더 아래에 방금 설치한 ansi-colors 패키지가 서브 폴더 형태로 추가되어 있을 것입니다.

**터미널**
```
PS C:\Users\kyrie\Desktop\basics> npm i ansi-colors
added 1 package, and audited 2 packages in 517ms
found 0 vulnerabilities
```

**5.** 패키지를 설치한 후에는 package.json 파일을 확인해 보세요. dependencies라는 항목이 생겨서 우리가 만들려고 하는 애플리케이션은 ansi-colors 패키지를 사용하고 그 버전은 '^4.1.3'이라고 표시되어 있습니다. 여러분이 패키지를 설치했을 때는 버전이 달라졌을 수도 있습니다. 다른 패키지를 설치하면 그 패키지에 대한 의존성도 여기에 추가됩니다.

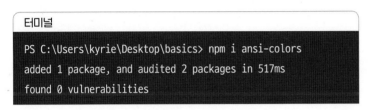

```
{} package.json ×

{} package.json > ...
   1  {
   2    "name": "basics",
   3    "version": "1.0.0",
   4    "description": "",
   5    "main": "callback.js",
      ▷ 디버그
   6    "scripts": {
   7      "test": "echo \"Error: no test specified\" && exit 1"
   8    },
   9    "author": "",
  10    "license": "ISC",
  11    "dependencies": {
  12      "ansi-colors": "^4.1.3"
  13    }
  14  }
  15
```

준비 01\hello.js 결과 비교 01\results\hello.js

앞에서 설치한 ansi-colors 패키지를 사용해 보겠습니다.

**1.** 앞에서 작성한 hello.js 파일을 열고 다음처럼 코드를 추가해 보세요. 가장 먼저 ansi-colors라는 모듈을 가져와 c라는 변수에 할당합니다. 그리고 터미널 창에 내용을 표시할 때 c.green을 사용해서 사용자 이름을 초록색으로 표시합니다. ▶ require 함수는 모듈을 가져오는 함수로 69쪽에서 자세히 설명합니다.

**Do it! 코딩해 보세요!** • 01\hello.js

```
const c = require("ansi-colors");

function hello(name) {
  console.log(c.green(name) + " 님, 안녕하세요?");
}

hello("홍길동");
```

**2.** 파일을 저장한 후 터미널 창에서 hello.js를 실행해 보세요. 단, 현재 basics 폴더이므로 01 폴더도 함께 입력해서 파일을 지정합니다.

이/hello가 아니라
이\hello라는 걸 주의해!

**터미널**

```
node 01\hello
```

**3.** 터미널 창에서 '홍길동'이라는 이름이 초록색으로 표시될 것입니다. 우리가 방금 설치한 ansi-colors 패키지는 이런 식으로 터미널 창의 텍스트에 색상이나 스타일을 지정할 수 있습니다. ansi-colors 패키지의 사용법을 더 자세히 알고 싶다면 npm 웹 사이트의 ansi-colors 패키지를 참고하세요.

| 문제 | 출력 | 디버그 콘솔 | 터미널 |
|------|------|-----------|--------|

이 부분이 초록색으로 표시됩니다.

```
PS C:\Users\kyrie\Desktop\basics> node 01/hello
홍길동 님, 안녕하세요?
PS C:\Users\kyrie\Desktop\basics> []
```

준비 01\hello.js    결과 비교 01\results\hello-2.js

패키지를 더 이상 사용하지 않는다면 삭제할 수도 있습니다. 방금 사용한 ansi-colors 패키지를 삭제해 보겠습니다.

**1.** npm에서 패키지를 삭제하는 명령은 uninstall입니다. 터미널 창에 다음과 같이 입력하세요.

**터미널**
```
npm uninstall ansi-colors
```

**2.** 터미널 창에 'removed 1 package'라고 나타나면 패키지가 삭제된 것입니다.

**터미널**
```
PS C:\Users\kyrie\Desktop\basics> npm uninstall ansi-colors
removed 1 package, and audited 1 package in 97ms
found 0 vulnerabilities
```

**3.** package.json 파일을 열어 보면 dependencies에 있던 ansi-colors 패키지 관련 정보도 함께 삭제되어 보이지 않습니다.

```
package.json > ...
 2      "name": "basics",
 3      "version": "1.0.0",
 4      "main": "app-1.js",
        ▷ 디버그
 5      "scripts": {
 6        "test": "echo \"Error: no test specified\" && exit 1"
 7      },
 8      "author": "",
 9      "license": "ISC",
10      "description": ""
11    }
12
```

**4.** 설치했던 패키지를 삭제하면 그 패키지와 관련된 코드는 더 이상 동작하지 않습니다. 패키지를 삭제했으니까 패키지를 사용했던 코드도 수정해야겠죠? hello.js에서 패키지와 관련된 부분을 삭제해서 다음과 같이 완성해 보세요.

**Do it! 코딩해 보세요!** • 01\hello.js

```
const c = require ("ansi-colors");
function hello(name) {
  console.log(name + " 님, 안녕하세요?");
}

hello("홍길동");
```

# 자바스크립트 기초 문법과 모듈

노드는 자바스크립트 문법을 사용해 실행합니다. 또한 모듈을 사용해 생산성을 높일 수 있습니다. 예를 들어 다른 곳에 미리 만들어 둔 기능을 가져와서 사용할 수도 있고, 특정한 기능을 다른 프로그램에서 사용할 수 있도록 지정할 수도 있습니다.

이 장에서는 자바스크립트의 기초 문법과 노드의 모듈을 자세히 알아보겠습니다. 그리고 모듈을 사용해서 시스템 정보를 알아내는 방법을 살펴보겠습니다.

# 02-1 | 자바스크립트 기초 문법

01장에서 노드는 자바스크립트를 기반으로 한다는 것을 알았습니다. 따라서 노드를 사용하려면 자바스크립트 문법을 알아야겠죠. 자바스크립트의 최신 문법인 **에크마스크립트** ECMAScript **2015**를 아직 공부하지 않았다면 이 절부터 살펴보세요. 이제부터 노드를 공부할 때 필요한 자바스크립트 기본 문법을 살펴보겠습니다.

▶ 에크마스크립트 2015 버전 이후의 문법을 이미 공부했다면 이 절은 건너뛰어도 됩니다.

## VS Code 터미널에서 현재 폴더 바꾸기

이 책의 첫째마당 실습 파일은 장별로 폴더가 만들어져 있어 각 장의 실습 파일을 실행하려면 터미널의 현재 폴더를 변경해야 합니다. 실습에 앞서 터미널에서 현재 폴더를 변경하는 가장 간단한 방법을 알아보겠습니다.

현재 폴더를 02 폴더로 바꾸려면 터미널에 'cd '라고 입력합니다. cd 뒤에 공백을 넣는 것도 잊지 마세요. 그리고 VS Code의 파일 탐색기에서 02 폴더를 클릭한 후 그대로 터미널 창으로 끌어옵니다.    ▶ 폴더 경로에 한글이나 공백이 포함되어 있으면 오류가 발생할 수 있습니다.

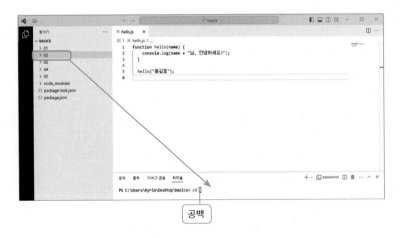

cd 명령 뒤에 폴더 경로가 자동으로 입력됩니다. 이 상태에서 Enter를 누르면 즉시 02 폴더로 이동할 수 있습니다.

```
문제    출력    디버그 콘솔    터미널

PS C:\Users\kyrie\Desktop\basics> cd c:\Users\kyrie\Desktop\basics\02█
```

터미널에서 현재 폴더 변경하기

```
문제    출력    디버그 콘솔    터미널

○ PS C:\Users\kyrie\Desktop\basics> cd c:\Users\kyrie\Desktop\basics\02
  PS C:\Users\kyrie\Desktop\basics\02> []
```

터미널에서 현재 폴더 변경 완료

▶ 리눅스의 cd 명령에 익숙하다면 basics\01 폴더에 있는 상태 공백에서 cd ..를 입력하고 〔Enter〕를 누른 후, 이어서 cd 02를 입력하고 〔Enter〕를 눌러서 이동해도 됩니다.

## 템플릿 리터럴

**템플릿 리터럴**은 문자열과 변수, 식을 섞어서 하나의 문자열을 만드는 표현 형식입니다. 템플릿 리터럴 이전에는 문자열 부분을 큰따옴표로 묶은 후 연결 연산자 +를 사용해서 변수나 식과 연결했습니다. 템플릿 리터럴은 따옴표가 아니라 백틱(`) 기호를 사용해 문자열을 만듭니다.

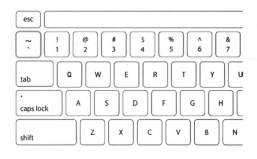

백틱은 키보드 〔Esc〕 키 아래쪽에 있어! 작은따옴표(' ')와 다른 글자이니 주의해!

다음 코드는 num1과 num2를 더한 값을 터미널 창에 표시합니다. 연결 연산자를 사용할 때는 변수 부분과 문자열 부분을 구분해서 + 연산자로 연결하고, 띄어 써야 할 부분은 미리 신경 써서 문자열에 공백을 넣어야 합니다. 하지만 템플릿 리터럴을 사용하면 변수 부분만 ${ }로 묶고 원하는 결과 문자열을 그대로 사용하면 되므로 코드를 입력하기 편리합니다.

**Do it!** 코딩해 보세요!                                                • 02\literals.js

```
let num1 = 10;
let num2 = 20;
```

```
// 연결 연산자를 사용할 경우
console.log(num1 + "과 " + num2 + "을(를) 더하면 " + (num1 + num2) + "입니다.");
// 템플릿 리터럴을 사용할 경우
console.log(`${num1}과 ${num2}을(를) 더하면 ${num1 + num2}입니다.`);
```

VS Code 터미널 창에 다음과 같이 입력하면 이 코드를 실 행할 수 있습니다.

▶ 현재 작업 폴더가 02로 변경되었는지 꼭 확인하세요.

```
터미널
node literals
```

물론 어떤 방법을 사용하더라도 결과는 같습니다. 하지만 문자열과 변수를 연결해서 사용할 경우 템플릿 리터럴이 더 간편합니다.

▶ 코드가 제대로 동작하지 않는다면 02\results\literal.js 파일의 코드와 비교해 보세요.

```
터미널
PS C:\Users\kyrie\Desktop\basics\02> node literals
10과 20을(를) 더하면 30입니다.
10과 20을(를) 더하면 30입니다.
```

## 여러 형태의 함수

프로그램에서 **함수**<sup>function</sup>란 특정 작업을 실행하도록 명령을 모아 놓은 것입니다. 자바스크립트에서 함수를 만들고 사용하는 여러 가지 방법을 살펴보겠습니다.

### 1. 기본 방법

함수를 사용하는 기본 방법은 함수를 선언하고 필요할 때 호출하는 것입니다. 여러 명령으로 구성된 함수를 만드는 것을 '함수를 선언한다'고 하고, 만들어진 함수를 실행하는 것을 '함수를 호출한다'고 합니다.

함수는 선언할 때 function이라는 예약어를 사용하고 그 뒤에 함수 이름을 붙입니다. 그리고 필요한 명령은 중괄호({ }) 안에 작성하죠. 함수를 선언할 때 어떤 값을 받아야 한다면 그 값을 주고받는 변수가 필요한데요. 이런 경우에는 함수 이름 옆에 괄호를 붙여서 변수를 지정합니다. 함수를 선언할 때 사용하는 변수를 **매개변수** 혹은 파라미터<sup>parameter</sup>라고 합니다.

▶ 기본형을 설명할 때 변경되는 부분은 이탤릭체로 표시합니다.

> **기본형**
>
> function 함수명 { ... }
> function 함수명(*매개변수*) { ... }

예를 들어 변수 num1과 num2를 더하는 add 함수를 선언한다면 다음과 같이 작성합니다.

```
function add(num1, num2) { ... }
```

이 함수를 호출할 때는 다음 코드처럼 사용합니다. 함수를 호출할 때 넘겨주는 변숫값을 **인수** 또는 **아규먼트**<sup>argument</sup>라고 합니다.

```
add(10, 20)
```

함수를 선언할 때의 변수는 '매개변수', 함수를 실행할 때의 변수는 '인수'라고 합니다. 일반적으로 이 2가지를 묶어서 **인자**라고 합니다.

다음 코드는 name이라는 인자를 가진 greeting 함수를 선언한 후에 '홍길동'이라는 값과 함께 greeting 함수를 실행합니다.

**Do it! 코딩해 보세요!**  • 02\function-1.js

```
// 함수 선언
function greeting(name) {
  console.log(`${name} 님, 안녕하세요?`);
}
// 함수 호출
greeting("홍길동");
```

**터미널**

```
PS C:\Users\kyrie\Desktop\basics\02> node function-1
홍길동 님, 안녕하세요?
```

## 2. 함수 표현식

앞에서 살펴본 것처럼 함수를 선언할 때 기본적으로 함수 이름을 붙입니다. 이렇게 하면 함수 이름을 사용해서 몇 번이든 실행할 수 있거든요. 하지만 한 번만 실행하고 끝나는 함수라면 굳이 이름을 붙이지 않고 필요한 명령만 묶을 수도 있습니다. 앞으로 공부할 모듈에서는 이 함수 선언 방법을 자주 사용합니다.

> **기본형**  　　　　　　　　　　function(*매개변수*) { ... }

이름이 없는 함수는 변수에 할당해서 변수 이름을 함수 이름처럼 사용할 수 있습니다. 그리고 02-3절에서 공부할 모듈에서는 변수에 할당한 함수를 마치 변수처럼 여러 모듈 간에 주고받을 수도 있습니다. 함수를 식$^{expression}$처럼 사용하므로 이렇게 작성한 함수를 **함수 표현식**이라고 합니다.

자바스크립트에서 변수를 만들 때는 const와 let 키워드를 사용하는데, 프로그램 안에서 값이 바뀌지 않을 변수라면 const를 사용하고 프로그램 안에서 값을 변경할 변수라면 let를 사용합니다.

▶ 에크마스크립트 2015 이전에는 var 키워드를 사용해서 변수를 지정했습니다. 지금은 var가 가지고 있는 몇 가지 문제 때문에 변수를 지정할 때 let이나 const를 많이 사용합니다.

다음 코드는 name값을 받아 인사말을 표시하는 함수를 선언한 후, greeting이라는 변수에 할당한 것입니다. 그리고 greeting이라는 변수 이름을 함수 이름처럼 사용했습니다.

▶ 함수를 값으로 가지는 변수는 한번 만들면 중간에 바뀌지 않으므로 const 예약어를 사용합니다.

> **Do it! 코딩해 보세요!**　　　　　　　　　　　　　　　　　　　• 02\function-2.js
>
> ```js
> // 함수 선언
> const greeting = function(name) {
>   console.log(`${name}님, 안녕하세요?`);
> }
> // 함수 호출
> greeting("홍길동");
> ```

## 3. 즉시 실행 함수

함수 표현식으로 작성한 함수를 반드시 변수에 할당해야만 사용할 수 있는 것은 아닙니다. 앞으로 공부할 비동기 처리 방법으로 함수 안에 또 다른 함수를 넣어서 실행할 수 있습니다. 이럴 경우 따로 변수를 거치지 않고 함수를 선언하는 동시에 실행할 수 있습니다. 이런 함수를 **즉시 실행 함수**라고 합니다.

다음 코드는 a와 b를 더하는 함수를 선언하는 동시에 (100, 200) 인자를 넘겨서 함수를 실행합니다.

**Do it! 코딩해 보세요!** • 02\function-3.js

```js
// 함수 선언과 호출을 동시에
(function (a, b) {          ┌─ 함수 선언
  console.log(`두 수의 합: ${a + b}`);
})(100, 200);    // 300
   └─ 함수 실행
```

**터미널**

```
PS C:\Users\kyrie\Desktop\basics\02> node function-3
두 수의 합: 300
```

### 4. 화살표 함수

에크마스크립트 2015부터는 함수를 선언할 때 화살표(=>)를 사용해서 조금 더 간단하게 만들 수 있습니다. 화살표를 사용하므로 **화살표 함수** 또는 애로우 펑션이라고 합니다. 화살표 함수는 function이라는 예약어를 사용하지 않고 함수 이름도 없습니다.

**기본형**
$$() => \{ ... \}$$
$$(매개변수) => \{ ... \}$$

매개변수가 없을 때는 매개변수가 들어가는 소괄호 부분을 비워 둡니다. 예를 들어 매개변수 없이 간단한 인사말을 화면에 표시하는 함수를 함수 표현식으로 작성하면 다음과 같습니다.

```js
// 함수 표현식
let hi = function() {
  return '안녕하세요?';
}
console.log(hi());
```

위의 함수를 화살표 함수로 작성한다면 다음과 같은 코드가 됩니다.

**Do it! 코딩해 보세요!** • 02\arrow-1.js

```javascript
// 화살표 함수
let hi = () => { return '안녕하세요?' };
console.log(hi());
```

이 코드를 실행하면 터미널 창에 '안녕하세요?'라는 텍스트가 나타납니다.

**터미널**

```
PS C:\Users\kyrie\Desktop\basics\02> node arrow-1
안녕하세요?
```

화살표 함수에서 실행할 명령이 한 줄뿐이라면 중괄호({ })를 생략할 수 있습니다. 그리고 한 줄 명령에 return 문이 포함되어 있다면 return도 생략할 수 있습니다. 이전의 함수 표현식을 사용한 코드와 비교해 보면 함수가 훨씬 간단해졌죠?

**Do it! 코딩해 보세요!** • 02\arrow-2.js

```javascript
// 화살표 함수로 좀 더 간단하게
let hi = () => '안녕하세요?';
console.log(hi());
```

매개변수가 필요한 함수라면 (매개변수) => { ... }처럼 사용합니다. 다음은 두 수를 더하는 함수를 함수 표현식으로 작성한 것입니다.

```javascript
// 함수 표현식
let sum = function (a, b) {
  return a + b;
};
console.log(sum(100, 200)); // 300
```

이 함수 표현식을 화살표 함수로 작성하면 다음과 같습니다.

**Do it! 코딩해 보세요!**  • 02\arrow-3.js

```
// 화살표 함수
let sum = (a, b) => { return a + b; };
console.log(sum(100, 200)); // 300
```

함수에서 실행할 명령이 하나뿐이므로 return과 중괄호를 생략해서 다음과 같이 작성할 수 있습니다.

**Do it! 코딩해 보세요!**  • 02\arrow-4.js

```
// 화살표 함수로 좀 더 간단하게
let sum = (a, b) => a + b;
console.log(sum(100, 200)); // 300
```

# 02-2 | 자바스크립트 비동기 처리

노드 프로그램은 서버에서 실행하므로 대부분의 명령을 비동기 처리해야 합니다. 그래서 자바스크립트의 비동기 개념을 정확하게 이해해야 하죠. 이 절에서는 동기와 비동기가 어떻게 다른지 알아보고, 자바스크립트에서 비동기를 처리하는 방법도 살펴보겠습니다. 노드에서의 비동기 처리는 05장에서 다시 한번 다루겠습니다.

## 동기 처리와 비동기 처리

자바스크립트 프로그램은 코드를 작성한 순서대로 처리하는데 필요에 따라 실행 순서를 조절해야 할 때가 있습니다. 예를 들어 서버에서 자료를 읽어 오는 과정이라면, 네트워크 상황이나 자료 크기에 따라 어떤 함수는 다른 함수보다 실행 시간이 더 걸릴 수 있죠. 이럴 때 비동기 처리가 필요합니다.

프로그램 코드를 작성한 순서대로 처리하는 방식을 **동기 처리**라고 합니다. 커피 전문점에서 커피를 주문하고 마시는 과정을 예로 들어 보겠습니다. 동기 처리 방식은 손님 A가 커피를 주문하면 그 주문을 받아서 커피를 만들고 A에게 넘겨주어야 하나의 동작이 끝납니다. 뒤에 아무리 많은 손님이 줄을 서 있어도 한 번에 손님 1명 주문만 처리하죠. 주문을 받고 커피를 만드는 것이 한 과정이므로 대기하는 줄이 길면 주문을 처리하는데도 시간이 걸립니다.

반면 **비동기 처리** 방식은 A가 커피를 주문하면 그 주문을 주방으로 넘기고 A에게는 진동 벨을 주면서 커피가 완성되면 알려 주겠다고 합니다. 그리고 대기하고 있던 B의 주문을 받고 A와 마찬가지로 진동 벨을 건네줍니다. 다른 사람의 주문을 받는 동안에 A의 커피가 완성되면 A에게 알려 주죠. 주문을 받는 과정과 커피를 만드는 과정이 동시에 진행되므로 대기하는 줄

동기 처리 방식과 비동기 처리 방식

도 짧고 빠른 시간에 여러 사람의 주문을 처리할 수 있습니다. 이것을 프로그래밍으로 옮겨 생각해 볼까요? 코드를 작성한 순서대로 한 번에 하나씩 처리하는 방식을 **동기 프로그래밍** synchronous programming이라고 합니다. 순서대로 처리하므로 실행 시간이 짧은 코드가 나열되어 있을 때 적합합니다.

예를 들어 다음 코드에는 함수가 3개 있는데 displayA부터 displayC까지 순서대로 실행하여 터미널 창에 결괏값이 A → B → C순으로 나타납니다.

**Do it! 코딩해 보세요!** • 02\sync.js

```javascript
function displayA() {
  console.log("A");
}
function displayB() {
  console.log("B");
}
function displayC() {
  console.log("C");
}

displayA();
displayB();
displayC();
```

터미널

```
PS C:\Users\kyrie\Desktop\basics\02> node sync
A
B
C
```

프로그램 중간에 시간이 많이 걸리는 작업이 있다면 어떨까요? 그럴 경우에는 해당 작업을 잠시 미뤄 두고 빨리 처리할 수 있는 다음 작업으로 넘어갑니다. 시간이 오래 걸리는 작업이 다른 작업에 영향을 끼치지 않으므로 하나의 작업이 완료되지 않아도 다른 작업을 시작할 수 있습니다. 이것을 **비동기 프로그래밍**asynchronous programming이라고 합니다.

비동기를 연습할 때 setTimeout 함수를 사용하기도 합니다. 이 함수는 괄호 안에 있는 명령을 특정한 시간이 지난 후에 실행합니다. 그래서 다음과 같이 작성하면 2000밀리초(2초)가 지난 후에 터미널 창에 결괏값을 표시합니다.

```
setTimeout(() => {
    console.log("B");
}, 2000);
```

자바스크립트에서는 시간이 걸리는 작업이 있을 경우 기본적으로 비동기로 처리합니다. 다음 코드는 setTimeout 함수를 사용해서 displayB 함수가 2초 동안 시간이 걸리게 설정한 것입니다. 앞에서 살펴본 코드와 똑같이 displayA부터 displayC까지 순서대로 실행했지만 결과는 A → C → B로 나타나죠. 이것은 중간에 시간이 걸리는 작업이 있을 경우 그 작업은 잠시 미뤄 두고 빨리 처리할 수 있는 것부터 실행하기 때문입니다. 빨리 처리할 수 있는 작업이 다끝나면 그때 시간이 걸리는 작업을 처리합니다. 그래서 다음 코드를 실행하면 A → C → B 순서대로 터미널 창에 표시되죠.

**Do it! 코딩해 보세요!**                                              • 02\async-1.js

```
function displayA() {
  console.log("A");
}
function displayB() {
  setTimeout(() => {        // 2초 후에 console.log("B") 실행
    console.log("B");
  }, 2000);
}
function displayC() {
  console.log("C");
}

displayA();
displayB();
displayC();
```

**터미널**
```
A
C
B
```

자바스크립트에서 기본으로 비동기 처리를 한다면 이제부터 공부하려고 하는 '비동기 처리' 방법은 무엇일까요? 위 코드에서 displayB가 시간이 걸려서 기본으로 가장 마지막에 처리했지만 A → B → C 순서로 처리해야 한다면 'displayB 다음에 displayC를 실행해라'라고 알려 줘야 합니다. 이렇게 시간이 걸리는 함수와 빨리 처리할 수 있는 함수가 뒤섞여 있을 때 함수들을 원하는 처리 순서에 맞게 프로그래밍하는 것을 **비동기 처리**라고 합니다.

다음 코드는 터미널 창에 A를 표시하고 2초 기다렸다가 B를 표시한 후 이어서 C를 표시하는 것입니다. 실행 순서를 조절한 거죠. displayB에 이어서 displayC를 실행하도록 displayB (displayC)처럼 사용했습니다. 이것을 콜백 함수라고 하는데 바로 뒤에서 자세히 설명하겠습니다.

---

**Do it! 코딩해 보세요!**  · 02\async-2.js

```javascript
function displayA() {
  console.log("A");
}
function displayB(callback) {
  setTimeout(() => {
    console.log("B");
    callback();
  }, 2000);
}
function displayC() {
  console.log("C");
}

displayA();
displayB(displayC);   // displayB를 실행한 후 이어서 displayC 실행
```

---

자바스크립트에서 비동기 처리를 할 때 사용하는 방법은 크게 다음 3가지입니다.

| 방법 | 버전 | 기능 |
|------|------|------|
| 콜백 함수 | 기존부터 사용 | 함수 안에 또 다른 함수를 매개변수로 넘겨서 실행 순서를 제어합니다. 콜백 함수가 많아지면 가독성이 떨어질 수 있습니다. |
| 프라미스 | 에크마스크립트 2015부터 도입 | 프라미스 객체와 콜백 함수를 사용해서 실행 순서를 제어합니다. |
| async/await | 에크마스크립트 2017부터 도입 | async와 await 예약어를 사용해서 실행 순서를 제어합니다. |

## 콜백 함수

**콜백 함수**란 다른 함수의 매개변수로 사용하는 함수를 말합니다. 예를 들어 A 함수 안에 B 함수를 매개변수로 지정하면 A 함수를 모두 실행한 후 이어서 B 함수를 실행하죠. 자바스크립트는 오래 전부터 콜백 함수를 사용해서 비동기 처리를 구현해 왔습니다.

### 함수 이름을 콜백으로 사용하기

간단한 예제를 살펴보면서 콜백 함수로 비동기 처리하는 방법을 알아보겠습니다. 예를 들어 손님이 커피를 주문하면 3초 후에 준비되었다고 알려 주는 프로그램을 작성한다고 가정해 보겠습니다. 이때 커피를 주문하는 함수와 커피가 완료되었다고 알려 주는 함수는 실행 시간이 다르므로 코드에서 비동기로 처리하지 않으면 실행 시간이 짧은 함수부터 실행하고 이어서 나머지 다른 함수를 실행합니다.

하지만 우리가 원하는 것은 두 함수의 실행 시간에 따라 좌우되지 않고 커피 주문 함수를 실행한 후에 커피 완료 함수를 이어서 실행하는 것입니다. 비동기로 처리해야 하는 거죠. 커피를 주문하는 order 함수와 완료되었다고 알려 주는 display 함수는 다음과 같이 작성합니다.

```
const order = (coffee) => {
  console.log(`${coffee} 주문 접수`);
  // 시간이 3초 걸리는 작업
}

const display = (result) => {
  console.log(`${result} 완료!`);
}
```

커피를 주문한 지 3초 후에 나온다면 어떻게 작성해야 할까요? order 함수를 실행한 후 이어서 3초 지나 display 함수를 실행해야 합니다.

```
function order(coffee) {
    // 커피 주문
    // 3초 기다린 후 완료 표시  ←
}
function display(result) {
    // 커피 완료 표시  ─────────
}
```

예상하는 프로그램 흐름

이처럼 원하는 순서를 지정해서 시간이 얼마나 걸리든 order 함수를 실행한 후 display 함수를 실행하도록 하는 게 비동기 처리입니다. 콜백 함수를 사용할 때는 order 함수에게 이어서 처리할 display 함수를 매개변수로 넘겨줍니다.

```
function order(coffee, callback) {
    // 커피 주문
    // 3초 기다린 후 콜백 실행
}
function display(result) {
    // 커피 완료 표시
}

order("아메리카노", display)
```

display 함수를 order 함수의 매개변수로 넘기기

지금까지 설명한 내용을 코드로 정리하면 다음과 같습니다. 코드를 실행하면 터미널 창에서 '아메리카노 주문 접수'가 표시되면 3초 후에 '아메리카노 완료!'라는 메시지가 나타나는 것을 확인할 수 있습니다.

**Do it! 코딩해 보세요!**　　　　　　　　　　　　　　　• 02\callback-1.js

```
const order = (coffee, callback) => {
  console.log(`${coffee} 주문 접수`);
  setTimeout(() => {
    callback(coffee);
  }, 3000);
}
```

```
const display = (result) => {
  console.log(`${result} 완료!`);
}

order('아메리카노', display);
```

```
PS C:\Users\kyrie\Desktop\basics\02> node callback-1
아메리카노 주문 접수
아메리카노 완료!
```

## 익명으로 콜백 함수 작성하기

콜백 함수를 사용할 때 한 번만 실행하고 끝날 경우에는 함수 안에 익명 함수로 직접 작성합니다. 예를 들어 A를 표시한 후 1초마다 B → C → D → stop! 순서대로 표시한다면 다음과 같이 작성할 수 있습니다.

**Do it! 코딩해 보세요!** • 02\callback-2.js

```
function displayLetter() {
  console.log("A");
  setTimeout( () => {
    console.log("B");
    setTimeout( () => {
      console.log("C");
      setTimeout( () => {
        console.log("D");
        setTimeout( () => {
          console.log("stop!");
        }, 1000);
      }, 1000);
    },1000);
  }, 1000);
}

displayLetter();
```

```
PS C:\Users\kyrie\Desktop\basics\02> node callback-2
A
B
C
D
stop!
```

이런 코드는 그다지 복잡한 기능이 아닌데도 콜백 함수 안에 다른 콜백 함수가 연속으로 들어가서 읽기 어렵습니다. 이 경우는 간단하지만 서버에서 자료를 가져와서 처리하는 코드라면 이보다 더 복잡해집니다. 게다가 이 코드에서 오류가 발생한다면 디버깅도 쉽지 않겠죠. 이렇게 콜백이 계속 반복되는 상태를 **콜백 지옥**<sup>callback hell</sup>이라고 합니다. 그래서 에크마스크립트 2015 이후에 또 다른 비동기 처리 방법인 프라미스가 등장합니다.

## 프라미스

콜백 안에 계속 콜백이 포함될 경우에는 콜백 지옥을 만나게 됩니다. 프라미스는 이런 콜백 지옥을 만들지 않기 위해 에크마스크립트 2015에서 도입한 방법입니다.

### 프라미스 객체란

**프라미스**<sup>Promise</sup>는 이름에서 알 수 있듯이 처리에 성공했을 때와 성공하지 않았을 때의 반환 결과를 미리 약속해 둔 것입니다. 이 책에서는 프라미스를 직접 만들지 않고 미리 만들어져 있는 프라미스 객체를 사용하니 프라미스의 특징과 사용법만 알아 두면 됩니다.

프라미스를 좀 더 쉽게 이해하기 위해 피자 만드는 프로그램을 예로 들어 보겠습니다. 우선 다음 코드에서 pizza라는 객체가 new Promise를 사용해서 만든 프라미스 객체라는 점만 주의해서 보세요.

**Do it! 코딩해 보세요!**  • 02\promise.js

```
let likePizza = true;
const pizza = new Promise((resolve, reject) => {
  if(likePizza)
    resolve('피자를 주문합니다.');
  else
    reject('피자를 주문하지 않습니다.');
});
```

여기에서 Promise 객체는 if(likePizza)의 실행 결과에 따라 true라면 resolve 함수에 있는 '피자를 주문합니다.'를 반환하고, false라면 reject 함수에 있는 '피자를 주문하지 않습니다.'를 반환합니다. 즉, 성공이나 실패에 따라 반환할 값만 있을 뿐 성공하거나 실패했을 때 실행할 명령을 가지고 있지 않습니다. 프라미스 객체에서는 처리에 성공했는지 실패했는지 판단만 한다는 것을 기억해 두세요.

## 프라미스를 실행하는 then과 catch 함수

프라미스에서는 성공과 실패를 판단하고 결괏값을 반환합니다. 그 결괏값을 받아서 처리하는 부분을 직접 작성해야 하는데 이때 사용하는 함수가 then과 catch입니다. then 함수는 성공했을 때, 그리고 catch 함수는 실패했을 때 넘겨받은 결괏값을 사용해서 실행할 명령을 지정합니다.

▶ 성공, 실패에 상관없이 실행해야 할 일이 있다면 finally 함수를 연결할 수 있습니다.

| 기본형 | then() | // 성공했을 때 실행할 내용 |
| | catch() | // 실패했을 때 실행할 내용 |

그러면 앞에서 만든 pizza라는 프라미스를 다시 살펴볼까요? 프라미스에서 성공했을 때와 실패했을 때 처리할 내용은 각각 then과 catch를 이용해서 작성합니다. 이때 then 함수 안에 있는 result는 프라미스에서 성공했을 때 반환하는 값입니다. 여기에서는 '피자를 주문합니다.'라는 텍스트겠죠? catch 함수 안에 있는 err 변수는 프라미스에서 실패했을 때 반환하는 값입니다. 여기에서는 '피자를 반환하지 않습니다.'라는 텍스트고요.

```
pizza
 .then(result => console.log(result))
 .catch(err => console.log(err));
```

지금까지 작성한 코드를 정리하면 다음과 같습니다. 실행 과정을 따라가 볼까요?

❶ 코드의 첫 줄에서 likePizza = true로 지정했으므로 프라미스 안에서 resolve 함수를 실행합니다.

❷ resolve 함수를 실행했으니 then과 catch 중에서 then 함수를 실행합니다.

❸ then 함수에서 result에는 프라미스에서 성공할 때 넘겨준 값, 즉 resolve 함수 안에 있는 '피자를 주문합니다.'라는 텍스트가 담깁니다.

```
let likePizza = true;
const pizza = new Promise((resolve, reject) => {
  if (likePizza)
    resolve('피자를 주문합니다.');
  else
    reject('피자를 주문하지 않습니다.');
});

pizza
.then(result => console.log(result))
.catch(err => console.log(err));
// 피자를 주문합니다.
```

**터미널**

```
PS C:\Users\kyrie\Desktop\basics\02> node promise
피자를 주문합니다.
```

 위 코드에서 likePizza를 false로 놓고 결과를 확인해 보세요. 그리고 어떤 식으로 흐름이 이어졌는지 생각해 보세요.

정답 터미널 창에 '피자를 주문하지 않습니다.'가 출력

**한 걸음 더! 프라미스 체이닝**

pizza 프라미스에서 성공이나 실패를 반환했을 때 그것을 처리하는 함수는 다음과 같습니다.

```
pizza.then(result => console.log(result));
pizza.catch(err => console.log(err));
```

이 코드를 좀 더 간결하게 표현하기 위해 같은 프라미스에서 사용할 then, catch 함수를 다음과 같이 하나로 만들 수 있는데, 이것을 **프라미스 체이닝**이라고 합니다.

```
pizza.then(result => console.log(result)).catch(err => console.log(err));
```

체이닝한 코드는 읽기 쉽게 다음처럼 작성하기도 합니다.

```
pizza
  .then(result => console.log(result))
  .catch(err => console.log(err));
```

## async / await

프라미스는 콜백 지옥이 생기지 않도록 코드를 읽기 쉽게 바꿉니다. 그런데 프라미스 역시 체이닝을 사용해서 계속 연결해서 사용할 경우 콜백 지옥처럼 코드가 복잡해질 수도 있습니다. 이런 문제를 줄이기 위해 에크마스크립트 2017부터 **async**와 **await** 예약어가 등장했습니다.

함수를 선언할 때 함수 앞에 async를 붙여서 선언하면 그 함수 안에서는 await를 붙여서 비동기 처리를 할 수 있습니다.

▶ async는 aynchronous(비동기)의 줄임말입니다.

기본형

```
async function() {
...
await 함수
}
```

await 예약어는 자바스크립트에서 비동기 코드를 실행할 때 유용한데, await는 async 함수에서만 사용할 수 있습니다. 그래서 await를 사용해서 특정 함수를 비동기 처리하겠다면 그 함수를 감싸는 async function을 만들어야 합니다. 예를 들어 다음 코드는 서버에서 사용자 자료를 가져와서 users 변수에 할당한 후 터미널 창에 표시합니다.

**Do it! 코딩해 보세요!** • 02\await.js

```
async function init() { —①
  const response = await fetch("https://jsonplaceholder.typicode.com/users");  // 서버에서 가져오기 —②
  const users = await response.json();  // 가져온 결과를 객체로 변환해서 users에 저장 —③
  console.log(users);  // users 표시 —④
}

init();
```

❶ init 함수 안에서 비동기 처리를 할 것이므로 init 함수 선언 앞부분에 async를 붙입니다.

❷ 에크마스크립트 2015 이후에 등장한 fetch 함수는 네트워크를 통해서 서버의 자료를 가져옵니다. 서버에서 자료를 가져오려면 아무래도 시간이 걸리겠죠? 그래서 fetch 앞에 await를 붙여서 시간이 얼마나 걸리든 자료 가져오기가 끝난 후에 ❸ 코드로 넘어가게 합니다.

❸ response.json 함수는 서버에서 가져온 프라미스 객체를 프로그램에서 사용할 수 있는 객체로 변환합니다. 이 과정도 시간이 걸릴 수 있어서 앞에 await를 붙입니다.

▶ response 변수에는 프라미스 객체가 할당됩니다.

❹ 변환된 객체 users를 터미널 창에 표시합니다.

이 코드를 실행하면 서버에서 자료를 가져와서 터미널 창에 보여 줍니다.

```
문제   출력   디버그 콘솔   터미널

PS C:\Users\kyrie\Desktop\basics\02> node await
[
  {
    id: 1,
    name: 'Leanne Graham',
    username: 'Bret',
    email: 'Sincere@april.biz',
    address: {
      street: 'Kulas Light',
      suite: 'Apt. 556',
      city: 'Gwenborough',
      zipcode: '92998-3874',
      geo: [Object]
    },
    phone: '1-770-736-8031 x56442',
    website: 'hildegard.org',
    company: {
      name: 'Romaguera-Crona',
      catchPhrase: 'Multi-layered client-server neural-net',
      bs: 'harness real-time e-markets'
    }
  },
  {
    id: 2,
    name: 'Ervin Howell',
```

# 02-3 │ 노드의 모듈

노드에서는 대부분의 기능을 모듈이라는 단위로 나누어서 작성합니다. 그래서 모듈을 만드는 것도, 필요한 모듈을 정확하게 사용하는 것도 중요합니다. 노드에서 모듈이 무엇인지, 어떤 역할을 하는지 알아보겠습니다.

## 프로그래밍에서 가장 기본적인 개념, 모듈

프로그램을 만들 때에는 최대한 작은 기능 단위로 쪼개서 각 기능을 하나씩 해결하는 방식을 가장 많이 사용합니다. 이렇게 기능별로 만들어 놓은 함수를 **모듈**<sup>module</sup>이라고 합니다. 모듈은 파일 형태로 저장하고 필요할 때마다 가져와서 사용합니다.

레고 블록을 떠올리면 좀 더 이해가 쉽겠네요. 블록은 모양이나 크기가 아주 다양한데 이리저리 끼워 맞춰서 자동차를 만들 수도 있고 커다란 성을 쌓을 수도 있습니다. 여기에서 레고 블록은 모듈에 해당하고 여러 블록을 사용해 만든 자동차는 프로그램이 됩니다.

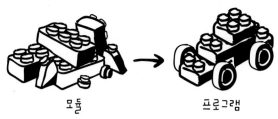

모듈　　　　　　　프로그램

모듈과 프로그램의 관계

이것을 프로그래밍으로 옮겨 볼까요? 예를 들어 사용자 정보와 연락처 정보를 관리하는 프로그램을 작성한다고 가정해 보겠습니다. 사용자 정보나 연락처 정보는 모두 데이터베이스에 저장해야 합니다. 저장할 대상이 사용자와 연락처인 것만 다를 뿐이죠. 이럴 경우 데이터베이스에 저장하는 부분을 모듈로 만들어 놓으면 사용자 관리 코드 부분에서 모듈을 가져와서 사용하고, 연락처 관리 코드에서도 같은 모듈을 가져와 사용할 수 있습니다. 이렇게 모듈을 사용하면 코드를 중복해서 작성하는 것을 줄일 수 있습니다. 또한 프로그램에서 사용하는 기능을 따로 관리하기 때문에 코드를 수정할 때에도 전체 코드가 아니라 필요한 부분의 해당 모듈만 수정하면 됩니다.

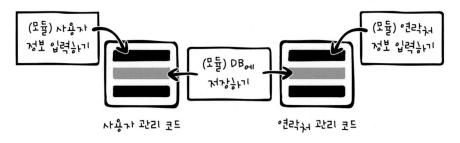

모듈을 사용해 코드 작성하기

## CommonJS 모듈 시스템과 ES 모듈 시스템

노드는 모듈 기반으로 동작하지만 노드가 출시될 당시에는 에크마스 크립트에 모듈을 내보내고 가져오는 표준 명세가 정해져 있지 않았 습니다. 그래서 노드에서는 require 함수를 통해 모듈을 사용해 왔는 데 이것을 CommonJS 모듈 시스템이라고 합니다. 이후에 에크마스 크립트가 발전하면서 모듈을 처리하는 표준이 정해졌는데, 노드에서 는 이 방식을 에크마스크립트 모듈 시스템 혹은 ES 모듈 시스템이라고 합니다.

노드 프로그램에서는 대부분 CommonJS 모듈을 사용하고 있어!

노드에서도 13.2.0 이후 버전부터 ES 모듈을 지원하고 있습니다. 하위 버전과 호환할 수 있도록 require 함수도 계속 사용할 수 있습니다. 또한, 최신 문법이나 타입스크립트를 사용한다면 ES 모듈 시스템을 선택할 수 있습니다.

노드의 공식 문서에서 제공하는 예제 코드를 보면 CJS와 ESM이 표시되어 있는데 각각 CommonJS 모듈 시스템과 ES 모듈 시스템을 가리킵니다. CommonJS 모듈 시스템을 사용 하겠다면 CJS를 켜고, ES 모듈 시스템을 사용하겠다면 ESM을 켜면 됩니다.

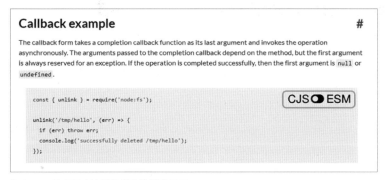

CommonJS 모듈 시스템을 사용한 예제 코드

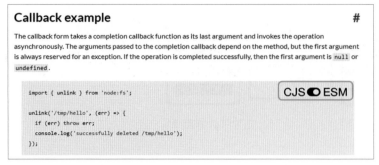

```
Callback example                                              #

The callback form takes a completion callback function as its last argument and invokes the operation
asynchronously. The arguments passed to the completion callback depend on the method, but the first argument
is always reserved for an exception. If the operation is completed successfully, then the first argument is null or
undefined.

    import { unlink } from 'node:fs';                        CJS ● ESM

    unlink('/tmp/hello', (err) => {
      if (err) throw err;
      console.log('successfully deleted /tmp/hello');
    });
```

ES 모듈 시스템을 사용한 예제 코드

CommonJS 모듈 시스템과 ES 모듈 시스템 중에 어떤 것을 사용할지는 개발자가 선택하면 되지만 하나의 애플리케이션에 두 모듈을 섞어 쓰지는 마세요. 이 책에서는 아직까지 더 많이 사용하는 Common JS 모듈을 중심으로 설명하겠습니다. ES 모듈 시스템 사용법이 궁금하다면 82쪽의 〈Special 01〉을 참고하세요.

### Do it! 실습 ▶ 직접 모듈 만들기

준비 02\greeting.js   결과 비교 02\results\user.js, 02\results\hello.js

이제 모듈을 직접 만들어 볼까요? 실습 코드에서 greetings.js를 불러옵니다. 다음 코드는 사용자 이름을 가져와 화면에 표시합니다.

**Do it! 코딩해 보세요!**  • 02\greeting.js

```
const user = "홍길동";

// 인사하는 함수
const hello = (name) => {
  console.log(`${name} 님, 안녕하세요?`);
};


hello(user);
```

**터미널**

```
PS C:\Users\kyrie\Desktop\basics\02> node greeting
홍길동 님, 안녕하세요?
```

이 코드는 '사용자 이름을 가져오는 함수'와 '터미널 창에 표시하는 함수'로 나눌 수 있습니다. 그리고 2가지 기능을 각각의 모듈로 구성할 수 있습니다. 두 모듈을 가져와서 실제로 실행하는 함수가 필요합니다. 모듈은 함수를 감싸는 역할을 하므로 실제로 그 함수는 모듈 밖에서 실행됩니다.

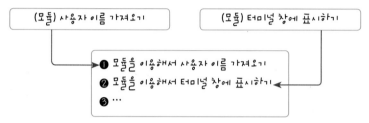

모듈을 이용해 사용자 이름 가져와서 터미널 창에 표시하기

방금 살펴본 greeting.js 파일을 사용자 이름을 가져오는 user.js와 인사말을 표시하는 hello.js, 이렇게 2개의 모듈로 나누어 보겠습니다. VS Code의 작업 폴더 빈 공간을 마우스 오른쪽 버튼으로 클릭하고 [새 파일]을 선택해 02 폴더에 user.js 파일을 새로 만듭니다. 그리고 사용자 이름을 할당하는 코드를 작성합니다.

▶ 폴더가 열려 있으면 작업 폴더에서 빈 공간을 찾기 어렵습니다. 폴더를 축소한 후 새 파일을 만드세요.

**Do it!** 코딩해 보세요! • 02\user.js

```
const user = "홍길동";
```

02 폴더에 hello.js라는 파일을 새로 만들고 인사말을 표시하는 함수를 작성합니다.

**Do it!** 코딩해 보세요! • 02\hello.js

```
const hello = (name) => {
  console.log(`${name} 님, 안녕하세요?`);
};
```

모듈은 파일로 저장하므로 다른 파일에서 그 모듈을 사용할 수 있도록 외부에 노출해야 합니다. 이때 사용하는 것이 module.exports 문입니다. 모듈을 외부로 내보내는 것을 흔히 **익스포트**export한다고 합니다.

**기본형**    module.exports = *외부로 내보낼 함수 또는 변수*

앞에서 만든 user.js에서는 user 변수를 외부로 내보내고 hello.js에서는 hello 함수를 외부로 내보내야 하므로 각각의 모듈에 다음과 같이 작성합니다.

**Do it! 코딩해 보세요!**    • 02\user.js

```
const user = "홍길동";

module.exports = user;    // user 변수 내보내기
```

**Do it! 코딩해 보세요!**    • 02\hello.js

```
const hello = (name) => {
  console.log(`${name} 님, 안녕하세요?`);
};

module.exports = hello;    // hello 함수 내보내기
```

모듈에서 함수를 정의할 때 맨 앞에 exports를 붙여서 함수를 직접 내보낼 수도 있습니다. 예를 들어 위의 hello.js 파일에서 hello 함수를 내보낼 때 다음과 같이 사용할 수 있습니다. 이 경우에는 따로 module.exports를 사용하지 않아도 됩니다.

```
exports.hello = (name) => {
  console.log(`${name} 님, 안녕하세요?`);
};
```

hello.js 파일의 코드를 참고해서 'OOO 님, 안녕히 가세요.'라는 인사말을 표시하는 bye.js 모듈을 02 폴더에 작성해 보세요. 내보내기까지 완성해야 합니다.

정답 02\results\bye.js

## Do it! 실습 ▶ 모듈 가져오기 – require 함수

준비 02\user.js, 02\hello.js

결과 비교 02\results\user.js, 02\results\hello.js, 02\results\app-1.js

user.js와 hello.js라는 모듈을 준비했으니 이 모듈을 어떻게 사용하는지 알아보겠습니다. CommonJS 모듈 시스템에서 모듈을 가져올 때는 require 함수를 사용합니다. require( ) 괄호 안에 모듈 파일의 경로를 지정하면 됩니다. 모듈을 가져와서 사용하는 것을 **임포트**<sup>import</sup>한다고 합니다.

| 기본형 | require(*모듈 파일 경로*) |

**1.** 앞에서 만든 user.js와 hello.js 모듈을 사용해서 app-1.js 파일을 작성해 보겠습니다. 02 폴더에 app-1.js 파일을 만든 후에 다음 과정을 따라 하세요.

**2.** app-1.js에서 각 모듈에 있는 user와 hello 함수를 가져오는 코드는 다음과 같이 작성합니다. 모듈을 가져올 때에는 모듈 파일의 경로를 상대 경로로 지정한다는 점에 주의하세요. 그래서 app-1.js 파일과 같은 폴더에 있을 경우 모듈 파일 경로 앞에 './'를 붙여야 합니다. 이때 가져오는 모듈의 확장자인 .js는 생략할 수 있습니다.

상대 경로는 3장에서 자세히 다뤄!

user 변수와 hello 함수를 가져왔으므로 마치 현재 파일에 그 변수와 함수가 있는 것처럼 실행할 수 있습니다.

**Do it! 코딩해 보세요!** • 02\app-1.js

```
const user = require("./user");  // user.js에서 user 가져오기
const hello = require("./hello");  // hello.js에서 hello 가져오기

hello(user);   // 모듈에서 가져온 user 변수와 hello 함수 사용하기
```

**3.** 정말 제대로 동작하는지 확인해 볼까요? VS Code 터미널에서 app-1.js를 실행합니다.

```
터미널
node app-1
```

**4.** 사용자 이름과 인사말이 터미널 창에 나타날 것입니다. 모듈 2개를 성공적으로 가져와서 사용했다는 것을 알 수 있습니다.

```
터미널
PS C:\Users\kyrie\Desktop\basics\02> node app-1
홍길동 님, 안녕하세요?
```

**5.** 만일 프로그램 중간에 사용자 이름이 달라질 경우 app-1.js가 아니라 사용자 정보가 있는 user.js 모듈에서 바꾸면 됩니다. user.js에서 사용자 이름을 여러분의 이름으로 바꿔 보세요.

```
Do it! 코딩해 보세요!                                          • 02\user.js
const user = "고경희";    // use 값 변경하기
```

**6.** 변경한 app-1.js를 저장하고 다시 실행하면 바뀐 이름으로 인사말이 표시됩니다. 이렇게 모듈을 사용하면 app-1.js에서는 전체 프로그램의 흐름을 한눈에 알 수 있고, 실제로 어떻게 동작할 것인지는 각 모듈에서 작성하면 됩니다. 그리고 수정해야 할 기능이 있다면 app-1.js 에는 영향을 주지 않으면서 모듈 파일에서만 하면 되죠. 이렇게 모듈을 사용하면 프로그램을 훨씬 효율적으로 작성할 수 있습니다.

```
터미널
PS C:\Users\kyrie\Desktop\basics\02> node app-1
고경희 님, 안녕하세요?
```

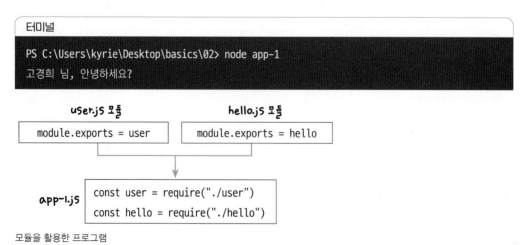

모듈을 활용한 프로그램

## Do it! 실습 ▶ 둘 이상의 변수 내보내기 및 가져오기

준비 02\users-1.js    결과 비교 02\results\users-1.js, 02\results\app-2.js

앞에서 살펴본 user.js에는 사용자 이름이 하나뿐이었지만 값을 여러 개 내보낼 수도 있습니다. 이 경우에는 {}로 묶어서 객체 형태로 내보냅니다. 예시로 users-1.js 파일을 살펴보겠습니다.

**1.** VS Code의 파일 탐색 창에서 02\users-1.js 파일을 불러옵니다. 이 파일에는 변수가 모두 3개가 있는데, 이 중에서 user1과 user2라는 변수 2개만 내보내려면 다음과 같이 코드를 추가합니다.

**Do it! 코딩해 보세요!**                                               • 02\users-1.js

```
const user1 = "Kim";
const user2 = "Lee";
const user3 = "Choi";

module.exports = { user1, user2 };
```

**2.** 02 폴더에 새로운 파일 app-2.js를 만듭니다. 그리고 user-1s.js에서 내보냈던 변수 2개를 각각 user1과 user2라는 변수로 받습니다.

**Do it! 코딩해 보세요!**                                               • 02\app-2.js

```
const { user1, user2 } = require("./users-1");
const hello = require("./hello");

hello(user1);
hello(user2);
```

users-1.js   `module.exports = { user1, user2 };`

app-2.js     `const { user1, user2 }; = require("./user-1");`

변수 2개 내보내기

**3.** app-2.js를 실행해 볼까요? user1과 user2로 넘겨받은 사용자 이름과 hello 함수를 사용해 이름과 함께 인사말이 표시됩니다.

```
터미널

PS C:\Users\kyrie\Desktop\basics\02> node app-2
Kim 님, 안녕하세요?
Lee 님, 안녕하세요?
```

 02\users-2.js에 있는 user3 변수를 가져와서 'Choi 님, 안녕하세요?' 라는 인사말을 표시하려고 합니다. app-3.js 파일을 새로 만들고, users-2.js 모듈과 67쪽에서 만들었던 hello.js 모듈도 같이 사용해서 인사말을 표시하는 코드를 작성해 보세요.

정답 02\results\app-3.js, 02\results\users-2.js 참고

## 자바스크립트 객체 살펴보기

모듈에서 변수나 함수를 여러 개 내보낼 때는 중괄호({ })로 묶어야 한다고 설명했습니다. 앞의 실습에서처럼 내보낸 변수나 함수 여러 개를 가져올 때 하나하나 이름을 붙여서 사용할 수도 있지만 객체 형태로 받을 수도 있습니다. 객체를 사용하는 실습을 본격적으로 시작하기 전에 자바스크립트에서 객체가 무엇이고 어떻게 사용하는지 이해하고 넘어가야겠죠?

### 객체 만들기

자바스크립트에서 객체는 여러 자료 유형을 하나로 묶어 놓은 것을 말합니다. 그래서 하나의 변수에 다양한 정보가 포함되죠. 객체는 중괄호({ }) 안에 모든 정보를 담는데 **키**<sup>key</sup>와 **값**<sup>value</sup>이 하나의 쌍을 이룹니다. 이런 '키: 값' 형태의 쌍이 여러 개일 경우 쉼표(,)로 구분합니다. '키: 값' 형태의 쌍을 **프로퍼티**<sup>property</sup>라고 합니다.

```
기본형            객체명 = {
                  키: 값,
                  키: 값,
                  ...
                  }
```

예를 들어 프로그램에서는 책 제목과 출간일, 쪽수, 다 읽었는지 등과 같은 여러 가지 책 정보를 하나의 객체로 만들 수 있습니다.

다음 코드에서 gitBook이라는 객체는 title과 pubDate, pages, finished라는 키와 각 키의 값을 사용해서 정보를 구성하고 있습니다. 여기서 키는 문자열이어도 큰따옴표를 사용하지 않지만 값이 문자열이라면 큰따옴표를 사용해야 합니다.

```
let gitBook = {
  title: "깃&깃허브 입문",        // 문자열
  pubDate: "2019-12-06",        // 문자열
  pages: 272,                   // 숫자
  finished: true               // 논릿값
}
```

위 gitBook 객체를 다음과 같이 한 줄로 표시해도 됩니다.

```
let gitBook = { title : "깃&깃허브 입문", pubDate : "2019-12-06", pages : 272, finished :
true }
```

## 객체의 값에 접근하기

객체에 있는 여러 개의 프로퍼티 중에서 원하는 프로퍼티값을 가져오려면 다음 형식을 사용합니다.

| 기본형 | *객체명.키* |
|---|---|

예를 들어 gitBook이라는 객체에서 책 제목에 접근하려면 다음과 같이 사용합니다.

```
gitBook.title  // gitBook 객체에서 title 키의 값 가져오기
```

준비 02\users-3.js   결과 비교 02\results\users-3.js, 02\results\app-4.js

모듈에서 여러 변수를 한꺼번에 내보냈을 때 모듈을 가져오는 코드에서는 객체로 받아서 사용하는 경우가 많습니다. 객체로 받는 방법과 객체 안에서 원하는 키에 접근하는 방법을 연습해 보겠습니다.

**1.** users-3.js에서 다음과 같이 코드를 추가해서 변수 3개를 모두 내보내 보겠습니다.

**Do it! 코딩해 보세요!**                                                          • 02\users-3.js

```
const user1 = "Kim";
const user2 = "Lee";
const user3 = "Choi";

module.exports = { user1, user2, user3 };
```

**2.** 02 폴더에 app-4.js 파일을 만듭니다. 그리고 users-3.js에서 내보낸 값을 한꺼번에 users 객체로 받겠습니다. 그리고 users 객체에 어떤 내용이 들어 있는지 터미널 창에 표시해 보겠습니다.

**Do it! 코딩해 보세요!**                                                           • 02\app-4.js

```
const users = require("./users-3");

console.log(users);
```

**3.** 터미널 창에서 app-4.js를 실행하면 users라는 객체에 3개의 자료가 '키: 값' 형태로 담겨 있습니다.

**터미널**

```
PS C:\Users\kyrie\Desktop\basics\02> node app-4
{ user1: 'Kim', user2: 'Lee', user3: 'Choi' }
```

**4.** 다시 app-4.js로 돌아와서 users 객체에 담겨 있는 user3의 이름을 사용하려면 어떻게 해야 할까요? 마침표를 사용해서 객체의 키에 접근하면 되겠죠. app-4.js에서 hello 함수를 가져온 후 user3를 사용해 인사말을 표시합니다.

• 02\app-4.js

```javascript
const users = require("./users-3");
const hello = require("./hello");


console.log(users);
hello(users.user3);
```

**5.** 터미널 창에서 app-4.js를 실행해 보세요. users 객체에 담겨 있는 여러 정보 중에서 user3에 해당하는 값을 가져와 인사말을 표시합니다.

터미널

```
PS C:\Users\kyrie\Desktop\basics\02> node app-4
{ user1: 'Kim', user2: 'Lee', user3: 'Choi' }
Choi님, 안녕하세요?
```

# 02-4 | 노드의 코어 모듈

노드에는 백엔드 개발에 필요한 모듈이 이미 내장되어 있습니다. 이런 모듈을 **코어 모듈**이라고 합니다. 이 절에서는 노드의 코어 모듈과 자주 사용하는 글로벌 모듈을 살펴보면서 코어 모듈의 특징을 알아보겠습니다.

## 노드의 코어 모듈 살펴보기

노드에서 지원하는 코어 모듈을 살펴보려면 먼저 노드 공식 웹 사이트에서 [Docs]를 클릭한 후 설치한 노드 버전을 선택합니다.

설치한 노드 버전 확인하기

화면 왼쪽에 모듈 목록이 나열되어 있는데 모듈 카테고리를 클릭하면 화면 오른쪽에서 해당 모듈을 설명하는 내용 나타납니다. 모듈에서 어떤 함수나 변수를 사용하는지 설명과 함께 예제 코드도 함께 제공하므로 노드 공식 웹 사이트를 활용하면 모듈을 공부할 때 큰 도움을 받을 수 있습니다.

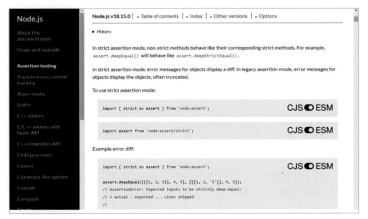

노드에서 지원하는 코어 모듈을 설명하는 내용

노드에서 제공하는 코어 모듈은 아주 다양한데 그중에서 자주 사용하는 모듈과 용도는 다음과 같습니다.

▶ 이 책에서 다루지 않은 모듈이 궁금하다면 노드 공식 웹 사이트의 문서를 참고하세요.

| 기능 | 모듈명 | 설명 |
|---|---|---|
| 파일 시스템 | fs | 파일이나 폴더에 접근할 수 있는 기능을 제공합니다. 예를 들어 파일 읽기/쓰기/삭제/이동/이름 변경이나 폴더 작업을 처리할 수 있습니다.<br>자세한 사용법은 03-2절에서 설명합니다. |
| HTTP | http | HTTP 서버를 만들고 요청을 처리하는 기능을 제공합니다. 익스프레스 같은 프레임워크 없이 HTTP 서버를 만드는 방법은 04-2절에서 설명합니다. |
| 경로 | path | 파일 경로와 관련된 작업을 하는 기능을 제공합니다. 예를 들어 파일 경로를 지정하거나 상대 경로를 계산하는 작업을 할 수 있습니다.<br>자세한 사용법은 03-1절에서 설명합니다. |
| 스트림 | streams | 데이터 스트림을 처리하는 기능을 제공합니다. 예를 들어 파일이나 네트워크와 같은 스트림에서 데이터를 읽거나 쓰는 작업을 할 수 있습니다. 스트림과 streams 모듈을 사용하는 방법은 03-5절에서 설명합니다. |
| 암호화 | crypto | 암호화와 관련된 기능을 제공합니다. 해시 함수, 암호화 알고리즘, 암호화 및 복호화 등을 지원합니다. |
| 운영체제 | os | 운영체제와 상호 작용하는 기능을 제공합니다. 예를 들어 운영체제의 정보를 알아내거나 시스템 리소스 정보를 확인할 수 있습니다. |
| 유틸리티 | util | 다양한 유틸리티 함수를 제공합니다. 예를 들어 객체 상속, 비동기 처리를 프라미스로 변환하는 등의 작업을 할 수 있습니다. |
| 이벤트 | events | 이벤트 기반 프로그래밍을 지원하는 기능을 제공합니다. 이벤트 생성, 등록, 처리 등을 할 수 있으며, 커스텀 이벤트를 사용하여 비동기 처리를 할 수 있습니다. |

파일 관리를 위해 파일 시스템 모듈을 사용한다면 다음과 같이 모듈을 가져옵니다. fs라는 모듈 이름만 지정하면 되죠.

```
const fs = require("fs");
```

그런데 만일 사용자가 만든 fs.js라는 모듈도 있다면 어떻게 될까요? 물론 대부분의 사용자는 fs가 코어 모듈 이름이라는 걸 알고 있어서 같은 이름을 사용하지 않겠지만 노드의 모듈 이름을 몰랐다면 충분히 생길 수 있는 상황이죠. 이 경우에는 사용자가 만든 fs.js를 가져오게 됩니다. 우리가 원했던 결과가 아닌 거죠.

그래서 2022년에 발표한 노드 18.0.0 이후 버전부터 코어 모듈을 가져올 때에는 다음과 같이 node:라는 접두사를 붙여서 가져오려는 모듈이 코어 모듈이라는 사실을 명확하게 보여 줄 수 있게 했습니다. 사용자가 만든 fs.js 모듈이 있든 없든 상관없이 코어 모듈 fs.js를 가져오겠다는 의미입니다. 다음 코드를 실행하면 코어 모듈 fs.js를 불러옵니다.

```
const fs = require("node:fs");
```

## 글로벌 모듈

노드에서 모듈을 가져올 때는 require 함수를 사용하고, 그 후에 모듈에 있는 함수를 사용한다고 설명했죠? 그런데 이런 require 함수 없이 그대로 사용할 수 있는 모듈이 있습니다. 이런 모듈을 **글로벌 모듈**global module이라고 합니다. 글로벌 모듈에 있는 변수나 함수는 코드를 작성할 때 따로 가져오지 않고 바로 사용합니다. 앞에서 사용한 require 함수 역시 글로벌 모듈에 포함되어 있습니다. 모듈을 따로 가져오지 않고 그냥 require("./user.js")처럼 사용합니다.

글로벌 모듈에 있는 객체를 **글로벌 객체**라고 합니다. 글로벌 객체는 global이라는 모듈에 포함되어 있어서 원래 다음과 같이 작성해야 합니다. 여기에서는 글로벌 객체인 console을 예로 들어 보겠습니다. console 객체에 미리 정의되어 있는 log 함수를 사용하는 코드입니다.

```
global.console.log(`${name} 님, 안녕하세요?`);
```

하지만 글로벌 모듈은 코드 어디에서나 사용할 수 있어서 global이라는 모듈 이름을 빼고 다음처럼 간단히 줄여서 사용합니다.

```
console.log(`${name} 님, 안녕하세요?`);
```

## __dirname, __filename

글로벌 모듈에 있는 여러 변수 중에서 자주 사용하는 __dirname 과 __filename 변수를 알아보겠습니다.

__dirname과 __filename 앞에 있는 __는 밑줄 2개로 표시해야 한다는 점에 주의해!

__dirname 변수는 현재 모듈이 있는 폴더 이름을 가져오고 __filename 변수는 현재 모듈이 있는 파일 이름을 가져옵니다. 폴더 이름과 파일 이름은 모두 절대 경로로 표시됩니다. 절대 경로란 드라이브(C:)부터 시작한 파일까지의 전체 경로를 다 보여 주는 것입니다. 절대 경로와 상대 경로를 자세히 알고 싶다면 03-1절을 참고하세요. ▶ 맥(Mac)의 경우 드라이브 문자가 없습니다.

예를 들어 다음 코드는 현재 모듈(here.js)이 있는 폴더와 파일 이름을 터미널 창에 보여 줍니다.

**Do it! 코딩해 보세요!** • 02\here.js

```
console.log(`현재 모듈이 있는 폴더 이름: ${__dirname}`);
console.log(`현재 모듈이 있는 파일 이름 : ${__filename}`);
```

터미널

```
PS C:\Users\kyrie\Desktop\basics\02> node here
현재 모듈이 있는 폴더 이름: C:\Users\kyrie\Desktop\basics\02
현재 모듈이 있는 파일 이름 : C:\Users\kyrie\Desktop\basics\02\here.js
```

## 타이머 함수 — setTimeout, setInterval, clearInterval

프런트엔드 개발에서 자주 사용하는 자바스크립트 함수인 setTimeout이나 setInterval, clearInterval 같은 함수도 노드에서 글로벌 객체로 사용할 수 있습니다. setTimeout 함수는 지정한 시간이 지난 후에 함수 안의 내용을 실행하고, setInterval 함수는 지정한 시간마다 함수 안의 내용을 실행합니다. clearInterval 함수는 setInterval 함수로 반복 실행하던 것을 멈추죠. 이 3가지 함수를 통틀어 **타이머 함수**라고 합니다.

다음 코드는 3초 후에 'Hi' 메시지를 표시하는데 500밀리세컨드(0.5초)마다 남은 시간을 보여 줍니다. setTimeout 함수를 따로 가져오지 않았는데도 즉시 실행할 수 있죠.

```javascript
let remainingTime = 3000;    // 남은 시간을 3초로 설정(3초 = 3000ms)
const waitingInterval = 500; // 대기 시간 간격을 0.5초로 설정

// 0.5초마다 호출되는 함수
const timer = setInterval(() => {
  // 남은 시간 표시
  console.log(`${remainingTime / 1000}초 남음`);
  remainingTime -= waitingInterval; // 남은 시간 감소

  if (remainingTime <= 0) {
    // 남은 시간이 0 이하일 경우 'Hi' 메시지를 표시하고 타이머 종료
    console.log("Hi");
    clearInterval(timer);
  }
}, waitingInterval);
```

터미널

```
PS C:\Users\kyrie\Desktop\basics\02\> node timer.js
3초 남음
2.5초 남음
2초 남음
1.5초 남음
1초 남음
0.5초 남음
Hi
```

지금까지 공부한 내용을 떠올려 보면서 다음 문제를 해결해 보세요.

**Q1** 다음은 '템플릿 리터럴'을 설명한 것입니다. 밑줄 친 부분에 들어갈 내용을 작성해 보세요.

> 템플릿 리터럴은 연결 연산자 없이 문자열과 변수를 연결하는 방법입니다. 문자열 전체를 묶는 기호는
> _____이며, 변수를 나타낼 때는 중괄호({ }) 앞에 _____ 기호를 붙여서 표현합니다.

해답 백틱('), $

**Q2** 다음은 프라미스에서 사용하는 함수를 설명한 것입니다. then과 catch 중에서 어떤 것을 설명했는지 함수 이름을 적어 보세요.

| 함수 | 설명 |
| --- | --- |
|  | 프라미스에서 실패했을 때 (reject) 실행할 작업 |
|  | 프라미스에서 성공했을 때 (resolve) 실행할 작업 |

해답 catch, then

**Q3** 다음 코드는 서버에서 사용자 정보를 가져와 화면에 표시합니다. 서버에서 자료를 가져오려면 시간이 걸리므로 비동기로 처리해야 합니다. 밑줄에 예약어를 채워 넣어 보세요.

```
async function init() {
  const response = _____ fetch("https://jsonplaceholder.typicode.com/users");
  const users = _____ response.json();
  console.log(users);
}

init();
```

해답 await

노드에서는 CommonJS 모듈 시스템과 ES 모듈 시스템이라는 2가지 방법을 모두 사용할 수 있습니다. 노드는 CommonJS 모듈 시스템을 기본으로 사용하지만 ES 모듈 시스템도 지원합니다. 이 책에서는 CommonJS 모듈 시스템을 사용합니다. ES 모듈 시스템이 어떤 것인지 궁금하다면 이 절을 참고하세요.

노드 13.2.0 이후 버전부터는 ES 모듈 시스템을 공식으로 지원합니다. 하지만 노드는 CommonJS 모듈 시스템을 기반으로 해서 만들었으므로 ES 모듈 시스템을 사용하려면 먼저 ES 모듈 시스템에 맞게 설정해야 합니다.

## ES 모듈 시스템을 사용하는 2가지 방법

노드에서 ES 모듈 시스템을 사용하는 방법은 2가지입니다.

### 방법 1: package.json에 모듈 추가하기

애플리케이션을 개발할 때 애플리케이션 전체에서 ES 모듈 시스템을 사용한다면 그에 필요한 항목을 package.json 파일에 추가하면 됩니다. package.json은 아직 자세히 공부하지 않았으니 지금은 package.json 파일이 노드 애플리케이션을 만들 때 필요한 환경을 저장해 놓은 파일이라고 생각하면 됩니다.

단, package.json에서 ES 모듈 시스템을 사용하겠다고 설정한 후에 CommonJS 모듈 시스템을 사용하면 오류가 발생합니다. 따라서 애플리케이션 전체에서 ES 모듈 시스템을 사용하겠다고 결정한 경우에만 이 방법을 사용하세요.

애플리케이션에서 ES 모듈 시스템을 사용하는 환경을 저장하기 위해 pacakge.json 파일에 다음 항목을 추가합니다.

▶ package.json에 항목을 추가할 때는 이전 항목 다음에 쉼표(,)를 붙여서 뒤에 다른 항목이 온다는 것을 알려 주어야 합니다.

```
"type": "module"
```

```
ⓘ package.json ✕
ⓘ package.json > ...
  2      "name": "basics",
  3      "version": "1.0.0",
  4      "main": "app-1.js",
         ▷ 디버그
  5      "scripts": {
  6        "test": "echo \"Error: no test specified\" && exit 1"
  7      },
  8      "author": "",
  9      "license": "ISC",
 10      "description": "",
 11      "type" : "module"
 12    }
```

ES 모듈 시스템을 사용하기 위해 package.json 수정하기

## 방법 2: 파일 확장자를 .mjs로 지정하기

CommonJS 모듈 시스템과 ES 모듈 시스템을 모두 사용해서 애플리케이션을 개발한다면 package.json 파일을 수정해서는 안 됩니다. 그 대신 ES 모듈 시스템을 사용하는 파일의 확장자를 .js가 아닌 .mjs로 지정하면 됩니다. 그리고 애플리케이션을 실행할 때도 .mjs 확장자를 붙여서 실행합니다.

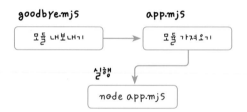

ES 모듈 시스템에 사용하는 .mjs 확장자

## ES 모듈 시스템에서 모듈 내보내기 — export, export default

package.json을 수정하지 않고 파일 확장자를 바꾸는 방법으로 ES 모듈 시스템을 연습해 보겠습니다. ES 모듈 시스템에서 모듈을 내보낼 때는 export 예약어를 사용합니다. 이때 변수나 함수 앞에 export를 붙일 수도 있고 모듈 끝에 export를 사용해서 내보낼 수도 있습니다.

## 방법 1: 하나씩 내보내기 — export 붙이기

모듈에 있는 함수나 변수, 객체 가운데 외부에서 사용할 수 있게 할 대상 앞에 export를 붙여 줍니다.

예를 들어 인사말을 표시하는 goodbye 함수를 작성한 후 ES 모듈 시스템을 사용해 외부로 내보낸다고 가정해 보겠습니다. goodbye 함수는 간단하므로 함수를 만드는 코드 앞에 export를 붙여서 작성할 수 있습니다. ES 모듈 시스템을 사용하므로 파일 확장자가 .mjs라는 점도 주의하세요.

참고로 ES 모듈 시스템을 사용한 코드는 02 폴더의 하위 폴더인 esm 폴더에 모아 놓았습니다.

▶ esm\results 폴더에는 미리 만들어 둔 파일이 있으므로 여러분이 직접 작성한 코드와 비교해 보세요.

**Do it! 코딩해 보세요!**                                         • 02\esm\goodbye-1.mjs

```
export const goodbye = (name) => {
  console.log(`${name} 님, 안녕히 가세요.`);
};
```

## 방법 2: 기본으로 내보내기 — export default

모듈에서 내보낼 대상이 하나뿐이라면 앞에 export를 붙여도 되지만 모듈 코드 마지막에서 export default를 사용할 수도 있습니다.

기본형                                         export default *대상*

**Do it! 코딩해 보세요!**                                         • 02\esm\goodbye-2.mjs

```
const goodbye = (name) => {
  console.log(`${name} 님, 안녕히 가세요.`);
};

export default goodbye;
```

## 방법 3: 여러 개 내보내기

모듈에서 값을 꼭 1개만 내보내지는 않죠? 모듈을 여러 개를 내보낼 때는 객체로 묶어야 합니다. 이때 default를 붙이지 않습니다.

**export { *대상1, 대상2, ...*}**

예를 들어 다음 코드는 사용자 이름과 함께 2가지 인사를 표시하는 hi 함수와 goodbye 함수를 정의한 모듈입니다. 그리고 애플리케이션에서 이 함수 2개를 사용할 수 있도록 내보냅니다.

**Do it! 코딩해 보세요!**  • 02\esm\greeting-1.mjs

```javascript
const hi = (name) => {
  console.log(`${name} 님, 안녕하세요?`);
};

const goodbye = (name) => {
  console.log(`${name} 님, 안녕히 가세요.`);
};

export { hi, goodbye };
```

## ES 모듈 시스템에서 모듈 가져오기 — import ~ from

ES 모듈 시스템에서 모듈을 가져올 때는 import와 from을 사용합니다. 이때 import 다음에 어떤 이름으로 받을지 지정하는데 대부분 원래 모듈에서 지정한 이름과 똑같이 사용하면 됩니다. 그리고 from 뒤에는 가져올 모듈 파일의 이름을 지정합니다.

기본형  **import *변수명/함수명* from *모듈_파일***

예를 들어 goodbye-1.mjs에서 내보낸 goodbye 함수를 가져오려면 다음과 같이 작성합니다. import 다음에는 가져올 함수나 변수 이름을 적고, from 다음에는 모듈 파일 이름을 입력합니다. 노드에서는 mjs 파일을 통해 ES 모듈 시스템을 사용하므로 파일 확장자까지 적어야 합니다.

▶ 가져올 값이 하나라면 import goodbye from…처럼 { }를 생략하기도 합니다.

• 02\esm\app-5.mjs

```
import { goodbye } from "./goodbye-1.mjs";
```
가져올 함수 또는 변수          모듈 파일

```
goodbye("홍길동");
```

이제 터미널에서 node 예약어를 사용해 app-5.mjs 파일을 실행해 보세요. 실행 명령에서도
.mjs 확장자를 잊지 말고 붙여야 합니다. goodbye-1.mjs에서 정의한 goodbye 함수를
app-5.mjs 파일에서 사용할 수 있습니다.

▶ 실행하기 전에 현재 폴더를 확인하세요. app-5.mjs 파일은 02\esm 폴더에 있으므로 cd 명령을 사용해서 esm 폴더로
이동한 후 실행합니다.

**터미널**

```
PS C:\Users\kyrie\Desktop\basics\02> cd esm
PS C:\Users\kyrie\Desktop\basics\02\esm> node app-5.mjs
홍길동 님, 안녕히 가세요.
```

모듈에서 둘 이상의 함수나 변수를 한꺼번에 가져올 때는 어떻게 해야 할까요? 앞에서 살펴본
greeting.mjs에서는 hi 함수와 goodbye 함수를 한꺼번에 묶어서 객체 형태로 내보냈습니
다. app-6.mjs에서 객체를 가져와 사용할 때는 { } 안에 쉼표로 구분해 객체 안의 함수를 한꺼
번에 변수로 할당할 수 있습니다.

• 02\esm\app-6.mjs

```
import { hi, goodbye } from "./greeting-1.mjs";

hi("홍길동");
goodbye("홍길동");
```

**터미널**

```
PS C:\Users\kyrie\Desktop\basics\02\esm> node app-6.mjs
홍길동 님, 안녕하세요?
홍길동 님, 안녕히 가세요.
```

## import ~ as

import 문에서 as 예약어를 함께 사용하면 가져오는 함수나 변수의 이름을 바꿔서 받을 수 있습니다. 예를 들어 goodbye-1.mjs에서 내보낸 goodbye 함수를 가져와서 사용할 때 goodbye 대신 bye라는 이름으로 사용하고 싶다면 다음처럼 변경할 이름 앞에 as를 붙입니다.

**Do it! 코딩해 보세요!** • 02\esm\app-7.mjs

```javascript
import { goodbye as bye } from "./goodbye-1.mjs";

bye("홍길동");
```

**터미널**

```
PS C:\Users\kyrie\Desktop\basics\02\esm> node app-7.mjs
홍길동 님, 안녕히 가세요.
```

둘 이상의 값을 가져와서 이름을 바꿀 때도 똑같은 방법을 사용합니다. 모듈에서 어떤 이름을 내보냈든 가져와서 사용할 때는 자신에게 맞게 바꿔서 쓸 수 있죠.

**Do it! 코딩해 보세요!** • 02\esm\app-8.mjs

```javascript
import { hi as hello, goodbye as bye } from "./greeting-1.mjs";

hello("홍길동");
bye("홍길동");
```

greeting-1.mjs
```
...
export { hi, goodbye };
```

app-8.mjs
```
import { hi as hello, goodbye as bye } from "./greeting-1.mjs";
hello("홍길동");
bye("홍길동");
```

ES 모듈 시스템에서 둘 이상의 모듈 이름 바꾸기

**터미널**

```
PS C:\Users\kyrie\Desktop\basics\02\esm> node app-8.mjs
홍길동 님, 안녕하세요?
홍길동 님, 안녕히 가세요.
```

## import * as

모듈에서 가져와야 할 것이 너무 많다면 * 기호를 사용해 모듈 안에 있는 모든 함수를 불러올 수도 있습니다. greeting.mjs에서는 함수 2개를 내보내지만 이 모듈에서 내보내는 함수가 많다고 가정해 보겠습니다. app-9.mjs에서 greeting.mjs를 가져와 사용할 때 가져올 함수들을 say라는 이름으로 묶을 수 있습니다. say 객체 안에는 greeting.mjs에서 내보낸 hi 함수와 goodbye 함수가 들어 있겠죠?

**Do it! 코딩해 보세요!** • 02\esm\app-9.mjs

```
import * as say from "./greeting-1.mjs"; // greeting.mjs에서 내보낸 함수들을 한꺼번에 say로 받기

say.hi("홍길동");
say.goodbye("홍길동");
```

**터미널**

```
PS C:\Users\kyrie\Desktop\basics\02\esm> node app-9.mjs
홍길동 님, 안녕하세요?
홍길동 님, 안녕히 가세요.
```

만일 모듈에서 여러 함수나 변수를 묶어서 내보낼 때 default를 붙였다면 이것은 객체 1개를 내보낸 것으로 간주해서 * as 없이 객체 이름으로 가져올 수 있습니다.

예를 들어 greeting-2.mjs에서 hi 함수와 goodbye 함수를 내보내면서 객체로 묶고 export default로 내보냈다면, 그 모듈을 사용하는 app-10.mjs에서는 say라는 하나의 객체로 받을 수 있습니다.

**Do it! 코딩해 보세요!** • 02\esm\greeting-2.mjs

```
const hi = (name) => {
  console.log(`${name} 님, 안녕하세요?`);
};

const goodbye = (name) => {
  console.log(`${name} 님, 안녕히 가세요.`);
};

export default { hi, goodbye };
```

```
import say from "./greeting-2.mjs";

say.hi("홍길동");
say.goodbye("홍길동");
```

**한 걸음 더!**　　**구조 분해 할당이란?**

구조 분해 할당<sup>destructing assignment</sup>은 주로 '디스트럭팅'이라는 기능입니다. 배열이나 객체는 하나의 변수에
다양한 값이 들어 있는데, 여러 값을 한꺼번에 분해해서 변수로 할당할 수 있습니다. 예를 들어 다음과 같이
fruits라는 배열이 있을 경우 디스트럭팅을 사용해서 apple 변수와 peach 변수로 한꺼번에 할당할 수 있죠.

```
const fruits = ["사과", "복숭아"]
let [apple, peach] = fruits
```

$$let\ [apple,\ peach] = ["사과",\ "복숭아"]$$

객체 역시 하나의 변수 안에 여러 값을 가지고 있으므로 디스트럭팅을 사용해서 한꺼번에 분해한 후 각 속성
을 서로 다른 변수로 할당할 수 있습니다. 예를 들어 다음 코드는 member라는 객체에 있는 name 속성과
age 속성을 각각 name 변수와 age 변수로 할당한 것입니다.

```
const member = {
    name: "Kim",
    age: 25
}
let {name, age} = member
```

# 파일 관리하기
## – path, File System 모듈

이 장에서는 노드의 path 모듈과 File System 모듈(줄여서 FS 모듈)을 살펴보고, 이 모듈을 사용해 파일을 읽거나 기록하는 방법을 배우겠습니다. 그리고 파일 관리에서 꼭 알아 두어야 할 버퍼와 스트림, 파이프 개념도 함께 살펴보겠습니다.

# 03-1 | path 모듈

노드에서 자주 사용하는 path 모듈에는 파일이나 디렉터리 경로를 다룰 수 있는 함수들이 포함되어 있습니다. path 모듈에서 자주 사용하는 몇 가지 함수를 살펴보겠습니다.

## path 모듈은 왜 필요한가요?

path 모듈은 파일 경로나 디렉터리 경로를 다룹니다. 그렇다면 군이 경로를 다루는 모듈이 필요한 이유는 무엇일까요? 가장 큰 이유는 운영체제 간에 경로를 구분하는 구분자가 다르기 때문입니다.

### 경로 구분자를 통일할 수 있습니다

윈도우 운영체제는 파일 경로를 표기할 때 경로 구분자로 역슬래시(\)를 사용합니다. 예를 들어 내려받은 실습 파일 중에 basics\03 폴더에 있는 example.txt를 윈도우에서 어떻게 표기하는지 살펴보겠습니다. 파일 탐색기에서 basics\03 폴더를 찾아 example.txt 파일을 마우스 오른쪽 버튼으로 클릭한 후 [경로로 복사]를 선택합니다. 그리고 메모장이나 VS Code에서 붙여 넣어 보세요.

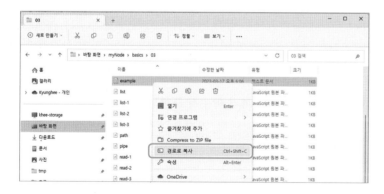

다음처럼 폴더 안에 경로 구분자로 역슬래시(\)를 사용합니다.

```
C:\Users\funco\Desktop\myNode\basics\03\example.txt
```

반면에 유닉스 기반 운영체제인 맥OS나 리눅스에서는 경로 구분자로 슬래시(/)를 사용합니다. 맥OS 사용자라면 파일 파인더와 터미널 창을 동시에 열어 놓고 파일 파인더에서 basics/03 폴더에 있는 examples.txt 파일을 터미널 창으로 끌어 옮깁니다.

터미널 창에 표시된 파일 경로를 보면 구분자가 슬래시(/)로 표시될 것입니다.

```
/Users/funnycom/Desktop/basics/03/example.txt
```

운영체제마다 파일을 지정할 때 사용하는 구분자가 다르므로 잘못 쓰면 파일을 찾을 수 없습니다. 필자처럼 윈도우와 맥을 오가면서 사용할 때는 종종 실수하는 경우가 생기죠. 이럴 때 path 모듈을 사용해서 경로를 지정하면 구분자를 신경 쓰지 않아도 됩니다.

### 경로를 나누거나 합칠 수 있습니다

사용자 컴퓨터든 서버 컴퓨터든 파일에 접근하려면 파일 이름뿐만 아니라 그 파일에 도착하기까지의 전체 경로를 알아야 합니다. 경로에는 폴더 이름도 있고 파일 이름, 파일 확장자 등 여러 정보가 포함되어 있죠.

path 모듈에는 이런 경로 정보를 활용할 수 있는 여러 함수가 포함되어 있습니다. 폴더 이름과 파일 이름을 지정해서 새로운 경로를 만들 수도 있고, 가져온 경로 정보를 분해해서 필요한 정보만 꺼낼 수도 있습니다. 관련된 함수들은 94쪽부터 하나씩 살펴보겠습니다.

### 절대 경로와 상대 경로

웹 개발에서 파일의 경로를 다룰 때 종종 듣는 용어가 **절대 경로**와 **상대 경로**입니다. 애플리케이션을 작성할 때 미리 만들어 둔 모듈을 가져다 사용할 때도, 애플리케이션의 실행 결과를 파일로 저장할 때도 경로를 지정합니다. 파일 경로를 나타내는 절대 경로와 상대 경로를 정확하게 구분해 보겠습니다.

## 절대 경로

절대 경로란 파일이나 폴더의 위치를 루트root 폴더부터 시작해서 파일까지 전부 다 나타내는 것을 말합니다. 예를 들어 03 폴더에 있는 example.txt를 나타내는 전체 경로는 다음과 같습니다. 윈도우라면 'C:' 드라이브까지 함께 표시되죠.

▶ 루트 폴더는 최상위 폴더를 가리킵니다.

```
C:\Users\funco\Desktop\myNode\basics\03\example.txt        // 윈도우
/Users/funnycom/Desktop/basics/03/example.txt              // 맥
```

웹 서버에는 드라이브 개념이 없어서 웹에서 말하는 절대 경로는 다음과 같이 나타낼 수 있습니다.

```
/Users/funnycom/Desktop/basics/03/example.txt
```

## 상대 경로

상대 경로는 기준이 되는 파일이 있을 때 사용하는 경로입니다. 예를 들어 직접 만든 모듈을 가져와서 사용할 경우 현재 파일을 기준으로 모듈이 어느 위치에 있는지 지정할 때 사용하죠.

상대 경로에는 같은 폴더에 있을 경우 './' 로 표기하고 한 단계 위 부모 폴더에 있을 경우 '../' 를 사용합니다. 다음 코드에서 ./hello.js는 현재 파일과 같은 폴더에 있는 hello.js 모듈을 가져올 때 사용한 상대 경로입니다.

```
import hello from "./hello.js";
```

## 실습 폴더를 03 폴더로 이동하세요

03장의 예제 코드를 실행해 보거나 실습 과정을 따라 하려면 자바스크립트 코드 파일이 저장된 폴더로 이동해야 합니다. 02-1절에서 살펴보았지만 아직도 잘 이해하지 못하는 분들을 위해 한번 더 설명하겠습니다.

일반적으로 애플리케이션을 개발할 때는 작업 폴더 안에 모든 내용을 담아 두고 실행하기 때문에 이렇게 하위 폴더로 이동하지는 않습니다. 단지 이 책의 첫째마당은 실습 파일을 따라 하기 쉽도록 장별로 폴더를 구별해 두어서 각 장마다 폴더를 이동해야 합니다.

폴더 경로를 이동할 때는 상대 경로를 이용할 수도 있지만 절대 경로를 이용할 수도 있습니다. 상대 경로란 현재 폴더를 기준으로 상위나 하위로 이동하는 것입니다. 예를 들어 현재 02 폴더에 있는데 03 폴더로 이동하고 싶다면 다음과 같이 작성할 수 있습니다.

▶ 2장에서 esm 실습 폴더를 사용했다면 cd ../를 입력해 02폴더로 이동한 후 실습하세요.

▶ 이제부터 파일 경로의 구분자는 역슬래시(\)로 통일해서 표기하겠습니다.

```
터미널
PS C:\Users\kyrie\Desktop\basics\02> cd ../03
PS C:\Users\kyrie\Desktop\basics\03>
```

① 상위 폴더로 이동한 후

② 03 폴더로 이동

아직 파일이나 폴더 경로에 익숙하지 않다면 절대 경로를 이용하는 게 더 편리합니다. 현재 어떤 폴더에 있는지 신경 쓸 필요가 없거든요. 터미널 창에 'cd(공백)'라고 입력한 후 VS Code의 탐색 창에서 03 폴더를 'cd' 글자 옆으로 끌어 옮기면 절대 경로가 만들어집니다.

cd 옆에 절대 경로가 입력된 상태에서 `Enter`를 누르면 즉시 03 폴더로 이동합니다. 이제부터 터미널 창에서 03 폴더의 파일을 실행할 수 있습니다.

```
터미널
PS C:\Users\kyrie\Desktop\basics\02> cd c:\Users\kyrie\Desktop\basics\03
PS C:\Users\kyrie\Desktop\basics\03>
```

## 경로를 다루는 주요 함수 살펴보기

path 모듈에는 경로와 관련한 여러 가지 함수가 포함되어 있습니다. 그중에서 몇 가지 함수의 사용법을 알아보겠습니다.

▶ path 모듈에 있는 함수들이 궁금하다면 https://nodejs.org/dist/latest-v18.x/docs/api/path.html를 참고하세요.

### path 모듈 가져오기

path 모듈은 노드에 포함되어 있으므로 따로 설치하지 않고 즉시 가져올 수 있습니다.

```
require("path");
```

애플리케이션을 제작할 때는 하위 폴더를 여러 개 만들고 그 안에 있는 파일을 가져오거나 하위 폴더에 파일을 저장합니다. 이때 join 함수를 사용하면 여러 조각으로 나눠서 입력한 경로를 연결해 하나로 만듭니다.

> 기본형            **path.join(*경로1, 경로2, ...*)**

예를 들어 join 함수에 some과 work, ex.txt를 지정하면 3개의 조각을 연결해서 최종 결과를 만듭니다.

▶ 참고로 path 모듈에 있는 함수들이 없던 경로를 만드는 것은 아닙니다. 여기 예제들은 나중에 파일을 읽거나 원하는 파일에 내용을 저장할 때 경로를 지정하기 위해 연습용으로 사용하는 것입니다.

```
const path = require("path");

// 경로 연결하기
const fullPath = path.join('some', 'work', 'ex.txt');
console.log(fullPath);  // some\work\ex.txt
```

**터미널**

```
PS C:\Users\kyrie\Desktop\basics\03> node path
some\work\ex.txt
```

▶ 터미널에서 결과를 확인할 때 구분자는 윈도우에서는 역슬래시(\)로, 맥에서는 슬래시(/)로 표기됩니다.

## 경로만 추출하기 — dirname 함수

dirname 함수는 경로에서 파일 이름을 제외한 경로만 추출합니다.

> 기본형            **path.dirname(*경로*)**

예를 들어 다음 코드는 __filename에 있는 절대 경로에서 파일을 제외한 경로만 추출합니다.

**Do it! 코딩해 보세요!**

```
const path = require("path");
(... 생략 ...)
// 절대 경로
console.log( `파일 절대 경로: ${__filename}`);
// 파일 절대 경로: C:\Users\kyrie\Desktop\basics\03\path.js


// 경로 추출하기
const dir = path.dirname(__filename);
console.log(`경로만: ${dir}`);  // 경로만: C:\Users\kyrie\Desktop\basics\03
```

터미널

```
PS C:\Users\kyrie\Desktop\basics\03> node path
파일 절대 경로 : C:\Users\kyrie\Desktop\basics\03\path.js
경로만 : C:\Users\kyrie\Desktop\basics\03
```

## 파일 이름 추출하기 — basename 함수

basename 함수는 경로에서 파일 이름만 추출합니다. 파일 확장자를 제외한 이름만 추출하려면 basename 함수에서 확장자를 지정하면 됩니다.

기본형

> path.basename(*경로*)
> path.basename(*경로, 확장자*)

예를 들어 다음 코드는 __filename에 저장된 경로에서 파일 이름과 확장자를 제외한 파일 이름을 추출합니다.

**Do it! 코딩해 보세요!**

```
const path = require("path");
(... 생략 ...)
// 파일 이름 추출하기
const fn = path.basename(__filename);
const fn2 = path.basename(__filename, '.js');
console.log(`파일 이름: ${fn}`);                // 파일 이름: path.js
console.log(`파일 이름(확장자 제외): ${fn2}`);   // 파일 이름(확장자 제외): path
```

```
PS C:\Users\kyrie\Desktop\basics\03> node path
파일 이름: path.js
파일 이름(확장자 제외): path
```

## 확장자 추출하기 — extname 함수

앞에서 basename 함수는 확장자를 알고 있을 경우 지정해서 파일 이름만 추출할 수 있었습니다.

```
const fn2 = path.basename(__filename, '.js');
```

만일 확장자를 모르는 상태라면 extname 함수를 사용해서 주어진 경로에서 파일의 확장자만 추출할 수 있습니다.

| 기본형 | path.extname(*경로*) |
|---|---|

다음 코드는 extname 함수를 이용해서 확장자를 알아낸 후 basename 함수를 사용해서 확장자 부분을 제외하고 파일 이름을 추출합니다.

**Do it! 코딩해 보세요!**  • 03\path.js

```
const path = require("path");
(... 생략 ...)
// 파일 확장자 추출하기
const ext = path.extname(__filename);
console.log(`파일 확장자: ${ext}`);           // 파일 확장자: .js
console.log(path.basename(__filename, ext));    // path
```

터미널

```
PS C:\Users\kyrie\Desktop\basics\03> node path
파일 확장자: .js
path
```

## 경로를 객체로 반환하기 — parse 함수

parse 함수는 경로를 분해해서 정보를 각각 객체로 반환합니다. 앞에서 설명한 함수를 따로 사용해서 파일 정보를 하나씩 가져올 수도 있지만 parse 함수로 경로를 분해할 수도 있습니다. parse 함수는 파일 경로와 파일 이름, 확장자 등의 정보를 객체로 반환합니다.

| 기본형 | path.parse( 경로 ) |
| --- | --- |

다음 코드는 \_\_filename에 있는 경로를 분해합니다. 반환된 객체에는 루트 폴더를 비롯해서 파일 경로, 파일 이름, 확장자, 확장자를 제외한 파일 이름 등이 포함되어 있습니다.

**Do it! 코딩해 보세요!** • 03\path.js

```
const path = require("path");
(... 생략 ...)
// 경로 분해하기
const parsedPath = path.parse(__filename);
console.log(parsedPath);
```

터미널

```
PS C:\Users\kyrie\Desktop\basics\03> node path
{
  root: 'C:\\',
  dir: 'C:\\Users\\kytie\\Desktop\\basics\\03',
  base: 'path.js',
  ext: '.js',
  name: 'path'
}
```

▶ 파일 경로는 실습 폴더를 저장한 위치에 따라 다르게 보일 수 있습니다.

 현재 폴더를 기준으로 \assets\test.txt 경로를 지정하는 코드를 작성하세요. 현재 폴더 경로를 가져올 때 \_\_dirname 변수를 사용한다는 것을 활용하세요.

정답 03\results\join.js

# 03-2 | FS 모듈

프로그래밍에서 가장 많이 하는 작업은 파일과 관련된 것입니다. 서버에 있는 파일을 가져와 보여 주고 필요하면 서버에 파일을 저장하기도 하죠. 노드에도 파일을 관리할 수 있는 모듈이 미리 만들어져 있습니다. 바로 File System 모듈입니다.

## FS 모듈 살펴보기

파일의 내용을 읽거나 기록하는 등 파일을 관리할 때는 노드의 File System 모듈을 사용할 수 있습니다. File System 모듈은 줄여서 흔히 FS 모듈이라고 합니다.

**FS 모듈**은 파일과 디렉터리 살펴보기, 새로운 파일과 디렉터리 만들기, 파일 스트리밍 등 파일이나 디렉터리를 사용하면서 필요한 여러 기능을 제공합니다. 디렉터리는 윈도우의 폴더와 같습니다. 윈도우는 디렉터리를 폴더로 바꾸어 부르는데 노드를 비롯해 일부 시스템에서는 아직도 디렉터리라는 용어를 사용합니다. FS 모듈의 함수 이름에도 dir이 포함된 경우가 많으므로 여기에서는 디렉터리를 사용하겠습니다.

▶ dir은 directory의 줄임말로 디렉터리를 나타냅니다.

### 비동기 처리 방법에 따라 사용하는 함수가 다릅니다.

노드 문서에서 File System 항목을 찾아보면 FS 모듈에는 여러 함수가 있는데 프라미스에서 사용하는 함수와 콜백에서 사용하는 함수, 동기 처리를 할 때 사용하는 함수, 이렇게 3가지로 구분됩니다. 동기 처리를 한다는 것은 코드를 작성한 순서대로 실행하는 것을 말합니다. 그리고 비동기 처리를 한다는 것은 실행하는 데 걸리는 시간을 고려해서 실행 순서를 조절하는 것을 뜻합니다. 비동기로 처리할 때 사용하는 방법이 콜백과 프라미스입니다.

애플리케이션을 작성하기 전에 동기 처리와 비동기 처리 가운데 어떤 것을 사용할지 결정하고, 비동기 처리를 선택할 경우에도 콜백과 프라미스 가운데 사용할 것을 미리 결정해야 합니다. 그에 따라 FS 모듈에서 사용할 함수를 선택합니다. FS 모듈을 설명하는 내용 중에 Synchronous API 항목을 보면 동기 처리를 하는 함수들이 나열되어 있고, Callback API 항목에는 콜백을 사용해 비동기 처리를 하는 함수들이 나열되어 있습니다. 이 외에 프라미스 처리를 하는 Promise API도 설명하고 있습니다.

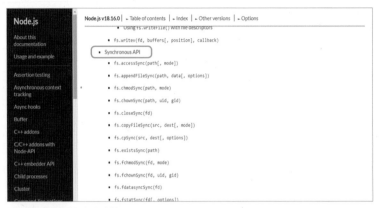

FS 모듈 중에서 동기 처리 함수

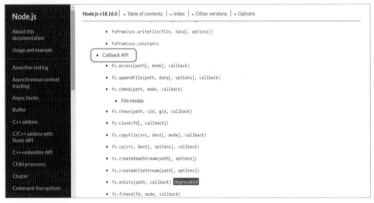

FS 모듈 중에서 콜백 처리 함수

▶ 함수 이름 오른쪽에 deprecated라고 표시된 것은 더 이상 사용하지 않는 함수라는 뜻입니다.

크기가 큰 파일을 동기 처리를 하면 파일을 읽거나 쓰는 동작 하나가 끝나야 다음 동작을 처리하므로 이런 작업은 비동기로 처리하는 것이 좋습니다. 여기에서 동기와 비동기라는 2가지 방법을 모두 살펴볼 것이고 비동기 처리 방법은 콜백 함수를 사용할 것입니다.

▶ 동기와 비동기, 콜백과 프라미스가 잘 기억나지 않는다면 02장을 참고하세요.

## FS 모듈 가져오기

애플리케이션에서 파일 관리가 필요하다면 우선 FS 모듈을 가져와야겠죠? 이때 모듈 이름 fs 는 큰따옴표(" ")와 작은따옴표(' ') 모두 사용할 수 있습니다.

> 기본형
> ```
> const fs = require("fs");
> ```

fs 모듈을 가져온 후에는 다음과 같이 fs 모듈의 함수를 사용합니다.

> 기본형
> ```
> fs.함수명
> ```

예를 들어 파일을 읽어 오는 readFile 함수를 사용하겠다면 다음과 같이 fs 모듈을 가져온 후 readFile 함수를 사용합니다.

```
const fs = require("fs");

fs.readFile("example.txt", (err, data) => { … });
```

## 현재 디렉터리 읽기

FS 모듈에는 현재 디렉터리 파일을 살펴볼 수 있는 readdirSync 함수와 readdir 함수가 있습니다. 두 함수의 차이는 파일을 살펴볼 때 동기 처리를 할 것인지 비동기 처리를 할 것인지에 따라 달라집니다.

▶ 파일 이름 뒤에 Sync가 있다면 동기 처리 함수입니다.

### 동기 처리로 디렉터리 읽기 — readdirSync 함수

readdirSync 함수는 지정한 경로를 읽어서 그 경로에 있는 파일 이름을 모두 표시합니다.

> 기본형
> ```
> fs.readdirSync(경로[, 옵션])
> ```

- **경로**: 파일 목록을 표시할 경로를 지정합니다.
- **옵션**: readdirSync 함수에서 사용하는 옵션은 encoding입니다.

- encoding: 반환값을 어떤 형태로 가져올 것인 지 지정합니다. 기본값이 utf8로 되어 있어서 사람이 읽을 수 있는 텍스트 형태로 가져옵니다.

다음 코드는 현재 폴더, 즉 03 디렉터리를 읽어서 03 디렉터리에 있는 파일을 터미널에 표시합니다. 파일 목록을 표시할 디렉터리는 './'로 지정했으므로 현재 디렉터리가 됩니다. 그리고 나머지 옵션은 따로 지정하지 않아서 기본값을 사용하죠. readdirSync 함수를 실행하는 결과는 파일 이름이 들어 있는 배열이 됩니다.

▶ 배열<sup>array</sup>은 하나의 변수에 여러 값을 저장하는 데이터 구조입니다.

---

**Do it! 코딩해 보세요!** • 03\list-1.js

```javascript
const fs = require("fs");

let files = fs.readdirSync("./");
console.log(files);
```

---

터미널

```
PS C:\Users\kyrie\Desktop\basics\03> node list-1
[
  'buffer-1.js', 'dir-1.js',    'dir-2.js',
  'dir-3.js',    'dir-4.js',    'example.txt',
......
]
```

---

## 비동기 처리로 디렉터리 읽기 — readdir 함수

디렉터리 읽기를 비동기로 처리한다는 뜻은 디렉터리를 읽는 동안 시간이 걸리므로 빠르게 처리할 수 있는 다른 일부터 처리하라는 것입니다. 그리고 디렉터리 읽기가 다 끝나면 그때는 콜백 함수에서 지정한 일을 하라는 의미죠. 콜백 함수는 다른 함수의 매개변수로 사용하는 것을 말합니다.

▶ 콜백 함수가 잘 기억나지 않는다면 02-2 절을 참고하세요.

readdir 함수는 지정한 경로의 디렉터리를 읽고, 거기에 있는 파일 이름을 모두 표시합니다.

---

기본형         **fs.readdir(**_경로_[, _옵션_], _콜백_**)**

---

- **경로**: 파일 목록을 표시할 경로를 지정합니다.
- **옵션**: readdir 함수에서 사용하는 옵션은 encoding과 withFileTypes입니다.
  - encoding: 기본값은 utf-8입니다.
  - withFileTypes: 기본값은 false입니다. 이 옵션을 {withFileTypes: true}로 지정하면 반환

값이 문자열로 된 배열이 아니라 디렉터리 항목으로 된 배열로 반환됩니다. 디렉터리 항목은 104쪽을 참고하세요.
  - readdir 함수에서 콜백을 처리할 때는 err와 files 매개변수를 사용합니다.

다음 코드는 readdir 함수를 사용해서 현재 폴더(./)의 파일 목록을 가져와서 표시합니다. 여기에서 readdir 함수 안에 또 다른 함수가 포함되어 있죠? 그 부분이 콜백 함수입니다. 시간이 걸리는 readdir 함수를 실행하고 나면 이어서 콜백 함수의 내용을 실행하게 됩니다.

**Do it! 코딩해 보세요!** • 03\list-2.js

```
const fs = require("fs"); ──①

②
fs.readdir("./", (err, files) => { ──③
  if (err) {
    console.error(err);
  }
  console.log(files);
});
```

콜백 함수에 익숙하지 않은 분들을 위해 위 코드를 좀 더 자세히 살펴보겠습니다.

① fs 모듈을 가져옵니다.

```
const fs = require("fs");
```

② readdir 함수에서는 경로와 콜백을 인자로 사용합니다.

▶ 함수를 정의할 때 사용하는 변수는 '매개변수', 함수를 실행할 때는 사용하는 변수는 '인수'라고 합니다. 매개변수와 인수 2가지를 합쳐 '인자'라고 한다고 앞에서 배웠죠?

readdir 함수에서 읽어 올 경로는 './', 콜백 함수는 (err, files) => { … } 형태가 됩니다. readdir을 사용해 경로를 읽고 나면 err와 files를 콜백 함수로 넘겨준다고 미리 정했기 때문입니다.

▶ 노드에서 콜백을 사용해 비동기로 처리하는 함수는 콜백으로 어떤 값들을 넘겨주는지 미리 지정되어 있습니다.

```
fs.readdir("./", (err, files) => {

});
```

③ 콜백 함수에서는 넘겨받은 err과 files를 인자로 받아서 처리합니다.

③-1 만일 err가 넘어왔다면 터미널 창에 err를 표시합니다.

❸-2 err가 넘어오지 않았다면 넘겨받은 files를 터미널 창에 표시합니다.

```
fs.readdir("./", (err, files) => {
  if (err) {
    console.error(err);
  }
  console.log(files);
});
```

list-2.js를 터미널 창에서 실행하면 다음과 같이 현재 폴더의 파일 목록을 표시합니다.

**터미널**

```
PS C:\Users\kyrie\Desktop\basics\03> node list-2
[
  'buffer-1.js', 'dir-1.js',    'dir-2.js',
  'dir-3.js',    'dir-4.js',    'example.txt',
....
]
```

**한 걸음 더!** **디렉터리 항목**

readdir 함수에서 withFileTypes을 true로 지정하면 파일 목록을 디렉터리 항목으로 표시합니다. 디렉터리 항목이란 파일 이름과 파일 유형이 쌍으로 이루어진 것을 말합니다. 03\list-3.js을 실행하면 디렉터리 항목 형태로 반환한 모습을 확인할 수 있습니다.

```
PS C:\Users\kyrie\Desktop\basics\03> node list-3
[
  Dirent { name: 'buffer.js', path: './', [Symbol(type)]: 1 },
  Dirent { name: 'dir-1.js', path: './', [Symbol(type)]: 1 },
  Dirent { name: 'dir-2.js', path: './', [Symbol(type)]: 1 },
  Dirent { name: 'dir-3.js', path: './', [Symbol(type)]: 1 },
  Dirent { name: 'dir-4.js', path: './', [Symbol(type)]: 1 },
  Dirent { name: 'escape.js', path: './', [Symbol(type)]: 1 },
  Dirent { name: 'example.txt', path: './', [Symbol(type)]: 1 },
  Dirent { name: 'file-sol.js', path: './', [Symbol(type)]: 1 },
  Dirent { name: 'list-1.js', path: './', [Symbol(type)]: 1 },
  Dirent { name: 'list-2.js', path: './', [Symbol(type)]: 1 },
```

# 03-3 │ 파일 관리하기

FS 모듈에는 파일을 관리하는 다양한 함수가 포함되어 있습니다. 그중에 가장 많이 사용하는 파일 관리 함수를 알아보겠습니다. 이 함수들 역시 동기로 처리하는 경우와 비동기로 처리하는 경우로 나누어 살펴보겠습니다.

## 파일 읽기 – readFileSync 함수, readFile 함수

FS 모듈을 통해 파일을 읽을 때는 readFileSync 함수나 readFile 함수를 사용합니다.

### 동기 처리로 파일 읽기 — readFileSync 함수

동기 처리로 파일을 읽을 때는 readFileSync 함수를 사용합니다. 이 함수는 파일 내용을 버퍼 또는 문자열 형태로 반환합니다. **버퍼**<sup>buffer</sup>는 자료를 잠시 저장해 두는 임시 메모리 영역인데 자료를 읽어 오거나 다른 곳으로 이동할 때 임시 저장 공간으로 사용합니다. 버퍼를 자세히 알고 싶다면 03-5절을 참고하세요.

> **기본형**　　　　　　**fs.readFileSync(***경로***[, ***옵션***])**

- **경로**: 파일 이름이나 경로를 포함해서 파일을 지정합니다.
- **옵션**: readFileSync 함수에서는 encoding과 flag 옵션을 사용합니다.
  - encoding: 반환값을 어떤 형태로 가져올 것인지 지정합니다. 기본값인 null을 사용하면 버퍼에 있는 값인 바이너리 형태로 반환하고,

  utf8로 지정하면 사람이 읽을 수 있는 텍스트 형태로 가져옵니다.
  - flag: 파일을 읽을 때 어떤 형태로 열지 지정합니다. 기본값인 r을 사용하면 읽기 모드로 엽니다. 이 외에 r+(읽기 & 쓰기), w(쓰기), a(추가) 등의 값을 사용할 수 있습니다.

실습 파일 가운데 03 폴더에 미리 example.txt라는 텍스트 파일을 하나 만들어 두었습니다.

> Node.js is an open-source, cross-platform JavaScript runtime environment.
> Node.js는 Chrome V8 JavaScript 엔진으로 빌드된 JavaScript 런타임입니다.

다음은 fs 모듈을 사용해서 example.txt 파일을 읽어 오는 코드입니다. 읽어 온 파일 내용은 data 변수에 할당합니다. 인코딩을 지정했을 때와 지정하지 않았을 때 반환값이 어떻게 달라 지는지 비교해 보겠습니다. 인코딩을 지정하지 않으면 바이너리 자료를 그대로 보여 줍니다.

**Do it! 코딩해 보세요!** • 03\read-1.js

```
const fs = require("fs");

const data = fs.readFileSync("./example.txt");  // 읽어온 파일 내용
console.log(data);
```

**터미널**

```
PS C:\Users\kyrie\Desktop\basics\03> node read-1
<Buffer 4e 6f 64 65 2e 6a 73 20 69 73 20 61 6e 20 6f 70 65 6e 2d 73 6f 75 72 63 65 2c
20 63 72 6f 73 73 2d 70 6c 61 74 66 6f 72 6d 20 4a 61 76 61 53 63 72 69 ... 110 more
bytes>
```

실제로 우리가 읽을 수 있는 문자열 형태로 가져오려면 readFileSync 함수를 사용할 때 utf8 이라는 옵션을 붙여 주어야 합니다.

**Do it! 코딩해 보세요!** • 03\read-2.js

```
const fs = require("fs");

const data = fs.readFileSync("./example.txt", "utf8");  // 인코딩 지정
console.log(data);
```

**터미널**

```
PS C:\Users\kyrie\Desktop\basics\03> node read-2
Node.js is an open-source, cross-platform JavaScript runtime environment.
Node.js는 Chrome V8 JavaScript 엔진으로 빌드된 JavaScript 런타임입니다.
```

## 비동기 처리로 파일 읽기 — readFile 함수

파일 읽기를 비동기로 처리할 때는 readFile 함수를 사용합니다. 이 함수는 파일의 내용을 버퍼, 또는 문자열로 반환합니다.

| 기본형 | fs.readFile(*파일*[, *옵션*], *콜백*) |

- **파일**: 파일 이름이나 경로를 포함해서 파일을 지정합니다.
- **옵션**: readFile 함수에서 사용할 수 있는 옵션은 encoding과 flag, signal입니다.
  - **encoding**: readFileSync 함수의 encoding 옵션을 참고하세요.
  - **flag**: readFileSync 함수의 flag 옵션을 참고하세요.

  - **signal**: 파일을 읽는 데 시간이 너무 걸릴 경우 signal 옵션을 사용해서 중간에 파일 읽기를 취소할 수 있습니다.
- **콜백**: readFile 함수에서 콜백을 처리할 때는 err와 data 매개변수를 사용합니다.

다음은 03 폴더에 있는 example.txt 파일을 비동기 처리로 읽는 코드입니다. 읽어 올 파일은 example.txt이고 인코딩 방법은 utf8이라고 지정한 후 콜백 함수를 만들어 줍니다. readFile 에서 콜백을 처리할 때는 err와 data 인자를 사용한다고 했으므로 (err, data) => { … } 형태가 됩니다.

**Do it! 코딩해 보세요!** • 03\read-3.js

```
const fs = require("fs");

fs.readFile("./example.txt", "utf8", (err, data) => {
  if (err) {
    console.error(err);
  }
  console.log(data);
});
```

**터미널**

```
PS C:\Users\kyrie\Desktop\basics\03> node read-3
Node.js is an open-source, cross-platform JavaScript runtime environment.
Node.js는 Chrome V8 JavaScript 엔진으로 빌드된 JavaScript 런타임입니다.
```

## 파일에 기록하기 — writeFileSync 함수, writeFile 함수

FS 모듈에서 파일에 내용을 기록할 때는 writeFileSync 함수와 writeFile 함수를 사용합니다. flag 옵션을 어떻게 사용하느냐에 따라 기존 파일에 다른 내용을 추가할 수도 있습니다.

### 동기 처리로 파일에 쓰기 — writeFileSync 함수

특정 파일에 내용을 기록할 때 동기로 처리한다면 writeFileSync 함수를 사용합니다.

| 기본형 | fs.writeFileSync(*파일*, *내용*[, *옵션*]) |

- **파일**: 내용을 기록할 파일을 지정합니다.
- **내용**: 기록할 내용을 지정합니다.
- **옵션**: writeFileSync 함수에서 사용할 수 있는 옵션은 encoding(기본값: utf8)과 flag(기본값: w), mode입니다.

    - mode: 파일에 사용자의 권한을 설정합니다. 8진수 형태의 숫자를 사용할 수도 있고, 알파벳과 문자로 된 문자열로 지정할 수도 있습니다. 기본값은 0o666(읽고, 쓰기 권한)입니다.

▶ 파일 권한을 알고 싶다면 리눅스에 기반한 파일 시스템을 참고하세요.

다음 코드는 동기 처리로 03\example.txt를 읽어 온 후에 그 내용을 text-1.txt 파일에 기록합니다. readFileSync 함수에서 읽어 올 파일 example.txt와 인코딩 방법 utf8을 지정했고, 읽어 온 내용은 data 변수에 저장했습니다. 이렇게 저장된 내용은 writeFileSync 함수를 사용해서 text-1.txt에 기록합니다.

**Do it! 코딩해 보세요!** • 03\write-1.js

```javascript
const fs = require("fs");

const data = fs.readFileSync("./example.txt", "utf8");
fs.writeFileSync("./text-1.txt", data);
```

text-1.txt 파일이 없던 상태에서 write-1.js 파일을 실행하면 writeFileSync 함수를 사용해 현재 폴더에 text-1.txt 파일이 만들어지면서 example.txt 파일의 내용이 기록됩니다.

writeFileSync로 기록한 파일

동기 함수를 사용해 hello.txt 파일을 생성하고 'Hello, world!'라는 내용을 기록하는 코드를 작성
하세요.

정답 03\results\myfile-1.js

## 파일 존재 여부 체크하기 — existsSync 함수

text-1.txt 파일이 있는 상태에서 writeFileSync 함수를 사용해서 다시 text-1.txt에 기록하
면 기존에 text-1.txt에 있던 내용은 사라집니다. 그래서 파일에 기록하는 함수를 사용할 때
는 기록할 대상인 파일이 이미 존재하는지 여부를 체크하는 것이 좋습니다. 특정 파일이 있는
지 여부를 체크할 때는 existsSync 함수를 사용합니다. 파일이 있다면 true를, 없다면 false
를 반환합니다.

▶ 파일 존재 여부를 체크하는 비동기 함수인 exists 함수는 더 이상 사용하지 않기 때문에 비동기에서도 existsSync 함수
를 사용합니다.

기본형    fs.existsSync(*파일*)

다음 코드는 text-1.txt에 기록하기 전에 해당 파일이 있는지 확인하고, 파일이 없을 경우에
만 기록하는 코드입니다. text-1.txt 파일이 있다면 existsSync("./text-1.txt")의 값은 true
가 되어 if 문의 작업을 실행하고, text-1.txt 파일이 없다면 existsSync("./text-1.txt")의 값
이 false가 되어 else 문의 writeFileSync 함수를 실행합니다.

```
const fs = require("fs");

const data = fs.readFileSync("example.txt", "utf8");
if (fs.existsSync("text-1.txt")) {  // text-1.txt 파일이 있다면
  console.log("file already exist");
} else {                            // text-1.txt 파일이 없다면
  fs.writeFileSync("text-1.txt", data);
}
```

이 책에서는 앞에서 write-1.js를 실행했기 때문에 이미 text-1.txt가 만들어져 있죠? 그래서 위 코드를 실행하면 파일이 이미 있다는 메시지가 나타날 것입니다.

```
터미널

PS C:\Users\kyrie\Desktop\basics\03> node write-2
file already exist
```

text-1.txt 파일을 삭제한 후 다시 한번 write-2.js 파일을 실행하면 그때는 파일이 없기 때문에 text-1.txt가 만들어지면서 내용을 기록합니다.

## 비동기 처리로 파일에 쓰기 — writeFile 함수

특정 파일에 내용을 기록할 때 비동기로 처리한다면 writeFile 함수를 사용합니다.

| 기본형 | fs.writeFile(*파일, 내용[, 옵션], 콜백*) |
| --- | --- |

- **파일**: 내용을 기록할 파일을 지정합니다.
- **내용**: 기록할 내용을 지정합니다.
- **옵션**: writeFileSync 함수에서 사용할 수 있는 옵션은 encoding과 mode, flag, signal입니다.
  - encoding: 기본값은 utf8입니다.
  - mode: 파일에 대한 권한을 지정합니다.

- flag: 기본값은 w입니다. 기존 파일에 내용을 추가한다면 a를 사용합니다.
- signal: 파일에 내용을 기록할 때 시간이 너무 걸릴 경우 signal 옵션을 사용해서 중간에 파일 쓰기를 취소할 수 있습니다.
- **콜백**: writeFile 함수에서 콜백을 사용할 때 err 매개변수를 사용합니다.

다음 코드는 03\example.txt를 읽어 온 후에 그 내용을 text-2.txt 파일에 기록합니다. 파일명 앞의 './'는 현재 작업 디렉터리를 나타내는 상대 경로입니다. 코드를 간단히 살펴볼까요?

**Do it! 코딩해 보세요!** • 03\write-3.js

```javascript
const fs = require("fs");

fs.readFile("./example.txt", "utf8", (err, data) => {
  if (err) {
    console.log(err);
  }
  fs.writeFile("./text-2.txt", data, (err) => {
    if (err) {
      console.log(err);
    }
    console.log("text-2.txt is saved!");
  });
});
```

readFile 함수를 통해 example.txt를 읽은 후 콜백 함수를 실행합니다. readFile의 콜백 함수는 err와 data를 인자로 받는데 콜백 함수에서는 오류가 있다면 오류를 표시하고, 오류가 없다면 writeFile 함수를 사용해 text-2.txt 파일에 읽은 내용을 기록합니다. 그 후에는 다시 콜백 함수를 실행하는데 writeFile의 콜백 함수에서는 err 인자만 받기 때문에 오류가 있다면 오류를 표시하고, 오류가 없다면 파일이 저장되었다는 메시지를 표시합니다.

writeFile 함수를 사용해 기록한 파일

 **1분 복습** example.txt 파일을 읽어 myfile.txt에 기록하는 코드를 작성하세요.

정답 03\results\myfile-2.js

## 기존 파일에 내용 추가하기 — flag 옵션 사용하기

writeFileSync 함수나 writeFile 함수에서 파일 이름을 지정할 때 이미 존재하는 파일일 경우에는 기존 내용을 삭제하고 새로운 내용을 추가해 버립니다. 의도한 것이라면 상관없지만 만일 기존 내용을 그대로 유지하면서 새로운 내용을 추가해야 한다면 flag 옵션을 지정할 수 있습니다. 자주 사용하는 flag값은 다음과 같습니다.

| flag값 | 설명 |
| --- | --- |
| "a" | 내용을 추가하기 위해 파일을 엽니다. 파일이 없으면 만듭니다. |
| "ax" | "a"와 같지만 파일이 이미 있으면 실패합니다. |
| "a+" | 파일을 읽고 내용을 추가하기 위해 파일을 엽니다. 파일이 없으면 만듭니다. |
| "ax+" | "a+"와 같지만 파일이 있을 경우 실패합니다. |
| "as" | 동기 처리로 내용을 추가하기 위해 파일을 엽니다. 파일이 없으면 만듭니다. |
| "w" | 쓰기 위해 파일을 엽니다. 파일이 없으면 만듭니다. |
| "wx" | "w"와 같지만 파일이 있을 경우 실패합니다. |
| "w+" | 내용을 읽고 쓰기 위해 파일을 엽니다. 파일이 없으면 만듭니다. |
| "wx+" | "w+"와 같지만 파일이 있을 경우 실패합니다. |

▶ 모든 flag값을 알고 싶다면 https://nodejs.org/dist/latest-v18.x/docs/api/fs.html#file-system-flags를 참고하세요.

다음 코드는 앞에서 만들었던 text-1.txt 파일에 새로운 내용을 추가합니다. write-4.js를 실행한 후 text-1.txt를 열어 보면 기존에 있던 내용에 방금 추가한 내용이 같이 저장되어 있을 것입니다.

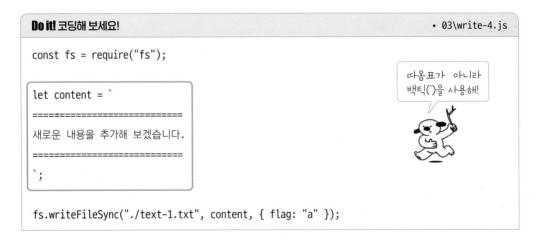

**Do it! 코딩해 보세요!** • 03\write-4.js

```
const fs = require("fs");

let content = `

===========================
새로운 내용을 추가해 보겠습니다.
===========================
`;

fs.writeFileSync("./text-1.txt", content, { flag: "a" });
```

따옴표가 아니라 백틱(`)을 사용해!

flag 옵션을 사용해 기존 파일에 내용 추가하기

## 기존 파일에 내용 추가하기 — appendFileSync, appendFile 함수

기존 파일에 내용을 추가할 때 flag 옵션을 사용하지 않고 appendFileSync 함수나 append File 함수를 사용할 수도 있습니다.

> **기본형**
>
> fs.appendFileSync(*파일, 내용*[, *옵션*])
> fs.appendFile(*파일, 내용*[, *옵션*], *콜백*)

- **파일**: 내용을 기록할 파일을 지정합니다.

- **내용**: 기록할 내용을 지정합니다.

- **옵션**: 사용할 수 있는 옵션은 encoding과 mode, flag입니다.

  - encoding: 기본값은 utf8입니다.

- mode: 파일에 대한 퍼미션을 지정합니다.

- flag: 기본값은 w입니다. 기존 파일에 내용을 추가한다면 a를 사용합니다.

- **콜백**: appendFile 함수의 콜백은 err를 매개변수로 사용합니다.

다음 코드는 앞에서 만들었던 text-2.txt 파일에 appendFile 함수를 사용해 새로운 내용을 추가합니다. 이번에는 추가하는 내용을 템플릿 리터럴이 아닌 일반 문자열로 작성해 보겠습니다. 템플릿 리터럴은 소스에 입력하는 공백이나 줄바꿈이 그대로 적용되지만 일반 문자열에서는 이스케이프 문자 \n를 사용해 줄바꿈을 지정해야 합니다.

> **Do it! 코딩해 보세요!**　　　　　　　　　　　　　　　　　　　　　　　• 03\write-5.js
>
> ```js
> const fs = require("fs");
>
> fs.appendFile("./text-2.txt", "\n\n 새로운 내용 추가", (err) => {
>   if (err) {
>     console.log(err);
> ```

```
  }
  console.log("appending to file");
});
```

appendFile 함수를 사용해 기존 파일에 내용 추가하기

### 한 걸음 더!  이스케이프 문자

이스케이프 문자<sup>escape character</sup>란 컴퓨터에서 특별한 기능을 가진 문자들을 사용할 때 그냥 일반적인 글자처럼 표현할 수 있도록 도와주는 특별한 기호들을 말합니다. 예를 들어 코드 안에서 줄바꿈을 하고 싶다면 그 위치에 줄바꿈 문자(\n)를 넣어 주면 됩니다. 이스케이프 문자는 역슬래시(\)로 시작합니다. 자주 사용하는 이스케이프 문자는 다음과 같습니다.

| \n | 줄 바꿀 위치에 추가 |
| --- | --- |
| \t | 탭 넣을 위치에 추가 |
| \\ | 슬래시를 경로로 이해하지 않고 단지 역슬래시로 표시할 때 |
| \" | 문자열 안에 큰따옴표를 넣을 때 |
| \' | 문자열 안에 작은따옴표를 넣을 때 |

## 파일 삭제하기 – unlinkSync 함수, unlink 함수

파일을 만들었다면 삭제할 수도 있겠죠? 파일을 삭제할 때는 unlinkSync 함수나 unlink 함수를 사용합니다. 예상한 것처럼 unlinkSync 함수는 동기 처리를 할 때, unlink 함수는 비동기 처리를 할 때 사용합니다.

$$fs.unlinkSync(파일)$$
$$fs.unlink(파일, 콜백)$$

- **파일**: 삭제할 파일을 지정합니다.
- **콜백**: unlink 함수에서 콜백을 처리할 때는 매개변수가 없습니다.

### 동기 처리로 파일 삭제하기 — unlinkSync 함수

다음 코드는 unlinkSync 함수를 사용해 앞에서 만들었던 text-1.txt 파일을 삭제합니다. unlink-1.js 파일을 실행하면 text-1.txt 파일이 사라진 것을 볼 수 있습니다. 파일이 삭제되면 console.log에 입력해 둔 file deleted가 터미널에 출력됩니다.

**Do it! 코딩해 보세요!**                                      • 03\unlink-1.js

```
const fs = require("fs");


fs.unlinkSync("./text-1.txt");
console.log("file deleted");
```

**터미널**

```
PS C:\Users\kyrie\Desktop\basics\03> node unlink-1
file deleted
```

이때 고려할 것은 삭제하려고 하는 파일이 존재하는 파일인지 체크하는 것입니다. 존재하지 않는 파일을 삭제하더라도 오류가 발생하지 않거든요. 그래서 FS 모듈에 있는 existsSync 함수를 사용해서 해당 파일이 있는지 체크하는 것이 좋습니다. 이 함수는 파일이 있다면 true를 반환하고 없다면 false를 반환합니다.

다음 코드는 text-1.txt 파일이 있는지 체크하고, 있을 경우에만 삭제합니다. text-1.txt 파일을 위에서 삭제했다면 이 소스를 실행했을 때 파일이 존재하지 않는다는 메시지가 터미널 창에 나타납니다.

**Do it! 코딩해 보세요!**                                      • 03\unlink-2.js

```
const fs = require("fs");

if (!fs.existsSync("./text-1.txt")) {  // 파일이 없다면
```

```
    console.log("file does not exist");
} else {                               // 파일이 있다면
  fs.unlinkSync("./text-1.txt");
    console.log("file deleted");
  }
}
```

터미널

PS C:\Users\kyrie\Desktop\basics\03> node unlink-2
file does not exist

## 비동기 처리로 파일 삭제하기 — unlink 함수

이번에는 비동기 처리를 위해 unlink 함수를 사용해서 text-2.txt 파일도 삭제해 보겠습니다. 비동기 처리를 하므로 콜백을 함께 사용하는데 콜백 함수에 인자가 없습니다.

앞에서 살펴본 readdir 함수나 writeFile 함수에서는 콜백 함수에서 (err, data) => { … }처럼 err와 data라는 매개변수를 사용했지만 unlink의 콜백 함수에는 매개변수가 없어서 () => { … }처럼 사용합니다.

**Do it! 코딩해 보세요!**  • 03\unlink-3.js

```
const fs = require("fs");

if (!fs.existsSync("./text-2.txt")) {  // 파일이 없다면
  console.log("file does not exist");
} else {                               // 파일이 있다면
  fs.unlink("./text-2.txt", () => {
    console.log("file deleted");
  });
}
```

111쪽의 〈1분 복습〉 코너에서 만들었던 myfile.txt를 삭제해 보세요.

정답 03\results\myfile-3.js

# 03-4 | 디렉터리 관리하기

FS 모듈을 사용하면 필요할 때마다 디렉터리를 만들거나 삭제할 수 있습니다. 앞에서 같은 기능을 하는 동기 함수와 비동기 함수를 비교해서 설명했는데 여기에서는 비동기 함수를 중심으로 살펴보겠습니다. 동기 함수는 사용이 간단하니 앞의 내용을 참고해서 사용하세요.

## 디렉터리 만들기 및 삭제하기

파일을 만들고 삭제하는 것처럼 디렉터리를 만들고 삭제할 수도 있습니다.

### 디렉터리 만들기 — mkdirSync, mkdir 함수

디렉터리를 만들 때도 동기와 비동기로 구분해서 사용할 수 있습니다. 디렉터리를 만드는 함수는 mkdirSync와 mkdir입니다. 함수 이름 끝에 Sync가 있다면 동기 함수, 없다면 비동기 함수라고 생각하면 되겠죠?

▶ mkdir은 make directory의 줄임말입니다.

| 기본형 | |
|---|---|
| | fs.mkdirSync(*경로*[, *옵션*]) |
| | fs.mkdir(*경로*[, *옵션*], *콜백*) |

- **경로**: 새로 만들 디렉터리 경로를 지정합니다.
- **옵션**: 2가지 함수에서 사용할 수 있는 옵션은 recursive와 mode입니다.
  - recursive: 여러 계층의 디렉터리를 지정했을 때 중간에 존재하지 않는 경로까지 포함해서 디렉터리를 만들 수 있습니다. 기본값은 false 입니다.
  - mode: 디렉터리의 권한을 지정합니다. 기본 값은 0o777(읽기, 쓰기, 실행 권한)입니다.
- **콜백**: mkdir 함수에서 콜백 형태는 err 매개변수를 사용합니다.

다음 코드는 현재 디렉터리에 test 디렉터리가 있는지 확인한 후 없다면 비동기로 처리하는 mkdir 함수를 사용해서 test 디렉터리를 만듭니다.

```javascript
const fs = require("fs");

if (fs.existsSync("./test")) {    // 디렉터리가 있다면
  console.log("folder already exists");
} else {                          // 디렉터리가 없다면
  fs.mkdir("./test", (err) => {
    if (err) {
      console.error(err);
    }
    console.log("folder created");
  });
}
```

mkdir 함수를 사용해 디렉터리 만들기

## 여러 계층의 디렉터리 만들기

현재 폴더에 하위 폴더 하나를 추가하는 것은 간단하지만 test2\test3\test4처럼 계층이 여러 개로 이루어진 하위 폴더를 만들고 싶다면 어떻게 해야 할까요? test2 디렉터리를 만든 후에 다시 test3 디렉터리를 만들고 이어서 test4 디렉터리를 만드는 식으로 같은 과정을 반복해야 할까요? 아닙니다. 간단하게 recursive 옵션을 사용하면 됩니다.

recursive는 어떤 동작을 계속 반복한다는 뜻입니다. 이 옵션을 true로 지정하면 존재하지 않던 상위 폴더까지 한꺼번에 만들 수 있습니다.

다음 코드는 현재 폴더(03 폴더)에 test2\test3\test4 폴더를 만드는 것입니다. 일단 추가할 폴더가 있는지 확인하고 폴더가 없을 경우에만 폴더를 추가합니다. else 문을 보면 mkdir 함

수를 사용해서 여러 단계의 폴더를 추가하기 위해 recursive 옵션을 true로 지정했죠. 그리고 콜백 함수에는 err 인자만 넘깁니다. 오류가 있다면 오류를 표시하고 오류가 없다면 폴더를 만들었다고 표시합니다.

**Do it! 코딩해 보세요!**  • 03\dir-2.js

```javascript
const fs = require("fs");

if (fs.existsSync("./test2/test3/test4")) {    // 디렉터리가 있다면
  console.log("folder already exists");
} else {                                       // 디렉터리가 없다면
  fs.mkdir("./test2/test3/test4", { recursive: true }, (err) => {
    if (err) {
      console.error(err);
    }
    console.log("folder created");
  });
}
```

**터미널**

```
PS C:\Users\kyrie\Desktop\basics\03> node dir-2
folder created
```

VS Code에서는 새로 추가한 폴더를 확인할 수 있는데, 내용이 없는 하위 폴더는 한 줄로 나타내므로 test2\test3\test4처럼 표시합니다.

▶ 윈도우 탐색기나 맥 파인더에서 03 폴더를 열어서 확인해도 됩니다.

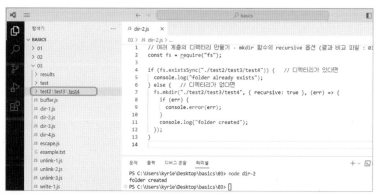

recursive 옵션을 사용해서 여러 단계 디렉터리 만들기

## 빈 디렉터리 삭제하기 — rmdirSync, rmdir 함수

디렉터리를 삭제할 때는 동기 처리와 비동기 처리를 구분해서 rmdirSync 함수나 rmdir 함수를 사용합니다. rmdirSync 함수나 rmdir 함수는 디렉터리가 비어 있어야 삭제할 수 있습니다.

▶ rmdir은 remove directory의 줄임말입니다.

| 기본형 | fs.rmdirSync(*경로*, *내용*[, *옵션*])<br>fs.rmdir(*경로*[, *옵션*], *콜백*) |
| --- | --- |

- **경로**: 삭제할 디렉터리 경로를 지정합니다.
- **옵션**: 2가지 함수에서 사용할 수 있는 옵션은 maxRetries와 retryDelay입니다.
  - maxRetries: 오류가 발생해서 디렉터리를 삭제하지 못했을 때 재시도할 횟수를 지정합니다. 기본값은 0입니다.
  - retryDelay: maxRetries에서 재시도 횟수를 지정했을 경우 대기 시간(밀리초)을 정할 수 있습니다. 기본값은 100입니다.
- **콜백**: rmdir 함수에서 콜백 형태는 err 매개변수를 사용합니다.

다음 코드는 앞에서 만들었던 test 폴더를 삭제합니다. 현재 폴더에 test 디렉터리가 있는지 체크한 후 test 디렉터리가 있다면 rmdir 함수를 사용해서 삭제합니다. rmdir 함수의 콜백은 err 인자를 받기 때문에 오류가 있는지 체크하고 오류가 없으면 삭제했다는 메시지를 표시합니다.

**Do it! 코딩해 보세요!**  • 03\dir-3.js

```
const fs = require("fs");

if (fs.existsSync("./test")) {   // 삭제할 디렉터리가 있다면
  fs.rmdir("./test", (err) => {
    if (err) {
      console.error(err);
    } else {
      console.log("folder deleted");
    }
  });
} else {                         // 삭제할 디렉터리가 없다면
  console.log("folder does not exist");
}
```

```
PS C:\Users\kyrie\Desktop\basics\03> node dir-3
folder deleted
```

## 파일 삭제 및 내용이 있는 디렉터리 삭제하기 — rmSync, rm 함수

앞에서 살펴본 것처럼 rmdirSync 함수와 rmdir 함수는 디렉터리가 빈 상태일 때만 삭제할 수 있습니다. 디렉터리 안에 내용이 있더라도 삭제하고 싶다면 rmSync 함수나 rm 함수를 사용합니다. rmSync와 rm 함수는 디렉터리뿐만 아니라 파일을 삭제할 수도 있죠.

▶ rm은 remove의 줄임말입니다.

| 기본형 | fs.rmSync( *경로, 내용*[, *옵션*] )<br>fs.rm( *경로*[, *옵션*], *콜백* ) |

- **경로**: 삭제할 디렉터리 경로나 파일을 지정합니다.
- **옵션**: 2가지 함수에서 사용할 수 있는 옵션은 다음과 같습니다.
  - **force**: true로 지정하면 파일이나 디렉터리를 강제로 삭제합니다. 삭제할 파일이나 디렉터리가 없어도 오류가 발생하지 않습니다. 기본값은 false입니다.
  - **maxRetries**: 오류가 발생해서 디렉터리를 삭제하지 못했을 때 재시도할 횟수를 지정합니다. 기본값은 0입니다.

  - **retryDelay**: maxRetries에서 재시도 횟수를 지정할 경우 대기 시간(밀리초)을 정할 수 있습니다. 기본값은 100입니다.
  - **recursive**: 경로가 여러 단계라면 단계별로 삭제 작업을 실행합니다. 기본값은 false입니다.
- **콜백**: rm 함수에서 콜백 형태는 err 매개변수를 사용합니다.

앞에서 test2\test3\test4처럼 디렉터리를 여러 단계로 만들었죠? test2 디렉터리나 test3 디렉터리는 빈 디렉터리가 아닙니다. 그리고 계층 구조가 여러 단계로 되어 있습니다. 이 경우에는 rm 함수에서 recursive 옵션과 함께 사용하면 됩니다. test2 디렉터리 안에 있는 'test3, test4 디렉터리를 반복하면서 rm 함수를 실행합니다. 단, rmSync나 rm 함수는 비어 있지 않은 디렉터리도 삭제하므로 사용하기 전에 꼭 확인하세요.

```
const fs = require("fs");

fs.rm("./test2", { recursive: true }, (err) => {
  if (err) {
    console.error(err);
  } else {
    console.log("folder deleted");
  }
});
```

# 03-5 | 버퍼와 스트림 이해하기

노드에서 파일을 다루다 보면 자주 보는 용어가 버퍼buffer와 스트림stream입니다. 버퍼와 스트림은 파일을 읽거나 쓸 때 한 덩어리로 처리하지 않고 작은 단위로 나눠서 시간을 절약하는 방법입니다. 우선 버퍼를 살펴본 후 이어서 스트림을 공부하겠습니다.

## 버퍼

컴퓨터 공학에서 **버퍼**는 임시 데이터를 저장하는 물리적인 메모리 공간을 가리킵니다.

파일을 읽어 올 때 전체 내용을 한꺼번에 다 가져오지 않습니다. 한번에 버퍼 하나 크기 만큼만 가져오고, 버퍼가 가득 차면 그 내용을 전달해 준다고 생각하면 이해하기 쉽습니다.

▶ 노드의 버퍼 크기는 고정되어 있습니다.

데이터 임시 저장 장소, 버퍼

03-2절에서 readFile 함수를 공부했죠? 예를 들어 readFile 함수를 사용해 example.txt를 읽어 오면 터미널 창에 〈Buffer…〉라고 되어 있고 그 내용이 이진 데이터로 표시됩니다.

example.txt에 있는 문자 하나가 이진값 하나에 대응합니다. 예를 들어 'Node.js is'는 버퍼 안에 '4e 6f 64 65 2e 6a 73 20 69 73'라고 기록됩니다.

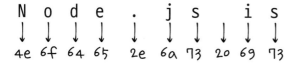

문자 각각에 대응하는 이진 데이터

노드의 버퍼는 처음부터 크기가 고정되어 있고 내용이 이진값으로 저장됩니다. readFile 함수에서 utf-8 옵션을 사용하거나 data에 toString 함수를 적용하면 버퍼 내용을 읽을 수 있는 문자열 형태로 바꿀 수 있습니다.

---

**Do it! 코딩해 보세요!**  · 03\buffer.js

```javascript
const fs = require("fs");

fs.readFile("example.txt", (err, data) => {
  if (err) {
    console.log(err);
  } else {
    console.log(data);                  // 이진 데이터 표시
    console.log("\n");
    console.log(data.toString());   // 문자열로 변환해서 표시
  }
});
```

---

**터미널**

```
PS C:\Users\kyrie\Desktop\basics\03> node buffer
<Buffer 4e 6f 64 65 2e 6a 73 20 69 73 20 61 6e 20 6f 70 65 6e 2d 73 6f 75 72 63 65 2c
20 63 72 6f 73 73 2d 70 6c 61 74 66 6f 72 6d 20 4a 61 76 61 53 63 72 69 ... 110 more
bytes>

Node.js is an open-source, cross-platform JavaScript runtime environment.
Node.js는 Chrome V8 JavaScript 엔진으로 빌드된 JavaScript 런타임입니다.
```

## 스트림

OTT 서비스를 통해 영화 한 편을 보는 경우를 생각해 보겠습니다. 영화 파일의 크기가 꽤 클 텐데 그 파일을 모두 내려받은 후에 재생하는 것은 아니겠죠? 실제로 우리가 영화를 볼 때는 영화 파일을 조금씩 나눠서 내려받으면서 화면에서 재생됩니다. 사용자가 화면을 보는 동안 또 다른 파일이 버퍼에 다운로드되고 버퍼가 가득 차면 다시 화면에 재생됩니다. 이런 서비스를 스트리밍streaming 서비스라고 합니다.

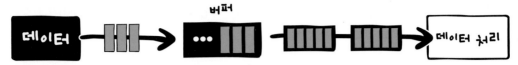

데이터의 흐름, 스트림

이렇게 **스트림**이란 한 곳에서 다른 곳으로 데이터가 이동하는 것, 즉 데이터의 흐름을 가리킵니다. 백엔드 프로그래밍에서 스트림은 서버에서 클라이언트로 혹은 클라이언트에서 서버로 데이터를 보낼 때 사용하는 방식입니다. 버퍼는 데이터를 메모리에 저장하고 직접 다룰 때 사용하고 스트림은 데이터를 효율적으로 읽고 쓸 때 사용하는 개념입니다. 스트림은 버퍼를 사용해서 데이터를 처리하거나 전달하게 되죠.

스트림을 사용하면 파일 전체를 내려받지 않고도 차례로 처리할 수 있어서 시간을 절약할 수 있고, 메모리 사용도 최소화할 수 있는 만큼 프로그램의 성능도 향상할 수 있습니다.

노드에서의 스트림은 크게 리더블 스트림readable stream과 라이터블 스트림writable stream, 듀플렉스 스트림duplex stream으로 나눌 수 있습니다.

| 종류 | 설명 |
|---|---|
| 리더블 스트림 | 데이터를 읽기 위한 스트림입니다. 네트워크로 연결해서 데이터를 읽어 오거나 파일에서 데이터를 읽어 올 때 사용합니다. |
| 라이터블 스트림 | 데이터를 쓰기 위한 스트림입니다. 역시 네트워크에 연결한 상태에서 데이터를 기록하거나 파일에 데이터를 기록할 때 사용합니다. |
| 듀플렉스 스트림 | 읽기와 쓰기 모두 가능한 스트림입니다. 리더블 스트림과 라이터블 스트림을 결합한 형태라서 실시간 양방향 통신에 사용합니다. |

여기에서는 일반적인 백엔드 프로그래밍에서 자주 사용하는 리더블 스트림과 라이터블 스트림을 자세히 알아보겠습니다.

### 리더블 스트림

**리더블 스트림**readable stream은 데이터를 읽기 위한 스트림으로 주로 서버에서 용량이 큰 데이터를 가져올 때 많이 사용하죠. 리더블 스트림을 사용하려면 FS 모듈에 있는 createReadStream 함수를 사용하는데, 이 함수는 데이터를 작은 크기로 나누어서 읽어 옵니다.

▶ 데이터를 읽어 오는 작은 단위를 흔히 청크chunk라고 합니다.

기본형        `fs.createReadStream(경로, 내용[, 옵션])`

- **경로**: 리더블 스트림을 읽어 올 파일을 지정합니다.
- **옵션**: 이 함수에서 사용하는 주요 옵션은 다음과 같습니다.
  - flags: 파일을 읽어 올 때 사용할 플래그를 지정합니다. 기본값은 r입니다.
  - encoding: 인코딩을 지정합니다. 기본값은 null입니다.
  - fd: 이 옵션을 사용하면 파일을 여는 작업을 생략합니다. 기본값은 null입니다.
  - mode: 파일 모드를 지정합니다. 기본값은 0o666입니다.
  - autoClose: 읽기가 끝난 후 파일을 자동으로 닫을지 지정합니다. 기본값은 true입니다.
  - start: 파일을 어디서부터 읽을지 지정합니다. 기본값은 0입니다.
  - end: 파일을 어디까지 읽을지 지정합니다. 기본값은 infinity입니다.

자바스크립트를 공부했다면 자바스크립트는 이벤트 기반[event-driven] 언어라는 것을 알고 있을 것입니다. 이벤트가 발생했을 때 그 이벤트를 처리하는 방식으로 프로그래밍하기 때문입니다. 우선 리더블 스트림에서 사용할 수 있는 주요 이벤트를 알아보겠습니다.

| 이벤트 | 설명 |
|---|---|
| data | 데이터를 읽을 수 있을 때마다 발생하는 이벤트입니다. 스트림에서 읽은 데이터를 처리할 때 data 이벤트를 사용합니다. |
| end | 스트림에서 데이터를 모두 읽었을 때 발생하는 이벤트입니다. 데이터를 모두 읽었다는 사실을 인지하고 이후 작업이 필요할 때 사용합니다. |
| error | 스트림에서 오류가 생겼을 때 발생하는 이벤트입니다. |

노드에서 이벤트를 처리할 때는 다음과 같이 on이라는 함수를 사용합니다. 특정 이벤트가 발생했을 때 콜백 함수를 처리하는 것이죠.

기본형                      on(" *이벤트*", 콜백)

여기에서는 내용이 아주 긴 텍스트 파일을 읽어 오는 경우를 예로 들어 보겠습니다. 다음 코드는 리더블 스트림을 사용해서 readMe.txt 파일을 조금씩 나눠서 가져옵니다. readMe.txt 파일을 조금씩 나눠서 버퍼에 넣는데 파일 내용을 가져올 수 있을 때마다 data 이벤트가 발생합니다.

▶ readMe.txt는 버퍼의 쓰임을 보여 주기 위한 것으로 의미없는 로렘입숨 텍스트가 들어 있습니다.

```javascript
const fs = require("fs");

const readStream = fs.createReadStream("./readMe.txt"); ─①

readStream.on("data", (chunk) => {
  console.log("new chunk received:");
  console.log(chunk);
});                                                      ②

readStream.on("end", () => {
  console.log("finished reading data");                  ③
});

readStream.on("error", (err) => {
  console.log(`Error reading the file: ${err}`);         ④
});
```

① createReadStream 함수를 사용해서 readMe.txt 파일을 읽어 와서 readStream 변수에 할당합니다. 이제부터는 readStream에 어떤 이벤트가 발생하느냐에 따라 알맞은 콜백 함수를 지정하면 되죠.

② 스트림에서 데이터를 읽어 올 때마다(data 이벤트가 발생할 때마다) 버퍼 크기만큼씩 가져와서 터미널 창에 표시합니다. 여기에서 chunk라는 변수는 한 번에 읽어 오는 데이터입니다.

③ 스트림에서 데이터를 모두 읽어 왔다면(end 이벤트가 발생했다면) 파일 읽기가 끝났다고 화면에 표시합니다.

④ 리더블 스트림에서 오류가 발생하면(error 이벤트가 발생하면) 오류 메시지를 터미널 창에 표시합니다.

위 코드를 실행해 보면 메시지와 함께 버퍼가 가득 찰 때마다 'new chunk received: '라는 버퍼 내용을 보여 줍니다.

리더블 스트림을 사용해 데이터를 가져오는 모습

리더블 스트림은 앞에서 공부했던 fs.read 함수와 어떻게 다를까요? fs.read 함수는 파일 내용을 한꺼번에 가져옵니다. 그래서 콜백 함수를 실행하기 전에 파일 내용을 모두 메모리에 넣어 두어야 하죠. 즉, 데이터 전체를 커다란 하나의 덩어리로 처리합니다. 반면에 리더블 스트림은 데이터를 조금씩 나눠서 가져옵니다. 이렇게 데이터를 조금씩 가져올 때마다, 즉 data 이벤트가 발생할 때마다 가져온 데이터를 처리할 수 있습니다.

## 라이터블 스트림

**라이터블 스트림**<sup>writable stream</sup>은 데이터를 기록하는 스트림입니다. 라이터블 스트림을 만들려면 FS 모듈의 createWriteStream 함수를 사용합니다.

| 기본형 | **fs.createWriteStream(*경로, 내용*[, *옵션*])** |
|---|---|

- **경로**: 라이터블 스트림을 사용해 기록할 파일을 지정합니다.
- **옵션**: 이 함수에서 사용하는 주요 옵션은 다음과 같습니다.
  - **flags**: 파일에 기록할 때 사용할 플래그를 지정합니다. 기본값은 w입니다.
  - **encoding**: 인코딩을 지정합니다. 기본값은 null입니다.

- **fd**: 이 옵션을 사용하면 파일을 여는 작업을 생략합니다. 기본값은 null입니다.
- **mode**: 파일 모드를 지정합니다. 기본값은 0o666입니다.
- **autoClose**: 파일 쓰기가 끝난 후 파일을 자동으로 닫을지 지정합니다. 기본값은 true입니다.
- **start**: 파일을 어디서부터 기록할지 지정합니다. 기본값은 0입니다.

다음 코드는 03\readMe.txt 파일을 청크<sup>chunk</sup> 단위로 읽어 와서 다시 청크 단위로 writeMe.txt 파일에 기록합니다. 여기에서 청크란 버퍼 크기만큼씩 한 번에 읽거나 쓸 수 있는 데이터를 말합니다. 만일 기존 파일에 기록하고 싶다면 flags: "a"처럼 내용을 추가할 수 있도록 지정하면 됩니다.

**Do it! 코딩해 보세요!** • 03\stream-2.js

```
const fs = require("fs");

const readStream = fs.createReadStream("./readMe.txt", "utf8");
const writeStream = fs.createWriteStream("./writeMe.txt");

readStream.on("data", (chunk) => {
  console.log("new chunk received:");
  writeStream.write(chunk);
});
```

위 코드를 실행하면 03 폴더에는 writeMe.txt가 만들어져서 readMe.txt의 내용을 그대로 옮겨 줍니다. 그런데 한 번에 기록한 게 아니죠? 한 번 읽어 와서 기록할 때마다 터미널 창에 'new chunk received:'가 표시됩니다. 총 4번에 나눠서 가져오고 기록했네요.

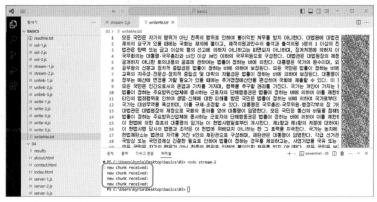

스트림을 사용해 파일 읽고 기록하기

## 2개의 스트림을 연결하는 파이프 – pipe

노드에서는 리더블 스트림으로 읽어 와서 라이터블 스트림으로 파일에 기록하는 방법을 자주 사용합니다. 앞에서 살펴본 03\stream-2.js를 보면 data 이벤트가 발생할 때까지 기다렸다가 버퍼에 데이터가 가득 차면 수동으로 데이터를 가져와서 기록합니다.

파이프pipe를 사용하면 data 이벤트가 발생했을 때 따로 가져오고 기록하던 것을 한꺼번에 처리할 수 있습니다. 이벤트 처리를 하지 않아도 되고 라이터블 스트림에서 write 함수를 사용해 기록하지 않아도 됩니다. 파이프를 사용할 때는 pipe 함수가 필요합니다.

| 기본형 | `fs.readStream.pipe(writeStream [, 옵션])` |
| --- | --- |

pipe 함수는 다음 방식으로 동작합니다.

① 리더블 스트림에서 데이터를 읽습니다.

② 읽은 데이터를 라이터블 스트림으로 기록합니다.

③ 라이터블 스트림에 다 기록할 때까지 리더블 스트림에서 읽고 쓰기를 계속 반복합니다.

④ 리더블 스트림에서 더 이상 읽을 데이터가 없거나, 라이터블 스트림에 더 이상 쓸 데이터가 없으면 pipe 함수가 자동 종료됩니다.

---

**pipe 함수를 사용하지 않았을 때**

```
fs.readStream.on("data", (chunk) => {
  fs.writeStream.write(chunk);
});
```

---

**pipe 함수를 사용했을 때**

```
fs.readStream.pipe(writeStream);
```

---

다음 코드는 앞에서 살펴본 stream-2.js를 파이프를 사용하도록 수정한 것입니다. 코드가 훨씬 간단해집니다.

---

**Do it! 코딩해 보세요!**
• 03\pipe.js

```
const fs = require("fs");

const readStream = fs.createReadStream("./readMe.txt", "utf8");
const writeStream = fs.createWriteStream("./writePipe.txt");

readStream.pipe(writeStream);
```

---

위 코드를 실행하면 readMe.txt의 내용을 읽어서 writePipe.txt에 기록합니다.

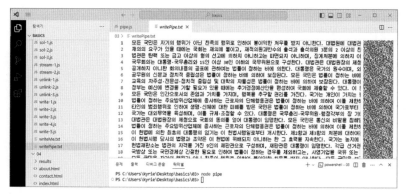

pipe 함수를 사용해 파일을 읽고 기록하기

pipe 함수를 사용하면 서버에서 자료를 읽어 와서 클라이언트에 기록해야 할 때 데이터를 효율적으로 전송하고 처리할 수 있습니다.

지금까지 공부한 내용을
떠올려 보면서 다음 문제를
해결해 보세요.

# 03 마무리 문제

**Q1** 03 폴더에 mine 폴더가 있는지 확인한 후 없다면 mine 폴더를 새로 만드는 코드를 작성하세요.

▶ 제공하는 문제 파일을 열어 해결해보세요.

**힌트**

① 디렉터리가 있는지 확인할 때는 existSync 함수를 사용합니다.

② 디렉터리를 만들 때는 mkdir 함수를 사용합니다.

③ mkdir 함수의 콜백 함수에서는 err 매개변수를 사용합니다.

문제 03\quiz-1.js  해답 03\sol-1.js

**Q2** quiz-2.js 코드를 보면 file.js 모듈에서 writeData 함수를 가져와서 사용하고 있습니다. writeData 함수는 파일 경로와 내용을 지정하면 해당 파일에 내용을 기록합니다. quiz-2.js에서 사용할 file.js 모듈을 작성하세요.

```js
const writeData = require("./file.js");

const data = 'This is sample of mine';
writeData('./mydata.txt', data);
```

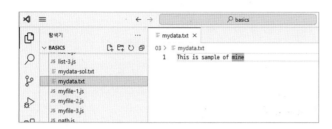

힌트
① file.js를 새로 만든 후 writeData 함수를 정의합니다.
② writeData 함수는 파일의 경로와 내용을 인자로 받아서 지정한 파일 경로에 내용을 저장하도록 코드를 작성합니다.
③ module.exports를 사용해 writeData 함수를 내보냅니다.

문제 03\quiz-2.js   해답 03\sol-2.js, 03\file-sol.js

**Q3** 현재 폴더(03 폴더)에 있는 파일 중에서 확장자가 .txt인 파일의 개수를 구하는 코드를 작성하세요. 결과 화면의 파일 개수는 2가 아니라 각자 다를 수 있습니다.

---

**터미널**

```
PS C:\Users\kyrie\Desktop\basics\03> node sol-3
.txt 확장자를 가진 파일의 갯수: 2
```

---

힌트
① readdir 함수를 사용해서 폴더에 있는 파일들을 배열 형태로 받습니다.
② 배열을 처음부터 끝까지 순환하면서 다음 과정을 반복합니다.
③ 파일마다 확장자를 추출하고 .txt인지 확인합니다.
④ 확장자가 .txt이면 카운터를 증가시키고, .txt가 아니라면 다음 파일로 넘어갑니다.

문제 03\quiz-3.js   해답 03\sol-3.js

# 04

# 네트워크 기초 및 서버 만들기

이 장에서는 네트워크의 기본인 HTTP 통신이 무엇인지 기본 개념을 살펴보겠습니다. 먼저 클라이언트와 서버가 통신하는 방법과 요청과 응답이 어떻게 동작하는지 공부하겠습니다. 그리고 노드에서 네트워크를 위해 지원하는 HTTP 모듈을 사용해 서버를 만들어 보고, 클라이언트와 서버 간에 정보를 주고받는 것도 실습해 보겠습니다.

# 04-1 | HTTP 이해하기

노드를 사용하는 주요 목적은 백엔드에 서버를 구축하는 것입니다. 그러려면 서버를 만드는 방법뿐 아니라 클라이언트와 서버 간에 자료를 주고받는 네트워크의 기본 지식도 알아야 합니다.

웹은 클라이언트와 서버 간에 자료를 주고받으면서 동작합니다. 이때 클라이언트와 서버 간에 미리 약속한 규칙이 있는데 이것을 HTTP 프로토콜이라고 하죠. 여기에서는 HTTP 프로토콜을 사용해 클라이언트와 서버 사이에 자료를 주고받을 때 어떤 방식을 사용하는지 기본 내용을 공부하겠습니다.

## HTTP 프로토콜

이미 우리는 클라이언트에서 서버로 자료를 요청하고, 서버에서 클라이언트로 요청한 자료를 보내는 방식으로 웹이 동작한다는 것을 알고 있습니다. 하지만 클라이언트와 서버는 사용하는 프로그래밍 언어도, 동작하는 방식도 달라서 둘 사이에 공통 규칙이 필요합니다.

예를 들어 한국인과 독일인이 대화를 하려면 사용하는 언어가 서로 달라서 소통하기 힘들지만 만일 두 사람이 모두 영어를 할 줄 안다면 문제가 없겠죠. 웹도 마찬가지입니다. 클라이언트와 서버 사이에 똑같이 인식하는 규칙이 있다면 서로 소통할 수 있습니다. 이렇게 미리 만들어진 규칙을 HTTP 프로토콜이라고 합니다. HTTP 프로토콜은 인터넷이 등장하면서 같이 만들어진 기본 개념입니다.

클라이언트에서 서버로 자료를 요청하는 것은 HTTP 요청HTTP request, 서버에서 응답해 클라이언트로 자료를 보내는 것은 HTTP 응답HTTP response이라고 합니다. 그래서 서버 프로그래밍은 요청과 응답을 어떻게 처리할 것인지 결정하게 됩니다.

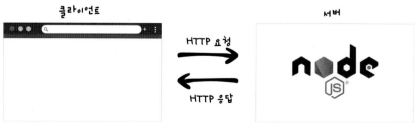

HTTP 프로토콜

## 요청과 응답

HTTP 프로토콜을 이용해 자료를 요청하고 받을 때는 **요청**과 **응답**을 사용해 프로그래밍합니다. 요청할 때와 응답할 때 메시지를 어떤 형태로 주고받는지 먼저 알아보겠습니다.

웹 브라우저 창에서 구글 웹 사이트(https://www.google.com)로 접속한 후 (Ctrl)+(Shift)+(I)를 눌러 웹 개발자 도구 창을 열고 [네트워크] 탭을 클릭해 보세요.

▶ 웹 개발자 도구 창이 영문으로 나타난다면 138쪽의 〈한 걸음 더!〉를 참고해 한글로 바꿀 수 있습니다.

네트워크 창에서는 클라이언트와 서버 간에 주고받는 파일을 확인할 수 있습니다. 네트워크 창이 열린 상태에서 (F5) 또는 [새로 고침] 버튼을 눌러서 현재 사이트를 다시 불러오세요.

네트워크 창에 무엇인가 정신없이 나타나죠? 클라이언트에서 서버에게 구글 사이트를 보여 달라고 요청했기 때문에 서버에서 사이트에 필요한 파일들을 내려받는 것입니다. 여기에는 HTML 문서를 비롯해 이미지, 아이콘 등 다양한 파일이 포함되어 있습니다.

▶ 네트워크 창 맨 아래에 있는 상태 표시줄을 보면 내려받은 요소의 개수와 내려받은 시간 등의 정보가 표시됩니다.

서버에서 파일 내려받기

내려받은 파일 중에서 하나를 클릭해 보세요. 파일 목록 오른쪽에 여러 정보가 나타나는데 여기에서 잠깐 살펴보겠습니다.

클라이언트와 서버 사이에 정보를 주고받는 메시지에는 여러 가지 정보가 포함되어 있습니다. 클라이언트가 서버로 보내는 요청 메시지는 **요청 헤더**와 **요청 본문**으로 구성됩니다. 만약 '사이트 내용을 보여 줘.'라고 요청했다면 요청 본문에는 사이트 주소가 들어 있고, 요청 헤더에는 사용하는 시스템 정보, 웹 브라우저 정보, 사용한 언어 등 다른 정보까지 함께 넣어서 서버로 보냅니다.

같은 방식으로 서버에서 클라이언트로 보내는 응답 메시지도 **응답 헤더**와 **응답 본문**으로 구성됩니다. 응답 본문에는 브라우저 창에 보여 줄 텍스트나 이미지 같은 사이트 내용이 들어가고, 응답 헤더에는 현재 파일이 어떤 형식을 사용하는지 인코딩은 무엇인지처럼 파일과 관련된 기타 정보가 담겨 있습니다.

이 내용을 네트워크 창에서 확인해 볼까요? 네트워크 창의 왼쪽에 있는 파일 목록에서 아무 파일이나 하나를 선택해 보세요. 그 파일을 주고받으면서 어떤 메시지가 전달되는지 확인할 수 있습니다. [헤더]를 클릭하면 [일반], [응답 헤더], [요청 헤더]가 있습니다.

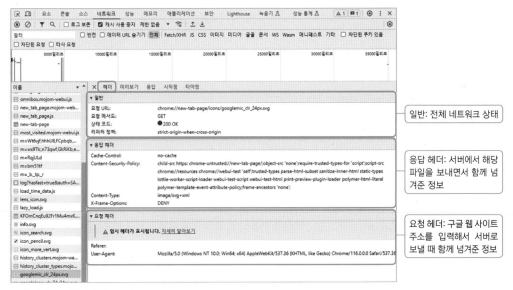

응답 헤더와 요청 헤더 살펴보기

▶ 각 헤더에 담긴 정보를 자세히 알고싶다면 https://developer.mozilla.org/ko/docs/WEB/HTTP/Headers를 참고하세요.

서버에서 클라이언트로 보낸 응답 본문은 [응답]을 클릭하면 볼 수 있습니다.

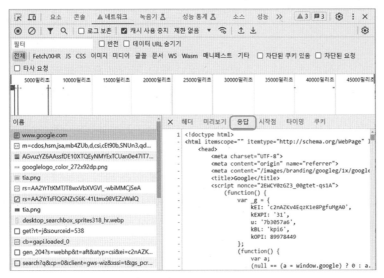

응답 본문 살펴보기

**개발자 도구 창 설정하기**

크롬의 개발자 도구 창은 프런트엔드나 백엔드 개발을 하면서 여러 정보를 확인할 수 있는 도구입니다.

**(1) 영문 항목 한글로 바꾸기**

개발자 도구 창의 항목은 처음에 영문으로 나타나지만 한글 번역도 잘 되어 있어서 한글로 바꾸면 편리합니다.
개발자 도구 창의 오른쪽 위에 있는 ⚙를 누르면 다양한 설정 항목이 나타납니다. 그중에서 [Preferences]의
[Language]에서 [Korean - 한국어]을 선택하고 창을 다시 열면 영문 항목을 한글 항목으로 바꿀 수 있습니다.

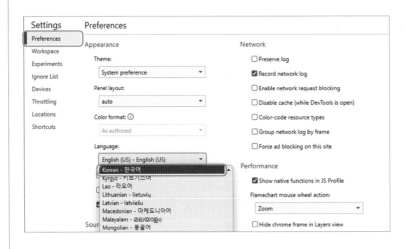

## (2) 개발자 도구 창 위치 바꾸기

개발자 도구 창의 위치를 바꾸려면 개발자 도구 창 오른쪽 위에 있는 ⋮ 아이콘을 클릭한 후 위치 아이콘 중에서 원하는 것을 클릭합니다. 위치 아이콘은 넓은 영역과 좁은 영역이 함께 그려져 있는데 좁게 표시된 영역이 개발자 도구 창을 가리킵니다. 개발자 도구 창의 내용이 길어진다면 왼쪽이나 오른쪽으로 옮겨 아래로 길게 볼 수도 있고, 아예 별도의 창으로 분리해서 사용할 수도 있습니다.

## (3) 자주 쓰는 탭을 앞으로 옮기기

개발자 도구 창에는 여러 탭이 있어서 기능별로 선택할 수 있습니다. 자주 쓰는 탭이 있다면 앞으로 옮겨 놓는 게 사용하기 편리합니다. 브라우저 화면 너비보다 탭이 많을 경우 일부 탭은 감춰지기도 하거든요. 탭을 옮길 때는 탭 이름 부분을 클릭한 상태로 원하는 위치까지 끌어다 놓으면 됩니다.

## 중요한 헤더 정보 살펴보기

요청 헤더와 응답 헤더에는 여러 정보가 담겨 있지만 그중에서 몇 가지 꼭 확인해야 할 것이 있습니다. 그런 정보들은 [헤더] 탭의 일반 항목에 담겨 있습니다.

중요한 헤더 정보

## 요청 URL

서버에서 필요한 정보가 있을 때 웹 브라우저 창의 주소 표시줄에 URL을 입력하죠? 이렇게 서버에게 어떤 정보를 보내 달라고 요구하는 URL을 **요청 URL**이라고 합니다. 구글 웹 사이트는 HTTP에 보안이 추가된 HTTPS 프로토콜을 사용하므로 google.com이라고 입력하든 http://www.google.com이라고 입력하든 자동으로 https://www.google.com으로 바뀌어 전송됩니다.

클라이언트에서 서버로 무엇인가를 요청할 때는 웹 브라우저에 URL을 입력해서 요청한다는 점을 기억해 두세요.

## 요청 메서드

요청 메서드는 클라이언트에서 서버로 정보를 보내면서 그 정보를 어떻게 처리할 것인지 알려 줍니다. 서버에 있는 정보를 가져오는 것인지, 브라우저 화면에 입력한 내용을 서버로 보내려는 것인지 정보를 처리할 방식을 알려 주는 것이죠. 그래서 요청 메서드는 **요청 방식**이라고도 합니다.

요청 메서드는 다양하지만 기본적으로 다음 4가지를 사용합니다. 이 4가지 메서드의 사용법은 뒤에서 하나씩 알아볼 것입니다. 요청 메서드 이름은 주로 대문자로 사용합니다.

| 요청 메서드 | 설명 |
| --- | --- |
| GET 메서드 | 서버에서 정보를 가져올 때 사용합니다. 예를 들어 구글 웹 사이트 URL을 입력해 서버로 보내거나 웹 사이트에 있는 링크를 클릭하면 GET 요청이 서버로 전송되고, 서버는 해당 URL의 문서를 응답으로 반환합니다. |
| POST 메서드 | 서버에 데이터를 저장할 때 사용합니다. 예를 들어 회원 가입을 하거나 로그인할 때 사용자가 입력한 정보는 POST 메서드를 사용해 서버로 넘겨줍니다. |
| PUT 메서드 | 서버에 있는 데이터를 수정(업데이트)할 때 사용합니다. 예를 들어 서버에 이미 저장되어 있는 사용자 정보에서 일부를 수정할 때 PUT 메서드를 사용해 서버로 보냅니다. |
| DELETE 메서드 | 서버에서 데이터를 삭제할 때 사용합니다. 예를 들어 블로그 글이나 파일을 삭제할 때 DELETE 메서드를 사용해 삭제할 정보를 서버로 전송합니다. |

## 상태 코드

상태 코드는 클라이언트에서 보낸 요청이 성공했는지 여부를 알려 주는 세 자리 숫자 코드입니다. 프로그램을 작성할 때 상태 코드를 확인해서 요청이 성공했는지 여부를 알 수 있습니다.

상태 코드는 크게 5개의 범주로 나뉘고 각각 세분되어 있습니다. 주요 상태 코드는 다음과 같습니다.

| 코드 | | 메시지 | 설명 |
|---|---|---|---|
| 1xx | | Informational | 계속 처리 중 |
| 2xx | | Successful | 요청 성공 |
| | 200 | OK | 요청이 성공적으로 처리되었습니다. |
| | 201 | Created | 요청이 성공적으로 처리되어 새로운 자료가 생성되었습니다. |
| | 204 | No Content | 요청이 성공적으로 처리되었지만 응답으로 반환할 내용이 없습니다. |
| 3xx | | Redirection | 다른 위치로 이동 |
| | 301 | Moved Permanently | 요청한 데이터가 새 URL로 옮겨졌습니다. |
| 4xx | | Client Error | 클라이언트 오류 |
| | 400 | Bad Request | 클라이언트 요청이 잘못되었거나 유효하지 않습니다. |
| | 401 | Unauthorized | 권한이 없어 거절되었지만 인증을 다시 시도할 수 있습니다. |
| | 403 | Forbidden | 권한이 없어 거절되었고 인증을 시도하면 계속 거절됩니다. |
| | 404 | Not Found | 해당 데이터를 찾을 수 없습니다. |
| 5xx | | Server Error | 서버 오류 |
| | 500 | Internal Server Error | 서버에 요청을 처리하는 동안 오류가 발생했습니다. |
| | 503 | Service Unavailable | 요청한 서비스를 이용할 수 없습니다. |

웹 사이트를 돌아다니다 보면 가끔 페이지를 찾을 수 없다는 오류 내용과 함께 '404'가 표시되죠? 이 404가 서버의 응답 상태를 보여 주는 것입니다.

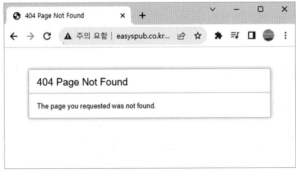

404 상태 코드의 예

**원격 주소**

인터넷에서 서버에 접속하는 실제 주소인 IP 주소와 포트를 보여 줍니다. 예를 들어 다음처럼 되어 있다면 서버의 IP 주소는 172.217.161.228이고 사용한 포트 번호는 443이라는 뜻입니다.

172.217.161.228:443

서버의 IP 주소   포트 번호

네트워크 창에서 파일마다 IP 주소가 다르다면 이것은 사이트에 있는 파일들이 서로 다른 서버에서 가져왔다는 뜻입니다. IP 주소와 포트는 04–2절에서 자세히 설명하겠습니다.

| ✕ 헤더 미리보기 응답 시작점 타이밍 쿠키 | |
| --- | --- |
| ▼일반 | |
| 요청 URL: | https://www.gstatic.com/inputtools/images/tia.png |
| 요청 메서드: | GET |
| 상태 코드: | ●200 |
| 원격 주소: | 142.250.206.227:443 |
| 리퍼러 정책: | strict-origin-when-cross-origin |

| ✕ 헤더 미리보기 응답 시작점 타이밍 쿠키 | |
| --- | --- |
| ▼일반 | |
| 요청 URL: | https://www.google.com/tia.png |
| 요청 메서드: | GET |
| 상태 코드: | ●200 |
| 원격 주소: | 142.250.76.132:443 |
| 리퍼러 정책: | origin |

## IP 주소와 포트

클라이언트와 서버 사이에 데이터를 주고받으려면 중간에 통로가 필요합니다. 이 통로를 흔히 **소켓**socket이라고 합니다. 소켓은 IP 주소와 포트port를 통해 서로 식별하죠.

예를 들어 온라인에서 물건을 구매한다고 가정해 보겠습니다. 상품을 파는 곳에서 여러분의 집까지 택배 차량으로 물건을 전달할 때 구별하기 위해 받는 사람의 주소를 사용합니다. 여기에서 택배 차량은 소켓 역할을 하고 물건을 받는 사람의 주소는 IP 주소에 해당합니다. 만일 아파트로 배달한다면 주소는 공통으로 같지만 몇 동 몇 호라고 구체적으로 지정해야 하는데, 이때 최종 도착점인 집 호수는 포트라고 생각할 수 있습니다.

소켓과 IP주소, 포트

## IP 주소

인터넷에는 수많은 클라이언트 컴퓨터와 서버 컴퓨터가 연결되어 있어서 이 컴퓨터를 서로 구별하기 위한 주소가 할당되어 있습니다. 이것을 인터넷 프로토콜Internet Protocol 주소, 줄여서 **IP 주소**라고 합니다. 택배를 보낼 때 건물의 위치를 우편주소로 구분하는 것처럼 서버는 IP 주소를 통해 웹 페이지를 구분합니다. 하지만 IP 주소는 네 자리 또는 여섯 자리 숫자로 구성되어 있어 모든 사이트의 IP 주소 자체를 기억하는 것은 거의 불가능합니다. 그래서 숫자 대신 google.com이나 easyspub.co.kr처럼 영문으로 된 주소를 사용하면 서버에서 자동으로 172.217. 25.174 같은 IP 주소로 변환해서 사용합니다. 이렇게 google.com이나 easyspub. co.kr처럼 사용자가 기억하기 쉬운 사이트 주소를 **도메인** 이름이라고 하고, 도메인 이름을 IP 주소로 변환해 주는 서버를 **DNS 서버**Domain Name System Server라고 합니다.

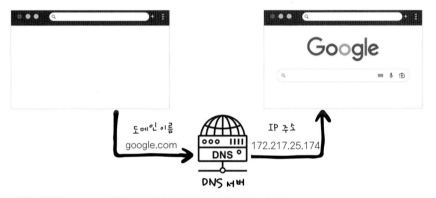

도메인 이름을 IP 주소로 변환해 주는 DNS 서버


## 포트

IP 주소를 사용해서 우리가 필요한 서버까지 접근할 수 있다는 것을 알게 되었습니다. 그런데 서버에는 프로그램을 1가지만 실행하는 것이 아닙니다. 즉, 서버에는 여러 가지 역할이 다 담겨 있죠. 예를 들어 웹 사이트 내용을 관리하는 프로그램도 있고, 파일을 업로드/다운로드하게 해주는 프로그램도 있습니다. 이 외에도 여러 프로그램이 서버에서 실행되고 있습니다.

클라이언트에서 서버로 정보를 요청했을 때 서버에 있는 프로그램 중에서 어떤 프로그램을 실행할 것인지 알려 줄 때 '항구'를 의미하는 **포트**port를 사용합니다. 포트는 네트워크를 통해 넘겨받은 자료를 정확히 어느 위치로 배달할 것인지 정해 주는 역할을 합니다. 포트를 사용할 때는 도메인 이름이나 IP 주소 뒤에 콜론(:) 기호와 함께 포트 번호를 적습니다. 예를 들어 172.217.25.174 서버에서 80번 포트로 접속한다면 소켓 주소는 다음과 같이 작성합니다.

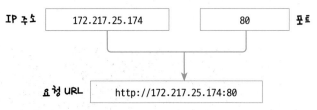

IP 주소와 포트로 구성된 요청 URL

80은 HTTP 프로토콜에서 기본으로 사용하는 포트 번호입니다. 그래서 80번 포트는 생략해도 해당 포트로 접속하게 됩니다.

이 외에도 서버에서 사용하는 포트 번호 몇 가지는 기본 번호로 정해져 있습니다. 다음은 자주 사용하는 포트 번호입니다. 예를 들어 25번 포트로 접속하면 해당 사이트의 이메일 발송 서버로 이동하게 됩니다.

| 번호 | 기능 |
|------|------|
| 20, 21 | FTP(파일 전송 프로토콜) |
| 25 | SMTP(이메일 발송) |
| 53 | DNS 서버 |
| 80 | 웹(HTTP) |
| 110 | POP3(이메일 수신) |
| 443 | HTTPS |

# 04-2 | HTTP 모듈로 서버 만들기

백엔드 개발의 기본인 HTTP 프로토콜을 연습해 보려면 서버가 필요합니다. 우선 노드에서 기본으로 제공하는 HTTP 모듈을 사용해 서버를 만들어 보겠습니다. 이것을 익스프레스 Express.js 프레임워크를 사용하면 얼마나 편리하게 바뀌는지는 06장에서 살펴보겠습니다.

## 서버 만들기

노드의 핵심 기능은 서버를 만들고 관리하는 것이라고 해도 과언이 아닙니다. 그래서 서버를 만들고 관리할 수 있는 HTTP 모듈도 미리 준비되어 있죠.

### 서버 만들기 — createServer 함수

서버를 만들 때는 HTTP 모듈을 가져온 후 createServer 함수를 사용합니다. 이때 요청과 응답을 어떻게 처리할 것인지는 콜백 함수 형태로 지정할 수 있습니다. 다음은 createServer 함수의 기본형입니다.

| 기본형 | http.createServer([옵션][, 콜백]); |
|---|---|

▶ createServer 함수로 서버를 만들 때 사용하는 여러 옵션을 자세한 알고 싶다면 다음 URL을 참고하세요.
https://nodejs.org/dist/latest-v18.x/docs/api/http.html#httpcreateserveroptions-requestlistener

다음은 서버를 만드는 기본 코드입니다. 04 폴더에서 해당하는 파일을 열어서 직접 코딩해 보세요. 직접 작성한 코드가 실행되지 않거나 오류가 생긴다면 04\results 폴더에서 같은 이름의 파일을 찾아 비교해 보세요.

서버를 만드는 함수는 HTTP 모듈에 있으므로 먼저 require 함수를 통해 HTTP 모듈을 가져옵니다. createServer 함수 안에서 클라이언트 요청을 담고 있는 req 객체와 서버에서 받는 응답인 res 객체를 사용해 콜백 함수를 작성합니다. 여기에서는 간단하게 텍스트를 출력해 보겠습니다. 출력 결과는 서버를 실행한 후에 확인할 수 있으니 잠시만 기다려 주세요.

```
const http = require("http");

const server = http.createServer((req, res) => {
    console.log("요청 발생");
});
```

## 서버 실행하기 — listen 함수

서버를 만들었다면 서버를 실행해야 결과를 확인할 수 있겠죠? 서버를 실행할 때는 listen 함수를 사용합니다.

| 기본형 | server.listen(포트[, 호스트][, 콜백]) |
|---|---|

- **server**: 리스닝하는 서버를 지정합니다. 연습 중인 server-1.js 코드에서는 createServer 함수로 만든 서버 이름을 server라고 했기 때문에 그대로 사용하면 됩니다. 만약 다른 이름으로 서버를 만들었다면 해당 서버 이름을 사용하면 됩니다.

- **포트**: 144쪽에서 미리 정해진 포트 번호를 설명했죠? 우리는 서버 만드는 것을 연습하고 있으므로 기본 포트 번호와 중복되지 않는 3000번 포트를 사용하겠습니다. 이렇게 하면 서버에서는 3000번 포트에서 클라이언트 요청이 있는지

계속 기다리게 됩니다. 이것을 **리스닝**<sup>listening</sup> 한다고 합니다. 귀를 기울이고 있는 거죠.

▶ 이미 정해져 있는 포트 번호가 아니라면 다른 포트 번호를 사용해도 됩니다.

- **호스트**: listen 함수에서 사용하는 호스트는 IP 주소를 가리킵니다. 하나의 컴퓨터에 하나의 IP 주소를 사용할 때는 IP 주소를 따로 지정하지 않아도 됩니다. 하지만 랜카드가 여러 개 장착된 컴퓨터라면 랜카드마다 IP 주소가 부여되므로 리스닝할 IP 주소를 넣어 주어야 합니다.

다음 코드는 .createServer 함수로 서버를 만들고, listen 함수로 서버를 실행합니다. 이것이 HTTP 모듈을 사용해 서버를 만드는 가장 일반적인 형태입니다.

```
const http = require("http");
const server = http.createServer((req, res) => {
  console.log("요청 발생");
});
```

```
server.listen(3000, () => {
  console.log("3000번 포트에서 서버 실행 중");
});
```

이제 서버가 제대로 동작하는지 살펴볼까요? VS Code에 터미널 창이 열려 있지 않다면
Ctrl + Shift + `을 누르거나 [터미널 → 새 터미널] 메뉴를 선택해서 터미널 창을 엽니다. 현
재 폴더 위치가 04 폴더인지 확인하고, 아니라면 04 폴더로 바꿉니다. 복습 삼아서 다시 설명
하자면 터미널 창에 'cd '(공백)를 입력한 후 VS Code 탐색기 창에서 04 폴더를 방금 입력한
위치로 끌어다 옮기면 됩니다.

▶ 일단 04 폴더로 옮겼다면 04장을 실습하는 동안 바꾸지 않아도 됩니다.

폴더 이동이 완료되었다면 터미널 창에 다음과 같이 입력해 서버를 실행합니다.

**터미널**
```
node server-1
```

서버가 정상적으로 실행된다면 다음 텍스트가 터미널 창에 표시됩니다. 아직 클라이언트 요
청은 없는 상태입니다.

**터미널**
```
PS C:\Users\kyrie\Desktop\basics\04> node server-1
3000번 포트에서 서버 실행 중
```

이번에는 서버로 요청을 보내 보겠습니다. 웹 브라우저 창을 열고 주소 표시줄에 localhost:3000
을 입력합니다. 여기에서 local
host는 사용자 컴퓨터에 만든 서버
를 가리킵니다. 작성한 코드의 콜
백 함수에서는 터미널 창에 메시
지를 표시하도록 했기 때문에 아
직 웹 브라우저 창에는 아무 내용
도 나타나지 않습니다.

서버로 요청 보내기

요청이 생겼으므로 server-1.js에서 만들었던 콜백 함수가 실행되면서 '요청 발생'이라는 텍스트가 터미널 창에 표시됩니다. 즉, 서버에서 클라이언트 요청을 처리한 것입니다.

**터미널**

```
PS C:\Users\kyrie\Desktop\basics\04> node server-1
3000번 포트에서 서버 실행 중
요청 발생
```

서버를 만들고 클라이언트의 요청을 서버가 정상적으로 처리하는 것을 확인했으니 앞에서 설명했던 req 객체와 res 객체를 조금 더 살펴보겠습니다. 그전에 서버를 중지하는 방법부터 알아보죠.

## 서버 종료하기 및 재실행하기

한번 실행한 서버는 계속 돌아가고 있어서 중간에 서버 코드를 수정하더라도 변경 사항을 즉시 반영하지 못합니다. 그래서 서버 코드를 수정한다면 서버를 종료하고 다시 실행해야 합니다.

앞에서 작성한 server-1.js 코드를 수정하면서 살펴보겠습니다. server-1.js 코드에서 '요청 발생' 텍스트 부분을 'request from client'로 바꾼 후 저장합니다.

**Do it! 코딩해 보세요!** • 04\server-1.js

```
const http = require("http");
const server = http.createServer((req, res) => {
  console.log("request from client");
});

server.listen(3000, () => {
  console.log("3000번 포트에서 서버 실행 중");
});
```

VS Code 터미널 창에 아무 변화가 없을 것입니다. 수정한 내용을 반영하려면 일단 서버를 종료해야 합니다. 서버를 종료하려면 윈도우나 맥 모두 똑같이 터미널 창에서 Ctrl+C를 누르면 됩니다. 서버 실행 상태에서 빠져나와 명령을 입력할 수 있는 상태가 됩니다.

서버가 중지되었으므로 열려 있던 웹 브라우저 창에는 '사이트에 연결할 수 없음'이라는 메시지가 나타납니다.

서버 중지하기

이제 다시 터미널 창에서 다음과 같이 서버를 재실행합니다. 브라우저가 열려 있는 상태라면 자동으로 새로 고침 하면서 서버로 요청을 보냅니다.

영문 텍스트가 제대로 표시될 것입니다. 이렇게 서버 코드를 수정하면 서버를 종료한 후 다시 실행하는 과정이 필요합니다.

| 터미널 |
| --- |
| PS C:\Users\kyrie\Desktop\basics\04> node server-1<br>3000번 포트에서 서버 실행 중<br>request from client |

# 04-3 | 요청 객체와 응답 객체 살펴보기

앞에서 설명한 것처럼 클라이언트와 서버 간의 네트워크는 요청과 응답을 통해 이루어집니다. 노드에서는 클라이언트에서 서버로 요청하면 요청<sup>request</sup> 객체가 만들어지고 서버에서 클라이언트로 응답할 때는 응답<sup>response</sup> 객체가 만들어집니다. 이 객체들에는 어떤 정보가 들어 있는지 살펴보겠습니다.

## 요청 객체 살펴보기

앞에서 살펴봤던 코드에서 요청 처리하는 콜백 함수를 조금 수정해서 클라이언트 요청이 있을 때 요청 객체에 어떤 내용이 담기는지 확인해 보겠습니다. 요청 객체의 이름은 어떤 것을 사용해도 되는데 주로 request나 줄여서 req를 사용합니다.

server-2.js 파일에는 서버를 만들고 실행하는 코드까지 완성되어 있습니다. createServer 함수에 있는 코드에서 'request from client' 텍스트 부분을 삭제하고 req 객체로 수정하여 저장합니다.

**Do it! 코딩해 보세요!** • 04\server-2.js

```
const http = require("http");

const server = http.createServer((req, res) => {
  console.log(req);
});

server.listen(3000, () => {
  console.log("3000번 포트에서 서버 실행 중");
});
```

server-1.js 서버가 실행 중이라면 Ctrl+C를 눌러 서버를 종료한 후 다시 server-2.js를 실행해 보세요.

```
터미널
node server-2
```

그리고 열려 있던 웹 브라우저 창에서 [새로 고침]을 눌러 다시 서버로 요청을 보내 보세요.

VS Code 터미널 창
에 아주 많은 정보가
나타날 것입니다. 모
두 요청과 관련된 정
보들이죠. 즉, req 객
체에는 클라이언트
에서 보낸 요청과 관
련된 정보가 담겨 있
습니다.

```
문제   출력   터미널   디버그 콘솔                                              + ∨  ⏵ node - 04  ⫿  🗑  ⋯  ∧  ✕
  },
  _consuming: false,
  _dumped: false,
  [Symbol(kCapture)]: false,
  [Symbol(kHeaders)]: {
    host: 'localhost:3000',
    connection: 'keep-alive',
    'cache-control': 'max-age=0',
    'sec-ch-ua': '"Chromium";v="112", "Google Chrome";v="112", "Not:A-Brand";v="99"',
    'sec-ch-ua-mobile': '?0',
    'sec-ch-ua-platform': '"Windows"',
    'upgrade-insecure-requests': '1',
    'user-agent': 'Mozilla/5.0 (Windows NT 10.0; Win64; x64) AppleWebKit/537.36 (KHTML, like Gecko) Chrome/11
2.0.0.0 Safari/537.36',
    accept: 'text/html,application/xhtml+xml,application/xml;q=0.9,image/avif,image/webp,image/apng,*/*;q=0.8
,application/signed-exchange;v=b3;q=0.7',
    'sec-fetch-site': 'none',
    'sec-fetch-mode': 'navigate',
    'sec-fetch-user': '?1',
    'sec-fetch-dest': 'document',
    'accept-encoding': 'gzip, deflate, br',
    'accept-language': 'ko-KR,ko;q=0.9,en-US;q=0.8,en;q=0.7'
  },
  [Symbol(kHeadersCount)]: 30,
  [Symbol(kTrailers)]: null,
  [Symbol(kTrailersCount)]: 0
}
```

req 객체에 담긴 요청 정보

## 응답 객체 살펴보기

req 객체에 요청 정보가 담겼다면 res 객체에는 서버에서 클라이언트에게 넘겨주는 응답 정
보가 담깁니다. 그리고 우리는 그 응답을 어떻게 처리할지 프로그래밍하면 되죠.

응답 객체는 헤더와 본문으로 구성되므로 헤더를 만드는 것과 본문을 만드는 것, 2가지를 고
려해야 합니다. 그리고 요청에 대한 응답이 끝난 상태에서 서버와 계속 연결하고 있을 필요가
없으므로 응답이 끝난 후에는 응답을 종료합니다.

### 응답 헤더 만들기

res 객체를 사용하려면 우선 헤더를 만들어야 합니다. 예를 들어 서버의 자료가 JSON일 수도
있고 텍스트일 수도 있으며, 헤더는 어떤 유형의 자료를 처리하는지, 서버의 상태는 어떠한지
알려 주기도 합니다. 응답 헤더를 만들 때는 기본으로 setHeader 함수를 사용하지만 상태 코
드를 헤더에 함께 기록하려면 writeHead 함수를 사용합니다. 상태 코드가 무엇이었는지 기
억 나지 않는다면 141쪽을 참고하세요.

▶ 여기에서 res는 응답 객체를 나타내는데 response나 기타 다른 이름으로 사용할 수도 있습니다.

```
res.setHeader(이름, 값)
res.writeHead(상태 코드[, 상태 메시지][, 헤더])
```

예를 들어 서버에서 텍스트 자료를 가져와서 처리한다면 다음과 같이 작성합니다.

```
res.setHeader("Content-Type", "text/plain");
```

상태 코드 200을 헤더에 함께 기록하고 싶다면 다음과 같이 작성할 수도 있습니다.

```
res.writeHead(200, {"Content-Type": "text/plain"});
```

## 응답 본문 작성하기

헤더를 만든 후에 응답 본문을 작성할 때는 write 함수를 사용합니다. 본문 내용만 지정할 수도 있고 인코딩이나 콜백 함수를 함께 지정할 수도 있습니다.

기본형
```
res.write(내용[, 인코딩][, 콜백]);
```

응답 내용을 모두 전달한 후에는 응답이 끝났다고 알려 줘야 합니다. 클라이언트에게 더 이상 응답을 기다리지 않아도 된다고 알려 주기도 하고 더 이상 요청 처리를 하지 않아도 되죠. 응답을 종료할 때는 end 함수를 사용합니다. 인자 없이 사용할 수도 있고 응답을 종료한 후에 표시할 내용이나 인코딩, 콜백 함수를 지정할 수도 있습니다.

기본형
```
res.end(내용[, 인코딩][, 콜백]);
```

응답 내용을 여러 번 나눠서 화면에 표시한다면 res.write 함수를 여러 번 사용하고 마지막에 res.end를 사용해서 연결을 끊습니다.

```
res.write("내용1");
res.write("내용2");
res.write("내용3");
res.end()
```

텍스트 문자열을 한 번만 보내고 연결을 끊는다면 res.write 함수를 사용하지 않고 res.end 함수에서 문자열을 처리할 수도 있습니다.

```
res.write("내용");
res.end()
```

또는

```
res.end("내용");
```

지금까지 살펴본 res 객체 관련 함수를 사용해서 서버의 응답도 처리해 보겠습니다.

**Do it! 코딩해 보세요!**　　　　　　　　　　　　　　　　　　　• 04\server-3.js

```js
const http = require("http");

const server = http.createServer((req, res) => {
  console.log(req.method); // 요청 메서드 확인

  res.setHeader("Content-Type", "text/plain"); // 응답 헤더
  res.write("Hello Node");                      // 응답 본문
  res.end();                                    // 응답 종료
});

server.listen(3000, () => {
  console.log("3000번 포트에서 서버 실행 중");
});
```

터미널 창에서 실행 중인 서버가 있다면 Ctrl+C를 눌러 종료하고 server-3.js를 실행합니다.

**터미널**

```
node server-3
```

웹 브라우저에서 localhost:3000에 접속하면 방금 작성한 응답 본문 내용이 브라우저 창에 표시됩니다.

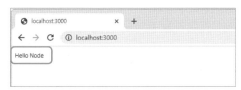

서버 실행하기

그리고 VS Code 터미널 창을 보면 req 객체에 있던 정보 중에서 method값, 즉 요청 메서드가 무엇인지도 표시되어 있습니다.

req 객체의 method값 확인하기

이렇게 req 객체와 res 객체를 사용해서 요청 정보를 확인할 수도 있고, 서버에서 받은 응답 정보를 원하는 형태로 처리할 수도 있습니다.

---

**한걸음 더! req.method 결과에 GET이 2번 나타나는 이유**

터미널 창에 GET 메서드가 2개인 것은 URL 요청을 하면 크롬 브라우저에서 파비콘을 함께 가져오기 때문입니다. 파비콘FAVorite ICON은 즐겨찾기에 추가할 때 사용하는 작은 아이콘을 말합니다. 참고로 이 책의 코드에는 파비콘이 포함되어 있지 않습니다.

localhost:3000 사이트에서 웹 개발자 도구의 [네트워크] 창을 열어 보세요. 그리고 화면을 새로 고치면 'localhost'와 'favicon.icon'이라는 파일 2개를 가져오는 것을 볼 수 있습니다.

---

## HTML 페이지 서빙하기

서버를 만들고 req 객체와 res 객체를 처리하는 기본 방법까지 알아봤습니다.

앞에서는 서버를 만들고 로컬 서버에 접속했을 때, 즉 웹 브라우저에 localhost:3000을 입력했을 때 간단한 텍스트를 표시했다면 이번에는 HTML 페이지를 보여 주는 방법을 알아보겠습니다. 이것을 HTML 페이지를 **서빙**serving한다고 하거나 서비스한다고 합니다.

04 폴더에는 간단하게 만들어 놓은 index.html 문서가 있습니다. 이 문서를 웹 브라우저에서 열어 보면 배경색이 깔려 있고 화면 중앙에 텍스트가 표시됩니다.

# WELCOME TO NODE.JS

Node.js 세계에 오신 것을 환영합니다.

미리 만들어 둔 index.html

HTML 페이지를 서빙하려면 res 객체에서 헤더를 만들 때 Content-Type 속성을 text/html로 지정합니다. 그리고 읽기 스트림을 사용해서 index.html을 읽어 와서 파이프로 연결해 주죠.

**Do it! 코딩해 보세요!** • 04\server-4.js

```
const http = require("http");
const fs = require("fs");

const server = http.createServer((req, res) => {
  res.setHeader("Content-Type", "text/html");
  const readStream = fs.createReadStream(__dirname + "/index.html", "utf8");
  readStream.pipe(res);
});

server.listen(3000, () => {
  console.log("3000번 포트에서 서버 실행 중");
});
```

현재 실행 중인 서버가 있다면 Ctrl+C를 눌러 종료한 후 server-4.js를 실행합니다.

터미널

```
node server-4
```

그리고 웹 브라우저의 주소 표시줄에 localhost:3000을 입력해서 요청을 보내면 미리 만들어 두었던 index.html이 연결되어 표시됩니다.

연결된 HTML 페이지 표시

웹 브라우저의 주소 표시줄에 입력한 요청 URL 뒤에 /home을 붙여 보세요. /contact나 다른 어떤 경로를 추가하더라도 계속해서 index.html이 표시됩니다.

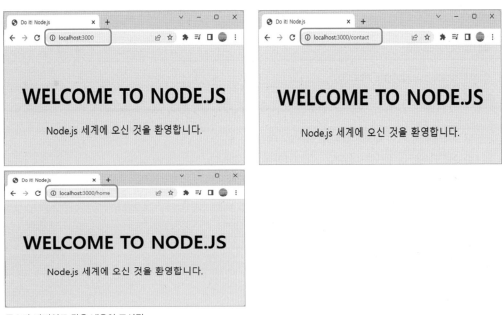

주소가 바뀌어도 같은 내용이 표시됨

서버가 제대로 동작한다면 요청 URL 뒤에 /home을 붙였을 때와 /about을 붙였을 때 각각 다르게 처리해야 합니다. 요청 URL에 따라 화면에 보여 줄 내용을 다르게 연결하는 것은 04-4절에서 설명하겠습니다.

# 04-4 | 라우팅 이해하기

웹 프로그래밍에서 **라우팅**<sup>routing</sup>이란 클라이언트에서 들어오는 요청에 따라 그에 맞는 함수를 실행하는 것을 말합니다. 앞에서 요청 URL 뒤에 /home 또는 /about을 붙여도 항상 index. html이 표시됐죠? 이처럼 요청 URL에 따라 다른 내용을 표시하도록 하는 것을 라우팅이라고 합니다. 예를 들어 https://nodejs.org/en/about이라는 URL을 사용해 요청하면 노드 웹 사이트의 About Node.js 화면으로 연결하고, https://nodejs.org/en/download라는 URL로 요청하면 노드 웹 사이트의 Downloads 화면으로 이동합니다.

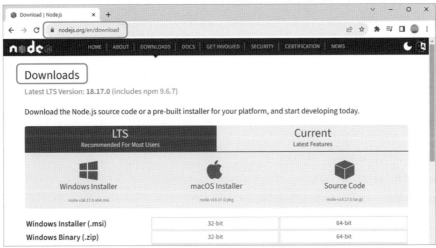

라우팅의 2가지 예

방금 살펴본 사이트처럼 라우팅을 이용하면 사용자가 입력하는 URL에 따라 다른 내용을 보여 줄 수 있습니다. 또한 GET이나 POST, PUT, DELETE 같은 요청 메서드에 따라 처리할 함수를 다르게 연결할 수도 있습니다.

▶ 여기에서는 노드의 HTTP 모듈을 사용해서 라우팅하는 방법을 살펴보지만 이후 06장에서 다룰 익스프레스를 사용하면 라우팅을 좀 더 쉽게 처리할 수 있습니다.

다음은 localhost:3000/home을 요청하면 화면에 HOME을, localhost:3000/about을 요청하면 화면에 ABOUT을 표시하는 코드입니다. 서버의 정보를 가져오는 것이므로 GET 메서드를 사용합니다.

**Do it! 코딩해 보세요!**  • 04\server-5.js

```javascript
const http = require("http");

const server = http.createServer((req, res) => {
  // 요청 메서드와 URL 가져오기
  const { method, url } = req; —①
  res.setHeader("Content-Type", "text/plain");

  // URL에 따라 응답을 다르게 처리
  if (method === "GET" && url === "/home") {
    res.statusCode = 200;
    res.end("HOME");          ②
  } else if (method === "GET" && url === "/about") {
    res.statusCode = 200;
    res.end("ABOUT");          ③
  } else {
    res.statusCode = 404;
    res.end("NOT FOUND");      ④
  }
});

server.listen(3000, () => {
  console.log("3000번 포트에서 서버 실행 중");
});
```

❶ 04-3절에서 req 객체를 살펴봤는데, 그 정보 중에서 url과 method에는 어떤 URL을 사용해서 요청했는지, GET과 POST 가운데 어떤 요청 방식이었는지가 담겨 있습니다. req 객체의 method 값과 url값을 가져와 각각 method, url 변수에 할당합니다.

```
문제   출력   디버그 콘솔   터미널

        'ko-KR,ko;q=0.9,en-US;q=0.8,en;q=0.7'
    ],
    rawTrailers: [],
    joinDuplicateHeaders: undefined,
    aborted: false,
    upgrade: false,
    url: '/',
    method: 'GET',
    statusCode: null,
    statusMessage: null,
    client: <ref *1> Socket {
        connecting: false,
        _hadError: false,
        _parent: null,
        _host: null,
        _closeAfterHandlingError: false,
        _readableState: ReadableState {
```

❷ 요청 방식이 GET이면서 요청 URL이 /home일 경우 웹 브라우저 화면에 HOME을 표시합니다.

❸ 요청 방식이 GET이면서 요청 URL이 /about일 경우 웹 브라우저 화면에 ABOUT을 표시합니다.

❹ ❷, ❸ 외에는 웹 브라우저 화면에 Not Found를 표시합니다.

실행 중인 서버가 있다면 종료한 후 server-5.js를 실행합니다.

```
터미널

node server-5
```

웹 브라우저에서 요청 URL을 다양하게 입력해 보세요. 요청 URL에 /home을 추가하면 HOME이, /about을 추가하면 ABOUT이 표시됩니다. 이 2가지 외에 다른 URL 경로를 입력하거나 아무것도 입력하지 않으면 NOT FOUND가 표시됩니다.

▶ 결과 화면의 글자 크기는 좀 더 쉽게 알아볼 수 있도록 크게 표시한 것입니다. 실제로 여러분이 사용하는 화면에서 확인할 때는 작게 나타날 것입니다.

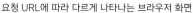
요청 URL에 따라 다르게 나타나는 브라우저 화면

지금까지 HTTP 모듈을 사용해 클라이언트와 서버 간에 요청과 응답을 주고받고 처리하는 기본 방법을 살펴보았습니다. HTTP 모듈을 비롯해서 노드에서 제공하는 모듈은 백엔드 프로그래밍을 위한 기본 기능만을 제공합니다. 그래서 서버를 좀 더 편리하고 빠르게 구축하려면 여러 가지 프레임워크를 사용하는데, 그중에서 익스프레스Express.js 프레임워크를 가장 많이 사용하죠.

다음 05장에서 익스프레스 프레임워크를 사용해 서버를 구축하고 라우팅하는 방법을 알아보겠습니다. 프레임워크를 사용하면 코드가 얼마나 편리하고 간단해지는지 직접 느껴 보세요.

# 04 마무리 문제

지금까지 공부한 내용을 떠올려 보면서 다음 문제를 해결해 보세요.

**Q1** 노드에서 http 모듈을 가져오려고 합니다. 아래 빈 칸에 맞는 코드를 작성하세요.

```
const http = (                    );
```

해답 require("http")

**Q2** HTTP 상태 코드 404는 무엇을 의미하나요?

① OK
② Not Found
③ Internal Server Error
④ Bad Request

해답 ②

**Q3** HTTP 서버를 만들고 8080 포트에서 실행시키세요. 서버에 접속하면 터미널에는 '8080 포트에서 서버 실행 중', 웹 브라우저에는 'Hello, World!'를 출력하게 코드를 만들어보세요.

**터미널**

```
PS C:\Users\kyrie\Desktop\basics\04> node sol-3
8080번 포트에서 서버 실행 중
```

**힌트**
① 서버를 만들기 위해 http 모듈의 createServer 함수를 사용합니다.
② 응답 객체의 헤더를 만들고, write 함수를 사용해 내용을 출력합니다.
③ app.listen 함수에서 서버의 포트를 8080으로 지정합니다.

문제 04\quiz-3.js 해답 04\sol-3.js

**Q4** 3번 문제에서 만든 서버를 실행할 때 요청 URL에 따라 다른 메시지를 출력하는 서버를 만드세요. /home으로 접속하면 'Welcome home', /about으로 접속하면 'About us'를 출력해야 합니다.

**힌트**

① 요청 객체(req)에 있는 여러 정보 중 요청 방식과 요청 URL을 가져옵니다.

② 요청 방식이 GET이면서 요청 URL이 'home'인지, 'about'인지 확인합니다.

③ 조건에 따라 브라우저 화면에 원하는 텍스트를 표시합니다.

문제 04\quiz-4.js  해답 04\sol-4.js

# 05 노드와 비동기 처리

이 장에서는 비동기 처리 기법이 무엇인지 살펴보고, 노드에서 비동기 처리를 하려면 어떤 방법을 사용하는지 알아보겠습니다. 노드에서 이벤트 루프와 논블로킹 I/O는 가장 기본적인 개념이므로 살펴보는 것이 좋습니다. 그리고 비동기 코드를 작성할 때 사용하는 몇 가지 방법도 함께 알아봅니다.

# 05-1 | 동기 처리와 비동기 처리는 어떻게 다를까?

02장에서 자바스크립트의 비동기 처리를 배웠습니다. 자바스크립트에서 비동기는 아주 중요한 개념이고, 노드에서도 비동기 기법을 사용합니다. 특히 서버와 통신할 때에는 비동기 처리를 사용해야 합니다. 우선, 동기와 비동기란 무엇인지 개념부터 살펴보겠습니다.

## 동기 처리란

자바스크립트는 기본적으로 코드에 작성한 순서대로 작업을 처리합니다. 예를 들어 05\sync.js 파일에는 console.log 문이 3개 있는데 코드를 실행하면 작성한 순서대로 결과가 나타납니다.

참고로 05장의 코드를 실행하려면 VS Code 터미널 창에서 현재 폴더를 05장으로 바꾼 후 실행해야 합니다. 방법이 기억나지 않는다면 02-1절을 참고하세요.

**Do it! 코딩해 보세요!** • 05\sync.js

```
console.log("첫 번째 작업");
console.log("두 번째 작업");
console.log("세 번째 작업");
```

**터미널**

```
PS C:\Users\kyrie\Desktop\basics\05> node sync
첫 번째 작업
두 번째 작업
세 번째 작업
```

이런 결과가 나오는 것은 자바스크립트가 싱글 스레드single-thread 언어이기 때문입니다. **스레드**thread란 작업을 처리하기 위해 자원을 사용하는 단위를 가리킵니다. 간단하게 말해 하나의 작업이 실행되는 최소 단위라고 생각하면 됩니다. 자바스크립트에는 이런 스레드가 하나밖에 없어서 한 번에 하나의 작업만 처리할 수 있습니다.

반면에 자바를 비롯한 대부분의 백엔드 프로그래밍 언어는 멀티 스레드 언어입니다. 스레드를 여러 개 가지고 있어서 동시에 여러 작업을 실행할 수 있는 것이죠.

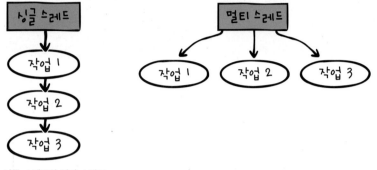

싱글 스레드와 멀티 스레드

## 비동기 처리란

싱글 스레드가 한 번에 하나의 작업만 처리할 수 있다면 중간에 시간이 많이 걸리는 작업은 어떻게 해야 할까요? 예를 들어 중간에 3초 걸리는 작업이 포함되어 있다고 가정해 보겠습니다. 05\async-1.js 코드를 보면 중간에 setTimeout 함수를 사용했는데 이 함수는 특정한 시간이 지난 후에야 그 안의 내용을 실행하게 됩니다. 다음 코드는 작업이 3초 걸린다는 것을 테스트해 보기 위해 사용한 것이죠.

> **Do it! 코딩해 보세요!** • 05\async-1.js

```
console.log("첫 번째 작업");
setTimeout(() => {
  console.log("두 번째 작업");
}, 3000);
console.log("세 번째 작업");
```

노드가 싱글 스레드 언어라고 했으니 한 번에 하나의 작업만 할 수 있겠죠? 그래서 터미널 창에 '작업 1'이 표시된 후 3초 지나 '작업 2', 이어서 '작업 3'이 표시될 것이라고 예상할 것입니다. 하지만 05\sync-2.js를 직접 실행해 보세요. 예상과 다르게 '작업 1', '작업 3', '작업 2' 순서로 나타납니다. 왜냐하면 중간에 시간이 걸리는 작업이 있을 경우 노드에서 비동기 처리를 하기 때문입니다.

```
PS C:\Users\kyrie\Desktop\basics\05> node async-1
첫 번째 작업
세 번째 작업
두 번째 작업
```

어떻게 비동기 처리를 하는지 살펴보겠습니다. '첫 번째 작업'을 표시한 다음 setTimeout 함수를 만나면 시간이 걸리는 작업이라는 것을 알고 일단 옆으로 빼둡니다. 그리고 바로 그다음 작업을 처리합니다. 그래서 '세 번째 작업'이 먼저 표시되는 것이죠. 이 작업이 끝나면 그때서야 미뤄 두었던 setTimeout 부분을 가져와서 처리한 후 '두 번째 작업'을 표시합니다.

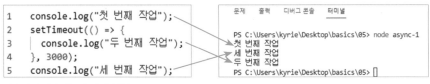

시간이 걸리면 비동기 처리를 하는 노드

그렇다면 기다리는 시간이 없도록 setTimeout 함수에서 시간을 0초로 지정하면 어떻게 될까요? 0초로 지정하더라도 setTimeout 자체가 시간 지연을 포함하는 함수여서 즉시 처리할 수 있는 작업을 다 끝낸 후에 이어서 시간이 걸리는 작업을 합니다. 05\async-2.js 코드를 실행해 보면 바로 확인할 수 있습니다.

**Do it! 코딩해 보세요!**　　　　　　　　　　　　　　　　　　　　　　• 05\async-2.js

```
console.log("첫 번째 작업");
setTimeout(() => {
  console.log("두 번째 작업");
}, 0);
console.log("세 번째 작업");
```

```
PS C:\Users\kyrie\Desktop\basics\05> node async-2
첫 번째 작업
세 번째 작업
두 번째 작업
```

▶ 이 외에 setInterval이나 clearInterval도 시간값을 사용하는 함수여서 노드에서는 비동기 처리를 합니다.

setTimeout처럼 처음부터 비동기로 처리할 목적으로 만든 함수뿐만 아니라 비동기로 동작하는 함수를 직접 작성할 수도 있습니다. 프로그램 안에는 여러 함수가 있는데 각각 처리하는 시간이 다릅니다. 노드에서는 무조건 빨리 처리할 수 있는 것부터 실행하겠죠? 하지만 아무리 시간이 오래 걸려도 A 함수를 실행한 후에 B 함수를 연결해서 실행하도록 만드는 것이 비동기 처리입니다. 비동기 처리로 직접 동작하게 하려면 02-2절에서 설명한 콜백 함수나 프라미스, async/await를 사용합니다.

예를 들어 03장에서 살펴본 디렉터리 읽기 코드를 살펴보겠습니다. 현재 디렉터리 안의 파일을 읽는 함수와 파일 이름을 터미널 창에 표시하는 함수 이렇게 2개가 있는데 파일 이름을 표시하는 함수가 아무리 빨리 끝나더라도 디렉터리를 읽은 후에 실행해야 합니다. 그래서 다음과 같이 readdir 함수를 실행한 후에 이어서 실행하도록 콜백 형태로 작성합니다.

**Do it! 코딩해 보세요!** • 05\async-3.js

```
const fs = require("node:fs");

① fs.readdir("./", (err, files) => {
  if (err) {
    console.error(err);            ②  ①번 처리 후 ②번 처리
  }
  console.log(files);
});

console.log("Code is done.");
```

**터미널**

```
PS C:\Users\kyrie\Desktop\basics\05> node async-3
Code is done.
[
  'async-1.js',    'async-2.js',
  'async-3.js',    'await.js',
  'blocking-1.js', 'blocking-2.js',
  'blocking-3.js', 'example.txt',
  'node-sync.js',  'non-blocking.js',
  'promise.js',    'quiz-4.js',
  'quiz-5.js',     'results',
  'sol-4.js',      'sol-5.js',
  'sync.js'
]
```

# 05-2 | 논블로킹 I/O

03장에서 파일 모듈 시스템을 공부하면서 노드에서 사용하는 FS 함수들이 동기 함수와 비동기 함수로 나눠져 있는 것을 봤습니다. 노드에서는 대부분의 작업을 비동기로 처리하는데 이 것은 노드가 논블로킹 I/O로 동작하기 때문입니다. 용어부터 생소하죠? 블로킹과 논블로킹이 어떻게 다른지 알아보고 왜 논블로킹 I/O로 동작해야 하는 이유도 살펴보겠습니다.

## 블로킹 I/O

논블로킹 I/O를 공부하기 전에 반대 개념인 블로킹 I/O 먼저 살펴보겠습니다. 여기에서 I/O 란 인풋input과 아웃풋output을 나타내며 자료를 주고받는다는 의미로 생각하면 쉽습니다. **블로킹**blocking이란 코드 실행을 중간에 막는block 것으로 코드 실행이 멈춘다는 뜻이죠.

03장에서 파일 시스템 모듈을 공부할 때 파일을 읽어 오는 함수로 readFileSync라는 동기 함수가 있었죠? 그 코드를 가져와서 한 번 더 살펴보겠습니다. 다음 코드의 2번째 줄에서 readFileSync라는 동기 함수를 사용하고 있어서 이 파일을 다 읽어 오기 전까지는 그다음 줄인 console.log(data)를 처리할 수 없습니다.

마지막 줄인 console.log("코드 끝!")이 사용자가 꼭 보고 싶어 하는 정보라고 해볼까요? 파일을 읽는 데 5초가 걸린다면 5초 동안 프로그램은 멈추고, 사용자는 필요한 정보를 확인할 수 없는 상태가 됩니다. 이렇게 동기 함수를 사용하면 블로킹, 즉 코드 실행을 막는 현상이 발생할 수 있습니다.

> **Do it! 코딩해 보세요!**
> • 05\blocking-1.js
>
> ```javascript
> const fs = require("fs");
>
> const data = fs.readFileSync("example.txt");  // 블로킹
> console.log(data);                             // 파일 읽기가 끝날 때까지 대기
> console.log("코드 끝!");                        // 파일을 읽고 내용을 표시할 때까지 대기
> ```

블로킹이 더 문제가 되는 것은 서버를 사용할 때입니다. 다음 코드는 HTTP 모듈을 사용해서 서버를 만들고 /home과 /about 요청을 처리합니다.

• 05\blocking-2.js

```
const http = require("http");

const server = http.createServer((req, res) => {
  if (req.url === "/home") {
    res.end("HOME");
  } else if (req.url === "/about") {
    res.end("ABOUT");
  } else {
    res.end("Not Found");
  }
});

server.listen(3000, () => {
  console.log("3000번 포트에서 서버 실행 중");
});
```

터미널 창에 다음과 같이 입력해서 서버를 실행합니다.

터미널

```
node blocking-2
```

웹 브라우저 창에 localhost:3000/home을 입력해서 요청을 보냅니다. HOME이라고 표시 되겠죠? 그리고 새로운 탭을 열어 localhost:3000/about 요청이나 localhost:3000/home 요청을 해보세요. 탭을 3, 4개 열고 실행합니다. 이것은 서버에 여러 사용자가 접속하는 것을 흉내 내 본 것입니다. blocking-2.js 코드는 아주 간단해서 서버에 사용자 몇 명이 동시에 접 속하더라도 문제없이 동작합니다.

그렇다면 여기에 시간이 걸리는 작업이 포함되어 있다고 가정해 보겠습니다. blocking-3.js 코드를 보면 /about 라우팅 코드에 for 문 2개를 넣어 놓았습니다. 이 for 문은 숫자 백만 개를 터미널 창에 표시하죠. 이 부분을 처리하는 데 아무리 빨라도 몇 초는 걸릴 것입니다.

▶ 서버 프로그램에 적절하지 않지만 일단 시간이 많이 걸리는 간단한 코드라서 넣은 것이니 양해하기 바랍니다.

**Do it! 코딩해 보세요!** • 05\blocking-3.js

```javascript
const http = require("http");

const server = http.createServer((req, res) => {
  if (req.url === "/home") {
    res.end("HOME");
  } else if (req.url === "/about") {
    for (let i = 0; i < 1000; i++) {
      for (let j = 0; j < 1000; j++) {
        console.log(`${i} ${j}`);
      }
    }
    res.end("ABOUT");
  } else {
    res.end("Not Found");
  }
});

server.listen(3000, () => {
  console.log("3000번 포트에서 서버 실행 중");
});
```

VS Code의 터미널 창에서 Ctrl+C를 눌러 실행하던 서버를 멈춘 후 다음과 같이 입력해서 다시 서버를 실행합니다.

**터미널**

```
node blocking-3
```

그리고 웹 브라우저 창에 열려 있는 탭들을 모두 새로 고침 해보세요. /home 요청은 바로 응답하지만 /about으로 요청하면 시간이 걸려서 탭 부분에 로딩 중을 뜻하는 아이콘 ⟳이 표시됩니다. 문제는 /about 요청뿐만 아니라 이후에 다른 요청을 하더라도 모두 멈춘다는 것이죠. 흔히 우리가 말하는 서버가 뻗는 증상이 나타납니다. 멈춰 있던 응답은 VS Code 터미널 창에 숫자를 다 표시하고 나서야 정상으로 돌아갑니다. 서버에서 I/O가 블로킹된다면 큰일이겠죠? 그래서 블로킹되지 않도록 작성하는 게 중요합니다.

로딩 중

## 논블로킹 I/O

앞의 예제를 통해서 동기 함수를 사용하면 블로킹이 발생한다는 것을 알았습니다. 코드를 작성할 때 블로킹이 생기지 않게 하려면 비동기 처리를 이용해야 합니다. 비동기 처리를 하면 코드를 실행하다가 시간이 걸리는 작업은 잠시 옆으로 빼놓고 즉시 실행해야 할 작업 먼저 처리합니다. 옆으로 빼놓은 비동기 작업은 이벤트 루프에서 처리해 주고요. 이벤트 루프는 '비동기를 처리하는 곳이구나' 정도로 이해해 두세요. 이벤트 루프는 다음 05-3절에서 자세히 살펴볼 것입니다.

다시 파일 시스템 모듈을 예로 들어 보겠습니다. 다음은 example.txt 파일을 읽어 오는 데 비동기 readFile 함수를 사용한 코드입니다. example.txt를 읽어오는 게 끝나면 그때 (err, data) => { … } 부분을 실행합니다. readFile이 비동기 함수이므로 어딘가에 이 작업을 대기시키고 다음 문장인 console.log("코드 끝!")을 실행합니다. 그리고 example.txt 파일을 다 읽어 왔다면 console.log(data)를 처리하죠.

**Do it! 코딩해 보세요!** • 05\non-blocking.js

```
const fs = require("fs");

const data = fs.readFile("example.txt", "utf8", (err, data) => {
  if (err) {
    console.error(err);
  }
```

```
    console.log(data);
});
console.log("코드 끝!"); // 파일 읽기 전에 실행
```

터미널

PS C:\Users\kyrie\Desktop\basics\05> node non-blocking
코드 끝!
Node.js is an open-source, cross-platform JavaScript runtime environment.
Node.js는 Chrome V8 JavaScript 엔진으로 빌드된 JavaScript 런타임입니다.

백엔드 개발에서는 필요에 따라 동기 함수와 비동기 함수를 사용할 수도 있습니다. 그런데 백엔드 개발을 할 때 네트워크를 통해 클라이언트와 서버 간에 자료를 주고받아야 하는 작업에서는 주고받는 데이터 양도 다르고 네트워크 속도도 일정하지 않아 시간 지연을 항상 고려해야 합니다. 그래서 백엔드 개발에서 네트워크와 관련된 작업을 할 때는 중간에 멈추는 일이 없도록 비동기 처리를 하는데 이것을 **논블로킹 I/O**라고 합니다.

앞에서 살펴본 것처럼 노드는 싱글 스레드로 이벤트 루프를 사용해서 비동기 작업을 처리하고, 동시 작업을 해야할 때는 논블로킹 방식을 사용합니다. 노드에서 멀티 스레드를 사용하거나 병렬 처리하는 방법도 있지만 노드는 주로 싱글 스레드로 실행되므로 여기서는 싱글 스레드라고 이해하고 넘어가겠습니다.

# 05-3 | 이벤트 루프

노드에서 비동기 처리를 하는 원리가 바로 **이벤트 루프**<sup>event loop</sup>입니다. 이벤트 루프는 복잡하고 어려운 개념이므로 한번 읽어서는 이해하기 어려울 수도 있습니다. 여기에서는 이 책을 공부하는 데 필요한 정도로만 설명하겠습니다. 지금 당장 이해하기 힘들어도 실망하지 마세요. 공부하다 보면 차츰 이해 할 수 있을 거예요.

## 기본 처리 방법 살펴보기

이벤트 루프를 알아보기 전에 노드에서 자바스크립트 코드를 실행하는 방법부터 살펴보겠습니다. 노드는 V8 엔진을 사용해서 자바스크립트 코드를 처리합니다. V8 엔진 안에 **콜 스택**<sup>call stack</sup>이라는 요소가 있어서 순서대로 작업을 가져와 처리하죠. 콜 스택은 콜이 스택 형태로 모여 있다는 뜻입니다. 함수를 실행할 때 '함수를 호출<sup>call</sup>한다'고 하죠? 콜이란 바로 실행하려는 함수들입니다.

여기에서는 **스택**이라는 자료 구조의 특성을 이해해야 합니다. 스택은 자료를 여러 개 넣어 둘 수 있고 입구가 하나밖에 없는 자료구조라고 생각하면 쉽습니다. 스택에 저장할 때는 여러 자료가 들어간 순서대로 쌓이고, 스택에 있던 자료를 실행할 때는 가장 마지막에 넣은 것부터 차례로 하나씩 꺼냅니다.

▶ 스택은 후입선출, 또는 LIFO<sup>last in first out</sup> 구조라고도 합니다.

앞에서 살펴본 sync.js을 실행하면서 콜 스택의 동작 방법을 알아보겠습니다.

스택의 자료구조

**1.** 첫 번째 처리할 작업(console.log("첫 번째 작업"))을 콜 스택으로 옮깁니다.

▶ '메모리 힙'은 변수나 함수를 선언했을 때 그것을 가져와 저장해 두는 공간입니다.

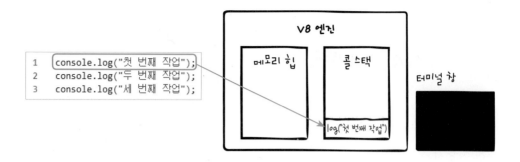

**2.** 콜 스택에 있는 작업을 처리해서 그 결과를 터미널 창에 표시합니다('첫 번째 작업' 표시).

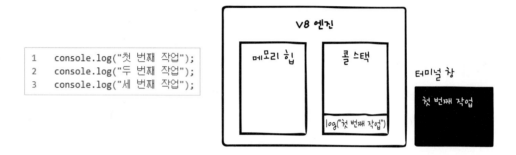

**3.** 콜 스택에 있던 작업을 모두 처리했으므로 스택에서 사라집니다.

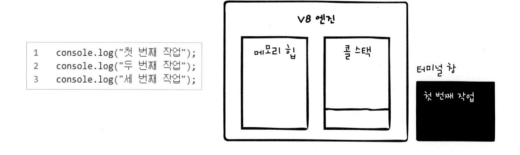

**4.** 두 번째 작업(console.log("두 번째 작업"))을 콜 스택으로 가져옵니다.

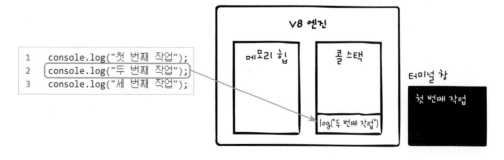

**5.** 콜 스택에 있는 작업을 처리해서 그 결과를 터미널 창에 표시합니다 ('두 번째 작업' 표시).

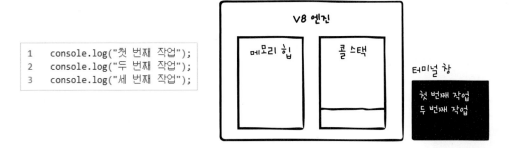

```
1    console.log("첫 번째 작업");
2    console.log("두 번째 작업");
3    console.log("세 번째 작업");
```

**6.** 콜 스택에 있던 작업 처리가 끝났으므로 스택에서 사라집니다. 같은 방법으로 세 번째 console.log( )도 처리합니다. 동기 작업이 더 있다면 작업을 하나씩 순서대로 가져와서 콜 스택에 넣고, 작업을 처리한 후 콜 스택에서 제거하는 방식입니다.

## 이벤트 루프로 비동기 처리 하기

V8 엔진의 콜 스택은 실행할 순서대로 함수를 가져오므로 비동기 처리를 할 수 없습니다. 그래서 V8 엔진에서 비동기를 처리할 수 있는 라이브러리를 가지고 있는데 그것이 libuv입니다. 노드에서는 내부에서 libuv를 사용해 비동기 작업을 훨씬 더 쉽게 다룰 수 있습니다.

libuv는 Node API와 **콜백 큐**<sup>callback queue</sup>라는 구성 요소를 가지고 있습니다. 콜백 큐는 콜백 함수가 큐 형태로 저장되는 공간입니다.

▶ 사실 노드 런타임 구조는 이보다 훨씬 복잡하지만 여기에서는 필요한 부분만 살펴보겠습니다.

여기에서는 **큐**<sup>queue</sup>라는 자료 구조의 특성을 이해해야 합니다. 스택과 마찬가지로 큐도 자료를 여러 개 저장하지만 입구가 2개라는 점이 다릅니다. 스택은 저장하는 입구와 저장된 자료를 꺼내는 입구가 같지만 큐는 다릅니다. 그래서 큐에 있는 자료를 꺼낼 때는 가장 먼저 넣은 것을 꺼냅니다.

▶ 큐는 선입선출, 또는 FIFO<sup>first in first out</sup> 구조라고도 합니다.

앞에서 살펴본 코드에서 비동기가 포함된 asyn-1.js 코드를 어떻게 실행하는지 살펴보겠습니다.

큐의 자료구조

**1.** 첫 번째 처리할 작업(console.log("첫 번째 작업"))을 콜 스택으로 옮깁니다.

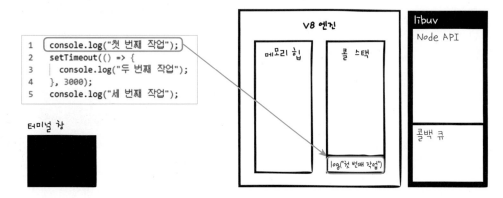

**2.** 콜 스택에 있는 작업을 처리해서 그 결과를 터미널 창에 표시하고('첫 번째 작업' 표시), 콜 스택에 있던 작업은 스택에서 사라집니다.

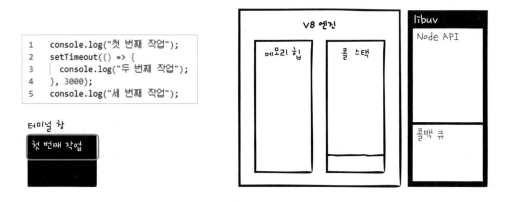

**3.** 두 번째 처리할 작업(setTimeout(···))을 콜 스택으로 옮깁니다.

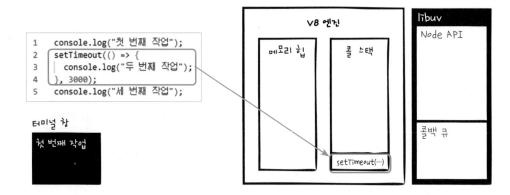

**4.** 콜 스택에 있는 함수가 비동기 함수라면 일단 libuv로 옮깁니다. setTimeout은 노드에서 제공하는 비동기 함수이므로 Node API로 옮겨집니다.

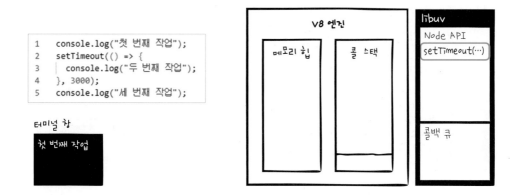

**5.** 콜 스택이 비었으므로 다음에 처리할 작업(console.log("세 번째 작업")을 콜 스택으로 가져옵니다.

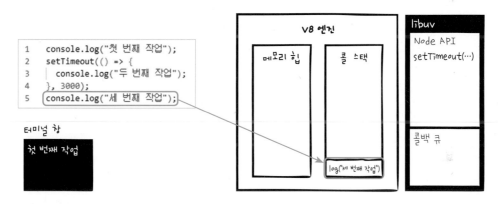

**6.** 콜 스택에 있는 작업을 처리한 후 터미널 창에 표시합니다. 그리고 콜 스택에서 작업을 제거합니다. 다시 불러 올 함수가 없다면 libuv를 살펴봅니다.

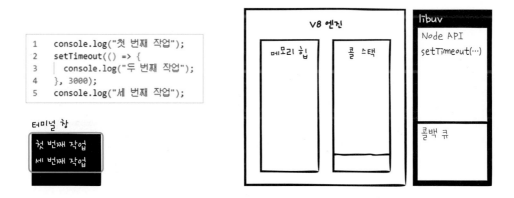

**7.** setTimeout에서 3초가 지나면 처리할 콜백 함수를 콜백 큐로 옮깁니다.

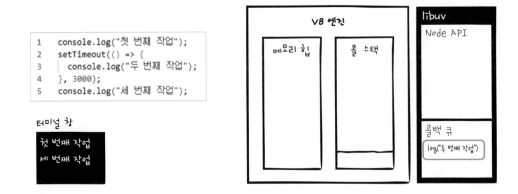

**8.** 노드는 콜 스택이 비어 있는지 계속 체크합니다. 콜 스택이 비어 있다면, 즉 당장 실행할 작업이 없다면 그때서야 콜백 큐에 있는 콜백 함수를 콜 스택으로 옮깁니다.

▶ 콜백 큐에 여러 함수가 있다면 먼저 들어온 함수를 먼저 꺼냅니다.

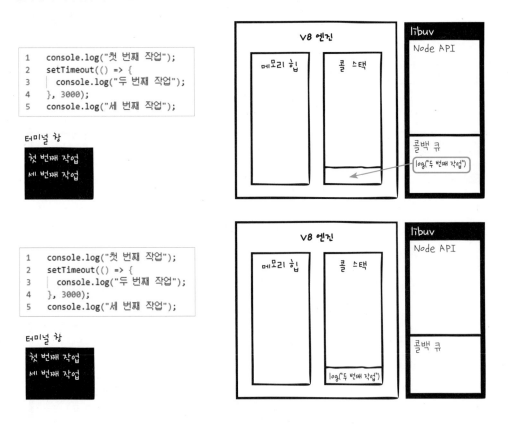

**9.** 콜 스택에 있는 작업(console.log("두 번째 작업")을 처리해서 터미널 창에 표시한 후 콜 스택에서 제거합니다. 만일 콜백 큐에 다른 작업이 대기하고 있다면 그 작업도 가져와서 처리 하겠죠. 이렇게 콜 스택과 콜백 큐를 번갈아 살펴보면서 처리할 순서를 결정합니다.

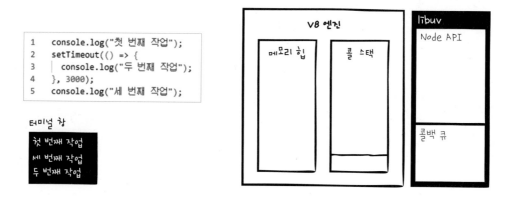

지금은 앞에서 설명한 내용을 이해하기 힘들 수도 있습니다. 그렇다면 다음과 같이 요약해서 이해해도 됩니다.

노드는 콜 스택을 사용해 코드를 작성한 순서대로 실행하지만, 시간이 많이 걸리는 작업을 만나면 잠시 콜백 큐에 저장해 두었다가 콜 스택이 비면 하나씩 꺼내 와 처리합니다. 이 과정을 이벤트 루프라고 합니다. 이벤트 루프의 이런 동작 방식은 비동기 작업을 효율적으로 처리하고 코드의 블로킹을 최소화하여 더 나은 성능을 제공합니다.

# 05-4 | 노드의 비동기 패턴

앞에서 비동기와 관련된 개념을 살펴보았습니다. 서버에서는 블로킹이 생기면 안 되므로 비동기 프로그래밍을 사용해 논블로킹으로 처리하는 것이 아주 중요합니다. 이제 노드에서 비동기로 코드를 작성하는 방법을 알아보겠습니다. 자바스크립트의 비동기 처리 방법은 02장에서 설명했으므로 여기에서는 노드에서 사용하는 코드 중심으로 살펴보겠습니다.

## 콜백 함수

콜백 함수에는 여러 가지 특징이 있지만 여기에서는 다른 함수의 매개변수로 사용한다고 생각하면 쉽습니다. 앞에서 공부한 readdirSync 함수와 readdir 함수를 비교해 보겠습니다.

### 동기 처리를 한다면

다음 코드는 디렉터리 내용을 보여 주는 작업과 터미널 창에 텍스트를 표시하는 작업을 실행합니다. 코드에서는 가장 먼저 readdirSync 함수가 실행되는데 이 함수는 동기 함수이므로 디렉터리 내용을 화면에 보여 준 후에 'Code is done.'이라는 텍스트가 터미널 창에 나타납니다.

**Do it! 코딩해 보세요!** • 05\node-sync.js

```
const fs = require("fs");

let files = fs.readdirSync("./");
console.log(files);

console.log("Code is done.");
```

```
터미널
PS C:\Users\kyrie\Desktop\basics\05> node node-sync
[
  'async-1.js',    'async-2.js',
  'async-3.js',    'await.js',
  'blocking-1.js', 'blocking-2.js',
  'blocking-3.js', 'example.txt',
  'node-sync.js',  'non-blocking.js',
  'promise.js',    'results',
  'sync.js'
]
Code is done.
```

## 비동기로 처리한다면

다음 코드는 앞에서와 똑같이 디렉터리 내용을 보여 주는 작업과 터미널 창에 텍스트를 표시하는 작업을 처리하지만 비동기 함수 readdir을 사용했습니다. readdir 함수 안에 또 다른 (err, files) => { .. } 함수가 정의되어 있는데, 이렇게 다른 함수 안에 포함된 함수를 **콜백 함수**라고 합니다. 다음 그림에서 ②번 부분이 콜백 함수죠. readdiir 함수를 모두 실행하고 나면 이어서 콜백 함수 (err, files) => { .. } 를 실행하라는 뜻입니다.

```
❶ 먼저 실행하고

let files = fs.readdir("./", (err, files) => {
  if (err) {                              ❷ ❶이 끝나면
    console.error(err);                      이어서 실행
  }
  console.log(files);
});
```

다음 코드에서는 가장 먼저 readdir 함수를 실행하는데 이 함수는 비동기 함수이므로 디렉터리 내용을 가져오는 것을 완료해야 콜백 함수를 실행합니다.

앞에서 공부한 것처럼 비동기 함수는 콜 스택에 있다가 Node API로 옮겨집니다. 그리고 그다음 작업인 console.log로 넘어가서 실행되죠. 그래서 'Code is done.'이 먼저 표시되고, 디렉터리를 읽어 오는 데 시간이 더 걸리는 readdir 함수는 나중에 이어서 실행됩니다.

이렇게 비동기 처리는 하나의 작업을 다른 작업에 이어서 해야 할 때 사용하는 방법입니다.

▶ console.error(err)는 터미널 창에 오류를 표시하는 함수입니다. console.log(err)로 써도 됩니다.

**Do it! 코딩해 보세요!** • 05\async-3.js

```javascript
const fs = require("fs");

let files = fs.readdir("./", (err, files) => {
  if (err) {
    console.error(err);
  }
  console.log(files);
});


console.log("Code is done.");
```

터미널

```
PS C:\Users\kyrie\Desktop\basics\05> node async-3
Code is done.
[
  'async-1.js',    'async-2.js',
  'async-3.js',    'await.js',
  'blocking-1.js', 'blocking-2.js',
  'blocking-3.js', 'example.txt',
  'node-sync.js',  'non-blocking.js',
  'promise.js',    'results',
  'sync.js'
]
```

함수 여러 개를 연속해서 실행할 경우 콜백 함수 안에 또 다른 콜백 함수, 그 안에 또 다른 콜백 함수… 이런 식으로 연결하다 보면 나중에 코드를 한눈에 살펴보기 어려운 상태가 됩니다. 이런 콜백 지옥이 생기지 않도록 등장한 게 프라미스라고 배웠던 것 기억하죠?

## 프라미스

노드의 모듈에는 프라미스를 반환하는 함수가 따로 있습니다. 이 함수를 실행하면 비동기로 처리하고 그 결과가 성공했을 때는 then 함수를, 실패했을 때(오류가 발생했을 때)는 catch 함수를, 성공과 실패에 관계없을 때는 finally라는 함수를 사용해서 연결할 수 있습니다.

▶ then이나 catch는 반환값이 프라미스이므로 프라미스를 계속해서 연결해 사용할 수 있습니다. 이것을 프라미스 체이닝promise chaining이라고 합니다.

다음 코드 역시 현재 디렉터리의 내용을 가져와서 보여 주는데 콜백 함수 대신 프라미스를 사용한 것입니다. 가장 먼저 눈에 띄는 것은 FS 모듈을 가져올 때 promises를 붙이는 것입니다. 이렇게 해야 FS 모듈에 있는 프라미스 반환 함수를 사용할 수 있습니다.

여기에서는 readdir 함수를 실행해 성공했다면 (디렉터리를 다 읽었다면) then 함수로 연결하고, 실패했다면 catch 함수로 연결합니다. then 함수에서는 results라는 변수를 사용했는데 readdir 함수를 실행하고 성공했을 때 반환하는 값입니다. 마찬가지로 catch 함수에서 사용한 err 변수는 readdir 함수를 실행해 실패했을 때 반환하는 값이죠. results나 err 대신 다른 이름을 사용해도 됩니다.

**Do it! 코딩해 보세요!** · 05\promise.js

```
const fs = require("fs").promises;

fs.readdir("./")
  .then((result) => console.log(result))
  .catch((err) => console.error(err));
```

터미널

```
PS C:\Users\kyrie\Desktop\basics\05> node promise
[
  'async-1.js',    'async-2.js',
  'async-3.js',    'await.js',
  'blocking-1.js', 'blocking-2.js',
  'blocking-3.js', 'example.txt',
  'node-sync.js',  'non-blocking.js',
  'promise.js',    'results',
  'sync.js'
]
```

## async / await

에크마스크립트 2017(ES8)부터 새로 등장한 비동기 처리 방법이 async와 await입니다. 비동기로 처리할 함수가 있다면 그것을 감싸는 함수를 만들고 async를 붙입니다. 그리고 비동기로 처리할 함수 앞에 await 키워드를 사용하면 됩니다. 여기에서 주의할 것은 await를 붙일수 있는 함수는 프라미스를 반환하는 메서드여야 한다는 점입니다.

앞에서 살펴본 예제를 async, await를 사용해서 바꿔 볼까요? 프라미스를 반환하는 readdir 함수를 사용하려고 합니다. 그렇다면 readdir 함수 앞에 await 키워드를 붙여야 하는데 이렇게 하려면 async 함수를 따로 만들어야 합니다. 그래서 여기에서는 readDirAsync 함수를 따로 정의했습니다. readDirAsync 함수 안에서는 try ~ catch 문을 사용해서 오류를 처리하겠습니다.

**Do it! 코딩해 보세요!** • 05\await.js

```
const fs = require("fs").promises;

async function readDirAsync() {
  try {
    const files = await fs.readdir("./");
    console.log(files);
  } catch {
    console.error(err);
  }
}

readDirAsync();
```

**터미널**

```
PS C:\Users\kyrie\Desktop\basics\05> node promise
[
  'async-1.js',    'async-2.js',
  'async-3.js',    'await.js',
  'blocking-1.js', 'blocking-2.js',
  'blocking-3.js', 'example.txt',
  'node-sync.js',  'non-blocking.js',
  'promise.js',    'results',
  'sync.js'
]
```

async와 await을 이용하면 처리할 작업 순서대로 코드를 쉽게 작성할 수 있고 읽기도 편합니다. 그래서 최근에는 이 방법을 많이 사용합니다.

---

**한걸음 더!** **try ~ catch 문**

프로그램에서 문제가 발생하면 실행을 멈추므로 코드를 작성할 때부터 발생할 만한 문제를 미리 고려하고 대비해야 합니다. 이런 작업을 '예외를 처리한다'라고 하는데, if ~ else 문을 사용해서 조건을 체크하는 것도 포함됩니다. 그리고 try ~ catch 문 역시 예외 처리할 때 자주 사용합니다.

```
try {
    // 실행할 코드
} catch (error) {
    // 예외가 발생했을 때 실행할 코드
}
```

try 블록에서는 실행할 명령을 작성하고, catch 블록에서는 예외를 어떻게 처리할지 작성합니다. catch 라는 단어 만 봐도 알 수 있듯이 try 블록 안에서 발생한 예외를 잡아내서 처리합니다. catch 블록에서는 error 객체를 인자로 받는데, error 객체에는 오류 이름과 오류 설명이 들어 있습니다.

---

## 05 마무리 문제

**Q1** 노드에서 비동기 처리를 할 때 주로 사용하는 방식 3가지는 무엇인가요?

해답 콜백 함수, 프라미스(Promise), async/await

**Q2** 다음은 블로킹 I/O와 논블로킹 I/O 중에 어떤 개념을 설명했을까요?

I/O 작업이 블로킹되지 않고 비동기적으로 처리되기 때문에 여러 작업을 동시에 처리할 수 있습니다. 그 결과 높은 처리량과 더 빠른 응답 시간을 제공할 수 있습니다.

① 블로킹 I/O                                    ② 논블로킹 I/O

해답 ②

**Q3** 노드의 비동기 처리 방식 중 콜백은 '콜백 지옥'에 빠지기 쉽다는 단점이 있습니다. 콜백 지옥을 해결하기 위해 도입한 방식은 무엇인가요?

해답 프라미스, 또는 Promise

**Q4** 노드의 setTimeout 함수를 사용해서 'Hello Node!' 메시지를 2초 후에 출력하는 코드를 작성하세요.

**터미널**

```
PS C:\Users\kyrie\Desktop\basics\05> node quiz-4
Hello Node!
```

**힌트**
① 타이머 함수 setTimeout은 실행할 명령을 콜백 형태로 받습니다.
② 지연 시간 2초는 밀리초로 변경해서 작성합니다.

문제 05\quiz-4.js   해답 05\sol-4.js

**Q5** 다음과 같이 arr 배열이 주어졌을 때 1초 간격으로 arr 배열의 요소를 출력하는 노드 비동기 함수를 작성하세요.

```
const arr = [10, 20, 30, 40, 50];
```

**터미널**
```
PS C:\Users\kyrie\Desktop\basics\05> node quiz-5
10
20
30
40
50
```

**힌트**
① 인덱스 초깃값을 0으로 지정합니다.

② 인덱스가 arr.length와 비교해서 작으면 arr[index] 값을 표시하고 인덱스 값을 1 증가시킵니다.
  이 동작을 1초마다 반복합니다.

문제 05\quiz-5.js 해답 05\sol-5.js

둘째
마당

# 웹 애플리케이션
# 서버 만들기

둘째마당에서는 기본적인 백엔드 개발 과정을 알아보겠습니다. 노드에서 웹 애플리케이션을 빠르고 간편하게 만들어 주는 익스프레스Express.js를 어떻게 설치하고 사용하는지 살펴본 뒤, HTTP 요청과 응답을 처리하는 방법을 알아보겠습니다. 그리고 데이터베이스와 연결해서 자료를 만들고 수정하는 과정도 살펴보겠습니다.

백엔드 개발에서는 여러 가지 데이터베이스를 사용하지만 여기에서는 JSON을 기반으로 하는 몽고DBMongoDB를 사용하겠습니다.

# 06 익스프레스로 더 쉽게 서버 만들기

노드는 서버를 만들고 클라이언트와 서버 사이의 통신을 다룹니다. 04 장에서 살펴본 것처럼 노드에서 제공하는 기본 모듈을 이용하면 서버를 만들 수 있습니다. 하지만 이 방법을 사용하면 코드가 길어지고 읽기도 쉽지 않습니다. 서버를 만들고 라우팅을 처리하는 과정을 조금 더 쉽게 할 수 있다면 좋겠죠? 그래서 백엔드 프로그래밍에서는 노드를 기반으로 여러 가지 프레임워크를 사용하게 됩니다.

이 장에서는 노드에서 가장 많이 사용하는 프레임워크인 익스프레스를 자세히 살펴보고, 익스프레스로 서버를 만들고 라우팅하는 방법도 함께 공부해 보겠습니다.

# 06-1 | 익스프레스 시작하기

노드에서 익스프레스<sup>Express.js</sup> 프레임워크를 사용하기 위해 익스프레스를 설치하고 환경을 설정하는 방법을 알아보겠습니다.

## 왜 익스프레스인가

04장에서 노드의 HTTP 모듈을 사용해서 서버를 만들 때 요청과 응답 객체에 있는 req.method 같은 속성이나 res.write 같은 함수를 사용했습니다. 익스프레스에는 이런 HTTP 모듈에서 할 수 있는 기능 외에도 더 많은 기능이 있습니다. 앞으로 공부할 익스프레스의 기능을 먼저 소개합니다.

| 기능 | 설명 |
|---|---|
| 라우팅 | HTTP 모듈을 사용할 때는 if 문이나 switch 문으로 요청 메서드나 요청 URL에 따라 라우팅해야 했습니다. 하지만 익스프레스에서는 더욱 간편한 방법으로 라우팅할 수 있습니다. 라우팅은 06-2절에서 자세히 설명합니다. |
| 미들웨어 | 익스프레스에는 '미들웨어'라는 개념이 있어서 요청과 응답 사이에서 여러 가지 기능을 실행할 수 있습니다. 이미 많은 사용자들이 미들웨어를 만들어서 패키지로 제공하므로 자주 사용하는 미들웨어는 따로 만들 필요 없이 가져와서 사용할 수 있습니다. 미들웨어는 07-1절에서 자세히 설명합니다. |
| 템플릿 엔진 | HTML 페이지는 기본적으로 정적이지만 서버와 함께 사용해서 동적인 HTML 페이지를 만들 수 있습니다. 애플리케이션에서 보이는 부분인 뷰<sup>view</sup>를 담당하죠. 익스프레스에서 동적인 화면을 구성하는 템플릿 엔진은 10-1절에서 자세히 설명합니다. |
| 정적인 파일 지원 | 익스프레스에서 동적인 파일만 생성하는 것은 아닙니다. CSS 파일이나 JS 파일, 이미지처럼 정적인 파일을 쉽게 서비스할 수 있는 기능도 제공합니다. 정적인 파일을 사용하는 방법은 10-1절에서 자세히 설명합니다. |

이런 좋은 기능이 아무리 많더라도 사용자가 이용하지 않는다면 신뢰도가 떨어지겠죠? 익스프레스 프레임워크는 노드에서 아주 많은 사용자들이 선택하는 프레임워크입니다.

▶ 이 책에서는 익스프레스의 주요 기능만 살펴보므로 그 외 다른 정보를 알고 싶다면 익스프레스 공식 홈페이지(https://expressjs.com/ko)를 참고하세요.

익스프레스 홈페이지(https://expressjs.com/ko)

> **한 걸음 더!** **백엔드 프레임워크**
>
> 익스프레스는 노드에 기반한 백엔드 프레임워크로, 자바스크립트를 사용해서 서버 개발을 할 때 적합하죠. 만일 파이썬을 사용해서 서버를 개발한다면 장고<sup>Django</sup>나 플라스크<sup>Flask</sup> 같은 프레임워크를 사용할 수 있습니다. 루비<sup>Ruby</sup> 언어를 사용한다면 루비 온 레일즈<sup>Ruby on Rails</sup> 프레임워크를, PHP 언어를 사용한다면 라라벨<sup>Laravel</sup> 프레임워크를 사용할 수 있습니다. 이렇듯 어떤 개발 언어를 사용하느냐에 따라 선택할 수 있는 백엔드 프레임워크가 달라집니다.

**Do it! 실습** ▶ **작업 환경 만들기**

익스프레스를 사용하기 위해서 새로운 작업 환경을 만들어 보겠습니다. 새로운 폴더를 만들어 개발에 필요한 패키지들을 하나씩 설치하고 사용해 볼 것입니다.

**1.** 이전에 연습하던 작업 폴더가 VS Code에 열려 있다면 [파일 → 폴더 닫기]를 선택해서 작업 폴더를 닫습니다.

**2.** VS Code에서 [파일 → 폴더 열기]를 선택한 후 내려받은 실습 파일 중에서 myContacts
폴더를 선택합니다. 이제부터 이 폴더에 연락처 관리 애플리케이션을 만들 것입니다.

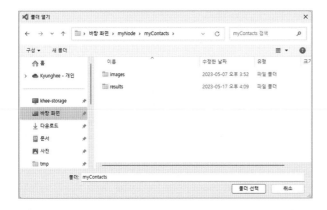

**3.** 가장 먼저 애플리케이션 정보를 담는 package.json을 만들겠습니다. npm을 초기화하면
즉시 package.json 파일을 만들 수 있습니다. 터미널 창을 열고 다음과 같이 입력합니다.

▶ package.json 파일을 직접 작성해도 되지만 npm을 초기화하는 방법이 편리합니다. 터미널 창이 닫혀 있다면 단축키 Ctrl
+ ⎵를 눌러 열 수 있습니다.

**4.** 화면에 나타나는 항목마다 애플리케이션 정보를 입력합니다. 다음 항목에 입력하는 내용은 예시일 뿐이니 여러분이 원하는 내용을 입력하면 됩니다. 항목마다 아무것도 입력하지 않고 Enter 를 누르면 기본값을 사용하거나 빈 값으로 남게 됩니다. 모두 입력하면 마지막에 Enter 를 눌러 확인을 마칩니다.

▶ 오픈소스 라이선스를 자세히 알고 싶다면 https://www.olis.or.kr/license/compareGuide.do를 참고하세요.

```
○ PS C:\Users\funco\Desktop\myNode\myContacts> npm init
This utility will walk you through creating a package.json file.
It only covers the most common items, and tries to guess sensible defaults.

See `npm help init` for definitive documentation on these fields
and exactly what they do.

Use `npm install <pkg>` afterwards to install a package and
save it as a dependency in the package.json file.

Press ^C at any time to quit.
package name: (mycontacts) contacts-manager ── ①
version: (1.0.0) ── ②
description: contacts manager ── ③
entry point: (test.js) app.js ── ④
test command: ── ⑤
git repository: ── ⑥
keywords: ── ⑦
author: ── ⑧
license: (ISC) ── ⑨
About to write to C:\Users\funco\Desktop\myNode\myContacts\package.json:

{
  "name": "contacts-manager",
  "version": "1.0.0",
  "description": "contacts manager ",
  "main": "app.js",
  "scripts": {
    "test": "echo \"Error: no test specified\" && exit 1"
  },
  "author": "",
  "license": "ISC"
}

Is this OK? (yes) █
```

package.json 파일 만들기

❶ **package name**: 패키지(애플리케이션) 이름을 입력합니다. 소문자로 작성해야 하고 단어가 2개 이상일 경우에는 하이픈(-)이나 밑줄(_)을 사용해 한 단어로 작성해야 합니다. 여기에서는 contacts-manager라고 해보겠습니다. 아무 내용도 입력하지 않고 Enter 를 누르면 괄호 안의 값, 즉 작업 폴더 이름을 패키지 이름으로 사용합니다.

❷ **version**: 패키지 버전을 입력합니다. 숫자 3개로 구성되는데 첫 번째는 메이저, 두 번째는 마이너, 마지막은 패치를 의미합니다. 따로 입력하지 않고 Enter 를 누르면 첫 번째 버전을 나타내는 1.0.0을 사용합니다.

❸ **description**: 패키지를 간단히 설명하는 내용을 입력합니다. 입력하지 않고 비워도 됩니다.

❹ **entry point**: 패키지를 시작하는 파일을 지정합니다. 따로 입력하지 않으면 index.js 파일을 사용하는데, 여기에서는 app.js라는 이름을 입력

하겠습니다. 이제부터 app.js라는 파일이 애플리케이션 시작 파일이 됩니다. 원하는 다른 파일 이름을 사용해도 됩니다.

❺ **test command**: 코드를 테스트할 때 사용할 명령을 입력합니다. 이 책에서는 테스트 명령을 사용하지 않으므로 따로 입력하지 않겠습니다.

❻ **git repository**: 깃(Git)을 통해 코드를 공개할 경우 저장소 주소를 입력합니다. 깃허브를 사용하지 않는다면 비워 둬도 됩니다.

❼ **keywords**: 패키지를 공개한다면 검색할 때 사용할 만한 키워드를 입력합니다. 애플리케이션을 패키지 형태로 공개하지 않는다면 비워 둬도 됩니다.

❽ **author**: 패키지 제작자의 이름을 입력합니다. 자신의 이름을 입력하거나 비워 둬도 됩니다.

❾ **license**: 패키지의 라이선스를 입력합니다. 기본 라이선스는 ISC이지만 패키지에 따라 필요한 라이선스를 기입할 수 있습니다.

**5.** 작업 폴더에 package.json 파일이
만들어지고 내용을 열어 보면 방금 입력
한 정보가 JSON 형태로 저장되어 있을
것입니다.

## 익스프레스 설치하기

익스프레스 패키지는 간단히 설치할 수 있습니다. 터미널 창에 다음과 같이 입력합니다.
install 명령은 i로 줄여서 입력할 수도 있습니다.

▶ 익스프레스 패키지를 자세히 알고 싶다면 https://www.npmjs.com/를 참고하세요.

| 터미널 |
| --- |
| ```npm install express``` |

또는

| 터미널 |
| --- |
| ```npm i express``` |

작업 폴더에 node_modules라는 폴더가 만들어지면서 그 안에 express 폴더도 생겼을 것입
니다. 익스프레스 패키지만 설치했는데 다른 더 많은 패키지가 함께 설치됩니다. 이것은 익스
프레스 패키지가 다른 패키지들에도 의존하고 있기 때문입니다. 또한 package.json 파일에는
현재 설치한 익스프레스 버전도 함께 표시됩니다. 우리가 만들 애플리케이션에서는 익스프레

스 패키지 4.18.2 버전을
사용했다는 의미입니다.

이렇게 애플리케이션이 의
존하고 있는 패키지를 함
께 표기하므로, 이 애플리
케이션을 누군가 설치해서
사용하면 의존하고 있는
익스프레스 패키지까지 함
께 내려받게 됩니다.

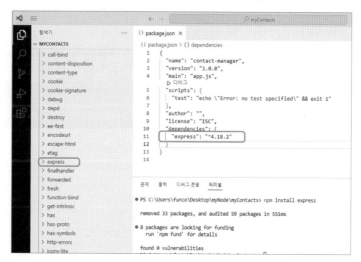

익스프레스 패키지를 설치한 후 생성된 폴더와 수정된 package.json 파일

서버 코드를 계속 수정하면서 결과를 확인하려면 그때마다 서버를 종료한 후 재실행해야 합니다. 꽤 번거로운 일이죠. 이런 과정을 편리하게 바꿔 주는 패키지가 **노드몬**nodemon입니다. 노드몬을 사용하면 브라우저에서 서버를 리스닝하고 있다가 애플리케이션 파일이 수정되면 그 파일을 저장하고 서버를 자동으로 재시작합니다. 서버를 직접 종료하고 재시작하지 않아도 브라우저만 새로 고치면 변경 사항이 적용되어 나타나서 편리하죠.

터미널 창에서 다음과 같이 입력해서 노드몬 패키지를 설치합니다. 다음 명령에서 각 옵션의 의미는 다음과 같습니다.

| 터미널 |
| --- |
| `npm install nodemon -g --save-dev` |

또는

| 터미널 |
| --- |
| `npm i nodemon -g --save-dev` |

- -g: 노드몬 패키지를 글로벌global하게 설치한다는 의미입니다. 현재 작업 폴더뿐만 아니라 다른 작업 폴더에서도 노드몬을 사용할 수 있습니다.
- --save-dev: 노드몬 패키지는 좀 더 편리한 사용하기 위한 것일 뿐 개발 코드 자체에 영향을 주

지 않습니다. 그래서 개발하는 동안에만 사용하고 애플리케이션을 배포할 때는 포함되지 않도록 하기 위해 --save-dev를 붙입니다. 이는 development 모드를 의미합니다.

| 터미널 |
| --- |
| PS C:\Users\kyrie\Desktop\myContacts> npm i nodemon --save-dev<br><br>added 32 packages, and audited 97 packages in 1s<br><br>11 packages are looking for funding<br>  run `npm fund` for details<br><br>found 0 vulnerabilities<br>PS C:\Users\kyrie\Desktop\myContacts> |

노드몬 모듈은 편리한 개발을 위해 글로벌로 설치해서 사용합니다. 애플리케이션에 영향을 주는 모듈은 아니죠. 그런데 맥OS에서는 모듈을 글로벌로 설치하려고 할 때 오류가 발생할 수 있습니다.

이것은 /usr/local/lib/node_modules 디렉토리에 쓰기 권한이 없기 때문입니다. 이 문제를 해결하는데는 몇 가지 방법이 있는데 가장 간단한 방법은 sudo 라는 키워드를 사용해서 루트 권한으로 실행하는 것입니다. 단, 이 경우 --save-dev라는 옵션은 붙이지 않습니다.

**터미널**
```
sudo npm i nodemon -g
```

루트에 접근하기 때문에 맥OS 관리자 비밀번호가 필요합니다. 비밀번호를 입력하세요. 단, 화면에는 비밀번호가 나타나지 않으니 정확하게 입력하고 Enter를 누르세요.

**터미널**
```
MacBook-Pro:myContacts funnycom$ sudo npm i nodemon -g
Password:
```

비밀번호가 일치한다면 노드몬 모듈이 설치됩니다. 맥OS에서 루트 권한으로 설치한 모듈은 전체 폴더에서 사용할 수 있기 때문에 특정 애플리케이션에 종속되지 않습니다. 그래서 *package.json*에도 노드몬 모듈에 대해서는 기록되지 않습니다. 참고하세요.

**터미널**
```
MacBook-Pro:myContacts funnycom$ sudo npm i nodemon -g
Password:

changed 34 packages in 2s

3 packages are looking for funding
  run `npm fund` for details
```

노드몬 패키지를 설치했다면 이제부터 서버를 한 번만 시작하면 됩니다. 우선 test.js 파일을 불러와서 연습해 보겠습니다. test.js는 앞에서 공부한 간단한 서버 실행 코드입니다.

• test.js

```javascript
const http = require("http");

const server = http.createServer((req, res) => {
  console.log("request received");
});

server.listen(3000, () => {
  console.log("server started");
});
```

노드몬을 이용해 서버를 시작할 때는 nodemon 명령 다음에 실행할 파일을 지정하면 됩니다. 그리고 웹 브라우저 주소 창에 localhost:3000으로 요청하면 VS Code 터미널 창에 'request received'라는 텍스트가 표시됩니다.

▶ package.json에서 start 명령을 사용할 수도 있는데 그 방법은 203쪽 〈한 걸음 더!〉에서 설명합니다.

노드몬으로 서버 실행하기

**한 걸음 더!** 윈도우에서 nodemon으로 js 파일을 실행할 때 오류가 난다면

VS Code의 터미널 창은 기본적으로 윈도우 파워셸<sup>Powershell</sup>이라는 명령줄 인터페이스<sup>command-line interface</sup>를 사용합니다. 명령줄 인터페이스란 직접 명령을 입력해서 원하는 기능을 실행하는 프로그램이라고 생각하면 됩니다. 파워셸은 사용자 계정의 권한이나 실행 정책에 따라 스크립트 실행이 안 될 수도 있습니다. 만일 nodemon으로 test.js를 실행하려고 할 때 오류가 나타난다면 파워셸 대신 커맨드 프롬프트<sup>Command Prompt</sup>를 사용하면 됩니다. 커맨드 프롬프트 역시 명령줄 인터페이스지만 실행 정책 같은 보안 관련 기능이 없습니다.

VS Code 터미널 창에서 ➕☑에 있는 아래 화살표(v)를 클릭한 후 [Command Prompt]를 선택하면 파워셸에서 커맨드 프롬프트로 바뀝니다. 커맨드 프롬프트 상태에서도 이 책의 나머지 실습을 따라하는 데 문제가 없습니다.

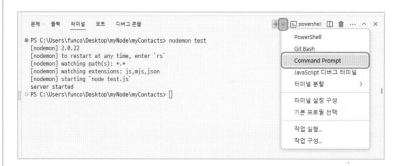

파워셸의 실행 정책을 바꿔서 스크립트 파일을 실행하고 싶다면 nodemon 공식 사이트에서 제공하는 FAQ 문서(https://github.com/remy/nodemon/blob/master/faq.md)를 참고하세요.

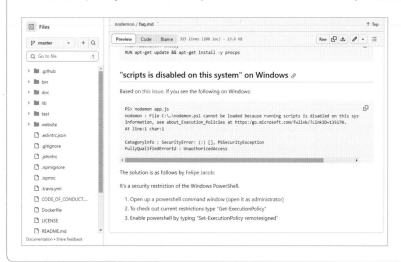

서버가 실행 중인 상태에서 test.js 코드를 수정해 볼까요? console.log에서 괄호 안의 영문 텍스트를 모두 한글로 바꿔 보겠습니다. 마지막에 있는 리스닝 코드 부분의 영문 텍스트를 한글로 수정한 후 저장해 보세요.

```
const http = require("http");

const server = http.createServer((req, res) => {
    console.log("요청 발생");
});

server.listen(3000, () => {
    console.log("서버 실행 중");
});
```

변경된 코드를 저장하면 서버를 재실행하지 않았는데도 변경 내용을 자동으로 적용합니다. 노드몬 패키지를 사용하면 이제부터 서버를 재실행하지 않고도 수정 사항을 즉시 확인할 수 있습니다.

```
문제    출력    디버그 콘솔    터미널
○ PS C:\Users\funco\Desktop\myNode\myContacts> nodemon test
  [nodemon] 3.0.1
  [nodemon] to restart at any time, enter `rs`
  [nodemon] watching path(s): *.*
  [nodemon] watching extensions: js,mjs,cjs,json
  [nodemon] starting `node test.js`
  server started
  request received
  [nodemon] restarting due to changes...
  [nodemon] starting `node test.js`
  서버 실행 중
  요청 발생
```

서버 재실행 없이 수정 사항 확인하기

test.js 파일은 더 이상 사용하지 않을 것이므로 일단 서버를 종료하세요. 터미널 창에서 [Ctrl] +[C]를 누르면 되겠죠?

## package-lock.json은 무엇일까?

노드몬 패키지를 설치하고 나면 작업 폴더에 package-lock.json 파일이 생깁니다. 이 파일에는 애플리케이션에서 사용하는 여러 패키지 간의 의존성이 기록되어 있습니다. 여러 가지 패키지를 사용하다 보면 각각 버전을 알고 있어야 합니다. 하나의 패키지를 사용하기 위해 또 다른 패키지가 필요한 경우도 있습니다.

애플리케이션을 완성한 후 배포했다면 패키지의 의존성을 참고해서 다른 패키지도 함께 내려받을 수 있도록 해야 합니다. 따라서 애플리케이션을 배포할 때 package.json뿐만 아니라 package-lock.json도 꼭 함께 배포해야 합니다.

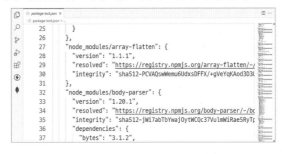

## Do it! 실습 ▶ 익스프레스 서버 만들기

익스프레스 패키지를 설치했다면 이제부터 익스프레스를 사용해 서버를 만들어 보겠습니다. 이 책에서는 간단한 연락처 관리 애플리케이션을 만들며 실습할 것입니다.

▶ 실습하기 전에 익스프레스와 노드몬이 설치되었는지 확인하세요.

**1.** 앞에서 package.json 파일을 만들 때 시작(entry point) 파일을 app.js로 지정했기 때문에 애플리케이션 시작 파일의 이름은 app.js로 해야 합니다.

VS Code의 작업 폴더 빈 공간을 마우스 오른쪽 버튼으로 클릭한 후 [새 파일]을 선택합니다. 그리고 app.js 파일을 만드세요.

▶ node_modules 폴더가 열려 있으면 작업 폴더에서 빈 공간을 찾기 어렵습니다. node_modules 폴더는 축소한 후 새 파일을 만드세요.

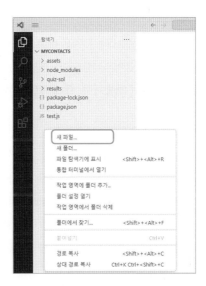

**2.** app.js 파일에 다음 코드를 입력합니다.

**Do it! 코딩해 보세요!** • app.js

```
const express = require("express"); ─①
const app = express(); ────────②
const port = 3000; ──────────③

app.get("/", (req, res) => {
④  res.status(200); ─────────⑤
    res.send("Hello Node!"); ─────⑥
});

app.listen(port, () => {
⑦  console.log(`${port}번 포트에서 서버 실행 중`);
});
```

이제 코드를 자세히 살펴보겠습니다. 코드 설명이 잘 이해되지 않더라도 뒤에서 계속 반복되므로 어떤 흐름인지 정도만 이해하고 넘어가도 됩니다.

❶ 익스프레스를 사용해 서버를 만들려면 우선 익스프레스 패키지를 가져옵니다.

❷ express를 실행하면 app이라는 서버가 만들어집니다. 이제부터 app 객체에서는 익스프레스의 모든 기능을 사용할 수 있게 되죠.

▶ 서버 이름은 어떤 걸 사용해도 되지만 주로 app을 많이 사용합니다.

❸ 여기에서는 포트 번호를 port 변수에 따로 할당했습니다.

❹ HTTP 요청은 GET, POST, PUT 등 여러 가지가 있습니다. 그중에서 GET 요청을 처리하려면 get 함수를 사용합니다. 즉, 루트(/) 경로에서 GET 요청을 하면 그 뒤에 오는 콜백 함수를 실행하라는 뜻입니다.

▶ get 함수는 06-2절에서 자세히 다룹니다.

❺ 응답 상태 코드를 200으로 설정합니다.

❻ 응답 객체인 res 객체에서 send 함수를 사용하면 응답을 화면에 표시할 수 있는데, 여기에서는 'Hello Node!'라는 텍스트를 브라우저에 표시합니다.

❼ listen 함수는 지정한 포트로 요청이 들어오는지 리스닝합니다. 요청이 들어오면 그 뒤에 오는 콜백 함수를 실행합니다.

**3.** 터미널 창에서 서버를 실행해 보겠습니다. 터미널 창에 '3000번 포트에서 서버 실행 중'이라는 텍스트가 표시되면 서버가 성공적으로 실행되고 있다는 뜻입니다.

```
터미널

nodemon app
```

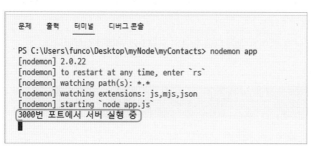

```
문제   출력   터미널   디버그 콘솔

PS C:\Users\funco\Desktop\myNode\myContacts> nodemon app
[nodemon] 2.0.22
[nodemon] to restart at any time, enter `rs`
[nodemon] watching path(s): *.*
[nodemon] watching extensions: js,mjs,json
[nodemon] starting `node app.js`
3000번 포트에서 서버 실행 중
```

**4.** 웹 브라우저에서 localhost:3000으로 요청을 하면 'Hello Node!' 텍스트가 표시됩니다. 서버가 정상적으로 실행되는 것을 웹 브라우저에서도 확인할 수 있습니다.

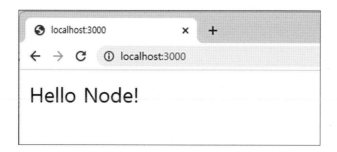

---

**한 걸음 더!** **스크립트를 사용해서 파일 실행하기**

서버를 시작하기 위해 nodemon app이라는 명령을 사용했는데, 서버를 시작하는 스크립트를 따로 작성할 수도 있습니다. 지금은 폴더 구조가 간단하지만 실행할 시작 파일의 경로가 복잡할 경우 스크립트를 만들어 사용하면 편리합니다.

작업 폴더에 있는 package.json 파일을 열고 scripts 부분을 찾습니다. 그리고 "test"라는 기존 내용 뒤에 쉼표(,)를 붙이고 "start"라는 명령을 추가하고 저장합니다. 이제부터 start라고 명령하면 nodemon app.js를 실행하라는 뜻입니다.

지금은 nodemon 명령을 사용하지만 나중에 배포할 때는 nodemon을 node로 바꿔 줘야 합니다.

**Do it! 코딩해 보세요!** • package.json

```json
"scripts": {
    "test": "echo \"Error: no test specified\" && exit 1",
    "start": "nodemon app.js"
},
```

스크립트 명령은 npm 명령과 함께 사용합니다. 터미널 창에 다음과 같이 입력하면 서버가 실행됩니다.

**터미널**

```
npm start
```

```
문제   출력   터미널   디버그 콘솔

PS C:\Users\funco\Desktop\myNode\myContacts> npm start

> contacts-manager@1.0.0 start
> nodemon app.js

[nodemon] 2.0.22
[nodemon] to restart at any time, enter `rs`
[nodemon] watching path(s): *.*
[nodemon] watching extensions: js,mjs,json
[nodemon] starting `node app.js`
3000번 포트에서 서버 실행 중
```

# 06-2 | 익스프레스에서 라우팅하기

익스프레스 프레임워크를 소개할 때 중요한 특징 하나는 라우팅이 쉽다는 것이었습니다. 서버에서 라우팅은 가장 기본적인 기능이므로 라우팅이 쉬워지면 그만큼 코드 작성도 간편해집니다. 익스프레스에서 라우팅을 어떻게 처리하는지 살펴보겠습니다.

▶ 라우팅은 각 요청 URL별로 다른 내용을 표시하도록 하는 것이라고 배웠죠? 기억이 잘 나지 않으면 04-4절을 다시 읽어 보세요.

## HTTP 모듈 vs 익스프레스 라우팅

노드의 HTTP 모듈을 사용할 때는 if 문이나 switch 문으로 메서드와 요청 URL을 체크해야 해서 코드가 길어지고 읽기도 쉽지 않았죠?

**HTTP 모듈을 사용한 서버에서 라우팅 처리하기**

```
const server = http.createServer((req, res) => {
  // 요청 메서드와 URL 파싱
  const { method, url } = req;
  res.setHeader("Content-Type", "text/plain");

  // URL에 따라 응답을 다르게 처리
  if (method === "GET" && url === "/home") {
    res.statusCode = 200;
    res.end("HOME");
  } else if (method === "GET" && url === "/about") {
    res.statusCode = 200;
    res.end("ABOUT");
  } else {
    res.statusCode = 404;
    res.end("NOT FOUND");
  }
});
```

익스프레스에서는 다음 형식을 사용하므로 라우팅이 훨씬 편리합니다.

| 기본형 | app.METHOD(path, handler) |

- **app**: express로 만든 인스턴스입니다.
- **METHOD**: GET이나 POST, PUT, DELETE 처럼 HTTP 요청에서 사용하는 메서드입니다.
- **path**: 요청 URL입니다.
- **handler**: 실행할 콜백 함수입니다.

▶ app.get이나 app.post 등의 함수를 합쳐 app.METHOD 함수라고 합니다.

HTTP 모듈에서는 요청 방식과 요청 URL을 AND 연산자(&&)로 연산했지만 익스프레스에서는 app 다음에 요청 방식 이름을 붙여서 사용합니다. 그리고 함수 안에서 경로와 콜백 함수를 지정해서 훨씬 간편합니다.

**HTTP 모듈**

```
if (method === "GET" && url === "/") {
```

**익스프레스**

```
app.get("/", ...)
```

앞에서 작성했던 app.js를 다시 한번 살펴보면 다음과 같은 코드가 있습니다. GET 요청이 있을 때 res.status 함수와 res.send 함수를 사용해서 응답 결과를 클라이언트로 전송합니다. res.status 함수는 상태 코드를 넘겨주고 res.send 함수는 괄호 안의 내용을 넘겨줍니다.

즉, 이 코드는 '/' 경로에서 GET 방식으로 요청했을 때 (req, res) => { … }를 실행하라는 의미입니다.

```
app.get("/", (req, res) => {
  res.status(200);
  res.send("Hello Node!");
});
```

```
요청 방식: GET    요청 경로

app.get('/', (req, res) => {
  res.status(200);                          콜백 함수
  res.send("Hello Node!");
});
```

이때 콜백 함수 안에 있는 두 함수를 연결해서 작성할 수 있는데, 이렇게 여러 함수<sup>method</sup>를 연결해서 사용하는 것을 **메서드 체이닝**<sup>method chaining</sup>이라고 합니다.

```
app.get("/", (req, res) => {
  res.status(200).send("Hello Node!");
});
```

**Do it! 실습** ▶ **선더 클라이언트 활용하기**

지금까지는 서버를 실행한 후 라우팅 처리 결과를 확인하기 위해 웹 브라우저에서 요청 URL을 입력했습니다. VS Code와 웹 브라우저를 오가면서 사용해야 해서 조금 번거롭죠. 그래서 VS Code 안에서 서버 실행 결과를 확인하는 확장을 사용해 보겠습니다.

노드를 비롯해 자바나 파이썬 등 서버 프로그래밍 언어를 사용할 때 결과 확인을 위해 주로 포스트맨<sup>Postman</sup>이라는 프로그램을 따로 설치해서 사용합니다. 하지만 VS Code에서 작업한다면 선더 클라이언트<sup>Thunder Client</sup>라는 확장을 사용해 VS Code 안에서 즉시 확인할 수 있습니다.

**1.** VS Code의 왼쪽 내비게이션 바에서 ⊞ 아이콘을 클릭한 후 thunder로 검색합니다. 검색 결과에서 [Thunder Client]를 선택한 후 [설치]를 클릭합니다.

**2.** 확장이 설치되면 VS Code 왼쪽 내비게이션 바에 ⚡아이콘이 나타날 것입니다. ⚡아이콘을 클릭해서 선더 클라이언트 화면이 나타나면 왼쪽 위에 있는 [New Request]를 클릭합니다.

▶ 화면에 표시된 Thunder Client 확장 소개 화면은 닫아도 됩니다.

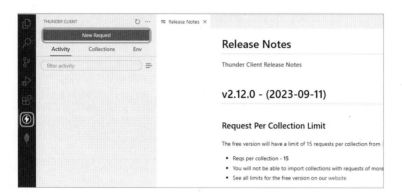

**3.** 선더 클라이언트에서 라우팅 처리 결과를 확인해 보겠습니다. 앞에서 작성한 app.js 파일에는 2개의 라우팅 코드가 있는데 먼저 이 코드의 결과부터 확인해 볼까요?

```
app.get("/", (req, res) => {
  res.status(200);
  res.send("Hello Node!");
});
```

선더 클라이언트 화면에는 기본적으로 GET 방식이 선택되어 있습니다. 우리도 GET 방식을 확인할 것이므로 그대로 둔 상태에서 URL란에 localhost:3000/를 입력하고 [Send]를 클릭합니다.

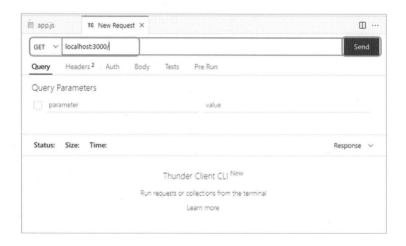

**4.** 아래쪽 응답 화면에 응답과 관련된 정보들이 나타납니다. 응답 상태 코드와 파일 크기, 걸린 시간 등이 나타나고, 가장 아래쪽에 결과가 표시됩니다. 우리가 app.js에서 작성한 'Hello Node!'라는 텍스트가 나타납니다.

**5.** VS Code에서 🔲 아이콘을 눌러 파일 탐색 창을 감춘다면 선더 클라이언트 화면을 좀 더 넓게 사용할 수 있습니다. 이렇게 가로 화면이 길면 왼쪽에 요청, 오른쪽에 응답이 나타납니다.

---

**한걸음 더!** **응답 헤더 확인하기**

앞에서 HTTP 응답은 응답 헤더와 응답 본문으로 구성된다고 설명했습니다. 선더 클라이언트에서 오른쪽에 표시된 응답 화면에서 [Headers]를 클릭하면 응답 헤더를 확인할 수 있습니다. 현재는 따로 응답 헤더를 작성하지 않아서 기본 정보만 나타납니다. 하지만 프로젝트에 따라 응답 헤더에 여러 정보를 담으면 그 헤더 정보 역시 선더 클라이언트에서 쉽게 확인할 수 있습니다.

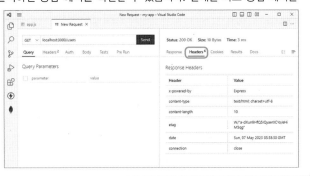

**준비** app.js **결과 비교** results\app-2.js

본격적으로 GET과 POST 방식으로 요청했을 때 라우트하는 코드를 작성해 보겠습니다.

▶ 앞에서 저장한 app.js가 없다면 myContacts\results\app-1.js 코드를 복사해서 myContacts\app.js에 붙여 넣고 따라 하세요.

**1.** 서버에서 /contacts라는 경로를 추가했을 때 연락처 관리 애플리케이션을 실행하려고 합니다. 그래서 /contacts 경로에 대한 라우트 코드가 필요합니다. /contacts 경로에서 GET 방식을 요청했을 때 브라우저 화면에 'Contacts Page'라고 표시하는 코드를 추가하겠습니다.

▶ 메서드 체이닝을 이용해서 코드를 간단하게 표현했습니다.

**Do it! 코딩해 보세요!** • app.js

```js
const express = require("express");
const app = express();
const port = 3000;

app.get("/", (req, res) => {
  res.status(200);
  res.send("Hello Node!");
});

// 모든 연락처 가져오기
app.get("/contacts", (req, res) => {
  res.status(200).send("Contacts Page");
});

app.listen(port, () => {
  console.log(`${port}번 포트에서 서버 실행 중`);
});
```

**2.** POST 요청은 서버로 자료를 보낼 때 사용하는 요청 방식입니다. 새로운 연락처 정보를 입력한 후 [전송] 버튼을 누르면 POST 요청을 하게 되죠. POST 요청이 성공하면 상태 코드를 201로 지정하고 'Create Contact'라는 메시지를 화면에 표시해 보겠습니다.

```
(... 생략 ...)
// 모든 연락처 가져오기
app.get("/contacts", (req, res) => {
  res.status(200).send("Contacts Page");
});

// 새 연락처 추가하기
app.post("/contacts", (req, res) => {
  res.status(201).send("Create Contacts");
});

app.listen(port, () => {
  console.log(`${port}번 포트에서 서버 실행 중`);
});
```

**3.** 변경 사항을 저장하여 실행 중인 서버에 반영합니다. 아직 서버를 실행하지 않았다면 VS Code의 터미널 창에 다음과 같이 입력해서 서버를 실행합니다.

터미널

```
nodemon app
```

**4.** ⚡를 클릭해서 선더 클라이언트를 엽니다. 기본적으로 GET 방식이 선택되어 있으므로 그 상태로 두고 URL란에 localhost:3000/contacts를 입력하고 [Send]를 클릭합니다. 응답 화면에 'Contacts Page'라고 나타나면 라우트가 제대로 동작한다는 뜻입니다.

**5.** 이번에는 요청 URL은 그대로 둔 채 요청 방식을 POST로 바꾼 후 [Send]를 클릭합니다. 응답 화면에 상태 코드가 201로 나타나고, 'Create Contacts'라는 메시지가 보이면 성공입니다.

여기에서 기억해 둘 것이 있습니다. localhost:3000/contacts라는 요청 URL은 같지만 GET과 POST 중에 어떤 요청 방식을 선택하느냐에 따라 실행하는 함수가 달라진다는 것입니다. GET 요청은 해당 URL에서 정보를 가져와야 할 때, POST 요청은 해당 URL로 정보를 보낼 때 사용합니다.

## 라우트 파라미터

앞에서 살펴본 /contacts 경로는 모든 연락처 정보를 가져와서 보여 줄 때 사용합니다. 그렇다면 아이디값을 사용해 필요한 연락처만 가져오려면 어떻게 해야 할까요? 이럴 때는 요청 URL 뒤에 가져와야 하는 조건을 지정합니다. 주로 아이디값을 사용하는데 이름이나 다른 조건을 붙일 수도 있습니다. 이렇게 요청 URL에 함께 담아서 요청하는 값을 **라우트 파라미터** route parameter라고 합니다.

라우팅 코드를 작성할 때 라우트 파라미터를 사용하려면 요청 URL 뒤에 ':' 을 붙인 후 그 뒤에 변수를 적어 줍니다. 보통 변수 이름은 id를 사용하는데 원한다면 다른 이름을 사용할 수도 있습니다.

| 기본형 | /요청 URL/:id |

예를 들어 연락처 정보 중에서 아이디가 '1'인 것을 가져오겠다면 요청 URL에 '1'이라는 값을 함께 넣어 주고, 아이디가 '10'인 연락처를 가져오겠다면 URL 뒤에 '10'을 붙여 줍니다. 라우트 코드에서는 /:id처럼 쓰지만 실제 요청을 할 때는 URL/매개변수 형태로 씁니다.

```
/contacts/1
/contacts/10
```

준비 app.js    결과 비교 results\app-3.js

/contacts 경로에서 GET 방식으로 모든 연락처를 가져오고 POST 방식으로 새로운 연락처를 추가하는 방법을 알아보았습니다. 연락처를 관리하려면 이 외에도 몇 가지 요청 방식을 처리해야 합니다. 사용자가 어떤 작업을 할지 상상해 보면 좋습니다. 특정 연락처만 가져오거나 (GET/:id), 특정 연락처 정보를 수정하거나(PUT/:id), 특정 연락처를 삭제할 수(DELETE/:id) 있겠죠? 각 요청 방식에 대한 라우트 코드를 추가해 보겠습니다.

여기에서 작성할 라우트를 정리하면 다음과 같습니다. 요청 URL은 같지만 요청 방식에 따라 하는 일이 달라집니다.

| 요청 방식 | 요청 URL | 역할 |
|---|---|---|
| GET | /contacts/:id | id에 맞는 연락처 가져오기 |
| PUT | /contacts/:id | id에 맞는 연락처 수정하기 |
| DELETE | /contacts/:id | id에 맞는 연락처 삭제하기 |

▶ 이어서 실습하는 코드는 라우트 코드가 동작하는지 여부에만 초점을 맞추었으며 실제로 자료를 수정하거나 삭제하는 것은 아닙니다.

**1.** app.js에서 app.post 함수 뒤에 다음 코드를 추가합니다.

**Do it! 코딩해 보세요!** • app.js

```
(... 생략 ...)
// 새 연락처 추가하기
app.post("/contacts", (req, res) => {
  res.status(201).send("Create Contacts");
});

// 연락처 상세 보기
app.get("/contacts/:id", (req, res) => {
  res.status(200).send(`View Contact for ID: ${req.params.id}`);
});

// 연락처 수정하기
app.put("/contacts/:id", (req, res) => {
  res.status(200).send(`Update Contact for ID: ${req.params.id}`);
```

```
  });

  // 연락처 삭제하기
  app.delete("/contacts/:id", (req, res) => {
    res.status(200).send(`Delete Contact for ID: ${req.params.id}`);
  });

  app.listen(port, () => {
    console.log(`${port}번 포트에서 서버 실행 중`);
  });
```

**2.** ⚡를 클릭해서 선더 클라이언트를 엽니다. 연락처 관리 앱은 연락처마다 고유한 id값이 있는데 그중에 id가 10인 정보를 가져온다고 가정해 보겠습니다. 정보를 가져오므로 요청 방식을 GET으로 선택하고 라우트 파라미터를 사용해 요청 URL에 localhost:3000/contacts/10을 입력한 후 [Send]를 클릭해 보세요. 아이디값 10이 화면에 표시될 것입니다. 실제 정보가 나타나진 않지만 라우트 파라미터가 제대로 적용되는 것을 확인할 수 있습니다.

▶ 10 대신에 다른 아이디값을 사용해도 응답 결과로 표시됩니다.

**3.** 이번에는 id가 10인 연락처를 수정한다고 가정해 보겠습니다. 수정할 때는 PUT 방식을 사용한다고 했죠? 요청 URL은 그냥 두고 요청 방식을 PUT으로 선택한 뒤 [Send]를 클릭하세요. 연락처 정보를 수정하는 라우트 코드가 제대로 동작해서 'Update Contact for ID: 10'처럼 나타날 것입니다.

**4.** 이제 DELETE 방식은 직접 테스트해 볼 수 있겠죠? DELETE 방식은 연락처를 삭제할 때 사용하는 방식입니다. 요청 URL은 그냥 두고 요청 방식을 DELETE으로 선택한 뒤 [Send]를 클릭하세요. DELETE에 대한 라우트 코드가 정상으로 동작하는 걸 확인할 수 있습니다.

지금까지 살펴본 것처럼 같은 요청 URL을 사용하지만 요청 방식을 어떻게 지정하느냐에 따라 연락처를 보거나 수정할 수 있고 삭제할 수도 있습니다.

# 06-3 | 익스프레스의 요청 객체와 응답 객체

클라이언트와 서버 사이의 통신은 요청 객체와 응답 객체를 통해 주고받습니다. 요청 객체는 클라이언트에서 서버로 넘겨주는 요청 정보를 담고 있고, 응답 객체에는 서버에서 클라이언트로 보내는 응답 정보가 담겨 있죠. 클라이언트와 서버 간의 통신을 위해 필수인 요청 객체와 응답 객체의 주요 속성과 함수를 알아보겠습니다.

## 요청 객체의 주요 속성 살펴보기

다음은 프로그램 안에서 클라이언트가 보낸 요청 정보를 처리할 때 자주 사용하는 속성입니다. 요청 객체의 이름은 request나 다른 이름으로 사용해도 되지만 대부분 간단히 줄여서 req를 사용합니다.

| 속성 | 설명 |
|------|------|
| req.body | 서버로 POST 요청할 때 넘겨준 정보를 담고 있습니다. 예를 들어 로그인 버튼을 눌렀을 때 사용자의 아이디와 비밀번호의 값이 req.body에 들어 있습니다. |
| req.cookies | 클라이언트에 저장된 쿠키 정보를 서버로 함께 넘겼을 경우 쿠키 정보를 담고 있습니다. |
| req.headers | 서버로 요청을 보낼 때 같이 보낸 헤더 정보를 담고 있습니다. |
| req.params | URL 뒤에 라우트 파라미터가 포함되어 있을 경우 파라미터 정보를 담고 있습니다. |
| req.query | 요청 URL에 포함된 질의 매개변수(쿼리, query)를 담고 있습니다. 예를 들어 검색 사이트에서 검색어를 입력하고 [검색] 버튼을 클릭했을 때 검색어와 관련된 질의 매개변수가 req.query에 담깁니다 |

예를 들어 다음 코드는 localhost:3000으로 GET 요청을 보낼 때 요청 헤더에 담긴 내용을 확인합니다.

```
app.get("/", (req, res) => {
  const headers = req.headers;
  res.send(headers);
});
```

선더 클라이언트 확장에서 localhost:3000 주소로 GET 요청을 보내면 req.headers를 읽어와서 헤더 정보를 표시합니다.

요청 객체의 헤더 정보 살펴보기

## 응답 객체에서 사용하는 함수

익스프레스에서 서버를 만든 후 클라이언트로 응답을 보낼 때 응답 객체를 사용합니다. 응답 객체에는 응답을 보낼 때 사용하는 다양한 함수를 포함하고 있습니다. 응답 객체는 주로 response나 res라는 이름으로 사용합니다.

| 함수 | 설명 |
|---|---|
| res.download | 파일을 내려받습니다. |
| res.end | 응답 프로세스를 종료합니다. |
| res.json | JSON 응답을 전송합니다. |
| res.jsonp | JSONP 지원을 통해 JSON 응답을 전송합니다. |
| res.redirect | 요청 경로를 재지정해서 강제 이동합니다. |
| res.render | 뷰 템플릿을 화면에 렌더링합니다(10-2절에서 설명합니다.). |
| res.send | 어떤 유형이든 res.send( ) 괄호 안의 내용을 전송합니다. |
| res.sendFile | 지정한 경로의 파일을 읽어서 내용을 전송합니다. |
| res.sendStatus | 상태 메시지와 함께 HTTP 상태 코드를 전송합니다. |
| res.status | 응답의 상태 코드를 설정합니다. |

▶ JSONP란 서로 다른 도메인에서 자료를 가져올 때 발생하는 보안 문제(CORS 문제)를 피하기 위해 별도의 방식으로 JSON을 가져오는 방법입니다.

이 중에서 자주 사용하는 함수를 자세히 살펴보겠습니다.

## 클라이언트로 보내기 — res.send 함수

문자열이나 객체, 배열 등 괄호 안의 내용을 클라이언트로 전송하는 함수입니다. 이 함수는 Content-Type 헤더를 자동으로 만들고 내용을 JSON 형식으로 변환하거나 일반 텍스트로 전송합니다.

앞에서 작성한 app.js 코드 중에서 다음 코드는 '/' 라우트에서 GET 메서드가 발생하면 상태 메시지를 200으로 설정하고 res.send 함수를 사용해 괄호 안의 문자열("Hello Node!")을 클라이언트로 전송하라는 의미입니다. 즉, localhost:3000/로 요청하면 웹 브라우저 창에 'Hello Node!' 문자열을 표시합니다.

```
app.get("/", (req, res) => {
  res.status(200);
  res.send("Hello Node!");
});
```

## JSON 형식으로 변환하기 — res.json 함수

괄호 안의 객체나 배열을 JSON 형식으로 변환해서 전송합니다. 앞에서 작성한 app.js에서 res.send 부분의 코드를 다음과 같이 수정해서 JSON 형식으로 작성할 수 있습니다. 기존 코드를 선택한 다음 Ctrl + / 를 눌러 주석으로 바꾸고 새 코드를 추가해 보겠습니다.

**Do it! 코딩해 보세요!**  • app.js

```
app.get("/", (req, res) => {
  res.status(200);
  // res.send("Hello Node!");
  res.json({ message: "Hello Node!" });
});
```

그리고 선더 클라이언트에서 요청 방식을 GET으로 선택하고 다시 한번 localhost:3000/를 요청해 보세요. 결과 미리 보기 창에 JSON 형식의 메시지가 나타날 것입니다.

JSON 형식 응답 확인하기

다음 실습에서는 JSON 형식을 사용하지 않으므로 방금 추가한 res.json 함수 코드는 삭제하고 주석 처리한 코드는 되돌려 놓겠습니다.

▶ 주석 처리한 코드를 선택한 후 Ctrl+/를 한 번 더 누르면 주석이 해제됩니다.

**Do it! 코딩해 보세요!**　　　　　　　　　　　　　　　　　　　　　　　• app.js

```
app.get("/", (req, res) => {
  res.status(200);
  res.send("Hello Node!");
  res.json({ message: "Hello Node!" });
});
```

## 파일을 클라이언트로 보내기 — res.sendFile 함수

앞에서는 간단하게 텍스트 문자열을 화면에 표시해 보면서 라우팅을 어떻게 처리하는지 알아보았습니다. 그런데 애플리케이션을 만들 때는 라우팅에서 특정 HTML 문자열을 가져와서 보여 줘야 하는 경우도 많습니다. 예를 들어 /contacts URL로 요청하면 단순히 텍스트를 보여 주는 게 아니라 /assets/contacts.html이 표시되도록 하는 것이죠. 요청이 들어왔을 때 특정 HTML 문서를 보여 주려면 sendFile 함수를 사용합니다. 함수에서 지정한 파일을 읽어와서 그 내용을 응답으로 전송합니다.

app.js 코드를 다음과 같이 수정해 보세요. 기존 app.js에서 'Hello Node!'를 표시했던 코드 부분을 임시로 주석 처리합니다. 이 코드는 나중에 다시 사용할 것이므로 삭제하지 않습니다. 그리고 HTML 파일을 가져오려면 파일 경로가 포함되기 때문에 app.js 시작 부분에서 path 패키지를 가져오는 코드를 추가합니다. __dirname은 현재 파일(app.js)의 절대 경로를 가져오므로 거기에 연결해 /assets/contacts.html의 절대 경로를 만들어서 사용했습니다. 따로 상태 메시지를 지정하지 않으면 200을 기본값으로 사용하므로 상태 메시지 설정은 생략합니다.

**Do it! 코딩해 보세요!**　　　　　　　　　　　　　　　　　　　　　　　• app.js

```
const express = require("express");
const path = require("path");

(... 생략 ...)
// 모든 연락처 가져오기
app.get("/contacts", (req, res) => {
```

```
    // res.status(200).send("Contacts Page");
    res.sendFile(__dirname + "/assets/contacts.html");
});
```

그리고 선더 클라이언트에서 localhost:3000/contacts로 GET 요청을 보내면 contacts.
html 내용이 나타납니다. 응답 화면 아래에 있는 [Raw Html] 링크를 클릭하면 현재 문서를
HTML 코드 형태로 확인할 수도 있습니다. HTML 코드로 나타난다면 응답 화면 아래에서
[Preview]를 눌러 확인하세요.

▶ 선더 클라이언트 화면에서는 'All Contacts' 제목 앞에 아이콘이 표시되지 않지만 브라우저에서는 정확히 확인할 수 있
습니다.

HTML 페이지 응답 확인하기

HTML 페이지 코드 확인하기

res.sendFile 함수가 제대로 동작하는 것을 확인했다면 path 모듈을 가져오는 코드와 res.
sendFile 함수 부분의 코드를 삭제하고 주석 처리했던 코드를 되돌려 놓습니다.

**Do it! 코딩해 보세요!** • app.js

```
const express = require("express");
const path = require("path");

(... 생략 ...)
// 모든 연락처 가져오기
app.get("/contacts", (req, res) => {
  res.status(200).send("Contacts Page");
  res.sendFile(__dirname + "/assets/contacts.html");
});
(... 생략 ...)
```

## 상태 코드 설정하기 — res.status 함수

04-1절에서 HTTP 상태 코드를 공부했죠? res.status 함수는 상태 코드를 지정합니다. 애플리케이션을 만들 때 상태 코드를 반드시 설정해야 하는 것은 아닙니다. 애플리케이션에 따라 상태 코드를 확인해서 그에 따라 다르게 처리해야 할 경우가 있는데 이럴 때는 res.status 함수를 사용해서 상태 코드를 설정합니다.

상태 코드를 지정하지 않으면 기본적으로 200으로 설정됩니다. 200은 응답에 성공했다는 상태 코드입니다. 따로 상태를 지정하고 싶다면 res.status 함수를 사용하면 되죠. 예를 들어 app.js에서 POST 방식에 대한 라우트 코드를 작성할 때 상태 코드를 201로 설정했습니다. 여기서 201은 자료가 새로 만들어진 상태를 의미합니다.

**Do it! 코딩해 보세요!** • app.js

```
// 새 연락처 추가하기
app.post("/contacts", (req, res) => {
  res.status(201).send("Create Contacts");
});
```

지금까지 공부한 내용을 떠올려 보면서 다음 문제를 해결해 보세요.

**Q1** 익스프레스 애플리케이션을 시작할 때 어떤 메서드를 사용하여 서버를 열 수 있나요?

① express.open ② app.listen ③ server.start ④ express.start

해답 ②

**Q2** /users 경로로 요청할 때 사용자 이름을 함께 입력하면, 사용자의 이름을 받아서 'Hello, Kyunghee!' 처럼 인사말을 반환하는 API를 작성해 보세요.

**힌트**
① '/users/:name' 처럼 사용자 이름을 라우트 파라미터로 받습니다.
② req.params.name을 사용해 라우트 파라미터를 가져와 인사말에 표시합니다.

문제 quiz\quiz-06-2.js 해답 quiz\sol-06-2.js

**Q3** 익스프레스를 사용하여, '/' 경로로 접속하면 'Welcome'을 표시하고, /about 경로로 접속하면 'This is the about page.' 라는 텍스트를 표시하는 라우트를 작성하세요.

**힌트**
① app.get을 사용합니다.
② 화면에 텍스트를 표시할 때는 res.send를 사용합니다.

문제 quizl\quiz-06-3.js 해답 quiz\sol-06-3.js

**Q4** 익스프레스를 사용하여 사용자가 입력한 숫자를 받아 해당 숫자의 제곱을 반환하는 API를 만들어 보세요. 예를 들어 /square/5 경로로 접속하면 25를 반환해야 합니다.

**힌트**

① 라우트 파라미터 형태로 넘어온 값은 문자열 형태이므로 Number를 사용해 숫자로 변환합니다.

② 숫자로 변환된 값을 두 번 곱합니다.

③ res.send를 사용해 제곱시킨 결과를 표시합니다.

문제 quiz\quiz-06-4.js    해답 quiz\sol-06-4.js

# 익스프레스 도우미, 미들웨어

익스프레스의 미들웨어는 요청과 응답 사이에서 중간 역할을 하는 함수입니다. 미들웨어는 백엔드 개발에서 요청과 응답을 처리하며, 이때 필요한 기능에 따라 사용하는 미들웨어도 다양합니다. 익스프레스에 포함된 미들웨어를 가져다 사용할 수도 있고, 미들웨어 함수를 직접 작성할 수도 있습니다. 이 장에서는 2가지 방법 모두 실습을 통해 공부해 보겠습니다. 미들웨어 개념이 처음에는 생소할 수도 있지만 곧 익숙해질 테니 걱정하지 말고 따라오세요.

# 07-1 | 자주 사용하는 미들웨어

익스프레스에서 미들웨어의 역할을 살펴보고, 자주 사용하는 미들웨어인 라우터<sup>router</sup>와 바디 파서<sup>body-parser</sup>를 알아보겠습니다.

## 미들웨어란

익스프레스는 서버를 만들어 주는 기능 외에도 요청과 응답을 주고받으며 중간에서 여러 가지 역할을 합니다. 이렇게 요청과 응답 중간에 있으면서 요청을 처리하거나 원하는 형태로 응답을 수정하는 함수를 **미들웨어**<sup>middleware</sup> 라고 합니다.

▶ 미들<sup>middle</sup>이라는 이름에서 '중간에 있다'는 것을 추측할 수 있습니다.

예를 들어 로그인을 처리하는 과정을 생각해 보겠습니다. 사용자가 웹 브라우저 화면에서 아이디와 비밀번호를 입력하고 [로그인] 버튼을 클릭했을 때 서버에서는 어떻게 처리할까요?

❶ 요청 안에 포함된 아이디와 비밀번호의 값을 애플리케이션에서 읽을 수 있는 형태로 변환합니다. 이것을 파싱<sup>parsing</sup>이라고 합니다.

❷ 아이디와 비밀번호의 값을 사용해서 사용자를 인증합니다.

❸ 처리 결과를 다음 단계로 넘겨줍니다. 예를 들어 렌더링하여 화면에 보여 줄 수 있습니다.

요청에서 응답에 이르기까지 여러 단계를 거치는데 이때 각 단계에서 사용하는 함수를 미들웨어라고 합니다.

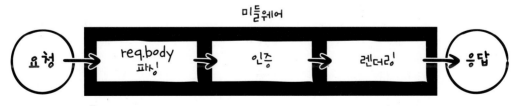

미들웨어의 역할

## 미들웨어의 역할

요청과 응답을 주고받을 때 많은 처리를 해야 하는데 그때 미들웨어를 사용합니다. 일반적으로 미들웨어는 다음과 같은 일을 처리합니다.

| 속성 | 설명 |
|---|---|
| 요청 전처리 | 요청이 서버에 도착하기 전에 실행하는 작업을 담당합니다. 예를 들어 사용자 인증이나 폼 내용 검증 등의 작업을 처리하죠. |
| 라우팅 처리 | 지금까지 특정 URL로 들어온 요청을 미리 만들어 둔 함수(라우트 핸들러)로 연결했습니다. 이런 라우트 코드를 좀 더 읽기 쉽고 관리하기 쉽도록 모듈화하는 라우터 미들웨어도 있습니다. |
| 응답 처리 | 서버에서 클라이언트로 응답을 보낼 때 자료를 적절한 형태로 변환하거나 오류를 처리하는 작업을 합니다. |

익스프레스를 사용한 백엔드 개발에서는 아주 많은 형태의 미들웨어가 있습니다. 그중에서도 라우트와 관련된 미들웨어는 가장 많이 사용하죠.

## 애플리케이션 레벨 미들웨어

애플리케이션 레벨 미들웨어란 애플리케이션 단계에서 사용하는 미들웨어를 가리킵니다. 앞에서 다음 코드를 작성했죠? 여기에서 app 객체가 애플리케이션을 나타냅니다. 애플리케이션 자체에 get 함수나 post 함수를 사용해서 미들웨어를 처리하면 애플리케이션 레벨 미들웨어라고 합니다.

```
const app = express();

app.get();
app.post();
```

라우트 코드에서 경로 다음에 오는 (req, res) => {…} 코드 부분이 미들웨어에 해당합니다.

```
app.get("/contacts", (req, res) => {...});
app.get("/contacts/:id", (req, res) => {...});
```

## 라우터 미들웨어

우리가 app.js에서 작성한 라우트 코드는 간단한 편이지만 애플리케이션의 규모가 커지고 처리해야 할 라우트가 많아지면 아주 길고 복잡해집니다. 그래서 라우트 코드를 좀 더 읽기 쉽고 관리하기 쉬운 형태로 만들어야 합니다. 익스프레스에서는 **라우터**Router **객체**를 통해 라우트 코드를 정리할 수 있습니다. 이렇게 하면 코드를 읽기 쉽고 관리하기도 쉽습니다. 라우터 객체를 사용한 것을 라우터 미들웨어라고 하고, 라우터 미들웨어는 요청(req)이 오면 응답(res)할 때까지의 중간 처리를 맡은 함수라고 생각하면 됩니다.

다음 코드는 익스프레스의 라우터 객체를 사용하기 위해 router라는 인스턴스 객체를 만듭니다.

```
const router = express.Router();
```

이렇게 만든 router 객체는 오른쪽과 같이 요청 경로별로 묶어서 간략하게 작성할 수 있습니다. 읽기가 훨씬 편리하죠?

app.js에서는 router 객체를 사용하겠다고 다음과 같이 알려 주면 됩니다. 익스프레스에서는 라우터 객체도 그 자체를 미들웨어로 취급합니다.

```
router.route("/contacts")
    .get((req, res) => { ...... })
    .post((req, res) => { ...... });
router.route("/contacts/:id")
    .get((req, res) => ......   })
    .put((req, res) => { ...... })
    .delete((req, res) => { ...... });
```

```
app.use(router);
```

---

**한 걸음 더!** **라우터 객체와 router 인스턴스 객체**

라우터 객체와 router 인스턴스 객체가 나와서 조금 헷갈리나요? 이미 자바스크립트를 공부했다면 객체와 인스턴스 개념이라고 생각하면 됩니다.

자바스크립트에는 프로그래밍을 위해 여러 가지 객체가 만들어져 있습니다. 그리고 그 객체를 직접 사용하는 것이 아니라 틀로 찍듯 인스턴스를 만들어 사용합니다. 예를 들어 자바스크립트에서 Date 객체를 사용한다면 다음과 같이 Date 객체의 인스턴스인 now 객체를 만들어 사용합니다. 이렇게 하면 now 객체는 원본 객체인 Date 객체의 모든 속성과 함수를 사용할 수 있게 되죠.

```
const now = new Date()
```

익스프레스에도 미리 정의되어 있는 객체들이 많은데 Router 객체도 그중의 하나입니다. Router 객체에는 라우팅과 관련된 여러 속성과 함수가 포함되어 있습니다. 이 Router 객체를 사용해서 라우팅 코드를 정리할 때에는 Router 객체를 그대로 사용하지 않고 인스턴스를 만들어서 사용합니다. 그 인스턴스를 여기에서는 router라는 이름으로 사용한 것입니다. 인스턴스 이름은 어떤 것을 사용해도 되지만 주로 router를 많이 사용합니다.

```
const router = express.Router();   // router 객체는 Router 객체의 인스턴스
```

router 객체는 Router 객체의 인스턴스이므로 Router 객체의 속성이나 함수를 그대로 사용할 수 있습니다.

## app.use 함수

애플리케이션에서 미들웨어를 사용하려면 어떤 것을 사용할 것인지 알려 주어야 합니다. 이 것을 '미들웨어를 등록한다'고 합니다. app.use 함수는 애플리케이션에서 실행할 미들웨어를 등록할 때 사용합니다.

| 기본형 | **app.use([*경로*], *미들웨어*)** |
| --- | --- |

예를 들어, 로그인을 확인하는 logger라는 미들웨어를 만들었다면 다음 코드와 같이 작성합니다. logger 미들웨어를 만드는 방법은 252쪽에서 자세히 설명합니다.

```
app.use(logger)
```

app.use에서는 '경로' 옵션을 사용할 수도 있습니다. 경로를 따로 지정하지 않으면 애플리케이션 전체에서 해당 미들웨어를 사용하겠다는 뜻이고, 경로를 지정하면 그 경로로 요청할 때만 해당 미들웨어를 사용한다는 뜻입니다. 예를 들어 '/' 경로로 요청할 때 loginRoutes.js 미들웨어를 사용하겠다면 다음과 같이 작성합니다.

```
app.use("/", require("./routes/loginRoutes"));
```

참고로 loginRoutes.js는 우리가 직접 만들어 볼 미들웨어입니다. 미들웨어는 익스프레스에 포함된 미들웨어뿐만 아니라 직접 만든 미들웨어 함수를 등록할 수도 있습니다.

지금까지 설명한 내용을 실습을 통해 알아보겠습니다.

**Do it! 실습** ▶ **라우터 객체를 사용해서 라우트 코드 수정하기**

준비 app.js  결과 비교 results\app-4.js

지금까지 작성한 라우트 코드를 라우터 객체를 사용해 좀 더 읽기 쉽고 관리하기 편한 형태로 수정해 보겠습니다. 작성해 놓은 app.js 파일이 없다면 results\app-3.js 코드를 복사해서 app.js로 저장한 후 따라 하세요.

**1.** 익스프레스의 라우터 객체를 사용하기 위해 router 변수로 할당합니다. 즉, 라우터 객체의 인스턴스를 만드는 것입니다. 이제부터 router에서 익스프레스 라우터 객체의 모든 함수를 사용할 수 있습니다.

**Do it! 코딩해 보세요!**  • app.js

```
const express = require("express");

const app = express();
const router = express.Router();
(... 생략 ...)
```

**2.** router.METHOD 함수를 사용해 보겠습니다. 라우터 객체에는 라우트를 처리하는 함수들이 준비되어 있습니다. 다음 기본형에서 Method는 요청 방식에 따라 get, post, put 등으로 사용할 수 있다는 뜻입니다.

기본형  **router.*METHOD*()**

기존 app.js에서는 익스프레스 서버인 app 다음에 get이나 post 같은 요청 방식을 써서 코드를 작성했는데, 이것을 라우터 기준으로 바꿔 보겠습니다. 기존 코드에서 app.get이나 app.post로 작성했던 부분을 router.get, router.post처럼 수정합니다.

▶ 여기에서는 /contacts로 시작하는 요청 경로만 묶을 것이므로 '/' 경로에 대한 요청은 라우터로 처리하지 않습니다.

```
(... 생략 ...)

app.get("/", (req, res) => {
  res.status(200);
  res.send("Hello Node!");
});

router.get("/contacts", (req, res) => { ...... });

router.post("/contacts", (req, res) => { ...... });

router.get("/contacts/:id", (req, res) => { ...... });

router.put("/contacts/:id", (req, res) => { ...... });

router.delete("/contacts/:id", (req, res) => { ...... });

app.listen(port, () => {
  console.log(`${port}번 포트에서 서버 실행 중`);
});
```

"/contacts"가 맞는지
경로를 확인하자!

**3.** 라우터 객체도 미들웨어로 취급한다고 했죠? app.use를 사용해서 router를 등록합니다.
app.js에 다음과 같이 코드를 추가합니다.

```
(... 생략 ...)
router.delete("/contacts/:id", (req, res) => {
  res.status(200).send(`Delete Contact for ID: ${req.params.id}`);
});

app.use(router);

app.listen(port, () => {
  console.log(`${port}번 포트에서 서버 실행 중`);
});
```

**4.** 이 상태에서 서버를 실행하고 선더 클라이언트에서 확인해 보겠습니다. /contacts을 GET 방식으로 요청하면 app.get을 사용했을 때와 똑같이 동작할 것입니다. 라우터가 잘 작동하고 있다는 뜻입니다. 이 외에도 /contacts/id 형식으로 GET이나 PUT, DELETE를 요청해도 정상으로 동작할 것입니다.

**Do it! 실습** ▶ ## 라우터 객체를 사용해 요청 경로별로 라우트하기

**준비** app.js  **결과 비교** results\app-5.js

앞의 실습에서 app.get 대신 router.get을 썼는데도 코드가 그다지 간단해진 것 같지는 않죠? 라우터 객체에 있는 route 함수를 사용하면 요청 URL을 기준으로 라우트 코드를 작성할 수 있습니다. 어떻게 달라지는지 알아보겠습니다.

라우트 코드를 수정하기 전에 요청 URL을 정리해 보겠습니다. app.js 코드를 보면 같은 요청 URL인데도 요청 방식에 따라 처리할 내용이 달라집니다.

| 요청 URL | 요청 방식 | 설명 |
|---|---|---|
| /contacts | GET | 전체 연락처 보기 |
| /contacts | POST | 새 연락처 추가하기 |
| /contacts/id | GET | 연락처 상세 보기 |
| /contacts/id | PUT | 연락처 수정하기 |
| /contacts/id | DELETE | 연락처 삭제하기 |

요청 URL을 기준으로 코드를 더 간단하게 정리할 수 있습니다. 예를 들어 /contacts라는 URL에서 get 함수와 post 함수를 처리해야 한다면 route 함수를 사용해 요청 URL을 먼저 지정하고 그 뒤에 실행할 함수들을 연결합니다. 이렇게 하면 호출 URL별로 하나의 코드로 작성하여 코드를 읽기 편하고, 나중에 라우트 코드를 수정할 때도 편리합니다.

```
router.route("/contacts").get(...).post(...);
```

또는

```
router.route("/contacts")
.get()
.post();
```

그런데 라우트 코드를 여러 줄로 작성할 때 주의할 것이 있습니다. 자바스크립트 코드에서 세미콜론을 붙이는 것은 코드 한 줄이 끝났다는 의미입니다. 위 코드는 원래 한 줄짜리인데 읽기 편하게 여러 줄로 표현한 것일 뿐이므로 중간에 세미콜론을 붙이면 안 됩니다. 예를 들어 get 함수와 post 함수를 연결할 경우 get 함수 뒤에는 세미콜론을 붙이지 않고 마지막에 연결된 .post 함수에만 세미콜론을 붙입니다.

```
router.route("/contacts")
.get()——[ 세미콜론 없음 ]
.post();
```

1. app.js의 코드를 요청 URL별로 정리해 보겠습니다. 코드를 다음과 같이 수정해 보세요.

**Do it! 코딩해 보세요!**                                                                    • app.js

```
const express = require("express");
const app = express();
const router = express.Router();

const port = 3000;

app.get("/",(req, res) => {
  res.status(200).send("Hello Node!");
});

// 모든 연락처 가져오기, 새 연락처 추가하기
router
```

```
    .route("/contacts")
    .get((req, res) => {
      res.status(200).send("Contacts Page");
    })
    .post((req, res) => {
      res.status(201).send("Create Contacts");
    });

// 개별 연락처 가져오기, 수정하기, 삭제하기
router
  .route("/contacts/:id")
  .get((req, res) => {
    res.status(200).send(`View Contact for ID: ${req.params.id}`);
  })
  .put((req, res) => {
    res.status(200).send(`Update Contact for ID: ${req.params.id}`);
  }).
  delete((req, res) => {
    res.status(200).send(`Delete Contact for ID: ${req.params.id}`);
  });

app.use(router);

app.listen(port, () => {
  console.log(`${port}번 포트에서 서버 실행 중`);
});
```

라우터를 사용해서 경로마다 실행할 함수를 연결하면 라우트 소스를 읽기 쉽고 나중에 관리
하기도 편합니다.

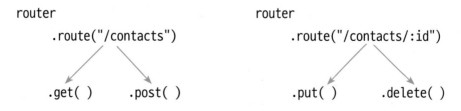

**2.** 선더 클라이언트에서 테스트하면 이전과 같은 결과가 나타납니다. 수정한 코드가 잘 작동
하고 있다는 뜻입니다. 그리고 결과는 같지만 소스를 읽기가 쉬워졌습니다.

**Do it! 실습 라우트 코드를 외부 파일로 관리하기**

준비 app.js    결과 비교 results\app-6.js, results\routes\contactRoutes-1.js

app.js는 연습용 파일이어서 코드가 간단하지만 실제 백엔드 개발에서는 아주 길어집니다. app.js 코드에는 라우트 코드를 비롯해 여러 코드가 뒤섞이므로 기능별 모듈로 만들어서 사용하죠. 특히 로그인 관련 라우트, 연락처 관련 라우트처럼 애플리케이션에서 라우트를 2가지 이상 사용한다면 라우트 코드를 각각 다른 파일로 저장한 후 필요한 애플리케이션에서 임포트해서 사용합니다.

app.js에서 라우트 코드만 분리해서 contactRoutes.js라는 모듈로 만들고, app.js에서 그 모듈을 가져와 사용하는 방법을 알아보겠습니다.

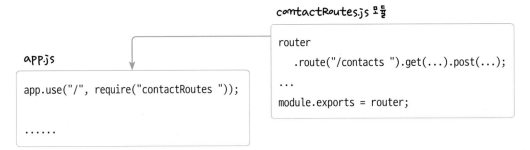

**1.** 라우트 관련 모듈만 따로 저장할 폴더를 만들겠습니다. VS Code 탐색 창의 빈 공간을 마우스 오른쪽 버튼으로 클릭한 후 [새 폴더]를 선택합니다. 폴더 이름은 routes로 지정하세요. 애플리케이션에 사용할 라우트 모듈은 이제부터 여기에 저장할 것입니다. routes 폴더를 마우스 오른쪽 버튼으로 클릭한 후 [새 파일]을 선택합니다. 새로 만드는 파일 이름은 contactRoutes.js로 지정합니다.

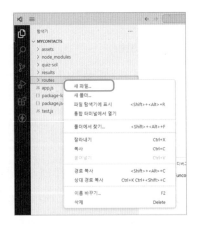

▶ 라우트 파일 이름은 어떤 것을 사용해도 되지만 주로 contactRoutes.js나 userRoutes.js처럼 호출 경로와 Routes를 연결해서 사용합니다.

**2.** app.js 코드에서 라우터와 관련된 코드만 선택해서 잘라 냅니다.

**Do it! 코딩해 보세요!** • app.js

```javascript
const express = require("express");
const app = express();
const router = express.Router();

const port = 3000;

app.get("/",(req, res) => {
  res.status(200).send("Hello Node!");
});
router
  .route("/contacts")
  .get((req, res) => {
    res.status(200).send("Contacts Page");
  })
  .post((req, res) => {
    res.status(201).send("Create Contacts");
  });
router
  .route("/contacts/:id")
  .get((req, res) => {
    res.status(200).send(`View Contact for ID: ${req.params.id}`);
  })
  .put((req, res) => {
    res.status(200).send(`Update Contact for ID: ${req.params.id}`);
  })
 .delete((req, res) => {
    res.status(200).send(`Delete Contact for ID: ${req.params.id}`);
  });

app.use(router);

app.listen(port, () => {
  console.log(`${port}번 포트에서 서버 실행 중`);
});
```

─ 잘라내기

**3.** 잘라 낸 코드를 방금 만든 라우트 파일, contactRoutes.js에 붙여 넣습니다.

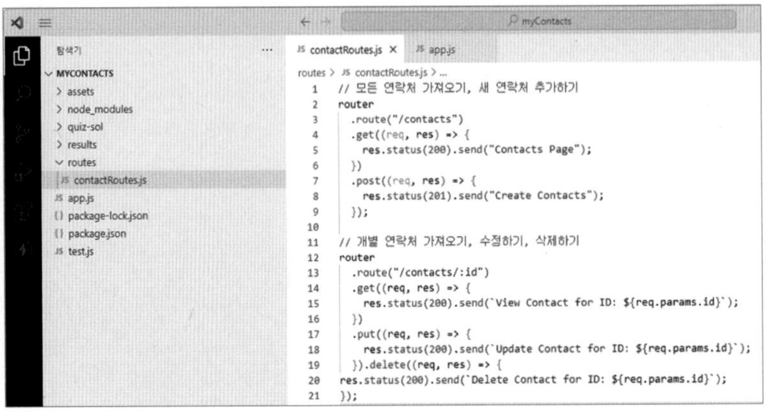

**4.** contactRoutes.js에 몇 가지 코드를 추가해야 합니다. 코드에서 라우터를 사용하고 있으므로 맨 윗부분에 익스프레스를 임포트한 후 router를 만드는 코드를 추가합니다. 코드 맨 아래에는 router를 외부로 내보내는 module.exports 문을 추가합니다. 이것으로 라우트 파일은 모두 작성했습니다.

**Do it! 코딩해 보세요!** • routes\contactRoutes.js

```
const express = require("express");
const router = express.Router();


router
  .route("/contacts")
  .get((req, res) => {
    res.status(200).send("Contacts Page");
  })
(... 생략 ...)


module.exports = router;
```

**5.** 이제 app.js로 돌아와 방금 저장한 라우트 파일 contactRoutes.js를 연결해 주겠습니다. app.js에서 라우터와 관련된 코드를 잘라 냈으니 router 변수가 들어간 코드는 삭제해도 됩니다. 그 대신 라우터 관련 코드가 있는 contactRoutes.js를 미들웨어로 사용할 것입니다.

```
const express = require("express");
const app = express();
const router = express.Router();
(... 생략 ...)
app.use(router);
app.use("/", require("./routes/contactRoutes"));

app.listen(port, () => {
  console.log(`${port}번 포트에서 서버 실행 중`);
});
```

**6.** 선더 클라이언트로 확인해 보면 모든 요청이 제대로 동작할 것입니다.

**7.** 여기에서 1가지 더 생각해 볼 것이 있습니다. 방금 작성한 contactRoutes.js의 코드를 재
사용하는 경우입니다. 백엔드 프로그래밍을 하다 보면 비슷한 기능을 반복해서 사용할 때가
있는데 이를 대비해서 소스 코드를 언제든지 재사용할 수 있도록 구성하는 것이 좋습니다. 앞
에서 작성한 라우트 코드는 모두 /contacts 폴더로 시작하고 있으므로 미들웨어를 실행하는
코드에서 기본 경로를 /contacts로 지정하겠습니다.

app.js에서 app.use 부분의 소스를 다음과 같이 수정합니다. 이렇게 하면 다른 애플리케이션
에서 contacts가 아닌 다른 폴더 이름을 사용하더라도 app.use 함수에서 폴더 이름만 수정하
면 라우트 파일을 편리하게 가져다 사용할 수 있습니다.

**Do it! 코딩해 보세요!**                                                      • app.js

```
app.use("/contacts", require("./routes/contactRoutes"));
```

**8.** app.js에서 하위 폴더를 지정했으므로 routes\contactRoutes.js에서는 하위 폴더를 **빼줍니다.** contactRoutes.js의 코드를 다음과 같이 수정합니다. 이제 이 코드는 하위 폴더 이름이 무엇이든 상관없이 다른 애플리케이션에서 가져다 사용하기가 편리해졌습니다.

**Do it! 코딩해 보세요!**  • routes\contactRoutes.js

```
const express = require("express");
const router = express.Router();

router
  .route("/contacts")
  .get((req, res) => {
(... 생략 ...)

router
  .route("/contacts/:id")
  .get((req, res) => {
(... 생략 ...)
```

**9.** 완성된 app.js 코드를 보면 외부 파일을 사용한 후에 훨씬 간결해진 것을 알 수 있습니다. 이렇게 외부 파일로 연결하면 코드가 복잡해지지 않으면서 하위 폴더별로 여러 라우트를 연결해서 사용할 수 있습니다.

**Do it! 코딩해 보세요!**  • app.js

```
const express = require("express");
const app = express();

const port = 3000;

app.get("/", (req, res) => {            ── /로 요청했을 때 라우트 코드
  res.status(200).send("Hello Node!");
});

app.use("/contacts", require("./routes/contactRoutes"));  ── /contacts로 요청했을 때 라우트 코드

app.listen(port, () => {
  console.log(`${port}번 포트에서 서버 실행 중`);
});
```

**한 걸음 더!** **router.get( )과 router.route( ).get( )의 차이**

지금까지 router.get( )과 router.route( ).get( ) 함수를 모두 사용해 봤습니다. 2가지 함수 모두 특정 경로에 GET 방식으로 요청이 들어왔을 때 라우트를 처리합니다. get() 대신 post()나 put(), delete()를 사용할 때도 같은 방식입니다. 그렇다면 어떻게 구분해서 사용하는 게 좋을까요?

router.get( )은 지정한 경로를 통해 GET 요청이 들어왔을 때 콜백 함수를 실행합니다. 요청 경로와 콜백 함수를 하나씩 연결하는 거죠. 반면에 router.route( ).get( ) 함수는 같은 경로를 사용하는 콜백 함수가 여러 개일 때 route( )에서 경로를 한 번만 지정하고 실행할 요청 방식을 나열할 수 있습니다. 이때 콜백 함수들을 연결해서(체이닝) 작성할 수도 있죠.

하나의 경로에서 1가지 요청만 한다면 router.get( )처럼 간단히 작성해도 되고, 하나의 경로에서 여러 가지 요청을 처리해야 한다면 router.route( ).get( )처럼 경로를 기준으로 여러 콜백을 나열해서 사용하는 것이 편리합니다.

## 바디파서 미들웨어

**바디파서**<sup>body-parser</sup> 미들웨어는 서버로 요청을 보낼 때 요청 본문<sup>request body</sup>에 담긴 것을 파싱하는 미들웨어입니다. **파싱**<sup>parsing</sup>이란 요청할 때 전송된 자료를 프로그램에서 사용할 수 있는 형식으로 변환하는 것을 말합니다.

### 바디파서

로그인 양식이나 회원 가입 양식에 내용을 입력하고 POST 요청을 하면 폼에 입력한 내용은 요청 본문에 담겨서 네트워크로 전송됩니다. 이때 클라이언트에서 서버로 전송하는 동안 외부에서 그 내용을 볼 수 없도록 합니다. 이렇게 서버로 넘어온 자료를 프로그램에서 사용하려면 그 내용을 파싱해서 객체에 할당해야 하는데 이때 사용하는 것이 바디파서 미들웨어입니다.

바디파서는 요청 본문에 어떤 유형의 자료를 포함하는가에 따라 사용하는 함수가 달라집니다.

| 함수 | 설명 |
|------|------|
| .json | JSON 형식의 본문을 파싱합니다. |
| .urlencoded | URL로 인코딩된 본문을 파싱합니다. |
| .raw | 가공되지 않은 바이너리 자료를 파싱합니다. |
| .text | 텍스트 형식의 본문을 파싱합니다. |

익스프레스 4.16.0 버전부터는 바디파서 함수 중 일부가 익스프레스 자체에 포함되어서 바디파서 모듈을 따로 설치하지 않아도 됩니다. JSON 형식이나 urlencoded 형식을 처리하겠다면 다음과 같이 익스프레스 내장 함수를 사용하면 됩니다.

```
app.use(express.json());
app.use(express.urlencoded({ extended: true }));
```

만일 raw 함수나 text 함수를 사용한다면 body-parser를 직접 설치한 후 다음과 같이 작성해야 합니다.

```
const bodyparser = require("body-parser");

(... 생략 ...)

app.use(bodyparser.raw());
app.use(bodyparser.text());
```

▶ 익스프레스에서 제공하는 기본 미들웨어를 자세히 알고 싶다면 https://github.com/senchalabs/connect#middleware
를 참고하세요.


**Do it! 실습** ▶ **바디파서로 요청 본문 파싱하기**

준비 routes\contactRoutes.js, app.js
결과 비교 results\routes\contactRoutes-2.js, results\app-7.js

지금까지 작성한 라우트 코드에는 POST 요청이 있을 때 'Create Contacts'라는 간단한 텍스트만 표시했습니다. 실제 애플리케이션이라면 연락처를 추가할 수 있는 폼이 제공되고 그 폼에서 [추가하기]를 눌렀을 때 POST 요청이 발생하게 됩니다. 아직 폼이 준비되지 않았으니 여기에서는 POST 요청이 있을 때 JSON 형식의 자료를 서버로 보낸다고 가정하겠습니다. 서버가 실행 중인 상태에서 따라 하세요.

▶ 여기에서부터 따라 하고 싶다면 results\app-6.js를 복사해서 app.js에 붙여 넣고, results\routes\contactRoutes-1.js
를 복사해서 routes\contactRoutes.js로 붙여 넣으세요.

**1.** routes\contactRoutes.js 코드에서 '/' 경로의 POST 요청 코드를 수정할 것입니다. 여기에 다음 코드를 추가해서 요청 본문을 터미널 창에 표시해 보겠습니다. 다음 코드에서 400은 클라이언트 요청에 오류가 있을 때 발생하는 응답 상태 코드입니다.

**Do it! 코딩해 보세요!**  • routes\contactRoutes.js

```javascript
const express = require("express");
const router = express.Router();

router
  .route("/")
  .get((req, res) => {
    res.status(200).send("Contacts Page");
  })
  .post((req, res) => {
    console.log(req.body);
    const { name, email, phone } = req.body;
    if (!name || !email || !phone) {
      return res.status(400).send("필수값이 입력되지 않았습니다.");
    }
    res.status(201).send("Create Contacts");
  });
```

req.body에 어떤 내용이 담기는지 확인하기 위해 VS Code 터미널 창에 req.body를 표시합니다.

req.body의 내용에서 name과 email, phone에 해당하는 정보를 각각 name, email, phone에 할당합니다. name이나 email, phone 중 하나라도 값이 없을 경우에는 필수 값이 없다는 메시지를 표시합니다. 모든 값이 다 입력되어 있다면 'Create Contacts'를 표시합니다.

**2.** 선더 클라이언트에서 요청 방식은 POST, 요청 URL은 localhost:3000/contacts로 입력하고 바로 아래에서 [Body] 탭을 클릭합니다. 여기에 JSON 형식의 자료를 입력하고 [Send]를 클릭합니다.

**3.** POST 요청이 서버로 전송되었으니 터미널 창에 req.body 내용이 나타나야겠죠? 그런데 결과를 보면 TypeError 메시지와 함께 undefined라고 표시됩니다. 눈치 챘나요? req.body 내용을 프로그래밍에 사용하려면 JSON 형태로 변환해 줘야 합니다. 이것을 파싱한다고 합니다. req.body의 name 속성을 가져와 변수에 할당하는 데 실패했기 때문에 TypeError 메시지도 나타납니다.

**4.** 바디파서는 애플리케이션 전체에서 사용할 것이므로 메인 파일인 app.js에 추가합니다. JSON 자료를 처리하는 바디파서는 익스프레스에 포함되어 있으므로 따로 임포트하지 않아도 됩니다. app.use 함수를 사용해서 미들웨어를 등록합니다.

```
( ...생략 ... )
app.use(express.json());
app.use(express.urlencoded({ extended: true }));

app.use("/contacts", require("./routes/contactRoutes"));
( ...생략 ... )
```

**5.** 다시 선더 클라이언트에서 확인해 보겠습니다. 선더 클라이언트 탭으로 이동하면 조금 전에 입력한 내용이 그대로 남아 있을 것입니다. [Send]를 클릭합니다. 요청 본문(req.body)을 파싱했으므로 터미널 창에 요청 본문 내용이 표시됩니다.

**6.** 만일 요청 본문에서 빈 자료를 전송하면 어떻게 될까요? 라우트 코드에서 지정한 대로 상태 코드 400과 함께 오류 메시지가 나타납니다.

**express.urlencoded 함수**

express.urlencoded 함수는 쿼리 스트링을 해석할 때 어떤 모듈을 사용할지 지정합니다. 쿼리 스트링 query string이란 사용자가 서버로 자료를 보낼 때 URL에 파라미터 형태로 포함시켜서 보내는 문자열입니다. 주로 GET 방식으로 요청했을 때 응답 URL에 쿼리 스트링이 포함된 경우가 많습니다.

예를 들어 구글에서 '백엔드'를 검색하면 검색 결과를 보여 주는 페이지 URL이 다음과 같은 형태로 나타납니다. https://www.google.com/search라는 주소 뒤 물음표(?)부터 시작해 끝부분까지가 쿼리 스트링입니다. 쿼리 스트링은 '키 = 값' 형식을 사용하고 &로 여러 개를 연결해서 나열할 수 있습니다.

```
https://www.google.com/search?q=백엔드&...
```

쿼리 스트링

urlencoded 함수에서 extended 옵션을 통해 쿼리 스트링을 해석할 때 어떤 모듈을 사용할지 지정할 수 있습니다. qs 모듈을 사용하면 객체 안에 또 다른 객체가 포함된 것(중첩된 객체)도 파싱할 수 있습니다.

• urlencoded({ extended: false }): querystring 모듈을 사용해서 쿼리 스트링을 해석합니다.
• urlencoded({ extended: true }): qs 모듈을 사용해서 쿼리 스트링을 해석합니다.

# 07-2 │ 미들웨어를 사용해 오류 처리하기

HTTP 프로토콜에서는 요청과 응답을 주고받으면서 여러 가지 상태 코드를 전송합니다. 요청과 응답이 성공적으로 처리되었을 때뿐만 아니라 클라이언트 요청이 잘못되었거나 서버에서 자료를 찾지 못했을 때 또는 찾을 수 없는 페이지를 요청할 때 등 오류 상황에 대한 상태 코드도 많습니다. 여기에서는 미들웨어 함수를 사용해서 상태 코드에 따라 오류를 처리하는 방법을 알아보겠습니다.

## 상태 코드와 err 객체

오류가 발생했을 때의 상태 코드는 다양한데, 가장 많이 발생하는 오류 상태 코드는 5개 정도입니다.

▶ HTTP의 상태 코드는 04-1절을 참고하세요.

| 코드 | 메시지 | 설명 |
|------|--------|------|
| 400 | Bad Request | 클라이언트 요청이 잘못되었거나 유효하지 않습니다. |
| 401 | Unauthorized | 권한이 없어 거절되었지만 인증을 다시 시도할 수 있습니다. |
| 403 | Forbidden | 권한이 없어 거절되었고, 인증을 시도하면 계속 거절됩니다. |
| 404 | Not Found | 해당 데이터를 찾을 수 없습니다. |
| 500 | Internal Server Error | 서버에서 요청을 처리하는 동안 오류가 발생했습니다. |

익스프레스에는 오류가 발생했을 때 오류를 감지할<sup>catch</sup> 수 있고 오류를 어떻게 처리할지 지정할 수 있습니다. 여기에서는 미들웨어 함수를 사용해 오류를 처리해 보겠습니다.

오류 처리를 위한 미들웨어 함수에는 항상 4개의 인자가 필요합니다. 그래서 함수의 기본 형태는 다음과 같습니다.

```
const errorhandler = (err, req, res, next ) => {
                       ❶    ❷    ❸    ❹

}
```

**❶ err:** 발생한 오류의 여러 정보가 담겨 있습니다.

> err.message: 오류 메시지를 나타내는 문자열입니다. 어떤 오류인지 간단하게 설명합니다.
>
> err.name: 오류 이름을 나타내는 문자열입니다.
>
> err.stack: 오류가 발생한 위치를 알려 주는 문자열입니다.
>
> err.status(또는 err.statusCode): res.statusCode로 사용하는 숫자입니다. 상태 코드가 4xx나 5xx가 아니라면 500으로 설정합니다.

**❷ req:** 요청 객체를 의미합니다.

**❸ res:** 응답 객체를 의미합니다.

**❹ next:** 다음 미들웨어를 호출합니다. 미들웨어 함수를 만들 때는 next 인자를 사용해서 다음에 실행할 미들웨어로 넘어가도록 합니다.

### Do it! 실습 ▶ 오류를 처리할 미들웨어 함수 만들기

`준비` app.js   `결과 비교` results\middlewares\errorhandler.js, results\app-8.js

오류 처리 미들웨어 함수를 별도의 파일로 저장해서 사용하겠습니다. 모듈로 만드는 것이죠. 애플리케이션의 시작 파일인 app.js는 되도록이면 간결하게 작성하고 필요한 기능은 모듈을 임포트해서 프로그램의 흐름을 한눈에 살펴볼 수 있도록 하는 것이 좋습니다.

**1.** VS Code 탐색 창의 빈 공간을 마우스 오른쪽 버튼으로 클릭한 후 [새 폴더]를 선택합니다. 폴더 이름은 middlewares로 지정하세요. middlewares 폴더를 마우스 오른쪽 버튼으로 클릭한 후 [새 파일]을 선택합니다. 새로 만드는 파일 이름은 errorhandler.js로 지정합니다.

▶ 파일 이름을 정할 때는 이름만 봐도 어떤 기능을 하는지 알아볼 수 있도록 하는 것이 좋습니다.

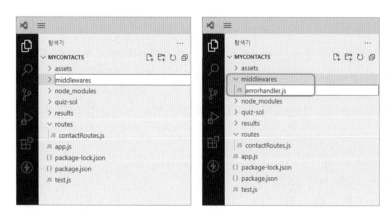

**2.** errorhandler.js에 기본적인 미들웨어 함수 코드를 작성합니다. 여기에서는 함수 이름을 errorhandler라고 했지만 원하는 이름으로 지정해도 됩니다. 그리고 파일 외부에서 사용할 수 있도록 module.exports도 작성합니다.

**Do it! 코딩해 보세요!** • middlewares\errorhandler.js

```javascript
const errorhandler = (err, req, res, next) => {

}

module.exports = errorhandler
```

**3.** 상태 코드가 있다면 상태 코드의 값을 사용하고, 그렇지 않다면 상태 코드를 500으로 설정합니다. 그리고 상태 코드에 따라 분리하기 위해 switch문, case 문을 사용하겠습니다.

**Do it! 코딩해 보세요!** • middlewares\errorhandler.js

```javascript
const errorhandler = (err, req, res, next) => {
  const status = err.status || 500;
  switch (status) {
    // 400: 잘못된 요청
    case 400:
      res.status(status).json({
        title: "Bad Request",
        message: err.message
      });
      break;
    // 401: 권한 없음
    case 401:
      res.status(status).json({
        title: "Unauthorized",
        message: err.message
      });
      break;
    // 403: 금지됨
    case 403:
      res.status(status).json({
        title: "Forbidden",
        message: err.message
```

```
      });
      break;
    // 404: 찾을 수 없음
    case 404:
      res.status(status).json({
        title: "Not Found",
        message: err.message
      });
      break;
    // 500: 서버 오류
    case 500:
      res.status(status).json({
        title: "Internal Server Error",
        message: err.message
      });
      break;
    default:
      res.status(status).json({
        message: "No Error!"
      });
      break;
  }
}

module.exports = errorhandler
```

**4.** 미들웨어 함수가 완성되었으므로 app.js 파일에서 미들웨어를 등록합니다. 코드 맨 앞에 errorhandler 모듈을 임포트한 후 미들웨어를 등록하는데, 오류 처리를 위한 미들웨어는 라우터가 실행된 후에 추가해야 합니다. app.listen 코드 바로 앞에 app.use를 사용해서 오류처리 미들웨어를 등록합니다.

**Do it! 코딩해 보세요!**  • app.js

```
const express = require("express");
const errorhandler = require("./middlewares/errorhandler");
const app = express();

(... 생략 ...)
```

```
app.use("/contacts", require("./routes/contactRoutes"));
app.use(errorhandler);

app.listen(port, () => {
  console.log(`${port}번 포트에서 서버 실행 중`);
});
```

**5.** 작성한 오류 처리 미들웨어가 제대로 동작하는지 확인해 볼까요? app.js에 다음과 같은 테스트 코드를 작성합니다. /test 경로로 GET 요청을 하면 강제로 오류를 만들고 next(error)를 실행해서 오류를 전달합니다. 이렇게 전달된 오류는 errorhandler.js에서 처리하게 되겠죠?

**Do it! 코딩해 보세요!** • app.js

```
(... 생략 ...)
app.use(express.json());
app.use("/contacts", require("./routes/contactRoutes"));

app.get("/test", (req, res, next) => {
  const error = new Error("테스트용 에러");  // 오류 생성
  error.status = 401;
  next(error);                              // 다음 미들웨어로 넘김
});

app.use(errorhandler);
(... 생략 ...)
```

**6.** 오류를 테스트하기 위해 선더 클라이언트에서 localhost:3000/test URL을 입력하고 GET 요청을 보냅니다. errorhandler.js에서 지정한 대로 title과 message가 나타날 것입니다. 즉, 애플리케이션 안에서 어떤 상황 때문에 오류가 발생하면 errorhandler.js에서 지정한 오류 처리를 할 수 있습니다.

**7.** 다음 실습을 위해 방금 테스트한 코드는 삭제해 주세요.

---

**Do it! 코딩해 보세요!** • app.js

```
const express = require("express");
const app = express();
const errorhandler = require("./middlewares/errorhandler");
(... 생략 ...)

app.use(express.json());
app.use("/contacts", require("./routes/contactRoutes"));

app.get("/test", (req, res, next) => {
  const error = new Error("테스트용 에러");
  error.status = 401;
  next(error);
});

app.use(errorhandler)
```

---

**한걸음 더!** **미들웨어 등록 순서**

애플리케이션 코드를 작성할 때는 미들웨어를 여러 개 사용합니다. 순서 없이 사용해도 되는 것이 있는가 하면 순서대로 작성해야 하는 것도 있죠. 일반적으로 미들웨어 등록 코드는 다음 순서로 작성합니다.

① express를 비롯해 필요한 패키지를 임포트합니다.
② express 인스턴스를 만듭니다.
③ 라우트나 오류 처리 외의 미들웨어를 등록합니다.
④ 라우트 코드나 라우터 미들웨어를 등록합니다.
⑤ 오류 처리 미들웨어를 등록합니다.
⑥ 서버를 시작합니다.

# 07-3 | 내 손으로 미들웨어 함수 직접 만들기

앞에서 라우터 객체를 사용해 라우트 코드를 작성해 보았습니다. 익스프레스에서는 사용자가 미들웨어 함수를 직접 작성해서 사용할 수도 있는데, 이렇게 만든 미들웨어 함수도 app.use를 사용해 실행합니다. 미들웨어 함수를 직접 만들어 보면서 특성을 살펴보겠습니다.

## next로 미들웨어 연결하기

익스프레스에 포함되어 있는 미들웨어를 가져다 사용할 수도 있지만 필요할 때마다 미들웨어 함수를 만들어 쓸 수도 있습니다. 미들웨어 함수는 일반적인 함수처럼 코드를 실행하지만 몇 가지 특성이 있습니다.

첫째, 미들웨어 함수는 요청 객체나 응답 객체를 변경하고 종료할 수 있습니다. 요청 객체나 응답 객체의 속성을 가져오거나 값을 수정하는 작업이 가능하죠. 그렇다면 응답 객체를 종료한다는 것은 무슨 뜻일까요?

우선 앞에서 작성한 간단한 코드를 살펴보겠습니다. 다음 코드는 '/' 경로에서 GET 방식으로 요청하면 (req, res) => { …. } 함수를 실행하는 것입니다. 요청이 발생하면 그 요청은 req 객체에 담겨서 함수로 넘어오죠. 그리고 요청에 대한 응답은 res 객체에 담깁니다. res.send 코드는 브라우저 화면에 텍스트 내용을 표시하는 것으로 응답을 끝냅니다. res.send나 res.render 같은 함수를 사용해서 결과를 처리하는 것이 응답을 끝내는 것입니다. '/' 경로에서 들어온 GET 요청은 이 함수 안에서 종료됩니다.

```
app.get("/", (req, res) => {
  res.status(200);
  res.send("Hello Node!");
});
```

둘째, 함수를 처리할 때 함수 안에서 응답이 종료되지 않고 그 결과를 다음 함수로 넘겨야 할 경우도 많습니다. 그때는 next 함수를 사용해서 다음 미들웨어 함수로 연결합니다.

다음 코드는 requestTime이라는 미들웨어 함수를 작성한 것입니다. 이 함수에서는 응답을 종료하지 않고 다음 미들웨어로 연결하기 위해 함수 안에 next 함수를 포함하고 있습니다. 미들웨어 함수에 있는 next 함수는 현재 미들웨어와 바로 다음에 오는 미들웨어를 연결합니다. 그래서 미들웨어는 코드에서 작성된 순서가 중요합니다. 순서대로 연결되기 때문이죠.

```
const requestTime = (req, res, next) => {
(... 생략 ...)                              ┐
  next();                                    ├─ 미들웨어 함수 선언
};                                           ┘

                    미들웨어 등록
app.use(requestTime);

app.get((req, res) => {
  res.status(200).send("Hello Node!");
});
```

이제부터 미들웨어 함수를 만들어 보면서 미들웨어의 특징은 무엇인지 알아보겠습니다.

### Do it! 실습 ▸ 다음에 실행할 미들웨어 호출하기

준비 app.js    결과 비교 results\app-9.js

미들웨어 함수에서 응답이 종료되지 않고 이어서 실행해야 할 미들웨어가 있다면 미들웨어 함수를 정의할 때 next 함수를 써서 다음에 오는 미들웨어로 넘어가라고 알려 줘야 합니다. app.js에는 '/' 경로에 대한 라우트 코드와 /contacts 경로에 대한 라우터 미들웨어가 연결되어 있습니다. 애플리케이션을 사용하기 위해 로그인을 먼저 해야 한다고 가정하고 로그인을 처리하는 미들웨어 함수를 작성해 보겠습니다.

**1.** 함수 이름은 logger라고 하고 'User Logged'라는 텍스트를 간단히 표시하겠습니다. 이때 logger 함수는 그 안에서 응답을 종료하지 않고 로그인한 정보를 다음 미들웨어로 연결해 주어야 합니다. 그래서 함수 매개변수로 next를 받고, next 함수로 실행해서 logger 미들웨어 다음에 오는 미들웨어를 연결합니다.

```
const express = require("express");
const app = express();

const port = 3000;

const logger = (req, res, next) => {
  console.log("User Logged");
  next();
};

(... 생략 ...)
```

**2.** 미들웨어 함수를 선언했다면 사용할 수 있도록 등록해야겠죠? 이때 app.use(logger) 코드를 어느 위치에 넣느냐에 따라 애플리케이션의 실행 결과가 달라집니다. 먼저 '/' 경로를 처리하는 라우트 코드 이전에 넣어 보겠습니다.

```
(... 생략 ...)
app.use(logger);

app.route("/").get((req, res) => {
  res.status(200).send("Hello Node!");
});

app.use("/contacts", require("./routes/contactRoutes"));
```

**3.** 서버가 실행 중인지 확인하고 선더 클라이언트에서 localhost:3000/ 경로로 GET 요청을 해보세요. logger 미들웨어가 app.route("/").get(⋯) 보다 앞에 있으므로 터미널 창에 'User Logged'가 표시되고, next 함수로 다음 미들웨어로 넘어가도록 했기 때문에 '/' 경로의 라우트 코드가 실행되어 응답 화면에 'Hello Node!'가 나타납니다.

**4.** 그렇다면 /contacts 경로에서 GET 요청을 하면 어떻게 될까요? 역시 logger 미들웨어가 app.use("/contacts", …)보다 앞에 있기 때문에 터미널 창에 'User Logged'가 표시되고 응답 화면에 'Contacts Page'가 나타납니다.

**5.** 그렇다면 이번에는 app.use(logger) 코드의 위치를 바꿔 보겠습니다. app.use(logger) 코드를 app.use("/contacts", ….) 앞으로 옮깁니다. 즉, logger 미들웨어 다음에 연결되는 미들웨어를 변경한 것입니다.

```
(... 생략 ...)
app.use(logger);

app.route("/").get((req, res) => {
  res.status(200).send("Hello Node!");
});

app.use(logger);

app.use(express.json());
app.use("/contacts", require("./routes/contactRoutes"));
```

**6.** 어떤 변화가 생길지 예상되나요? 선더 클라이언트에서 '/' 경로로 GET 요청을 보내 보세요. logger 미들웨어가 라우트 코드보다 뒤에 오므로 logger 미들웨어는 실행되지 않고 응답 화면에 'Hello Node!'만 표시됩니다.

**7.** 선더 클라이언트에서 /contacts를 GET 방식으로 요청하면 logger 미들웨어 다음에 연결되므로 터미널 창에 'User Logged'가 표시된 후에 응답 화면에 'Contacts Page'가 나타납니다.

응답을 종료하지 않는 미들웨어 함수를 작성할 때는 next 매개변수를 가져야 하고, 함수 코드 마지막에 next 함수를 추가해서 다음에 실행할 미들웨어와 연결해야 한다는 점을 꼭 기억해 두세요. 그리고 미들웨어는 순서대로 적용되므로 코드에서 미들웨어의 순서를 잘 지켜야 한다는 것도 잊지 마세요.

요청 객체나 응답 객체 변경하기

준비 app.js 결과 비교 results\app-10.js

미들웨어 함수를 작성할 때 요청 객체나 응답 객체의 기존 속성값을 변경하거나 새로운 속성을 추가해서 프로그래밍에 사용할 수도 있습니다. 여기에서는 '/' 경로로 GET 요청을 했을 때 요청이 발생한 시간을 함께 표시하는 미들웨어 함수를 작성해 보겠습니다.

**1.** 코드가 길어지면 한눈에 살펴보기 어려우므로 앞에서 사용한 logger 관련 미들웨어 코드는 일단 삭제하겠습니다. 다음을 참고해 app.js에서 취소선이 그어진 코드를 삭제해 주세요.

**Do it! 코딩해 보세요!** • app.js

```js
const express = require("express");
const app = express();

const port = 3000;

const logger = (req, res, next) => {
  console.log("User Logged");
  next();
};

app.route("/").get((req, res) => {
  res.status(200).send("Hello Node!");
```

```
});

app.use(logger);

app.use(express.json());
app.use("/contacts", require("./routes/contactRoutes"));

app.listen(port, () => {
  console.log(`${port}번 포트에서 서버 실행 중`);
});
```

**2.** 미들웨어 함수인 requestTime에는 req와 res, next라는 매개변수 3개가 있는데 이 중에서 req 객체가 요청 정보를 담고 있죠. 자바스크립트의 Date 객체를 활용해서 요청한 현재 시간을 알아낸 후 req 객체의 requestTime 속성에 할당합니다. app.use 함수를 사용해서 미들웨어도 등록해야겠죠?

---

**Do it! 코딩해 보세요!**　　　　　　　　　　　　　　　　　　　　　　　• app.js

```
const express = require("express");
const app = express();

const port = 3000;

const requestTime = (req, res, next) => {
  let today = new Date();                    // Date 객체 만들기
  let now = today.toLocaleTimeString();      // 현재 시간을 문자열로 바꾸기
  req.requestTime = now;                     // req 객체에 requestTime 속성 추가하기
  next();
};

app.use(requestTime);                        // requestTime 미들웨어 사용

app.get((req, res) => {
  res.status(200).send("Hello Node!");
});
(... 생략 ...)
```

**3.** '/' 경로를 사용해 요청했을 때 화면에 req.requestTime값을 함께 보여 주기 위해 '/' 경로에 대한 라우트 코드를 다음과 같이 수정합니다. res.send 함수는 따로 Content-Type 헤더를 지정하지 않을 경우 괄호 안의 내용을 HTML로 간주하므로 텍스트 형태로 인식할 수 있도록 Content-Type을 text/plain으로 지정했습니다.

▶ 텍스트 문자열에 있는 \n은 줄바꿈을 나타냅니다.

**Do it! 코딩해 보세요!** • app.js

```
(... 생략 ...)
app.use(requestTime);

app.get("/", (req, res) => {
  const responseText = `Hello Node! \n요청 시간 : ${req.requestTime}`;
  res.set("Content-type", "text/plain");
  res.send(responseText);
});

app.use("/contacts", require("./routes/contactRoutes"));

app.listen(port, () => {
  console.log(`${port}번 포트에서 서버 실행 중`);
});
```

**4.** 선더 클라이언트에서 localhost:3000/ 경로로 GET 요청을 보내 보세요. 방금 만든 req.requestTime값이 함께 표시됩니다. 이렇게 미들웨어 함수 안에서 필요할 경우 요청 객체나 응답 객체의 정보를 수정할 수 있습니다.

**5.** 결과가 예상한 대로 표시된다면 방금 연습한 미들웨어 함수 requestTime는 삭제하세요. 다음 실습에서는 더 이상 사용하지 않을 함수라서 app.js에서 삭제하는 것입니다.

**Do it! 코딩해 보세요!** • app.js

```
const express = require("express");
const app = express();

const port = 3000;

const requestTime = (req, res, next) => {
  let today = new Date();
  let now = today.toLocaleTimeString();
  req.requestTime = now;
  next();
};

app.use(requestTime);

app.get((req, res) => {
  res.status(200).send("Hello Node!");
  res.set("Content-type", "text/plain");
  res.send(responseText);
});
(... 생략 ...)
```

## 07  마무리 문제

지금까지 공부한 내용을 떠올려 보면서 다음 문제를 해결해 보세요.

**Q1**  익스프레스에서 미들웨어란 무엇인가요?

① 데이터베이스 관리 도구  ② 웹 애플리케이션 로직
③ HTTP 요청과 응답 사이의 처리 함수  ④ 템플릿 엔진

해답 ③

**Q2**  익스프레스에서 미들웨어를 만든 후 애플리케이션에 미들웨어를 등록해야 사용할 수 있습니다. 미들웨어를 등록할 때 사용하는 함수는 무엇인가요?

① app.require  ② app.use
③ app.listen  ④ app.set

해답 ②

**Q3**  다음과 같이 사용자 정보를 담고 있는 객체 배열이 있다고 가정하겠습니다. 클라이언트에서 /users 경로로 GET 요청이 들어왔을 때 사용자 정보를 JSON 형태로 반환하는 라우터 미들웨어를 작성하세요.

```
const users = [
  { id: 1, name: "Kim" },
  { id: 2, name: "Lee" },
  { id: 3, name: "Park" },
];
```

**힌트**
① 애플리케이션에서 GET 요청 방식을 처리할 때는 app.get 함수를 사용합니다.
② app.get 함수 안에 요청을 받아서 JSON 형식으로 반환하는 코드를 작성합니다.

문제 quiz\quiz-07-3.js  해답 quiz\sol-07-3.js

**Q4** 익스프레스 애플리케이션에 /about 경로로 GET 요청이 들어왔을 때 'This is the About page'라는 메시지를 보내는 라우터 미들웨어를 추가해 보세요. Router 객체를 사용해서 작성하세요.

**힌트**

① 익스프레스의 Router 객체를 사용하기 위해 인스턴스 객체 router를 만듭니다.
② router에서 get 함수를 사용해서 미들웨어 함수를 만듭니다.
③ /about 경로에서 사용할 미들웨어 함수를 등록합니다.

문제 quiz\quiz-07-4.js  해답 quiz\sol-07-4.js

# 몽고DB 데이터베이스

지금까지 서버가 동작하는 방법을 간단히 살펴봤습니다. 이 장에서는
몽고DB를 중심으로 데이터베이스의 역할을 알아보겠습니다. 몽고DB
는 JSON을 기본으로 하고 있어서 데이터베이스 언어를 따로 공부하지
않아도 됩니다. 익스프레스 서버에서 몽고DB를 연결하는 방법과 데이
터베이스에서 자료 구조를 어떻게 정의하는지 살펴보겠습니다.

# 08-1 | 웹과 데이터베이스

웹 개발에서 프런트엔드는 사용자에게 보이는 부분만을 담당하지만 백엔드는 많은 자료를 저장하고 가공하는 일을 합니다. 실제 자료를 처리하는 것은 백엔드이므로 백엔드 개발에서 데이터베이스의 역할은 아주 중요합니다.

## 웹과 데이터베이스

인터넷을 이용하면 뉴스 사이트를 방문해서 기사를 읽을 수도 있고 동영상 제공 사이트에서 원하는 정보를 검색해 시청할 수도 있습니다. 뉴스 사이트나 동영상을 제공하는 사이트는 하루에도 수백, 수천 개씩 등록되는 자료를 정리하고 관리할 방법이 필요합니다. 이때 사용하는 것이 **데이터베이스**database입니다. 데이터베이스에 새로운 자료를 추가하거나 데이터베이스에 있는 자료를 가져와 브라우저 창에 보여 주는 것을 웹 개발이라고 할 수 있습니다. 그만큼 데이터베이스는 웹 개발에서 아주 중요한 역할을 합니다.

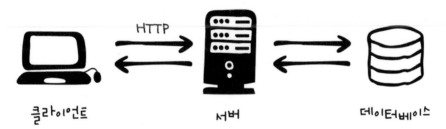

웹 개발에서 중요한 역할을 하는 데이터베이스

데이터베이스에는 웹 사이트와 관련된 어떤 자료도 저장할 수 있습니다. 뉴스 사이트라면 기사 내용뿐만 아니라 기사 제공 시간, 작성한 사람, 읽은 사람의 수, 댓글 내용 등 어떤 것이든 데이터베이스에 넣을 수 있죠. 웹과 관련된 모든 자료는 데이터베이스에 있다고 생각하면 됩니다.

그렇지만 자료들을 데이터베이스 여기저기에 아무렇게나 저장해 둔다면 필요한 자료를 찾는데 많은 시간이 걸리겠죠? 데이터베이스의 가장 중요한 역할은 웹 사이트나 애플리케이션이 쉽게 접근할 수 있도록 자료를 효율적으로 구성하는 것입니다.

## 데이터베이스의 종류

백엔드 개발에서 사용하는 데이터베이스에는 여러 종류가 있지만 크게 관계형 데이터베이스와 NoSQL 데이터베이스로 분류할 수 있습니다.


### 관계형 데이터베이스

관계형 데이터베이스는 저장할 자료의 구조를 행과 열로 구분해서 표$^{table}$ 형태로 관리합니다. 엑셀 화면을 떠올려 보면 쉽게 이해할 수 있습니다. 자료 종류별로 표를 여러 개 만들고 표와 표를 연결해서 사용하기도 합니다.

예를 들어 사용자 정보가 담긴 users와 연락처 정보가 담긴 contacts 간에 관계를 설정해서 연결할 수 있습니다. 다음 표에서 name 칼럼이 contacts와 users 양쪽에 있으므로 contacts의 'Kim' 정보와 users의 'Kim' 정보를 연결해서 사용할 수 있습니다. 관계형 데이터베이스를 사용하면 퍼즐 조각을 연결하듯 필요할 때마다 원하는 정보를 검색하고 표시할 수 있습니다. 관계형 데이터베이스는 SQL$^{Structured Query Language}$ 언어를 사용하므로 SQL 데이터베이스라고도 합니다.

comtacts

| id | name | email | phone |
|----|------|-------|-------|
| 1 | Kim | kim@aaa.bbb | 12345 |
| 2 | Lee | lee@aaa.bbb | 67890 |
| 3 | Park | park@aaa.bbb | 98746 |
| 5 | Choi | choi@aaa.bbb | 56321 |

users

| name | region | registered |
|------|--------|------------|
| Yang | 서울 | 2023.01.05 |
| Kang | 부산 | 2022.11.23 |
| Kim | 인천 | 2023.04.15 |
| Baek | 수원 | 2000.12.15 |

관계형 데이터베이스


### NoSQL 데이터베이스

NoSQL이라는 용어는 SQL 언어를 사용하지 않는다는 의미입니다. SQL 데이터베이스에서 자료를 표 형태로 저장했다면 NoSQL 데이터베이스는 문서 형태로 저장합니다. 자료의 구조가 표처럼 고정되지 않으므로 새로운 필드를 추가하기도 쉽고 기존 필드를 수정할 수도 있습니다. 즉, 자료를 구조 변경하기가 쉽습니다. NoSQL 데이터베이스에서 사용하는 자료 형식은 JSON이거나 JSON과 비슷하므로 데이터베이스 언어를 따로 공부하지 않아도 된다는 것도 장점입니다. 또한 NoSQL은 자료를 컴퓨터 여러 대에 나누어 저장하고 처리할 수 있습니다. 하나의 컴퓨터에만 데이터베이스를 저장했는데 그 컴퓨터가 고장 나면 데이터베이스를 사용할 수 없지만, 여러 서버에 복제해서 저장하면 다른 컴퓨터의 데이터베이스를 사용할 수 있습니다.

▶ 데이터베이스를 여러 서버에 나누어 저장하고 관리하는 것을 **분산형 데이터베이스**라고 합니다.

자주 사용하는 관계형 데이터베이스와 NoSQL 데이터베이스의 종류를 정리하면 다음과 같습니다.

| | | |
|---|---|---|
| 관계형 데이터베이스 | MySQL | • 관계형 데이터베이스에서 가장 많이 사용하는 데이터베이스입니다.<br>• 도구와 라이브러리가 다양합니다. |
| | PostgreSQL | • 오픈소스 관계형 데이터베이스입니다.<br>• 다양한 기능을 지원하며 확장성이 뛰어나므로 대용량 자료 처리에 적합합니다. |
| | SQLite | • 이름에서 알 수 있듯이 가벼운 SQL 데이터베이스입니다.<br>• 파일 하나에 모든 데이터를 저장하므로 설정하기도 쉽고 규모가 작은 프로젝트에 적합합니다.<br>• 모바일 애플리케이션 등에서 자주 사용합니다. |
| NoSQL 데이터베이스 | 몽고DB<sup>MongoDB</sup> | • JSON 형식으로 문서에 자료를 저장하는 데이터베이스입니다.<br>• 이미 익숙한 JSON 형식을 사용하고 자료 구조를 쉽게 변경할 수 있습니다. |
| | 레디스<sup>Redis</sup> | • 키-값 형식으로 자료를 저장하는 데이터베이스입니다.<br>• 자료 구조가 간단해서 세션 관리나 실시간 분석 등에서 자주 사용합니다. |
| | Neo4j | • 자료를 노드와 관계 형식으로 저장하는 데이터베이스입니다.<br>• 복잡한 관계를 다루는 데 특화되어 있어서 소셜 네트워크나 추천 시스템 등에서 사용합니다. |

▶ 노드와 관계 형태로 이루어진 데이터베이스를 그래프 데이터베이스라고 합니다.

관계형 데이터베이스와 NoSQL 데이터베이스 가운데 어떤 것을 사용할지 여부는 애플리케이션이나 사용할 자료의 특성에 따라 달라집니다. 관계형 데이터베이스는 자료의 일관성과 자료 간의 관계가 중요한 경우에 주로 사용하고, NoSQL 데이터베이스는 자료 구조가 자주 변하고 구조가 서로 다른 자료를 처리할 때 편리합니다.

# 08-2 | 몽고DB 시작하기

백엔드 개발에서는 관계형 데이터베이스나 NoSQL 데이터베이스 모두 사용할 수 있습니다. 이 책에서는 SQL 언어를 따로 공부하지 않아도 되는 NoSQL 데이터베이스 중에서 몽고DB를 사용하겠습니다. 몽고DB를 사용하려면 기본 설정을 해야 합니다.

## 몽고DB란

앞에서도 설명했듯이 몽고DB는 NoSQL 데이터베이스로, 자료는 데이터베이스에 문서로 저장되고 자료 형식 역시 이미 익숙한 JSON이므로 조금만 공부해도 즉시 사용할 수 있습니다. 몽고DB에서는 자료를 저장한 문서를 **도큐먼트**document라고 합니다. 몽고DB 아틀라스MongoDB Atlas를 사용하면 클라우드에서 데이터베이스를 관리할 수 있어서 더욱 편리합니다.

### 제품 선택하기

몽고DB는 서버에 데이터베이스를 직접 설치하고 관리할 수도 있지만 클라우드에 데이터베이스를 올려놓고 사용할 수도 있습니다. 규모가 큰 기업이나 자체 클라우드를 운용하는 업체에서는 데이터베이스를 주로 직접 관리합니다. AWS나 애저, 구글 클라우드 같은 클라우드에 몽고DB를 올려놓고 사용하는 서비스를 **아틀라스**라고 합니다.

자료를 관리하는 것 외에 데이터베이스 자체를 관리하는 일을 줄일 수 있어서 몽고DB 아틀라스를 많이 선택해서 사용하고 있습니다. 몽고DB 아틀라스는 무료인 **셰어드**Shared부터 사용량에 따라 부과하는 **서버리스**Serverless, 매달 일정 금액을 지불하는 **데디케이티드**Dedicated 등을 제공하므로 애플리케이션 용도에 맞춰 선택하면 됩니다.

▶ 몽고DB의 사용 가격을 자세히 알고 싶다면 https://www.mongodb.com/pricing를 참고하세요.

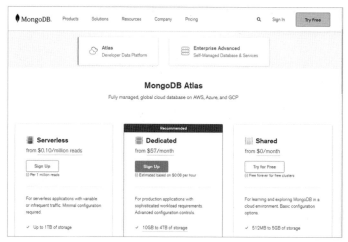

몽고DB의 가격 정책

## 컬렉션과 도큐먼트

몽고DB의 데이터베이스는 **컬렉션**<sup>collection</sup>으로 구성되고 컬렉션은 여러 개의 도큐먼트로 이루어집니다. 예를 들어 연락처 앱을 만든다면 연락처를 담는 컬렉션이 있고 이때 연락처 각각은 하나의 도큐먼트에 해당합니다. 도큐먼트에는 이름과 이메일 주소, 전화번호 등을 저장합니다.

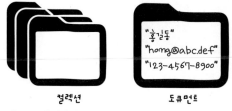

몽고DB의 데이터베이스 구성

실제로 몽고DB 웹 사이트에서 확인해 보면 다음과 같이 컬렉션과 도큐먼트로 구성됩니다.

몽고DB의 컬렉션과 도큐먼트

컬렉션과 도큐먼트는 앞으로 실습 파일을 만들어 가면서 좀 더 자세히 살펴보겠습니다.

**Do it! 실습** **몽고DB 시작하기**

몽고DB를 사용하려면 먼저 몽고DB 사이트에 회원으로 가입해야 합니다. 그다음 사용할 제품을 선택하면 되는데, 여기에서는 아틀라스 셰어드를 사용하겠습니다.

▶ 몽고DB 사이트가 업데이트 되어서 화면이 달라지더라도 진행 순서는 크게 바뀌지 않습니다.

**1.** 몽고DB 사이트(https://www.mongodb.com)에 접속해 [무료 체험판 다운로드]나 [무료로 시작하세요] 버튼을 클릭합니다. 영문 페이지가 나타난다면 [Try Free]를 클릭합니다. 이름과 이메일 주소, 비밀번호를 입력한 후 사용자 정책 항목에 체크하고 [Atlas 계정 만들기]를 클릭합니다.  ▶ 기존의 구글 계정을 사용하고 싶다면 [구글 계정으로 등록]을 클릭해서 진행해도 됩니다.

**2.** 가입할 때 사용한 이메일 주소로 확인 메일이 도착해 있을 것입니다. 이메일 내용 중에서 [Verify Email]을 클릭합니다.

**3.** 몽고DB 사이트로 연결되면서 이메일 주소 인증이 끝납니다. [Continue]를 클릭해서 다음 과정으로 넘어갑니다.

**4.** 몽고DB를 어떤 용도로 사용하는지, 어떤 종류의 애플리케이션을 만드는지, 그리고 사용하는 언어는 무엇인지를 확인하는 간단한 설문 조사를 합니다. 질문에 모두 답한 후 [Finish]를 클릭합니다.

**5.** 어떤 유형의 데이터베이스를 사용할지 선택하는 화면이 나타납니다. 여기에서는 연습용으로 사용할 것이므로 [M0 FREE]를 선택합니다. 나머지 옵션도 원하는 값을 선택합니다. 모든 항목을 지정했다면 [Create]를 클릭합니다.

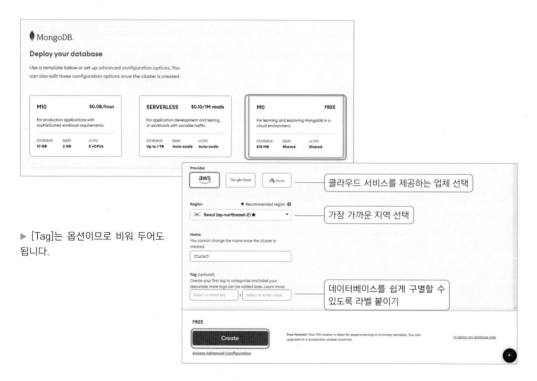

▶ [Tag]는 옵션이므로 비워 두어도 됩니다.

**6.** 새로운 데이터베이스에 처음 접근하는 것이므로 데이터베이스 첫 번째 사용자를 지정해야 합니다. 화면에 사용자 이름과 비밀번호를 사용하도록 [Username and Password]가 기본으로 선택되어 있을 것입니다. [Username]과 [Password] 항목에 자동으로 입력되어 있는데 원하는 이름과 비밀번호로 바꿀 수도 있습니다. 자동으로 만들어진 비밀번호는 랜덤이므로 앞으로 계속 사용한다면 [Password] 오른쪽에 있는 [Copy]를 눌러 어딘가에 복사해 두고 사용해야 합니다. 모두 설정한 뒤 [Create User]를 클릭하면 첫 번째 사용자가 만들어집니다.

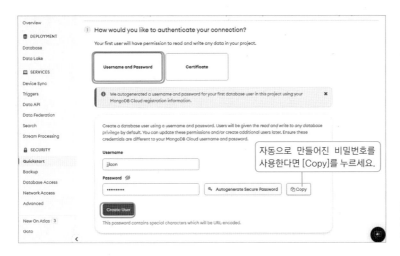

▶ [Password] 옆에 있는 👁 가 켜져 있으면 입력하는 비밀번호가 화면에 나타납니다.

**7.** 이어서 몽고DB의 접속 위치를 선택합니다. 여기에서는 사용자 컴퓨터에서 접속하므로 [My Local Environment]를 선택합니다. 그리고 현재 사용자 컴퓨터가 데이터베이스에 언제든지 접속할 수 있도록 컴퓨터 IP 주소가 자동으로 추가되어 있습니다. 여기까지 확인했다면 [Finish and Close]를 클릭합니다.

▶ 컴퓨터 IP 주소란 인터넷에 연결된 컴퓨터를 식별하는 xxx.xxx.xxx.xxx 형태의 숫자를 말합니다.

**8.** 몽고DB를 사용하는 데 필요한 기본 설정을 모두 마쳤습니다. [Go to Overview]를 클릭하세요.

**9.** 데이터베이스 관련 내용과 함께 오른쪽에 몽고DB를 공부할 수 있는 다양한 리소스가 제공됩니다.

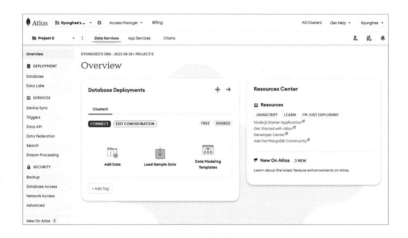

**Do it! 실습** **몽고DB에 데이터베이스 만들기**

몽고DB를 시작하면서 클러스터가 생겼다면 필요할 때마다 그 안에 데이터베이스를 만들 수 있습니다. 몽고DB에 처음 가입할 때 Cluster0라는 클러스터를 만들었죠. 여기에서는 연락처 정보를 저장할 contacts라는 데이터베이스를 만들어 보겠습니다.

▶ 클러스터란 여러 데이터베이스 서버를 연결해 놓은 서버 그룹을 말합니다.

**1.** 몽고DB의 Overview 화면에서 왼쪽에 있는 [Database] 메뉴를 선택하면 아틀라스 관리자 화면이 나타납니다. 그리고 클러스터 이름이 보일 것입니다. 클러스터 이름 오른쪽에 있는 [Browse Collections]를 클릭합니다.

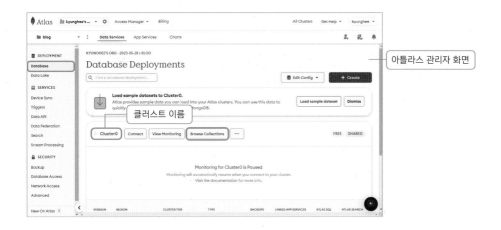

아틀라스 관리자 화면

**클러스트 이름**

**2.** 아직 만들어 둔 데이터베이스가 없으므로 샘플 데이터세트를 불러올 것인지, 새로운 데이터를 추가할 것인지 묻는 화면이 나타납니다. 몽고DB를 이미 알고 있다면 굳이 샘플 데이터세트를 불러오지 않아도 됩니다. 하지만 몽고DB가 처음이니 데이터베이스 구조를 살펴보는 것이 좋겠죠? [Load a Sample Dataset]를 클릭해서 샘플 데이터를 불러옵니다.

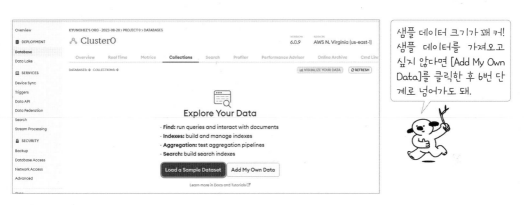

샘플 데이터 크기가 꽤 커!
샘플 데이터를 가져오고
싶지 않다면 [Add My Own
Data]를 클릭한 후 6번 단
계로 넘어가도 돼.

**3.** [Load Sample Dataset]를 클릭합니다.

**4.** 몽고DB 사이트에서 제공하는 샘플 데이터베이스가 보일 것입니다. 데이터베이스 화면은 크게 두 부분으로 나뉘는데, 왼쪽에는 데이터베이스와 컬렉션이 나열되고 오른쪽에는 선택한 컬렉션의 도큐먼트가 펼쳐집니다.

▶ 예를 들어 sample_mflix 데이터베이스에는 comments를 비롯해 movies, sessions 같은 여러 컬렉션이 있고, 컬렉션 중에 하나를 클릭하면 오른쪽에 해당 컬렉션에 저장된 여러 도큐먼트가 나타납니다.

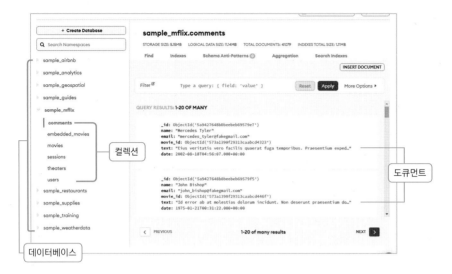

**5.** 이제 데이터베이스를 만들어 보겠습니다. 왼쪽 데이터베이스 목록 위에 있는 [Create Database]를 클릭합니다.

**6.** [Database name]에는 myContacts 를, [Collection name]에는 contacts를 입력한 후 [Create]를 클릭합니다.

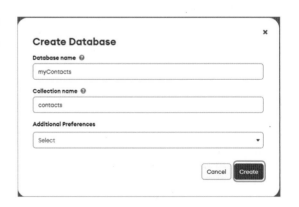

**7.** 데이터베이스 목록에 방금 만든 myContacts라는 데이터베이스가 만들어지고 그 안에 contacts라는 컬렉션도 생겼을 것입니다. 물론 contacts 컬렉션에는 아직 어떤 도큐먼트도 없습니다.

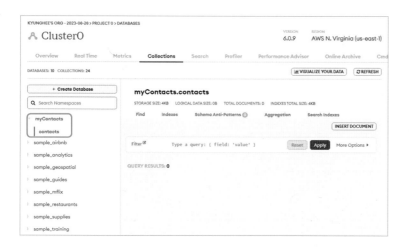

**데이터베이스 사용자 추가하기**

데이터베이스를 만들었으니 이번에는 데이터베이스 사용자를 추가할 차례입니다. 데이터베이스에 접근할 수 있는 권한을 가진 사용자를 추가하는 방법을 알아보겠습니다.

**1.** 아틀라스 관리자 화면의 왼쪽 메뉴에서 [Database Access]를 선택하면 현재 데이터베이스에 접근할 수 있는 계정이 나열됩니다. 몽고DB 사이트에 로그인할 때 사용한 계정만 보일 것입니다. 데이터베이스 관리를 위한 계정을 따로 만들거나 다른 사람이 데이터베이스에 접속할 수 있게 할 경우 사용자를 추가해야 합니다. [+ADD NEW DATABASE USER]를 클릭합니다.

**2.** 인증 방법 중에서 [Password]가 기본으로 선택되어 있을 것입니다. 아이디와 비밀번호로 사용자 인증을 한다는 뜻이죠. [Password Authentication]에서 아이디와 비밀번호를 입력합니다. 그리고 사용자 권한을 설정하기 위해 [Built-in Role]에 있는 [Add Built In Role] 버튼을 클릭합니다.

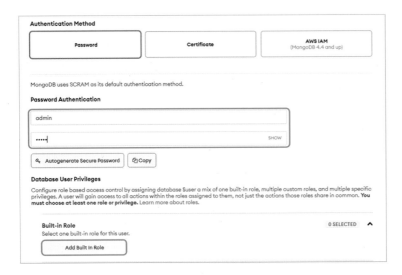

**3.** [Atlas admin]을 선택합니다. 이제부터 admin 사용자는 데이터베이스의 관리자 역할을 할 것입니다. 아이디와 비밀번호, 사용자 권한을 설정했다면 나머지 항목은 그대로 두고 [Add User]를 클릭합니다.

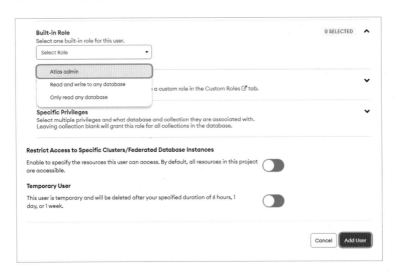

**4.** 사용자 목록에 방금 추가한 admin 계정도 있을 것입니다. 이제부터 admin 계정을 데이터베이스 관리자로 사용하겠습니다.

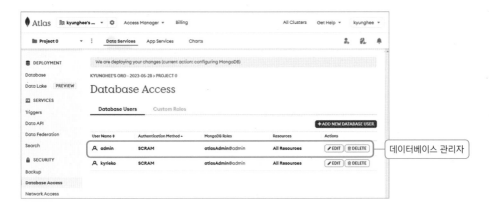

---

**Do it! 실습** ▶ **몽고DB 확장을 통해 데이터베이스 접속하기**

---

노드에서 몽고DB를 사용하려면 VS Code와 몽고DB 사이트 화면을 왔다 갔다 해야 합니다. VS Code의 코드와 몽고DB의 내용을 번갈아 확인하려면 불편할 수 있죠. 이럴 때 VS Code의 확장 기능을 활용하면 그 안에서 데이터베이스에 접속하고 또한 데이터베이스의 내용을 확인하는 등 모든 것을 처리할 수 있습니다. 몽고DB에서 공식으로 제공하는 MongoDB for VS Code 확장을 설치해서 데이터베이스에 접속하는 방법까지 알아보겠습니다.

### 1. MongoDB for VS Code 확장 설치하기

VS Code의 왼쪽 사이드 바에서 ⊞ 를 클릭한 후 MongoDB를 검색합니다. 몽고DB에서 공식으로 지원하는 확장의 이름은 MongoDB for VS Code입니다. 이 확장 이름을 클릭한 후 설명 화면에서 [설치]를 클릭합니다. 몽고DB 확장이 설치되면 VS Code 왼쪽 사이드 바에 몽고DB 아이콘 ♦ 이 생길 것입니다. 아직 VS Code 화면을 닫지 마세요.

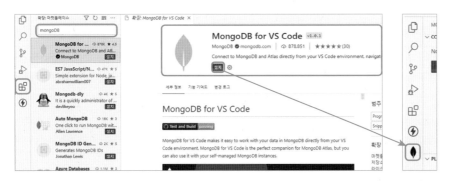

## 2. 데이터베이스 연결 문자열 확인하기

몽고DB 사이트에서 데이터베이스 연결 정보를 확인해야 합니다. 몽고DB 사이트에 로그인해 아틀라스 관리 화면이 나타나면 왼쪽 메뉴에서 [Database]를 클릭합니다. 272쪽에서 만든 데이터베이스가 화면에 보일 것입니다. [Database] 오른쪽에 있는 [Connect] 버튼을 클릭합니다.

▶ 혹시 다른 데이터베이스를 추가해서 사용하고 싶다면 [+Create]를 클릭해서 새로 만들 수 있습니다.

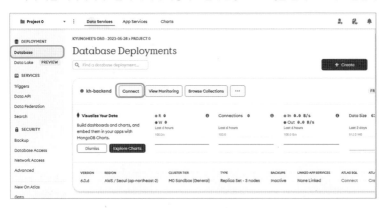

**3.** 몽고DB에 연결하는 여러 가지 방법을 제공하는데, 여기에서는 VS Code의 확장을 사용할 것이므로 [MongoDB for VS Code]를 클릭합니다.

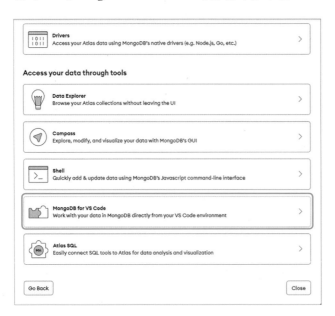

**4.** 데이터베이스에 연결할 때 필요한 정보는 [3. Connect to your MongoDB deployment] 항목에 있는 문자열입니다. 문자열 오른쪽의 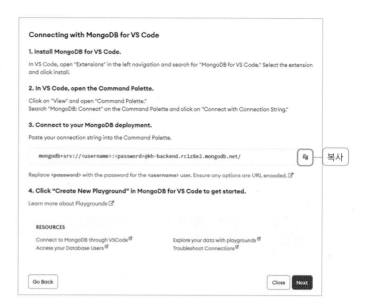를 클릭해서 문자열을 복사합니다.

▶ 방금 복사한 문자열을 연결 문자열 또는 커넥션 스트링connection string이라고 합니다.

**5.** 문자열을 복사해서 VS Code로 돌아와 ◆를 선택하고 [Add Connection]을 클릭합니다. MongoDB 확장에서 연결하는 방법도 2가지인데 그중에서 [Connection String] 항목의 [Connect]를 클릭합니다.

**6.** VS Code에 명령 팔레트 창이 나타나면 앞에서 복사해 놓은 데이터베이스 연결 주소를 붙여 넣습니다. 붙여 넣은 문자열에서 〈username〉 부분은 사용자 아이디로 수정하고 〈password〉 부분은 비밀번호로 수정한 후 Enter 를 누릅니다.

**7.** 데이터베이스에 정상으로 연결했다면 왼쪽 MongoDB 창에도 초록색 아이콘 과 접속 주소가 표시되고 VS Code 화면에도 데이터베이스에 접속됐다는 메시지가 나타납니다.

**8.** 커넥션 스트링 왼쪽에 있는 ⟩를 클릭하면 ⌄ 로 바뀌면서 클러스터 안의 데이터베이스들이 나열됩니다. 272쪽에서 만들었던 myContacts 데이터베이스도 보이죠? 몽고DB에 저장된 자료를 탐색기처럼 살펴볼 수 있어서 편리합니다. my Contacts 앞에 있는 ⟩를 클릭하면 컬렉션 목록이 나타나는데 아직은 contacts 컬렉션 밖에 없습니다.

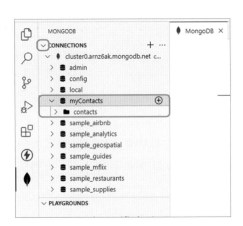

---

**한 걸음 더! 데이터베이스 연결 끊기 및 다시 연결하기**

MongoDB 창의 클러스터 이름 부분을 마우스 오른쪽 버튼으로 클릭한 후 [Disconnect]를 클릭하면 데이터베이스와 연결된 것을 끊을 수 있습니다. 연결이 끊긴 데이터베이스는 주소 앞에 ◆ 대신 ⚡로 표시됩니다.

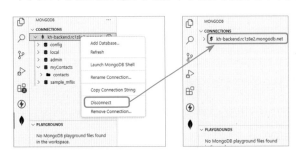

연결을 끊었던 데이터베이스에 다시 연결하려면 클러스터 이름 부분을 마우스 오른쪽 버튼으로 클릭한 후 [Connect]를 선택하면 됩니다.

---

# 08-3 | 몽고DB 연결하기

몽고DB에 데이터베이스를 만들고 또한 접속도 정상으로 되는 것을 확인했다면 이제 애플리케이션에서 몽고DB를 연결하는 방법을 알아보겠습니다. 데이터베이스 연결 정보가 외부에 드러나지 않도록 .env 파일로 저장하는 방법도 살펴봅니다.

## 몽구스 모듈과 dotenv 모듈

자바스크립트 코드를 사용해서 몽고DB에 연결할 때 모든 코드를 직접 작성할 수도 있지만 데이터베이스에 접속하고 관리하는 명령을 제공하는 몽구스<sup>Mongoose</sup> 모듈을 이용하면 편리합니다. 또한 .env 파일을 사용하기 위해 dotenv 모듈도 설치합니다.

▶ 데이터베이스는 줄여서 DB로 사용하기도 합니다.

### mongoose.connect 함수

몽구스에서는 connect라는 함수를 사용해서 데이터베이스에 연결합니다. 함수의 인자는 연결할 URL과 옵션인데 주로 URL만 지정합니다.

▶ connect 함수 안에서 사용할 수 있는 옵션을 알고 싶다면 https://mongoosejs.com/docs/connections.html#options 를 참고하세요.

| 기본형 | mongoose.connect(*URL*[, 옵션]) |
| --- | --- |

▶ 웹에 있는 자원의 위치를 이야기할 때 주로 URL이라고 하는데 공식 명칭은 URL보다 더 넓은 개념인 URI입니다. 이 책에서는 더 익숙한 이름인 URL을 사용하겠습니다.

### .env 파일

.env 파일은 애플리케이션에서 사용하는 환경 변수를 저장하는데, 주로 작업 폴더의 가장 상위 폴더인 루트 디렉터리에 저장합니다. **환경 변수**<sup>environment variables</sup>란 데이터베이스 주소나 비밀번호처럼 애플리케이션마다 달라지는 정보를 가리킵니다. .env 파일에는 애플리케이션의 설정이나 보안 정보처럼 외부에 드러내고 싶지 않은 값을 저장하므로 애플리케이션 제작자

외에는 볼 수 없게 해야 합니다. 그래서 깃허브에 애플리케이션을 공개할 때에는 .gitignore 파일에 .env 파일을 포함해야 합니다.

.env 파일에 작성할 때는 '키 = 값' 형태로 저장합니다. 예를 들어 다음 코드는 데이터베이스 접속 정보를 DB_CONNECT라는 변수로 저장한 것입니다. 여기에서 DB_CONNECT를 환경 변수라고 합니다.

```
DB_CONNECT = mongodb+srv://admin:12345@kh-backend.rc1z8e2.mongodb.net/?retryWrites=true
&w=majority  [환경 변수]
```

## process 객체

.env 파일에는 중요한 정보가 담기므로 외부에 드러나지 않게 환경 변수에 접근해야 합니다. 이럴 때 사용하는 것이 process 객체입니다. process 객체는 노드에서 지원하는 글로벌 객체이므로 따로 임포트하지 않고 어떤 모듈에서나 사용할 수 있습니다. process 객체는 환경 변수나 프로세스와 관련된 이벤트 처리 등에 사용합니다. 자주 사용하는 함수와 속성은 다음과 같습니다.

| 함수 | 속성 |
| --- | --- |
| process.argv | • CLI 프로그래밍을 할 때 프로세스에 인수를 전달하는 배열입니다. |
| process.env | • 사용자 환경이 담겨 있는 객체입니다.<br>• .env 파일에 있는 환경 변수를 가져올 때 사용합니다. |
| process.exit([코드]) | • 프로세스를 종료합니다.<br>• 코드를 지정하지 않으면 기본 코드값 0이 되어 성공적인 종료를 나타냅니다.<br>• 0 이외의 숫자를 지정하면 비정상적인 상황에서의 종료를 가리킵니다. |
| process.on(이벤트, 리스너) | • 프로세스와 관련한 이벤트와 이벤트 리스너를 지정합니다.<br>• 프로세스와 관련된 이벤트에 exit, uncaughtException 등이 있습니다. |

▶ CLI이란 Command Line Interface의 줄임말로 터미널 창을 통해 프로그램을 실행하도록 코딩하는 것을 말합니다.

.env 파일에 있는 환경 변수의 값을 가져오려면 다음 형식을 사용합니다.

| 기본형 | process.env. *변수명* |
| --- | --- |

결과 비교 results\package.json, results\.env

연락처 애플리케이션에서 몽고DB를 사용하려면 우선 데이터베이스에 접근할 수 있어야 합니다. 여기에서는 몽구스와 dotenv 패키지를 사용해 몽고DB에 접근하는 방법을 알아보겠습니다.

**1.** 몽고DB를 연결하면서 사용할 패키지 2개를 한꺼번에 설치하겠습니다. VS Code 터미널 창에 다음과 같이 입력해서 mongoose 패키지와 dotenv 패키지를 설치합니다. 몽구스는 DB 연결을 위해 사용할 것이고 dotenv는 환경 변수를 설정하기 위한 것입니다.

터미널
```
npm i mongoose dotenv
```

**2.** 패키지 설치를 마쳤다면 package.json 파일을 열어 패키지가 제대로 등록되었는지 확인해 보세요.

▶ 여러분이 설치한 mongoose 패키지나 dotenv 패키지 버전이 책과 다를 수 있지만 실습을 따라 하는 데는 지장이 없습니다.

```
{} package.json ×
{} package.json > ...
  8        "author": "",
  9        "license": "ISC",
 10        "dependencies": {
 11          "dotenv": "^16.3.1",
 12          "express": "^4.18.2",
 13          "mongoose": "^7.5.0"
 14        }
 15      }
```

**3. 커넥션 스트링 복사하기**

애플리케이션에 몽고DB를 연결하기 위해 사용하는 코드를 **커넥션 스트링**connection string이라고 합니다. 몽고DB 사이트에서 제공하는 커넥션 스트링을 복사해서 사용할 것입니다. 몽고DB 사이트의 아틀라스 관리 화면에서 [Connect] 버튼을 클릭합니다.

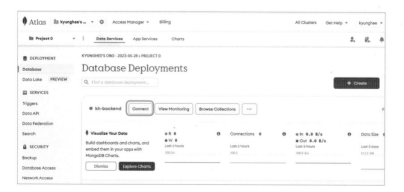

**4.** 애플리케이션에 연결하기 위해 [MongoDB for VS Code]를 클릭합니다.

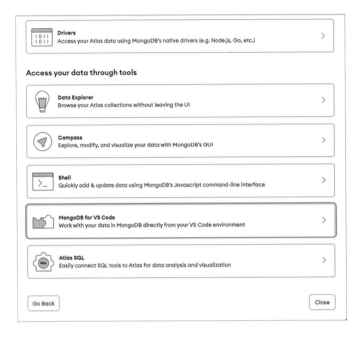

**5.** [3. Connect to your MongoDB deployment] 항목에서 코드 오른쪽에 있는 🗐 를 클릭해 복사합니다.

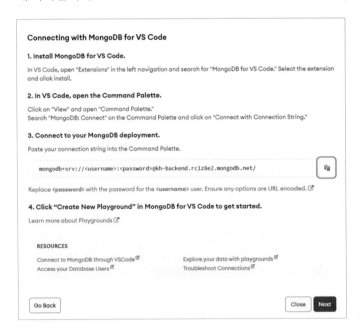

### 6. .env 파일 작성하기

VS Code로 돌아와 작업 폴더의 빈 공간을 마우스 오른쪽 버튼으로 클릭한 후 [새 파일]을 선택합니다. 새로 만드는 파일 이름은 .env입니다. 파일 확장자 없이 마침표(.)와 env만 사용합니다.

▶ .env 파일에는 DB 접속을 위한 정보나 외부로 보여서는 안 될 정보가 저장되어 있습니다.

### 7. .env 파일 편집 창이 열리면 앞에서 복사한 커넥션 스트링을 붙여 넣고 프로그램에서 사용할 수 있도록 변수 이름을 지정합니다. 보통 .env 파일에 있는 변수들은 대문자를 사용합니다. 여기에서는 DB_CONNECT라는 이름을 사용하겠습니다. 복사한 내용에서 〈username〉과 〈password〉 부분은 사용자의 아이디와 비밀번호로 수정하고, / 뒷부분에 데이터베이스 이름을 추가해 주세요.

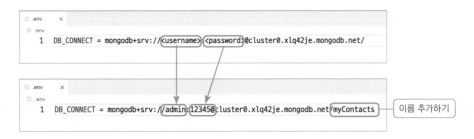

---

**Do it! 실습** ▶ 몽고DB 연결하기

**준비** app.js **결과 비교** results\config\dbConnect.js, results\app-11.js

몽구스와 dotenv 패키지를 설치하고 DB 커넥션 스트링까지 저장했으므로 이제 데이터베이스를 연결해 보겠습니다.

### 1. 몽구스를 사용해 몽고DB에 연결하는 코드를 작성할 텐데 먼저 이 파일을 어떻게 구성할지 생각해야 합니다. 지금까지 연락처 앱에 필요한 기능은 각각 다른 파일로 저장한 후 app.js에 임포트해서 사용했죠? 마찬가지로 DB 연결 기능도 별도의 파일로 작성하겠습니다. 작업 폴더에 config라는 폴더를 새로 만든 후 그 안에 dbConnect.js라는 새 파일을 만드세요.

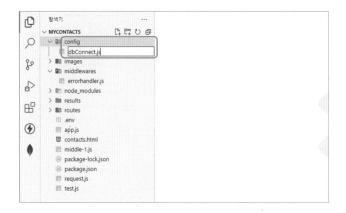

2. 몽구스 모듈과 dotenv 모듈을 사용하기 위해 dbConnect.js 파일에 다음 코드를 추가합니다.

**Do it! 코딩해 보세요!**                                                         • config\dbConnect.js

```
const mongoose = require("mongoose");
require("dotenv").config();
```

3. 이제 몽고DB에 접속하는 코드를 작성해 보겠습니다. dbConnect.js에 다음 코드를 추가합니다. 데이터베이스와 연결하는 것은 비동기로 처리해야 하므로 async와 await을 사용하고, 오류 처리를 위해 try ~ catch 문을 함께 사용했습니다. 그리고 몽고DB에 접속할 때는 mongoose.connect 함수를 사용하고, 괄호 안에 데이터베이스 커넥션 스트링을 넣어 주면 됩니다. 그런데 앞에서 커넥션 스트링을 .env 파일에 저장했죠? 그래서 환경 변수를 가져올 때는 process.env를 이용합니다.

**Do it! 코딩해 보세요!**                                                         • config\dbConnect.js

```
const mongoose = require("mongoose");
require("dotenv").config();

const dbConnect = async () => {
  try {
    const connect = await mongoose.connect(process.env.DB_CONNECT);
    console.log("DB connected");
  } catch (err) {
    console.log(err);
```

```
  }
};

module.exports = dbConnect;
```

**4.** 방금 작성한 dbConnect.js 파일은 데이터베이스에 연결하는 모듈입니다. 이 모듈에 있는 dbConnect 함수는 app.js에서 실행해야 합니다. app.js에 다음 코드를 추가합니다.

**Do it! 코딩해 보세요!** • app.js

```
const express = require("express");
const dbConnect = require("./config/dbConnect");

const app = express();

const port = 3000;

dbConnect();

app.use(express.json());
(... 생략 ...)
```

**5.** 서버를 실행해서 확인해 보세요. 데이터베이스에 연결하면서 'DB Connected'라는 메시지가 나타날 것입니다. app.js에서 몽고DB에 성공적으로 연결했습니다. 이제부터 몽고DB에 자료를 저장할 수도 있고 데이터베이스에 있는 자료를 가져와서 보여 줄 수도 있습니다.

```
 문제   출력   터미널   디버그 콘솔

○ PS C:\Users\funco\Desktop\myNode\myContacts> nodemon app
  [nodemon] 2.0.22
  [nodemon] to restart at any time, enter `rs`
  [nodemon] watching path(s): *.*
  [nodemon] watching extensions: js,mjs,json
  [nodemon] starting `node app.js`
  3000번 포트에서 서버 실행 중
  DB connected
  ▮
```

# 08-4 | 스키마와 모델 만들기

백엔드 개발에서 데이터베이스를 사용할 때 **데이터베이스 스키마**<sup>database schema</sup>라는 용어를 자주 듣습니다. 스키마가 무엇인지 알아보고 몽구스를 사용해 몽고DB 스키마를 만드는 방법을 알아보겠습니다.

## 스키마와 모델

데이터베이스에는 여러 형태의 자료를 저장할 수 있고 애플리케이션을 통해 자료를 가져오거나 수정할 수 있습니다. **스키마**<sup>schema</sup>는 애플리케이션에서 사용할 자료의 형태를 정하는 것을 말합니다. 예를 들어 연락처 애플리케이션에서 사용할 자료와 블로그 애플리케이션에서 사용할 자료는 구성 요소도 다르고 속성도 다르겠죠?

스키마 파일은 자료의 구조를 전담하므로 역할이 명확하게 분리됩니다. 그래서 데이터베이스 스키마는 애플리케이션 코드와 다른 별도의 파일로 작성합니다. 이렇게 스키마 파일을 따로 구성하면 재사용성이 높아집니다. 예를 들어 사용자 정보 스키마를 미리 만들어 두면 연락처 애플리케이션뿐만 아니라 로그인 처리를 할 때에도 가져다 사용할 수 있어서 편리합니다. 사용자 스키마를 다시 만들 필요가 없기 때문입니다.

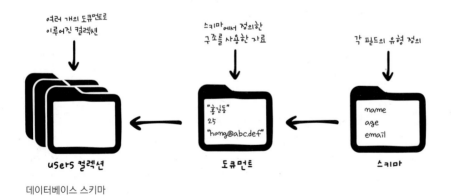

데이터베이스 스키마

### mongoose.Schema 함수

스키마는 mongoose.Schema의 인스턴스 형태로 만듭니다.

## mongoose.Schema(*스키마*, [*옵션*]);

mongoose.Schema 함수는 몽고DB의 컬렉션에 저장할 데이터 구조와 유효성 검사 규칙을 지정합니다. 이 함수는 자바스크립트 객체 형태로 스키마 구조를 정의합니다. 객체 속성은 몽고DB 컬렉션의 필드를 나타내고 각 속성의 값은 필드의 데이터 유형입니다.

▶ mongoose.Schema 함수에서 사용할 수 있는 옵션에 대해서는 https://mongoosejs.com/docs/api/schema.html#Schema()를 참고하세요.

예를 들어 사용자 정보 스키마를 다음과 같은 형태로 만들 수 있습니다. name과 age, email은 필드를 나타내고 필드마다 유형과 유효성 검사 옵션을 각각 지정했습니다. 예를 들어 name 필드는 문자열(String)이며 필수 필드(required: true)입니다. age 필드는 숫자(Number)를 사용하고 필수 필드는 아닙니다.

```
const userSchema = new mongoose.Schema({
  name: {
    type: String,
    required: true,
  },
  age: {
    type: Number,
  },
  email: {
    type: String,
    required: true,
  }
});
```

### 한 걸음 더! 몽구스의 스키마 유형

몽구스에서 스키마를 만들 때 주로 사용하는 자료 유형data type은 다음과 같습니다.

| String | 문자열 유형 | Array | 배열 유형 |
|---|---|---|---|
| Number | 숫자 유형 | Object | 객체 유형 |
| Boolean | 불리언 유형(true/false) | Mixed | 혼합된 유형 |
| Date | 날짜 유형 | | |

## mongoose.model 함수

스키마를 만들었다면 mongoose.model 함수를 사용해 모델로 만들어 줍니다. 이렇게 만든 모델을 사용해서 자료를 조회하거나 수정, 삭제하는 등의 작업을 할 수 있습니다. model 함수는 인자 2개를 사용합니다. 첫 번째 인자 모델명은 모델 이름을 지정하는 문자열인데 첫 글자를 대문자로 시작합니다. 이 모델명은 나중에 컬렉션 이름으로 사용됩니다. 그리고 두 번째 인자 스키마는 미리 정의해 놓은 데이터베이스 스키마죠.

> **기본형**
>
> mongoose.model(*모델명, 스키마*)

다음 코드는 앞에서 만든 userSchema를 사용해 User 모델을 만듭니다. 이렇게 만든 모델을 User라는 변수에 할당했으니 이제부터 User 변수를 사용해서 데이터베이스의 자료를 조작할 수 있습니다. 이렇게 User 모델을 몽고DB에 저장하면 users라는 컬렉션이 만들어집니다.

```
const User = mongoose.model('User', userSchema);
```

몽고DB 사이트에서 미리 컬렉션을 만들어 두고 그 컬렉션 이름에 맞게 모델 이름을 지정할수도 있고, 데이터베이스에 컬렉션이 없더라도 모델 이름을 지정하면 데이터베이스에 컬렉션이 만들어집니다. 모델 이름은 대문자 단수형(User)이고 거기에 연결된 컬렉션은 소문자 복수형(users)이라는 점을 꼭 기억해 두세요.

> **Do it! 실습** ▶ **연락처 스키마 만들기**
>
> ───────────────
>
> **결과 비교** results\models\contactModel.js

연락처 애플리케이션에서 사용할 모델을 만들어 보겠습니다. 우선 연락처에서 어떤 정보를 사용할 것인지 스키마를 정의한 후에 이 스키마를 모델로 만들면 됩니다.

**1.** 스키마 파일은 애플리케이션 코드와 별도로 저장할 것입니다. VS Code에서 models라는 새 폴더를 만든 후 그 폴더에 contactModel.js라는 새 파일을 만듭니다.

**2.** 연락처 정보를 담을 contactSchema라는 스키마를 만들겠습니다. contactModel.js 파일에 다음 코드를 입력합니다.

> **Do it! 코딩해 보세요!** • models\contactModel.js

```
const mongoose = require("mongoose");

const contactSchema = new mongoose.Schema();
```

**3.** 이제 자료마다 속성을 코드로 작성합니다. 속성에서 type은 속성값의 유형을 나타내고, required는 필수 속성인지 여부를 true/false로 지정합니다. 필수 속성에 오류 메시지를 함께 지정할 수도 있습니다. 스키마를 만들 때 timestamps라는 옵션을 함께 사용하면 데이터베이스에 연락처 자료를 추가하거나 수정한 시간이 자동으로 기록됩니다. 여기에서는 timestamps 옵션도 함께 사용하겠습니다.

> **Do it! 코딩해 보세요!** • models\contactModel.js

```
const mongoose = require("mongoose");

const contactSchema = new mongoose.Schema(
  {
    name: {
      type: String, ──── 속성값의 유형
      required: true, ──── 필수 속성인지 여부
    },
    email: {
      type: String,
    },
    phone: {
      type: String,
      required: [true, "전화번호는 꼭 기입해 주세요."], ──── 필수 속성, 오류 메시지도 함께 지정
    },
  },
  {
    timestamps: true, ──── 데이터베이스에 연락처 자료를 추가하거나
                          수정한 시간이 자동으로 기록됩니다.
  }
);
```

**4.** 스키마를 만드는 것이 그다지 어렵지 않죠? 스키마를 만들었다면 모델로 바꿔야 하므로 이어서 다음 코드를 추가합니다. 이 코드는 contactSchema를 사용해서 Contact 모델을 만드는데, 이때 모델 이름은 대문자로 시작하고 단수형을 사용한다는 점에 주의해야 합니다. 모델 이름을 Contact로 하면 몽고DB에 있는 contacts 컬렉션에 연결됩니다. 08-2절에서 contacts 컬렉션을 만들었던 것 기억하죠?

▶ 데이터베이스 작업을 할 수 있도록 스키마를 모델로 변환하는 것을 **모델링**이라고 합니다.

**Do it! 코딩해 보세요!** • models\contactModel.js

```
(... 생략 ...)
const Contact = mongoose.model("Contact", contactSchema);
module.exports = Contact;
```

위의 2줄 코드를 다음처럼 1줄로 작성할 수도 있습니다.

```
module.exports = mongoose.model("Contact", contactSchema);
```

**Q1** 몽고DB에서 데이터를 저장하는 기본 단위는 무엇인가요?

① 컬렉션(collection)             ② 테이블(table)

③ 도큐먼트(document)         ④ 레코드(record)

해답 ③

**Q2** 노드에서 몽고DB를 다루는 대표적인 라이브러리는 무엇인가요?

① mongodb                 ② mongoose

③ express                   ④ dotenv

해답 ②

**Q3** 몽고DB에서 스키마를 정의할 때 어떤 함수를 사용할까요?

① mongodb.Schema 함수        ② mongodb.newSchema 함수

③ mongoose.Schema 함수       ④ mongoose.newSchema 함수

해답 ③

**Q4** 문자열 타입의 데이터를 스키마에 정의할 때 코드를 어떻게 작성할까요?

① { type: String }            ② { kind: "String" }

③ { data: "String" }          ④ { type: Char }

해답 ①

# 09
# CRUD를 위한 API 작성하기

백엔드 개발에서 노드를 사용하는 최종 목표는 API를 만드는 것입니다. 다른 사람이 만든 API만 사용했다면 이제 자신만의 API를 만들어 보세요. 지금부터 만들어 볼 RESTful API가 무엇인지 알아보고 API를 효율적으로 구성하는 방법인 MVC 패턴도 간단히 살펴보겠습니다. 그리고 지금까지 작성한 코드를 수정해서 API답게 작성해 보겠습니다.

# 09-1 | RESTful API 이해하기

백엔드 애플리케이션에서 RESTful API는 가장 많이 사용하는 API 형식입니다. RESTful API는 REST다운 API라고 해석할 수 있는데, API와 RESTful한 API란 무엇인지 알아보겠습니다.

## API와 애플리케이션은 어떻게 다를까?

백엔드 개발에서는 '애플리케이션'과 'API'라는 용어를 자주 사용합니다. 처음 공부할 때는 비슷한 것으로 생각할 수도 있지만 각각 다른 개념입니다. 애플리케이션과 API의 개념을 알아보겠습니다.

### 애플리케이션이란

백엔드 개발에서 애플리케이션은 특정 기능을 제공하는 프로그램을 가리킵니다. 애플리케이션은 그 자체로 완전한 소프트웨어죠. 일반적으로 애플리케이션에는 사용자 인터페이스도 있고 자료를 처리하거나 사용자와 상호 작용하는 기능을 모두 포함합니다. 예를 들어 SNS의 웹 사이트나 모바일용 애플리케이션은 사용자가 로그인하고 게시물을 볼 수 있는 화면이 포함되어 있고, 그 안에서 게시물을 작성하거나 댓글을 다는 등 여러 가지 기능을 사용할 수 있습니다. 이처럼 웹 사이트 자체로 완성된 기능을 제공하는 것이 애플리케이션입니다.

### API란

API는 Application Programming Interface의 줄임말로 애플리케이션 간에 자료를 주고받으면서 특정 기능을 실행합니다. API를 사용하면 다른 시스템끼리 자료를 주고받을 수도 있고 새로운 애플리케이션을 만들 수도 있습니다. 앞에서 예로 들었던 SNS 사이트를 다시 생각해 보겠습니다. 애플리케이션은 사용자 로그인을 위한 API, 게시물을 작성하는 API 등 다양한 API를 통해 동작합니다. 만일 웹 사이트에서 사용한 API를 공개할 경우 이 API를 다른 애플리케이션에서도 얼마든지 활용할 수 있습니다. 우리가 웹에서 자주 보는 소셜 로그인 기능이 바로 이런 공개 API를 활용한 것입니다. 그렇다면 백엔드 개발에서는 주로 API를 만드는 일을 하겠죠?

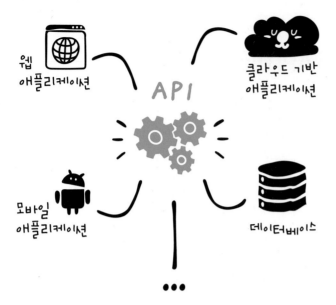

애플리케이션과 API의 관계

정리해 볼까요? API는 둘 이상의 컴퓨터 혹은 애플리케이션 간에 자료를 어떻게 주고받는지를 지정하는 역할을 합니다. 즉, SNS 사이트에서 사용자와 데이터베이스 사이에 자료를 주고받는 방식이 API인 거죠. API에 사용자 화면을 씌워서 사용자가 데이터베이스에서 자료를 쉽게 주고받도록 만들면 웹 사이트나 애플리케이션이 됩니다.

## RESTful API

웹은 처음 발표될 때부터 HTTP라는 프로토콜을 기본으로 했습니다. HTTP 프로토콜은 클라이언트와 서버 사이에 자료를 주고받을 때 사용하는 규칙이라고 생각하면 됩니다.

▶ HTTP 프로토콜이 무엇인지 잘 기억 나지 않는다면 04장을 참고하세요.

HTTP 프로토콜을 활용해서 자료를 주고받으려면 약속된 구조가 필요한데 이것이 바로 REST입니다. REST는 REpresentational State Transfer의 줄임말로, 여기에서 representational state는 데이터의 현재 상태$^{state}$를 볼 수 있게 나타낸 것$^{representational}$을 말합니다. 예를 들어 온라인 쇼핑몰에서 장바구니에 어떤 상품을 담았는지 보여 주는 것이 상태를 나타내는 것이죠. 이런 상태를 주고받을 때 사용하는 것이 REST입니다. REST를 잘 지켜서 개발한 API를 REST API, 또는 RESTful API라고 합니다.

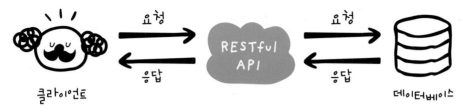

RESTful API의 구조

## URL로 자원 요청하기

RESTful API에서 주고받을 자원의 위치는 URL를 사용해 표현해야 합니다. 자원[resource]은 데이터베이스 자료[data]뿐만 아니라 웹 서버에 올라와 있는 이미지나 멀티미디어 등을 모두 포함하는 용어입니다. REST 구조를 사용할 때 가장 먼저 생각할 것은 웹에 있는 자원을 요청할 때 URL를 사용해야 한다는 것입니다.

08-3절에서 코드를 작성할 때나 웹 브라우저에서 서버로 자료를 요청할 때 URL 형태로 작성했던 것을 기억하나요? 예를 들어 서버에서 아이디가 10인 연락처 정보를 요청할 때 다음처럼 URL를 사용했죠?

```
localhost:3000/contacts/10
```

REST에서 사용할 URL의 이름을 정할 때 지키면 좋은 약속 4가지가 있습니다. 이 원칙을 지키면 웹 개발의 일관성이나 호환성을 유지하는 데 유리합니다.

### 원칙 1. 자원 이름은 명사형으로 알파벳 소문자를 사용합니다.

대문자를 섞어 써도 오류가 발생하지 않지만 URL은 대소 문자를 구별하므로 신경 써서 입력해야 합니다. Shift 를 누른 채 대문자를 입력하는 것보다 소문자를 입력하는 게 더 편리하기도 하죠.

▶ 소문자 사용은 관례일 뿐 원칙이 아니므로 프로젝트의 특성에 따라 대소 문자를 섞어 쓸 수도 있습니다.

다음은 온라인 서점에서 책 정보를 요청하는 URL입니다. 도메인 뒤에 자원 이름 detail과 특정 도서를 지정하는 아이디를 사용했습니다.

> https://product.kyobobook.co.kr/detail/S000001818002

책 정보를 요청하는 URI

**원칙 2. 자원 이름으로 단어를 2개 이상 사용한다면 붙임표(-)로 연결합니다.**

간혹 붙임표 대신 카멜 표기법을 사용하는 경우도 있습니다. 단, 밑줄(_)은 사용하지 않습니다.

▶ 카멜 표기법이란 단어를 2개 이상 사용할 때 첫 번째 단어의 첫 글자는 소문자로 시작하고 그다음 단어를 붙일 때 첫 글자를 대문자로 사용하는 방식을 말합니다. 낙타의 등처럼 울룩불룩하게 생겼다 해서 이런 이름이 붙었습니다.

예를 들어 깃허브에서 VS Code 설명서를 볼 때 사용하는 요청 URL은 붙임표로 단어를 연결하고 알파벳 소문자를 사용합니다.

> https://github.com/microsoft/vscode-docs

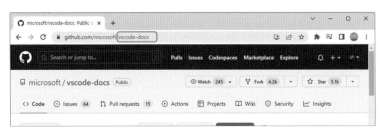
붙임표와 알파벳 소문자를 사용한 URI

반면에 네이버 웹툰에서 두 단어 이상으로 이루어진 URL은 카멜 표기법을 사용합니다.

```
https://comic.naver.com/bestChallenge
```

카멜 표기법을 사용한 URI

원칙 3. 자원 간에 계층이 있다면 슬래시(/)로 구분하되 URL 끝에는 슬래시를 붙이지 않습니다.
예를 들어 다음 웹 사이트에서 제공하는 언론사 홈 서비스는 요청 URL가 몇 단계로 이루어졌
는데, 뉴스 채널만 channel이라는 이름으로 묶고, 다시 그 뉴스 채널에 포함된 언론사에는 번
호를 사용해서 구분했다는 것을 알 수 있죠. 이것은 처음에 API를 만들 때 서비스를 어떻게
묶고 분류할 것인지에 따라 달라집니다.

```
https://v.daum.net/channel/90/home
```

자원 간의 계층을 표현하는 URI

원칙 4. 자원을 처리하는 방법을 URL에 포함시키지 않습니다.
예를 들어 연락처를 가져오는(GET) 요청일 경우 URL 안에 get-contacts처럼 처리 방식을
포함하지 않고 contacts라고만 지정합니다.

```
localhost:3000/contacts        (O)
localhost:3000/get-contacts    (X)
```

## HTTP로 요청 방식 처리하기

자원을 어떻게 처리할 것인지는 HTTP 요청 방식으로 표현합니다. 앞에서 코드를 작성할 때 데이터베이스의 자료를 가져온다면 GET 방식을, 자료를 새로 추가한다면 POST 방식을 사용했습니다. 이것 역시 REST의 원칙입니다. 요청할 때 어떤 방식으로 하느냐에 따라 자료를 처리하는 방법이 결정됩니다.

| HTTP 요청 방식 | 역할 | 설명 |
|---|---|---|
| POST | Create | 자원을 새로 만듭니다. |
| GET | Read | 자원을 가져옵니다. |
| PUT | Update | 자원을 수정합니다. |
| DELETE | Delete | 자원을 삭제합니다. |

백엔드 개발에서 데이터베이스와 연결해서 처리하는 작업은 주로 자료를 새로 만들어서 저장하거나(Create) 기존 자료를 가져오거나(Read), 또는 자료를 수정하거나(Update) 삭제하는(Delete) 것입니다. 이 작업 전체를 줄여서 **CRUD**라고 합니다. API를 만든다는 것은 자료의 CRUD를 작성한다는 것과 같은 말입니다. 이제부터 CRUD 작업을 실행하려면 필요한 RESTful API를 만드는 방법을 알아보겠습니다.

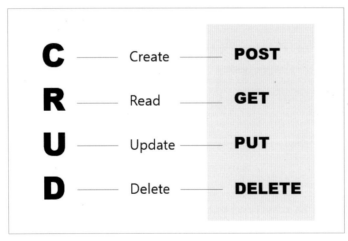

HTTP의 요청 방식과 역할

# 09-2 | 컨트롤러 작성하기

지금까지 작성한 코드는 서버를 실행하고 HTTP 요청을 처리하는 방법을 간단히 배우기 위한 것이었습니다. 이제부터는 API를 만들 것이므로 코드를 조금 더 효율적으로 작성해야 합니다. 먼저 디자인 아키텍처와 그중 MVC 패턴이 무엇인지부터 살펴보겠습니다. 그리고 MVC 패턴에 맞도록 컨트롤러를 작성하는 방법도 알아보겠습니다.

## MVC 패턴이란

API뿐만 아니라 컴퓨터나 모바일에서 실행하는 모든 소프트웨어는 수천, 수만 줄의 코드로 이루어져 있습니다. 소프트웨어 안에서 처리해야 할 기능이 많기 때문이죠. 그래서 많은 개발자들이 코드를 어떻게 구성해야 효율적일지 오랫동안 고민해 왔습니다. 결론은, 코드를 읽기 쉽고 관리하기 편하도록 기능이나 역할에 따라 여러 파일로 나눈 뒤 연결해서 사용하자는 것이죠. 이것을 **디자인 아키텍처**design architecture라고 합니다.

디자인 아키텍처는 코드에서 역할을 어떻게 구분하느냐에 따라 여러 가지 패턴으로 나눌 수 있습니다. MVC 패턴, MVP 패턴, MVVM 패턴 등이 있는데 여기에서는 백엔드 개발에서 많이 사용하는 MVC 패턴을 따르겠습니다.

MVC는 model, view, controller의 앞 글자를 따서 이름을 붙인 패턴으로, 애플리케이션을 세 영역으로 나누어 구성하는 방식을 가리킵니다. 이렇게 모델과 뷰, 컨트롤러로 나눠서 코딩하면 실제 처리 로직과 데이터베이스, 인터페이스 부분이 서로 영향을 받지 않습니다. MVC 패턴의 세 영역에서는 어떤 것을 처리하는지 간단히 살펴보겠습니다.

| 영역 | 설명 |
|---|---|
| 모델 | • 애플리케이션에서 처리할 대상입니다.<br>• 데이터베이스를 통해 자료를 저장하거나 검색, 수정하는 함수들이 모델에 해당합니다.<br>• 사용자에게 어떻게 보일지는 신경 쓰지 않고 처리할 대상에 집중합니다. |
| 뷰 | • 컨트롤러나 모델의 처리 결과를 시각적으로 보여 줍니다.<br>• 흔히 사이트나 애플리케이션에 표시되는 화면을 만듭니다.<br>• 서버에서 가져온 동적 자료를 표시하므로 템플릿 형태로 처리합니다. |

| 컨트롤러 | • 모델과 뷰 중간에 위치하면서 요청에 따라 모델이나 뷰를 수정하는 역할을 합니다.<br>• 노드에서 작성하는 라우트 코드가 컨트롤러에 해당합니다.<br>• 코드를 가장 많이 작성하는 부분입니다. 그래서 이 책에서는 라우트 코드에서 함수 부분만 분리해서 작성합니다.<br>  ▶ 라우트 코드가 길지 않으면 함수를 따로 분리하지 않는 방법도 자주 사용합니다. |
|---|---|

다음은 모델과 뷰, 컨트롤러의 관계를 보여 줍니다. 여기에서 주의할 것은, 뷰와 모델은 직접 연결되지 않는다는 점입니다. 브라우저에서 POST 방식으로 자료를 만들 때도 중간에 컨트롤러를 거쳐서 데이터베이스에 저장하고, 데이터베이스의 자료를 가져와 브라우저 화면에 보여 줄 때에도 중간에 컨트롤러를 거칩니다. 데이터베이스에서 모든 연락처를 가져와 보여 주는 과정을 예로 들어보겠습니다.

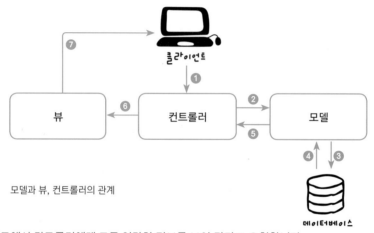

모델과 뷰, 컨트롤러의 관계

❶ 클라이언트에서 컨트롤러에게 모든 연락처 정보를 보여 달라고 요청합니다.

❷ 컨트롤러는 클라이언트의 요청을 분석해서 정보를 처리하라고 모델로 요청을 보냅니다.

❸ 모델은 데이터베이스에게 모든 연락처 정보를 달라고 요청합니다.

❹ 데이터베이스는 정보를 찾아서 모델로 넘겨줍니다.

❺ 모델은 데이터베이스에서 받은 정보를 컨트롤러로 넘겨줍니다.

❻ 컨트롤러는 모델에게서 받은 정보를 뷰에게 넘겨줍니다.

❼ 뷰는 이 정보를 클라이언트에게 넘겨줍니다.

MVC 패턴을 처음 사용할 때는 이런 과정이 복잡해 보이지만 곧 익숙해질 것입니다. 다시 정리해 보겠습니다. 컨트롤러가 중간에 있으므로 뷰와 모델이 완전히 분리됩니다. 뷰는 사용자에게 보여 주는 인터페이스만 처리하고, 모델은 데이터베이스와 연결해서 자료를 처리하는 일만 할 수 있습니다.

## 라우터 따로 사용하기

여기에서는 라우트 코드에서 함수 부분만 따로 컨트롤러로 구성할 것입니다. 뷰에서 컨트롤러로 연결할 때에는 중간에 라우터router를 거치죠. 이렇게 하면 나중에 라우트 코드는 건드리지 않고 함수 부분만 수정할 수 있습니다

앞으로 만들 컨트롤러와 뷰가 어떤 역할을 해야 하는지 생각해 보겠습니다. 처리해야 할 기능이 많지만 브라우저 창에서 [모든 연락처 보기]를 클릭했을 때 데이터베이스에 저장된 연락처 정보를 모두 가져와서 보여 준다고 가정해 보겠습니다.

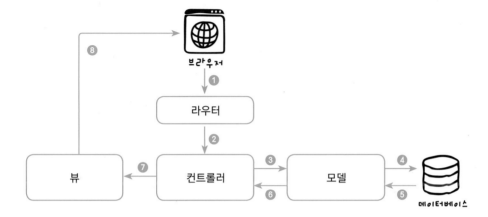

❶ 브라우저에서 모든 연락처 정보를 보여 달라고 요청합니다.

❷ 요청 정보는 라우터를 통해 컨트롤러로 연결됩니다.

❸ 데이터베이스 정보에 접근해야 하므로 컨트롤러에서 모델로 다시 요청합니다.

❹ 모델은 컨트롤러에게 받은 정보를 사용해서 데이터베이스에서 자료를 조회합니다.

❺ 데이터베이스에서 찾은 정보를 모델로 넘겨줍니다.

❻ 모델은 데이터베이스에서 받은 정보를 컨트롤러로 넘겨줍니다.

❼ 컨트롤러는 모델에게 받은 정보를 뷰에게 넘겨줍니다.

❽ 뷰에서 지정한 형식대로 최종 결과를 브라우저 화면에 표시합니다.

컨트롤러는 HTTP 요청을 받아서 처리하는 역할을 하는데 앞에서 작성한 코드에서는 라우트 코드가 그 역할을 했습니다. 지금까지 작성한 라우트 파일(routes\contactRoutes.js)에는 실제 처리해야 할 기능이 get 함수나 post 함수 안에 콜백 함수 형태로 포함되어 있습니다. 하지만 라우트 코드가 복잡해지면 어떤 함수를 처리해야 할지 중간에서 교통 경찰처럼 정리해 주는 기능이 필요합니다. 이때 사용하는 것이 라우터 객체입니다. 컨트롤러 코드에서 라우터 객체를 분리해서 컨트롤러에는 함수들만 남게 됩니다.

라우팅을 공부하면서 GET이나 POST, PUT, DELETE 방식의 요청을 처리할 때 간단한 메시지만 표시했죠. 이제부터 라우트 파일(contactRoutes.js) 안에는 순수하게 라우트 코드만 남기고, 실제로 데이터베이스를 연결해서 작업을 처리하는 부분은 컨트롤러에 따로 작성해 보겠습니다.

```javascript
const express = require("express");
const router = express.Router();
const Contact = require("../models/contactModel");


router
  .route("/")
  .get((req, res) => {
    res.status(200).send("Contacts Page");          실제 처리할 기능
  })
  .post((req, res) => {
    console.log(req.body);
    const { name, email, phone } = req.body;
    if (!name || !email || !phone) {
      return res.status(400).send("필수값이 입력되지 않았습니다.");
    }
    res.status(201).send("Create Contacts");
  });
(... 생략 ...)
```

## Do it! 실습 ▶ 컨트롤러 작성하기

준비 routes\contactRoutes.js

결과 비교 results\routes\contactRoutes-3.js, results\controllers\contactController-1.js

기존의 라우트 코드를 수정해서 컨트롤러 코드를 분리해 보겠습니다.

**1.** VS Code 작업 폴더에 controllers라는 폴더를 만든 후 그 안에 contactController.js 파일을 만듭니다. 이 파일에는 GET과 POST, PUT, DELETE 요청 방식에서 처리할 함수를 작성할 것입니다.

**2.** contactController.js에 다음 코드를 입력합니다. 컨트롤러에 함수를 만들 때마다 이렇게 주석을 붙여 놓으면 나중에 관리하기 쉽습니다. 여기에서 @desc는 함수를 설명한 것이고 @route는 요청 방식과 요청 URL을 나타냅니다.

모든 연락처 정보를 가져오는 함수를 getAllContacts라는 이름으로 작성할 것입니다. 여기에서 async를 붙이는 것은, 이 함수가 데이터베이스와 연결해서 자료를 가져오므로 비동기로 처리한다는 의미입니다. async를 사용한 비동기에서는 오류 처리를 위해 try ~ catch 문을 사용합니다.

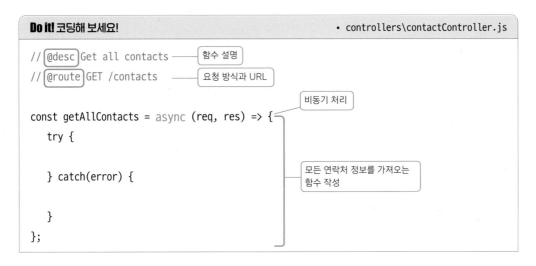

**3.** 라우트 코드에 있던 내용을 가져다 쓰기 위해 미리 작성해 놓았던 routes\contactRoutes. js 파일을 엽니다.

```
contactRoutes.js
routes > contactRoutes.js > ...
1  const express = require("express");
2  const router = express.Router();
3
4  router
5    .route("/")
6    // 모든 연락처 가져오기
7    .get((req, res) => {
8      res.status(200).send("Contacts Page");
9    })
10   .post((req, res) => {
11     // 새 연락처 추가하기
12     console.log(req.body);
13     const { name, email, phone } = req.body;
```

**4.** routes\contactRoutes.js에서 모든 연락처 정보를 가져오는 코드 부분을 선택해서 잘라 냅니다.

**5.** 잘라 낸 코드를 controllers\contactController.js에서 getAllContacts 함수의 try { } 안에 붙여 넣습니다. catch { } 부분도 작성한 후 module.exports를 활용해 getAllContacts 함수를 외부에서 사용할 수 있도록 내보냅니다.

**Do it! 코딩해 보세요!** • controllers\contactController.js

```
// @desc Get all contacts
// @route GET /contacts

const getAllContacts = async (req, res) => {
try {
    res.status(200).send("Contacts Page");
  } catch (error) {
    res.send(error.message);
  }
};

module.exports = getAllContacts;
```

**6.** 방금 만든 getAllContacts 함수를 보면 try ~ catch 문을 사용해서 오류를 체크했습니다. 컨트롤러에서 함수를 만들 때마다 try ~ catch 문을 반복해서 입력해야 합니다. 이럴 때 미들웨어를 사용하면 코드를 간단하게 줄일 수 있습니다. VS Code 터미널 창에서 다음 코드를 입력해 미들웨어 패키지를 설치합니다.

▶ 서버를 실행 중이었다면 Ctrl + C 를 눌러 서버를 종료한 후 설치합니다.

```
npm i express-async-handler
```

**7.** 컨트롤러에서 asynchandler를 사용하기 위해 컨트롤러 코드 위쪽에 미들웨어를 임포트 하는 코드를 추가합니다.

**Do it! 코딩해 보세요!** • controllers\contactController.js

```
const asyncHandler = require("express-async-handler");

// @desc Get all contacts
// @route GET /contacts
(... 생략 ...)
```

**8.** 이제 getAllContacts 함수를 다음처럼 수정합니다. try ~ catch 부분을 없애고 async(…) 부분을 asyncHandler로 감쌉니다. 코드가 훨씬 간결하고 읽기 쉬워졌네요.

수정 전

```
const getAllContacts = async (req, res) => {
  try {
    res.status(200).send("Contacts Page");
  } catch (error) {
    res.send(error.message);
  }
};
```

수정 후

```
const getAllContacts = asyncHandler(async (req, res) => {
  res.status(200).send("Contacts Page");
});
```

**9.** 이제 routes\contactRoutes.js로 돌아와서 코드 위쪽에 컨트롤러를 임포트하는 코드를 추가합니다. 그리고 코드를 잘라 낸 get() 함수에서 괄호 안의 내용을 모두 지우고 방금 만든 getAllContacts를 적습니다. 이제 '/' 경로에서 GET 요청이 발생하면 컨트롤러에 있는 getAllContacts 함수가 실행될 것입니다.

```
const express = require("express");
const router = express.Router();
const getAllContacts = require("../controllers/contactController");


router
  .route("/")
  .get((req, res) => {
    res.status(200).send("Contacts Page");
  })
  .get(getAllContacts)
(... 생략 ...)
```

**10.** 이번에는 POST 요청을 하는 함수를 작성해 보겠습니다. POST 요청은 새 연락처를 추가하는 것이므로 createContact라는 이름을 사용하면 좋겠네요. controllers\contactController.js에 다음 코드를 추가합니다. 컨트롤러에 함수를 작성할 때는 이 함수가 어떤 경로를 사용하는지, 또한 요청 방식은 무엇인지 주석으로 남겨 두는 것이 좋습니다. 여기에서는 @desc 다음에 함수를 설명하고, @route 다음에 요청 방식과 요청 경로를 주석으로 작성했습니다.

```
(... 생략 ...)
// @desc Create a contact
// @route POST /contacts
const createContact = asyncHandler(async (req, res) => {

});


module.exports = getAllContacts;
```

**11.** routes\contactRoutes.js에서 POST 방식을 처리하는 함수 부분을 선택해서 잘라 냅니다.

**12.** controllers\contactController.js에서 createContact 함수의 { } 안에 잘라 낸 코드를 붙여 넣습니다. 그리고 외부로 내보내는 코드도 잊지 말고 추가합니다. 함수를 2개 이상 한꺼번에 내보낼 때는 중괄호로 묶어서 작성합니다.

**Do it! 코딩해 보세요!**    • controllers\contactController.js

```
(... 생략 ...)


// @desc Create a contact
// @route POST /contacts
const createContact = asyncHandler(async (req, res) => {
  console.log(req.body);
  const { name, email, phone } = req.body;
  if (!name || !email || !phone) {
    return res.status(400).send("필수값이 입력되지 않았습니다.");
  }
  res.status(201).send("Create Contacts");
});


module.exports = { getAllContacts, createContact };
```

**13.** routes\contactRoutes.js 파일로 돌아와서 post 함수 안에 있던 나머지 코드를 삭제한 후 createContact를 추가합니다. 이때도 VS Code 힌트 팝업 창에서 createContact를 선택

하면 위쪽의 require 문에 createContact 함수가 자동으로 추가됩니다. 힌트 팝업 창을 사용하지 않는다면 require 문에 함수를 직접 추가하세요.

**Do it! 코딩해 보세요!** • routes\contactRoutes.js

```javascript
const express = require("express");
const router = express.Router();


const { getAllContacts, createContact } = require("../controllers/contactController");


router
  .route("/")
  .get(getAllContacts)
  .post((req, res) => {
    // 새 연락처 추가하기
    console.log(req.body);
    const { name, email, phone } = req.body;
    if (!name || !email || !phone) {
      return res.status(400).send("필수값이 입력되지 않았습니다.");
    }
    res.status(201).send("Create Contacts");
  });
  .post(createContact);
(... 생략 ...)
```

**14.** 같은 방법으로 contactRoutes.js에 있던 나머지 코드를 contactController.js로 옮길 수 있습니다. 완성된 코드는 다음과 같습니다. 라우트 코드를 보면 다른 기능 없이 라우트에만 집중하고 있습니다. 실제로 웹 요청은 컨트롤러의 함수들이 알아서 요청할 테니까요.

**Do it! 코딩해 보세요!** • routes\contactRoutes.js

```javascript
const express = require("express");
const router = express.Router();
const {
  getAllContacts,
  createContact,
  getContact,
  updateContact,
```

```
    deleteContact,
} = require("../controllers/contactController");


router.route("/").get(getAllContacts).post(createContact);


router.route("/:id").get(getContact).put(updateContact).delete(deleteContact);


module.exports = router;
```

---

**Do it! 코딩해 보세요!**  • controllers\contactController.js

```javascript
const asyncHandler = require("express-async-handler");

// @desc Get all contacts
// @route GET /contacts
const getAllContacts = asyncHandler(async (req, res) => {
  res.status(200).send("Contacts Page");
});


// @desc Create a contact
// @route POST /contacts
const createContact = asyncHandler(async (req, res) => {
  console.log(req.body);
  const { name, email, phone } = req.body;
  if (!name || !email || !phone) {
    return res.status(400).send("필수값이 입력되지 않았습니다.");
  }
  res.status(201).send("Create Contacts");
});


// @desc Get contact
// @route GET /contacts/:id
const getContact = asyncHandler(async (req, res) => {
  res.status(200).send(`View Contact for ID: ${req.params.id}`);
});


// @desc Update contact
// @route PUT /contacts/:id
const updateContact = asyncHandler(async (req, res) => {
```

```
    res.status(200).send(`Update Contact for ID: ${req.params.id}`);
});


// @desc Delete contact
// @route DELETE /contacts/:id
const deleteContact = asyncHandler(async (req, res) => {
  res.status(200).send(`Delete Contact for ID: ${req.params.id}`);
});


module.exports = {
  getAllContacts,
  createContact,
  getContact,
  updateContact,
  deleteContact,
};
```

**15.** 컨트롤러를 만들고 라우터와 연결했는데 제대로 동작하는지 확인해 봐야겠죠? 우선 서버가 실행 중이어야 합니다. VS Code 터미널 창에 nodemon app을 입력해서 서버를 실행합니다. VS Code 사이드 바에서 ⚡을 클릭해 선더 클라이언트를 엽니다. [New Request]를 클릭한 후 요청 URL이나 요청 방식을 다양하게 지정해서 테스트해 보세요. localhost: 3000/contacts 경로에서 GET 요청을 했을 때 정상으로 동작하는 것을 확인할 수 있습니다.

# 09-3 | CRUD 코드 작성하기

라우트 코드에 포함되어 있던 HTTP 요청 처리 부분을 컨트롤러로 옮기는 데 성공했습니다. 완전하지는 않지만 MVC 패턴에서 모델과 컨트롤러 부분을 직접 만들었네요. 이제 컨트롤러 코드를 좀 더 발전시켜서 GET이나 POST, PUT, DELETE 요청에 따라 모델과 연결하는 코드를 작성해 보겠습니다.

## 데이터베이스 모델에서 사용하는 함수

앞에서 몽구스 모듈을 설치했죠? 몽구스는 노드에서 데이터베이스를 쉽게 다룰 수 있도록 여러 가지 함수를 제공합니다.

컨트롤러에서 CRUD 작업을 하려면 데이터베이스 모델을 사용해야 합니다. 08-4절 연락처 스키마 만들기에서 연락처 정보를 담은 Contact라는 모델을 만들고 Contact 변수에 할당했습니다. 그리고 모듈로 내보냈죠.

```
const Contact = mongoose.model("Contact", contactSchema);

module.exports = Contact;
```

models\contactModel.js
파일에 만들었던 코드야!

위 코드에서 보는 것처럼 컨트롤러에서 모델을 사용하려면 우선 모델을 가져와서 Contact로 할당합니다. 그 후에는 Contact에서 몽구스 함수로 데이터베이스를 사용할 수 있습니다. 데이터베이스를 다루는 주요 함수 7가지를 살펴보겠습니다.

```
const Contact = require("../models/contactModel");
```

## create 함수

데이터베이스에 새로운 도큐먼트를 만듭니다.

```
Contact.create( { name: 'Kim', email: 'kim@abc.def', phone: '12345' } )
```

## find 함수

지정한 조건에 맞는 도큐먼트를 찾습니다. 조건을 따로 지정하지 않으면 모든 도큐먼트를 찾습니다. 예를 들어 다음 코드는 조건이 없으므로 모든 도큐먼트를 찾습니다.

```
Contact.find()
```

만일 name: 'Kim'인 도큐먼트를 찾는다면 다음과 같이 작성합니다.

```
Contact.find( { name: 'Kim' } )
```

## findOne 함수

조건에 맞는 도큐먼트가 여러 개일 경우 첫 번째 도큐먼트를 찾습니다. 예를 들어 다음 코드는 name: 'Kim' 조건에 맞는 첫 번째 도큐먼트를 찾습니다.

```
Contact.findOne( { name: 'Kim' } )
```

## updateOne, updateMany 함수

지정한 조건에 해당하는 도큐먼트를 찾아 내용을 업데이트합니다. updateOne 함수는 조건에 맞는 첫 번째 도큐먼트만 업데이트하고, updateMany 함수는 조건에 맞는 모든 도큐먼트를 업데이트합니다. 예를 들어 다음 코드는 name: 'Kim' 조건에 맞는 첫 번째 도큐먼트를 찾아 그 도큐먼트의 phone 필드값을 '67890'으로 업데이트합니다.

```
Contact.updateOne( { name: 'Kim' }, { phone: '67890' } )
```

## deleteOne, deleteMany 함수

지정한 조건에 맞는 도큐먼트를 찾아 삭제합니다. deleteOne 함수는 조건에 맞는 첫 번째 도큐먼트만 삭제하고, deleteMany 함수는 조건에 맞는 모든 도큐먼트를 삭제합니다. 예를 들어 다음 코드는 name: 'Kim' 조건에 맞는 도큐먼트를 찾아 모두 삭제합니다.

```
Contact.deleteMany( { name: 'Kim' } )
```

### findById 함수

아이디값을 기준으로 도큐먼트를 찾습니다. 예를 들어 다음 코드는 아이디가 '12345'인 도큐먼트를 찾습니다.

```
Contact.findById('12345')
```

### findByIdAndUpdate, findByIdAndDelete 함수

함수 이름에서 예상할 수 있듯이 id를 이용해 도큐먼트를 검색한 후 수정하거나 삭제합니다. findByIdAndUpdate 함수는 인자 2개를 사용하는데 첫 번째 인자는 도큐먼트를 찾는 아이디값이고 두 번째 인자는 수정할 내용이 담긴 객체입니다. 예를 들어 다음 코드는 Contact 데이터베이스에서 id값을 기준으로 자료를 찾아서 name과 email, phone 값을 수정하는 것입니다.

```
Contact.findByIdAndUpdate(
    id,
    { name, email, phone },
);
```

findByIdAndDelete 함수에는 삭제할 id만 지정하면 됩니다. 예를 들어 다음 코드는 요청 파라미터에 있는 id값(req.params.id)을 기준으로 자료를 찾아서 삭제하는 코드입니다.

```
Contact.findByIdAndDelete(req.params.id);
```

도큐먼트를 수정하거나 삭제할 때는 findById 함수를 사용해서 도큐먼트를 검색한 후 수정하거나 삭제할 수도 있고, findByIdAndUpdate 함수나 findByIdAndDelete 함수를 사용해서 한 번에 처리할 수도 있습니다. 예를 들어 findById 함수를 사용해서 도큐먼트를 수정한다면 오른쪽 과정을 거칩니다.

하지만 findByIdAndUpdate 함수를 사용한다면 다음처럼 간단히 한 번에 끝나죠.

> findByIdAndUpdate(id)로 검색해서 수정

그렇다면 굳이 findById를 사용할 필요가 있을까요? findById를 사용하면 먼저 도큐먼트를 검색하므로 수정하거나 삭제하기 전에 도큐먼트의 유효성을 검사하는 것처럼 다른 작업을 추가할 수 있습니다. findByIdAndUpdate나 findByIdAndDelete는 모든 과정을 한 번에 처리하므로 중간에 다른 작업을 할 수 없습니다.

이 외에도 데이터베이스 모델과 관련해서 몽구스에서 제공하는 함수는 아주 많습니다. 함수 전체를 살펴보려면 몽구스의 공식 문서(https://mongoosejs.com/docs/api/model.html)를 참고하세요.

### Do it! 실습 ▶ 데이터베이스에 연락처 추가하기

준비 controllers\contactController.js    결과 비교 results\controllers\contactController-2.js

몽고DB 사이트에서 만든 contacts 컬렉션에는 아직 도큐먼트가 없습니다. POST 방식으로 요청해서 새로운 연락처를 추가해 보겠습니다.

**1.** contactController.js 파일의 createContact 함수를 보면 처리에 성공했을 때 간단하게 'Create Contacts'라는 메시지만 보여 줍니다. 데이터베이스 모델을 연결해서 사용해야 하므로 컨트롤러 위쪽에 모델을 정의한 파일인 models/contactModel을 가져오는 코드를 추가합니다.

**Do it! 코딩해 보세요!**    • controllers\contactController.js

```
const asyncHandler = require("express-async-handler");
const Contact = require("../models/contactModel");

// @desc Get all contacts
// @route GET /contacts

const getAllContacts = asyncHandler(async (req, res) => {
  res.status(200).send("Contacts Page");
});
```

**2.** 데이터베이스 모델에서 새로운 자료를 만드는 함수는 create입니다. req.body에서 넘겨받은 name과 email, phone 정보를 Contact 모델에 추가하는 코드를 작성합니다.

**Do it! 코딩해 보세요!** • controllers\contactController.js

```
(... 생략 ...)
// @desc Create a contact
// @route POST /contacts
const createContact = asyncHandler(async (req, res) => {
console.log(req.body);
    const { name, email, phone } = req.body;
    if (!name || !email || !phone) {
      return res.status(400).send("필수값이 입력되지 않았습니다.");
    }
    const contact = await Contact.create({
      name,
      email,
      phone,
    });
    res.status(201).send("Create Contacts");
});
```

> 다음처럼 1줄로 작성할 수도 있습니다.
> const contact = await Contact.create({name, email, phone});

**3.** 서버를 실행한 후 선더 클라이언트에서 POST 요청을 해보겠습니다. 요청 방식은 POST로, 요청 URL은 localhost:3000/contacts로 지정한 후 [Body] 탭을 클릭해서 자료를 입력합니다. 앞에서 만들었던 스키마에 맞춰 정보를 입력해 보세요. 입력을 모두 마치면 [Send]를 클릭합니다.

**4.** VS Code의 터미널 창에는 req.body의 내용이 표시되고 선더 클라이언트 화면에는 방금 추가한 내용이 표시됩니다.

**5.** VS Code에서 데이터베이스 확인하기

데이터베이스에도 제대로 저장되었을까요? VS Code의 왼쪽 사이드 바에서 ◆를 클릭해 MongoDB 창을 엽니다. 데이터베이스에 계속 연결된 상태라면 클러스터 이름을 마우스 오른쪽 버튼으로 클릭한 후 [Refresh]를 선택합니다.

▶ 데이터베이스에 연결되어 있지 않다면 클러스터 이름을 마우스 오른쪽 버튼으로 클릭하고 [Connect]를 선택합니다.

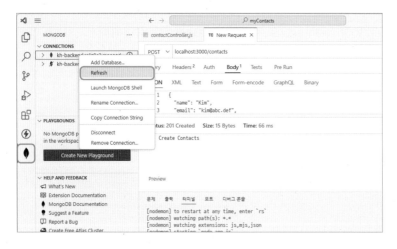

**6.** [myContacts → contacts]를 차례로 따라가 보면 Documents라는 항목이 생겼고 옆에 숫자 1이 표시되어 있을 것입니다. 도큐먼트가 1개 있다는 뜻입니다. 항목을 열면 긴 문자열

이 있는데 도큐먼트의 id에 해당하는 값입니다. id 부분을 클릭하세요. 방금 POST 방식을 이용해서 서버로 넘긴 내용이 저장되어 있을 것입니다. 도큐먼트에는 각각 id값이 자동으로 생기고 08-4절에서 스키마를 만들 때 timestamps:true로 지정했으므로 도큐먼트가 만들어진 시각과 수정한 시각이 함께 저장됩니다.

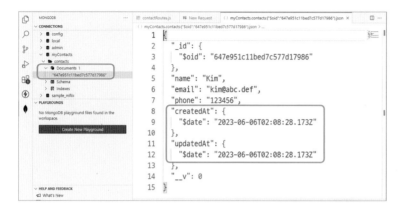

### 7. 몽고DB 사이트에서 데이터베이스 확인하기

몽고DB 사이트에서도 확인할 수 있습니다. 몽고DB 사이트에 접속해서 연결된 클러스터 이름을 클릭해 클러스터 화면이 나타나면 [Collections] 탭을 클릭합니다.

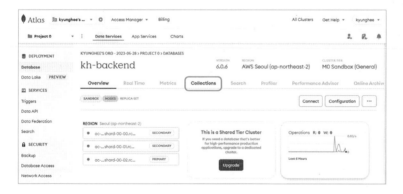

**8.** 데이터베이스 목록에서 [myContacts → contacts]를 차례로 선택하면 contacts 컬렉션에 있는 도큐먼트를 볼 수 있습니다. 이렇게 몽고DB 사이트에서 데이터베이스 내용을 확인할 수도 있지만, 여러 프로그램을 왔다 갔다 하면 번거로우니 앞에서 설명한 대로 MongoDB for VS Code 확장으로 VS Code 안에서 직접 확인하는 방법이 좋습니다.

**9.** 선더 클라이언트에서 자료를 2, 3개 추가해 보세요.

**10.** MongoDB 확장에서 데이터베이스에 잘 추가되었는지 확인하는 것도 잊지 마세요. 데이 터베이스를 새로 고침 하면 contacts 컬렉션에 도큐먼트 개수가 늘어나 있을 것입니다. 그리 고 Documents 폴더 안에 있는 아이디를 클릭하면 해당 자료를 볼 수 있습니다.

▶ 데이터베이스를 새로 고침 하려면 데이터베이스 연결 주소를 마우스 오른쪽 버튼으로 클릭한 후 [Refresh]를 선택합니다.

**준비** controllers\contactController.js **결과 비교** results\controllers\contactController-3.js

데이터베이스에 자료를 만들었으니 이제는 내용을 가져올 수 있겠죠? 연락처 정보 전체를 가져오는 방법과 특정 조건에 맞는 자료만 가져오는 방법을 함께 살펴보겠습니다.

### 1. 전체 자료 가져오기

contactController.js 파일의 getAllContacts 함수에 find 함수를 사용해서 데이터베이스 자료를 가져오는 코드를 추가합니다. find.함수는 조건 없이 사용하면 모든 자료를 다 가져옵니다. 비동기로 처리를 할 것이므로 await를 붙이는 것도 잊지 마세요. 그리고 가져온 자료를 화면에 표시하기 위해 send(contacts)로 수정합니다.

▶ async, await을 사용한 비동기 처리 방법을 알고 싶다면 05-4절을 참고하세요.

---

**Do it! 코딩해 보세요!** • controllers\contactController.js

```
(... 생략 ...)
// @desc Get all contacts
// @route GET /contacts

const getAllContacts = asyncHandler(async (req, res) => {
  const contacts = await Contact.find();
  res.status(200).send(contacts);
});
```

---

**2.** 제대로 동작하는지 확인해 볼까요? 선더 클라이언트에서 localhost:3000/contacts라고 입력한 후 요청 방식을 GET으로 선택합니다. [Send]를 클릭해 보세요.

**3.** 데이터베이스에 있는 도큐먼트를 모두 가져와서 화면에 표시합니다.

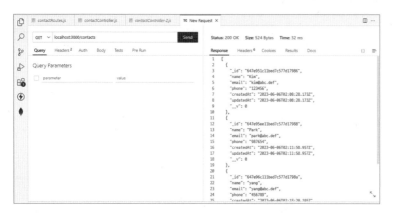

### 4. 특정 조건에 맞는 연락처 가져오기 — findById 함수

몽구스의 findById 함수나 findOne 함수를 사용하면 특정 조건에 맞는 연락처만 가져올 수 있습니다. 컨트롤러의 getContact 함수는 /contacts/:id처럼 요청 URL에 포함된 id값에 해당하는 연락처를 찾는 함수였죠? getContact 함수의 코드를 다음과 같이 수정합니다.

**Do it! 코딩해 보세요!**
• controllers\contactController.js

```
(... 생략 ...)

// @desc Get contact
// @route GET /contacts/:id
const getContact = asyncHandler(async (req, res) => {
    const contact = await Contact.findById(req.params.id);
    res.status(200).send(contact);
});
(... 생략 ...)
```

**5.** 선더 클라이언트에서 결과를 확인해 보겠습니다. 도큐먼트의 id값은 기억하기 어려우니 복사해서 사용하는 것이 좋습니다. 선더 클라이언트 화면에 표시된 도큐먼트 중에서 원하는 도큐먼트의 id값을 선택해서 복사합니다. 여기에서는 첫 번째 도큐먼트의 id값을 복사하겠습니다.

▶ 도큐먼트 내용이 화면에 보이지 않는다면 2번, 3번 단계를 다시 실행해서 데이터베이스의 도큐먼트를 모두 가져온 후에 따라 하세요.

**6.** 요청 URL에 localhost:3000/contacts/까지 입력하고 복사한 id값을 붙여 넣습니다. 요청 방식이 GET인지 확인하고 [Send]를 클릭합니다. 방금 id를 복사했던 도큐먼트가 화면에 표시될 것입니다. 이렇게 id값을 사용하면 특정 연락처를 가져올 수 있습니다.

---

**한 걸음 더!  특정 조건에 맞는 연락처 가져오기 — findOne**

도큐먼트에는 id뿐만 아니라 name과 email, phone 필드가 있죠? 이런 필드의 값을 사용해서 값을 가져오도록 지정할 수도 있습니다. 예를 들어 name 속성값을 사용해서 도큐먼트를 찾는다면 요청 URL의 끝에 이름을 넣습니다. 앞에서 작성한 코드를 다음과 같이 수정합니다.

**Do it! 코딩해 보세요!**　　　　　　　　　　• controllers\contactController.js

```
(... 생략 ...)

// @desc Get contact
// @route GET /contacts/:id
const getContact = asyncHandler(async (req, res) => {
  const name = req.params.id;
  const contact = await Contact.findOne({ name: name });
  res.status(200).send(contact);
});
(... 생략 ...)
```

선더 클라이언트에서 요청 URL의 끝에 여러 도큐먼트 name 가운데 하나를 입력하고 GET 방식인 상태에서 [Send]를 클릭합니다. 예를 들어 localhost:3000/contacts/Park이라고 입력하면 name: "Park"인 도큐먼트를 찾습니다.

**준비** controllers\contactController.js **결과 비교** results\controllers\contactController-4.js

데이터베이스에 저장된 자료는 필요할 때 수정할 수도 있습니다. findById 함수로 자료를 찾은 후 내용을 수정하면 되는데, 이때 수정한 내용은 save 함수를 사용해서 저장해야 합니다.

**1.** 자료를 수정하는 함수는 컨트롤러에 updateContact라는 이름으로 만들어 두었죠? updateContact 함수에서 기존 코드를 삭제한 후 다음 코드를 작성합니다. 데이터베이스에 저장된 자료 중 일부 내용을 수정하려면 데이터베이스로 값을 넘겨줘야 하는데 이 값은 req. body에 담겨 있습니다. req.body에 담겨 있는 값은 각각 name과 email, phone 변수로 할당합니다. 그리고 id값을 사용해 찾아낸 자료는 contact라는 변수로 할당합니다.

▶ req.body를 다루는 방법이 기억나지 않는다면 06-3절을 참고하세요.

**Do it! 코딩해 보세요!** • controllers\contactController.js

```
(... 생략 ...)

// @desc Update contact
// @route PUT /contacts/:id
const updateContact = asyncHandler(async (req, res) => {
  res.status(200).send(`Update Contact for ID: ${req.params.id}`);
  const id = req.params.id;
  const { name, email, phone } = req.body;
  const contact = await Contact.findById(id);
  if (!contact) {
    res.status(404);
    throw new Error("Contact not found");
  }

});
(... 생략 ...)
```

**2.** req.body에 담겨서 전달된 새로운 값을 contact에 적용해서 수정합니다. 그리고 save 함수를 사용해 수정된 자료를 다시 데이터베이스에 저장합니다. 선더 클라이언트 화면에서도 확인할 수 있도록 마지막 코드도 수정합니다.

```
Do it! 코딩해 보세요!                                    • controllers\contactController.js

(... 생략 ...)

// @desc Update contact
// @route PUT /contacts/:id
const updateContact = asyncHandler(async (req, res) => {
  const id = req.params.id;
  const { name, email, phone } = req.body;
const contact = await Contact.findById(id);
if (!contact) {
    res.status(404);
    throw new Error("Contact not found");
  }

  // 수정
  contact.name = name;
  contact.email = email;
  contact.phone = phone;

  // 저장
  contact.save();

  res.status(200).json(contact);
});
(... 생략 ...)
```

**3.** 선더 클라이언트에서 GET 방식으로 localhost:3000/contacts를 요청하면 모든 연락처 정보를 가져올 수 있습니다. 화면에 표시된 도큐먼트 중에서 수정하고 싶은 도큐먼트의 id값을 복사합니다. 여기에서는 마지막 도큐먼트의 id를 복사했고 이 도큐먼트의 name을 다른 값으로 수정하려고 합니다.

**4.** 요청 URL 뒤에 방금 복사한 id를 붙여 넣고 요청 방식을 PUT으로 선택합니다. 아직 [Send]를 클릭하지 마세요. 어떤 값을 바꿀지 지정해야 하거든요. [Body] 탭을 누른 후 바꿀 내용을 입력합니다. 여기에서는 name과 email을 바꿔 보겠습니다. 내용을 모두 바꾸었으면 [Send]를 클릭합니다.

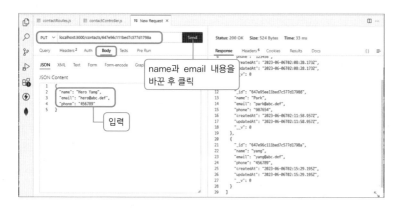

**5.** id값에 해당하는 연락처에서 name과 email이 수정된 것을 볼 수 있습니다.

**6.** 데이터베이스에도 잘 저장되었을까요? 선더 클라이언트에서 요청 방식은 GET을 선택하고 요청 URL을 localhost:3000/contacts로 입력한 후 [Send]를 클릭해 보세요. 선택한 도큐먼트의 name과 email이 수정된 상태로 데이터베이스에 저장되었고, 도큐먼트의 updatedAt 부분에는 수정한 시간까지 저장된 것을 볼 수 있습니다.

---

**Do it! 실습** ▶ **데이터베이스에서 연락처 수정하기 — findByIdAndUpdate 함수 사용**

---

**준비** controllers\contactController.js **결과 비교** results\controllers\contactController-5.js

몽구스에는 id값으로 자료를 찾은 후 수정까지 한 번에 처리하는 findByIdAndUpdate 함수도 있습니다. findById만 사용할 경우에는 특정 정보를 가져와서 수정한 후에 save 함수를 직접 사용해서 저장해야 합니다. 그래서 수정한 정보를 저장하기 전에 다른 작업을 추가할 수도 있죠. 하지만 findByIdAndUpdate 함수는 수정과 저장을 한꺼번에 처리합니다.

**1.** updateContact 함수에서 findById 함수를 사용한 코드 중 처음에 변수를 선언한 부분만을 제외하고 모두 삭제합니다.

**Do it! 코딩해 보세요!** • controllers\contactController.js

```
// @desc Update contact
// @route PUT /contacts/:id
const updateContact = asyncHandler(async (req, res) => {
  const id = req.params.id;
  const { name, email, phone } = req.body;
  const contact = await Contact.findById(id);
  if (!contact) {
```

```
      res.status(404);
      throw new Error("Contact not found");
    }
    // 수정
    contact.name = name;
    contact.email = email;
    contact.phone = phone;

    // 저장
    contact.save();

    res.status(200).json(contact);
});
```

**2.** findByIdAndUpdate 함수를 사용해서 다음처럼 코드를 작성합니다. 이 함수는 원래 수정하기 전의 도큐먼트를 반환합니다. 만일 수정한 결과를 화면에 보여 주고 싶다면 수정한 후의 도큐먼트를 반환해야겠죠? 그럴 때는 findByIdAndUpdate 함수 안에 { new : true }를 추가합니다.

**Do it! 코딩해 보세요!** • controllers\contactController.js

```
// @desc Update contact
// @route PUT /contacts/:id
const updateContact = asyncHandler(async (req, res) => {
  const id = req.params.id;
  const { name, email, phone } = req.body;
  const updatedContact = await Contact.findByIdAndUpdate(
    id,
    { name, email, phone },
    { new: true }
  );
  res.status(200).send(updatedContact);
});
```

**3.** 제대로 동작하는지 확인해 보겠습니다. 선더 클라이언트에서 GET 방식으로 localhost:3000/contacts를 요청해서 모든 도큐먼트를 가져온 후 수정하고 싶은 도큐먼트의 id값을 복사합니다.

**4.** 요청 URL 뒤에 방금 복사한 id를 붙여 넣고 요청 방식을 PUT으로 선택합니다. 그리고 [Body] 탭을 누른 후 바꿀 내용을 입력하고 [Send]를 클릭합니다.

**5.** 코드에서 { new : true }를 사용했으므로 결과 화면에는 수정한 내용이 표시됩니다. GET 방식으로 localhost:3000/contacts를 요청하면 데이터베이스에도 수정한 내용이 저장된 것을 볼 수 있습니다.

준비 controllers\contactController.js    결과 비교 results\controllers\contactController-6.js

데이터베이스에 저장된 자료를 삭제할 때도 findById 함수와 deleteOne 함수를 함께 사용하거나 findByIdAndDelete 함수 하나만 사용할 수도 있습니다. 수정할 때와 마찬가지로 findById를 사용하면 id를 사용해서 도큐먼트를 찾을 수 있고 그 도큐먼트에 추가 작업을 할 수도 있습니다.

**1.** findById 함수와 deleteOne 함수를 사용해 도큐먼트 삭제하기

contactController.js 파일에서 도큐먼트를 삭제하려면 deleteContact 함수를 사용하는데 기존 코드 앞에 새로운 코드를 추가하면 됩니다. 이 코드에서는 findById 함수를 사용해 도큐먼트를 찾고 deleteOne 함수를 사용해 검색한 도큐먼트를 삭제합니다.

▶ find 함수를 사용해 조건에 맞는 여러 도큐먼트를 검색할 경우에는 deleteMany 함수를 사용해서 여러 도큐먼트를 한꺼번에 삭제할 수 있습니다.

---

**Do it! 코딩해 보세요!** • controllers\contactController.js

```
(... 생략 ...)

// @desc Delete contact
// @route DELETE /contacts/:id
const deleteContact = asyncHandler(async (req, res) => {
  const contact = await Contact.findById(req.params.id);
  if (!contact) {
    res.status(404);
    throw new Error("Contact not found");
  }
  await Contact.deleteOne();
  res.status(200).send(`Delete Contact for ID: ${req.params.id}`);
});
(... 생략 ...)
```

---

**2.** 제대로 동작하는지 확인해 보겠습니다. 선더 클라이언트에서 GET 방식으로 localhost: 3000/contacts를 요청해서 모든 도큐먼트를 가져온 후 삭제할 도큐먼트의 id값을 복사합니다. 여기에서는 도큐먼트를 3개 만들었고 그중에서 첫 번째 도큐먼트의 id를 복사하겠습니다.

**3.** 요청 URL 뒤에 방금 복사한 id를 붙여 넣고 요청 방식을 DELETE으로 선택한 후 [Send]를 클릭합니다. 도큐먼트를 삭제하는 데 성공했다면 선더 클라이언트 화면에 메시지가 표시될 것입니다.

**4.** GET 방식으로 localhost:3000/contacts로 요청하면 데이터베이스에서 도큐먼트가 하나 삭제된 것을 확인할 수 있습니다.

# 09 마무리 문제

> 지금까지 공부한 내용을 떠올려 보면서 다음 문제를 해결해 보세요.

**Q1** 익스프레스에서 라우트를 정의할 때 사용하는 메서드에는 어떤 것이 있나요?

① GET, POST, PUT, DELETE

② FETCH, POST, UPDATE, DELETE

③ GET, SEND, UPDATE, DELETE

④ RECEIVE, POST, MODIFY, REMOVE

해답 ①

**Q2** 익스프레스를 사용하여 GET 방식으로 요청한 요청 파라미터의 name값을 화면에 출력하는 코드를 작성하세요. 요청 경로는 /hello를 사용합니다.

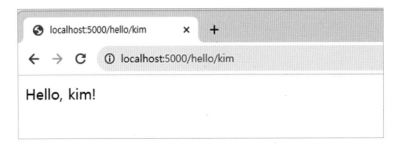

**힌트**

① 포트 번호는 어떤 것을 사용해도 됩니다.

② /hello 경로로 GET 요청을 할 때 name 파라미터를 사용하겠다면 라우트 코드에서 요청 경로를 /hello/:name처럼 사용해야 합니다.

③ 웹 브라우저나 선더 클라이언트에서 요청할 때 localhost:5000/hello/kim처럼 요청합니다.

문제 quiz\quiz-09-2.js   해답 quiz\sol-09-2.js

**Q3** 익스프레스에서 PUT 메서드를 사용하여 이름이 john인 사용자의 나이(age)를 업데이트하는 라우트를 작성하려고 합니다. 코드에서 빈칸을 채우세요.

```
let users = { john: { age: 30 } };

app.put("/updateAge", (req, res) => {
  if (users.john) {
    users.john.age =                  ;
    res.send(`원래 값: $               , 수정된 값 : $               `);
  }
});
```

**힌트**
① 사용자의 나이는 요청 본문에 담겨서 전송됩니다. (req.body.age)

해답 quiz\sol-09-3.js

셋째
마당

# 웹 애플리케이션
# 완성하기

지금까지 노드와 익스프레스, 몽고DB의 기본 사용법을 알아보고 데이터베이스 자료를 새로 만들어 수정·삭제하는 API, 즉 CRUD를 만들어 보았습니다. 여기에서는 API와 브라우저를 연결해서 애플리케이션을 만들어 볼 것입니다.

브라우저 화면 부분은 프런트엔드 개발에 속하므로 화면을 보기 좋게 꾸미는 데 집중하기보다 애플리케이션 기능을 중심으로 살펴보기 바랍니다. 프런트엔드와 백엔드를 모두 개발하는 풀스택<sup>full-stack</sup> 개발자를 꿈꾼다면 여기에서 제공하는 화면 대신 브라우저 화면을 직접 구상한 후 따라 해보는 것을 추천합니다.

# 10

# 템플릿 엔진으로
# 인터페이스 만들기

이 장에서 공부할 내용은 API를 위한 사용자 인터페이스<sup>UI</sup>를 만드는 것입니다. MVC 패턴에서 V<sup>view</sup>에 해당하는 부분이죠. 사용자 인터페이스는 백엔드보다 프런트엔드에 가까워서 API를 개발할 때 프런트엔드 개발 팀과의 협업이 필요합니다. 하지만 간단한 화면이라면 직접 작성할 수도 있고 부트스트랩<sup>Bootstrap</sup> 같은 CSS 프레임워크의 도움을 받을 수도 있습니다. 여기에서는 미리 만들어 놓은 HTML 파일과 CSS 파일을 사용해 볼 것입니다. 백엔드 개발에서 인터페이스를 어떻게 처리하는지 함께 알아보겠습니다.

# 10-1 | 템플릿 엔진

09장까지 API를 만드는 방법을 살펴봤습니다. 백엔드 개발의 대부분은 API를 만드는 것이라고 할 수 있는데, 이 API를 사용해 애플리케이션을 만들려면 사용자 인터페이스가 필요합니다. 우선 템플릿 엔진이 필요없는 정적인 파일을 라우트에서 처리하는 방법을 살펴보고, 동적인 파일을 라우트에 연결할 때 사용하는 템플릿 엔진이 무엇인지 알아보겠습니다.

> **Do it! 실습** 결과 창에 HTML, CSS 사용하기

> **준비** controllers\contactController.js   **결과 비교** results\controllers\contactController-7.js

지금까지 작성한 컨트롤러에서는 데이터베이스에 자료를 추가하고 난 후 Create Contacts 라는 간단한 텍스트를 표시했습니다. 이 텍스트를 수정해서 마크업과 스타일을 추가해 보겠습니다.

▶ 여기서부터 실습하고 싶다면 results\controllers\contactController-6.js의 코드를 controllers\contactController.js로 복사해 저장한 후 따라 하세요.

**1.** contactController.js 코드 중에서 모든 연락처를 가져오는 getAllContacts 함수를 찾아서 다음과 같이 수정합니다. HTML 태그와 함께 텍스트를 표시하도록 했습니다.

> **Do it! 코딩해 보세요!** • controllers\contactController.js

```
(... 생략 ...)
// @desc Get all contacts
// @route GET /contacts
const getAllContacts = asyncHandler(async (req, res) => {
  const contacts = await Contact.find();
  res.status(200).send("<h1 style='color:green'>Contacts Page</h1>");
});
```

**2.** 방금 수정한 코드는 태그와 스타일이 포함되어 있으므로 웹 브라우저에서 확인해야 합니다. 웹 브라우저를 열고 주소 표시줄에 localhost:3000/contacts라고 입력해 보세요. 1단계 제목 크기의 초록색 글자가 표시될 것입니다. 간단한 태그나 스타일을 적용한다면 res.send 함수에서 태그를 직접 사용하면 됩니다.

**Do it! 실습** ▶ 정적인 파일로 응답하기

**준비** controllers\contactController.js　**결과 비교** results\controllers\contactController-8.js

응답 결과를 HTML 파일로 라우팅할 수도 있습니다. 정적인 파일이란 내용이 바뀌지 않는 파일을 말합니다. 여기에서는 앞에서 초록색 텍스트로 나타낸 부분을 assets/getAll.html 파일을 가져와서 보여 주는 코드로 변경해 보겠습니다.

**1.** contactController.js 코드 중 getAllContacts 함수에서 태그를 사용했던 코드를 삭제합니다.

```
Do it! 코딩해 보세요!                                 • controllers\contactController.js

(... 생략 ...)
// @desc Get all contacts
// @route GET /contacts
const getAllContacts = asyncHandler(async (req, res) => {
  const contacts = await Contact.find();
  res.status(200).send("<h1 style='color:blue'>Contacts Page</h1>");
});
```

**2.** 파일을 연결하기 위해 맨 위쪽에 path를 임포트하는 코드를 추가합니다. 그리고 getAll. html 파일이 assets 폴더에 있으므로 다음처럼 파일 경로 코드를 추가합니다. __dirname은 현재 폴더 위치를 가져오는 글로벌 변수인 것 기억하시죠?

▶ ../assets은 현재 폴더(controller 폴더)의 상위 폴더로 이동한 후 다시 assets이라는 하위 폴더로 이동한다는 뜻입니다.

```
const asyncHandler = require("express-async-handler");
const Contact = require("../models/contactModel");
const path = require("path");

// @desc Get all contacts
// @route GET /contacts
const getAllContacts = asyncHandler(async (req, res) => {
  const contacts = await Contact.find();
  const filePath = path.join(__dirname, "../assets", "getAll.html");
});
```

**3.** 지금까지는 res.send 함수를 사용해서 결과를 표시했지만 정적인 파일을 연결할 때는 res. sendFile 함수를 사용합니다. 앞에서 만든 filePath에 저장된 파일을 지정하는 코드를 추가합니다.

```
(... 생략 ...)
const getAllContacts = asyncHandler(async (req, res) => {
  const contacts = await Contact.find();
  const filePath = path.join(__dirname, "../assets", "getAll.html");
  res.sendFile(filePath);
});
```

**4.** 선더 클라이언트에서 localhost:3000/contacts 경로로 GET 요청을 보내 보세요. getAll. html 파일의 코드가 나타납니다. 파일이 제대로 라우팅되었다는 뜻입니다. 코드 아래에 있는 [Preview]를 클릭해 보세요.

**5.** getAll.html이 웹 브라우저에 표시되는 대로 보여 줍니다. 하지만 이 파일에는 CSS가 포함되어 있어서 스타일을 제대로 다 보여 주지 못하는군요. 이럴 경우에는 웹 브라우저로 확인하면 됩니다.

▶ 선더 클라이언트에서 사각형으로 표시된 부분은 웹 폰트 아이콘입니다.

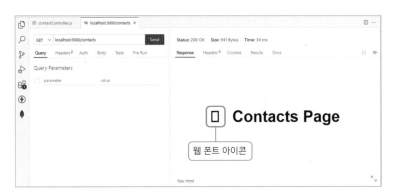

**6.** 웹 브라우저 창에서 localhost:3000/contacts로 접속해 보세요. getAllContacts 함수에서 연결한 getAll.html 파일이 제대로 동작하는 것을 볼 수 있습니다. 뷰와 관련한 파일에는 HTML 태그와 스타일이 포함되어 있어서 웹 브라우저로 확인하는 것이 좋습니다.

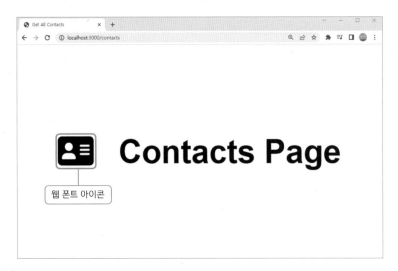

## 템플릿 엔진이란

앞에서 살펴본 것처럼 라우트 코드에서 정적인 파일을 연결하는 것은 어렵지 않습니다. 하지만 대부분의 웹 사이트나 애플리케이션은 사용자의 동작에 반응해서 서버에서 자료를 가져와 바뀐 내용을 보여 주어야 합니다. 이렇게 내용이 동적으로 바뀌는 것을 처리할 때 사용하는 것이 템플릿 엔진입니다.

## 정적인 콘텐츠와 동적인 콘텐츠

온라인 쇼핑몰을 예로 들어 보겠습니다. 쇼핑몰 사이트를 만들려면 아주 많은 작업을 해야 하지만 간단하게 화면에 상품 정보를 표시하는 경우만 생각해 보죠. 쇼핑몰에서 판매하는 상품 종류가 100개라면 각 상품을 클릭할 때마다 해당하는 상품 정보를 보여 줘야겠죠? 정적인 콘텐츠를 사용한다면 상품 정보 100개를 100개의 HTML 파일로 만들어서 연결해야 합니다. 그런데 상품 종류가 1,000개 아니 10,000개라면 어떻게 해야 할까요? 구현하기도 어렵고 효율적이지도 않습니다. 상품 정보는 같은 레이아웃을 사용하고 상품 이름이나 가격 정보 등 실제 내용만 다를 뿐이니까요. 이럴 때 상품 정보 페이지의 템플릿을 만들어 놓고 데이터베이스에서 내용을 가져와 채워 넣으면 구현하기가 훨씬 쉽습니다. 템플릿은 하나이지만 데이터베이스에서 어떤 내용을 가져오는지에 따라 상품 정보는 100개든 1,000개든 화면에 얼마든지 보여 줄 수 있습니다. 이것을 **동적인 콘텐츠**dynamic contents라고 합니다.

## 템플릿 파일과 템플릿 엔진

데이터베이스에서 가져온 데이터 중 어떤 값을 어느 위치에 넣을지 미리 틀을 만들어 놓은 것을 **템플릿 파일**이라고 합니다. 여러 템플릿 파일을 만들고 데이터베이스에서 가져온 동적인 데이터를 템플릿 파일에 연결해 주는 역할을 하는 것이 **템플릿 엔진**입니다.

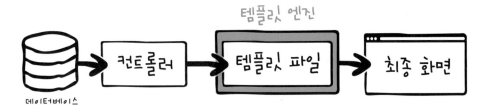

템플릿 파일과 템플릿 엔진

템플릿 파일은 HTML 문서와 비슷한데, 문서에서 동적으로 내용이 바뀌는 부분에 표시를 한 것입니다. 예를 들어 EJS 엔진을 사용한다면 상품 이름이 들어갈 자리에 〈%= productname %〉처럼 작성합니다. 이렇게 작성해 두고 서버에서 필요한 상품 이름을 가져와 그 자리에 표시합니다. 템플릿 엔진을 이용하면 사용자마다 선택한 콘텐츠를 보여 줄 수 있고 자료와 템플릿을 분리하므로 유지 관리하기도 쉬워지죠.

▶ EJS는 Embedded Javascript의 줄임말로 내장형 자바스크립트라는 뜻입니다.
▶ 프런트엔드도 개발할 수 있다면 템플릿 엔진 대신 리액트<sup>React</sup>나 뷰<sup>Vue</sup>를 사용해도 됩니다.

## 자주 사용하는 템플릿 엔진

노드에서 사용하는 템플릿 엔진은 여러 가지 있는데 자주 사용하는 엔진을 정리해 보았습니다. 특정 엔진이 더 뛰어나거나 편리하다고 얘기할 수는 없지만 여기에서 소개하는 EJS나 퍼그<sup>Pug</sup>, 핸들바<sup>Handlebars</sup>가 인기가 많습니다. 데이터베이스에서 연락처 정보를 가져와 화면에 표시한다고 가정하고 각 엔진의 템플릿 파일을 비교해 보겠습니다.

• EJS: HTML 문법과 비슷하므로 기존 HTML 파일을 수정해서 사용할 수 있습니다. 자바스크립트 코드를 HTML 템플릿 안에 포함해서 동적인 내용을 만듭니다.

```
<h1>User Information</h1>
<p>Name: <%= user.name %></p>
<p>Email: <%= user.email %></p>
<p>Phone: <%= user.phone %></p>
```

• 퍼그: 들여쓰기를 기반으로 하는 문법을 사용해서 HTML 구조를 만듭니다. 코드가 간단하여 읽기도 쉽죠. 하지만 HTML 문법과 크게 달라서 문법을 따로 익혀야 합니다.

▶ 퍼그는 예전에 제이드<sup>Jade</sup>라는 이름으로 불렀습니다.

```
h1 User Information
p Name: #{user.name}
p Email: #{user.email}
p Phone: #{user.phone}
```

• 핸들바: 이해하기 쉽고 간단한 문법을 사용합니다. 중괄호와 겹중괄호를 사용하여 템플릿에 변수를 삽입합니다.

```
<h1>User Information</h1>
<p>Name: {{user.name}}</p>
<p>Email: {{user.email}}</p>
<p>Phone: {{user.phone}}</p>
```

# 10-2 | EJS 엔진 살펴보기

여기에서는 여러 템플릿 엔진 중에서 EJS 엔진을 사용할 것입니다. EJS 엔진은 템플릿 파일 안에서 동적인 콘텐츠 부분을 자바스크립트로 처리합니다. 먼저 EJS 엔진의 기본 문법을 사용하는 방법부터 공부해 보겠습니다.

## 뷰 엔진 설정하기

뷰 엔진은 앞에서 설명한 템플릿 엔진과 같은 말입니다. MVC 중에서 뷰<sup>View</sup>를 구현할 때 사용하는 엔진이어서 이런 이름이 붙었습니다. 노드에서는 앞으로 어떤 템플릿 엔진을 사용할 것인지 view engine이라는 속성과 views 속성을 사용해서 서버에게 알려 줍니다. 이때 set 함수를 사용합니다. set 함수는 '키'와 '값'이라는 매개변수 2개를 사용합니다. '키'는 설정하려는 항목의 이름이고 '값'은 설정값입니다.

| 기본형 | app.set(*키*, *값*) |
|---|---|

EJS를 사용할 때 자주 사용하는 키 이름과 값은 다음과 같습니다.

### view engine

뷰에서 사용할 템플릿 엔진을 설정합니다. 예를 들어 EJS를 사용한다면 다음과 같이 설정합니다.

```
app.set("view engine", "ejs")
```

이렇게 설정해 두면 익스프레스는 확장자가 .ejs인 파일을 템플릿 파일로 인식합니다.

### views

템플릿 엔진이 템플릿 파일을 어디에서 찾을지 경로를 설정합니다. EJS 엔진을 사용하면 템플릿 파일은 views 폴더에 저장하는 것이 기본입니다 다음과 같이 설정하면 템플릿 파일이 views 폴더에 위치한다고 알려 줍니다.

▶ 템플릿 파일은 다른 위치로 지정해도 되지만 views 폴더를 사용하는 것을 추천합니다.

```
app.set("views", "./views")
```

이 외에 사용할 수 있는 키가 궁금하다면 익스프레스 공식 사이트(https://expressjs.com/en/5x/api.html#app.set)를 참고하세요.

---

**Do it! 실습** ▶ **패키지 설치 및 뷰 엔진 설정하기**

**준비** app.js **결과 비교** results\app-12.js

EJS 엔진을 사용하려면 먼저 EJS 패키지를 설치해야 합니다. 그리고 앞으로 뷰를 표현할 템플릿 엔진으로 EJS를 사용하겠다고 서버에게 알려 주어야 하죠. 이 과정을 따라 해보겠습니다.

**1.** VS Code 터미널 창에서 서버가 실행 중이라면 Ctrl+C를 눌러 종료합니다. 그리고 다음과 같이 입력해서 EJS 패키지를 설치합니다.

```
터미널
npm i ejs
```

**2.** 익스프레스에게 EJS 엔진을 사용할 것이라고 알려 줘야겠죠? app.js 파일을 열어 다음처럼 코드를 추가합니다.

**Do it! 코딩해 보세요!**  • app.js

```
const express = require("express");
const dbConnect = require("./config/dbConnect");

const app = express();
app.set("view engine", "ejs");
```

**3.** 템플릿 파일을 저장할 폴더를 만들겠습니다. VS Code의 폴더 창에서 빈 공간을 마우스 오른쪽 버튼으로 클릭하고 [새 폴더]를 선택합니다. 그리고 폴더의 이름을 views로 지정합니다.

**4.** 다시 app.js 파일로 돌아와서 템플릿 파일이 views 폴더에 있다고 알려 줍니다. 이것으로 설정은 끝났습니다.

**Do it!** 코딩해 보세요! • app.js

```js
const express = require("express");
const dbConnect = require("./config/dbConnect");


const app = express();
app.set("view engine", "ejs");
app.set("views", "./views");
```

**Do it! 실습** ▶ **연습용 템플릿 파일 만들기**

**결과 비교** results\views\getAll-1.ejs

간단한 템플릿 파일을 만들어서 EJS 문법을 연습해 보겠습니다. EJS 엔진에서 템플릿 파일은 views 폴더에 저장하고 파일 확장자는 .ejs입니다.

**1.** VS Code의 작업 폴더 창에서 views 폴더를 마우스 오른쪽 버튼으로 클릭한 후 [새 파일]을 선택합니다. 파일 이름은 getAll.ejs로 저장합니다.

**2.** EJS 엔진은 HTML 문법을 그대로 사용하므로 웹 문서처럼 템플릿 파일을 만들면 됩니다. 여기에서는 미리 만들어 둔 HTML 코드를 복사해서 사용하겠습니다. assets\getAll.html 파일을 열고 코드를 모두 선택해서 복사합니다.

▶ 이 파일은 브라우저 창에 'Contacts Page'를 표시하는 간단한 문서입니다.

**3.** 방금 만든 getAll.ejs 파일에 복사한 코드를 붙여 넣습니다.

**4.** MVC 패턴에서 뷰는 컨트롤러에 연결된다고 했지요? controllers\contactController.js 파일을 불러옵니다. 10-1절에서 getAllContacts 함수에 정적인 파일인 assets\getAll.html을 연결했는데 이제 ejs 파일을 연결해 볼 것입니다. 정적인 파일을 연결했던 코드를 삭제합니다.

**Do it! 코딩해 보세요!** • controllesr\contactController.js

```javascript
const asyncHandler = require("express-async-handler");
const Contact = require("../models/contactModel");
const path = require("path");

// @desc Get all contacts
// @route GET /contacts

const getAllContacts = async (req, res) => {
```

```
    const contacts = await Contact.find();
    const filePath = path.join(__dirname, "../assets", "getAll.html");
    res.sendFile(filePath);
};
(... 생략 ...)
```

> 정적인 파일을 연결
> 했던 코드

**5.** ejs 파일을 연결할 때는 res.render 함수를 사용합니다. ejs 파일을 렌더링하라는 뜻이죠.
이때 확장자 .ejs는 생략할 수 있습니다. 삭제한 코드 자리에 다음 코드를 추가합니다. path
모듈도 더 이상 필요하지 않으므로 삭제합니다.

**Do it! 코딩해 보세요!**
• controllesr\contactController.js

```
const asyncHandler = require("express-async-handler");
const Contact = require("../models/contactModel");
const path = require("path");

// @desc Get all contacts
// @route GET /contacts

const getAllContacts = async (req, res) => {
    const contacts = await Contact.find();
    res.render("getAll");  // views 폴더에 있는 getAll.ejs 파일 렌더링하기
};
(... 생략 ...)
```

**6.** 서버를 실행하고 웹 브라우저 창에서 localhost:3000/contacts로 요청해서 어떤 결과가
나오는지 확인해 보세요. Contacts Page라는 제목이 보이나요? 그렇다면 ejs 파일이 제대로
연결된 것입니다.

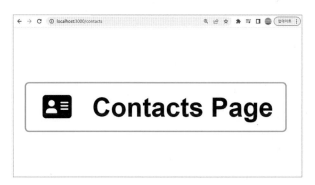

## EJS 엔진의 기본 사용법

앞에서 컨트롤러에 템플릿 파일인 getAll.ejs 파일을 연결해 보았습니다. 그런데 getAll.ejs 파일에는 동적인 콘텐츠가 없습니다. 동적인 콘텐츠를 표시할 수 있도록 컨트롤러에서 넘겨준 값을 템플릿 엔진이 받아서 브라우저 화면에 표시하는 방법을 알아보겠습니다.

### 컨트롤러에서 템플릿 파일로 값 넘기기

컨트롤러에서 템플릿 파일로 값을 넘겨줄 때는 res.render 함수를 사용합니다.

> **기본형**　　　　　**res.render(ejs *파일*, {*변수*: *전송 자료*})**

render 함수에서 첫 번째 매개변수는 연결할 ejs 파일입니다. 두 번째 매개변수는 {변수: 전송 자료} 형태입니다. 컨트롤러에서 전송 자료를 변수에 담아서 템플릿 파일로 넘기면 변수를 사용해서 화면에 표시합니다. {변수: 전송 자료} 형태는 쉼표로 구분해서 여러 개 나열할 수 있습니다. 예를 들어 getAll.ejs 파일에 User List라는 텍스트를 넘겨줄 때 heading 변수를 사용한다면 다음과 같이 작성합니다.

```
res.render("getAll", { heading: "User List" });
```

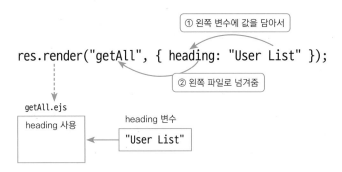

### 템플릿 파일에서 동적인 콘텐츠 처리하기

앞에서 설명했듯이 EJS는 내장형 자바스크립트이므로 EJS 템플릿에서는 컨트롤러에서 넘겨받은 값뿐만 아니라 자바스크립트 코드를 삽입할 수도 있죠. EJS에서 동적인 콘텐츠를 처리하기 위해 여러 가지 태그를 지원하는데 그중에서 자주 사용하는 태그 몇 가지만 살펴보겠습니다. EJS 태그는 반드시 %>로 닫아야 한다는 것 기억하세요.

▶ 더 많은 EJS 태그를 알고 싶다면 https://ejs.co/#docs에 접속해서 Tags 항목을 참고하세요.

먼저 〈%= %〉 태그는 다른 곳에서 받은 값을 넣을 때 사용합니다. 앞에서 예로 들었던 heading 변수가 컨트롤러에서 넘어왔다면 그 값을 표시할 때 다음과 같이 작성합니다. 그러면 코드가 있는 위치에 heading값이 표시되죠.

```
<%= heading %>
```

컨트롤러에서 받은 값을 처리할 때 반복문이나 조건문을 사용해야 한다면 자바스크립트 코드가 추가로 필요한데 이럴 때는 〈%와 %〉 사이에 넣어 줍니다.

예를 들어 컨트롤러에서 age 변수에 20이라는 숫자를 담아서 넘겼는데 템플릿 파일에서 age 값이 10보다 클 경우에만 화면에 표시한다고 가정해 보죠. 일반적인 자바스크립트 코드라면 다음과 같이 작성하면 됩니다.

```
if (age > 10) {
  // age값 표시
} else {
  // 조건에 맞지 않는다고 표시
}
```

하지만 이 코드를 EJS 파일에 삽입한다면 동적인 콘텐츠 부분과 자바스크립트 코드 부분을 구분해야 합니다. 동적인 콘텐츠가 들어가는 부분은 if 문 안에 있는 'age값 표시' 부분이죠. 그래서 앞의 코드를 EJS 파일에 삽입할 때는 다음과 같이 작성합니다. 자바스크립트에 해당하는 부분은 〈%와 %〉로 묶어 주는 것이죠.

```
<% if (age > 10) { %>
  <p>나이 : <%= age %></p>
<% } else { %>
  <p>나이가 너무 어립니다.</p>
<% } %>
```

마지막으로 〈%- %〉 태그는 HTML 코드를 넣을 때 사용합니다. 이때 HTML 코드의 결과가 아니라 HTML 태그 자체가 삽입됩니다. 그래서 웹 문서에서 반복되는 부분을 ejs 파일로 만들어 놓고 삽입할 수도 있습니다. 예를 들어 헤더 파일을 별도의 ejs 파일(include\header.ejs)로 만들었다면 include 문을 사용해 헤더 파일을 포함시킬 수 있습니다. include 문을 사용한 위치에는 include\header.ejs에 있는 HTML 태그가 그대로 삽입됩니다.

```
<%- include('include/header') %>
```

### Do it! 실습 ▶ 템플릿 파일을 이용해 동적인 콘텐츠 표시하기

준비 controllers\contactController.js, views\getAll.ejs

결과 비교 results\controllers\contactController-10.js, results\views\getAll-2.js

컨트롤러에서 넘겨주는 동적인 콘텐츠를 템플릿 파일에서 어떻게 처리하는지 알아보겠습니다.

**1.** controllers\contactController.js에서 getAllContacts 함수에 있는 코드를 다음과 같이 수정하세요. 컨트롤러에서 User List라는 텍스트를 heading이라는 변수에 담아서 getAll.ejs로 넘기라는 뜻입니다.

**Do it!** 코딩해 보세요!　　　　　　　　　　　　　　• controllers\contactController.js

```
const asyncHandler = require("express-async-handler");
const Contact = require("../models/contactModel");
const path = require("path");

// @desc Get all contacts
// @route GET /contacts

const getAllContacts = asyncHandler(async (req, res) => {
  const contacts = await Contact.find();
  res.render("getAll", { heading: "User List" });
});
```

③ ejs 파일로 넘겨줌 ｜ ② 변수에 담아서 ｜ ① 컨트롤러의 값을

**2.** 컨트롤러에서 넘겨준 heading이라는 변수를 템플릿 파일에서 받아서 처리해 보겠습니다. views\getAll.ejs에서 heading값을 표시할 위치에 적절한 태그와 함께 추가합니다. 여기에서는 〈h2〉 태그를 사용했고 값을 추가할 때는 〈%= 와 %〉 사이에 넣습니다.

**Do it! 코딩해 보세요!** • views\getAll.ejs

```
(... 생략 ...)
<body>
  <h1><i class="fa-solid fa-address-card"></i>Contacts Page</h1>
  <h2><%= heading %></h2>
</body>
</html>
```

**3.** 서버가 실행 중인지 확인하고 웹 브라우저에서 localhost:3000/contacts로 접속해 보세요. 아까는 보이지 않던 'User List'라는 제목이 표시될 것입니다. 컨트롤러에서 넘긴 값을 템플릿 엔진을 통해 웹 브라우저에 표시했습니다.

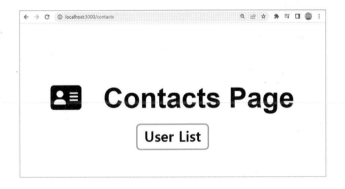

**4.** 이번에는 여러 자료를 가져와서 화면에 표시해 보겠습니다. 컨트롤러에서 getAllContacts 함수에 다음과 같이 users라는 자료를 추가합니다. 사용자 정보 2개를 한꺼번에 users로 지정했습니다. 그리고 res.render 함수에서 users 변수도 함께 템플릿 파일로 넘겨줍니다.

**Do it! 코딩해 보세요!** • controllers\contactController.js

```
const asyncHandler = require("express-async-handler");
const Contact = require("../models/contactModel");
const path = require("path");

// @desc Get all contacts
```

```
// @route GET /contacts

const getAllContacts = async (req, res) => {
  const contacts = await Contact.find();
  const users = [
    { name: "John", email: "john@aaa.bbb", phone: "123456789" },
    { name: "Jane", email: "jane@aaa.bbb", phone: "67891234" },
  ];
  res.render("getAll", { heading: "User List", users: users });
});
```

**5.** 이제 템플릿 파일에서 users 내용을 화면에 표시해야겠죠? users는 배열 형태이므로 배열의 각 요소를 순회하면서 요소의 내용을 화면에 표시해야 합니다. HTML의 순서 없는 목록과 자바스크립트의 forEach 문을 사용해서 다음과 같이 작성합니다.

**Do it! 코딩해 보세요!** • views\getAll.ejs

```
<h1><i class="fa-solid fa-address-card"></i>Contacts Page</h1>
<h2><%= heading %></h2>
<ul>
  <% users.forEach(user => { %>
    <li>
      <strong>Name: </strong> <%= user.name %>
    </li>
    <li>
      <strong>E-mail: </strong><%= user.email %>
    </li>
  <% }); %>
</ul>
```

**6.** 웹 브라우저에서 F5 를 눌러 화면을 다시 불러옵니다. 컨트롤러에서 users에 담아 넘겨준 사용자 2명의 정보가 브라우저에 표시될 것입니다.

ejs 태그를 입력할 때 <%= %>나 <% %>처럼 중간에 특수 기호가 포함되어 있어 꽤 번거롭습니다. VS Code에서는 ejs 태그 입력을 도와주는 기능이 포함되어 있습니다. VS Code의 왼쪽 사이드 바에서 🔲 를 눌러 확장을 엽니다. 그리고 ejs로 검색하면 여러 가지 확장이 나타나는데 그중에서 [EJS language support]를 선택해서 설치하면 됩니다.

ejs 파일 편집 창에서 ejs라고 입력하면 오른쪽 그림처럼 힌트 창이 자동으로 나타납니다.

ejs 태그의 이름은 모두 각각 다릅니다. 예를 들어 <%= %>는 ejsout이라고 하고, <%- %>는 ejsesc라고 합니다. 그래서 ejs 태그의 이름을 사용해서 태그를 간단히 삽입할 수 있습니다. ejso까지만 입력한 후 Enter를 누르면 ejsout으로 인식해서 <%= %> 태그를 삽입하면서 중간에 커서를 표시해 주어 내용을 손쉽게 입력할 수 있습니다.

ejs를 입력한 후 힌트 창이 나타났을 때 위아래 화살표 키를 사용해서 태그 이름을 선택해도 됩니다. ejs 태그 이름을 이동할 때마다 오른쪽에 어떤 태그인지 나타나므로 원하는 태그로 이동한 후 Enter를 누르면 해당 태그가 화면에 곧바로 나타납니다. 예를 들어 자바스크립트 for 문을 ejs 태그에 포함할 경우 ejsfor를 선택하면 태그를 간단히 삽입합니다. for 문에서 index 부분과 array 부분만 원하는 이름으로 변경하면 되죠.

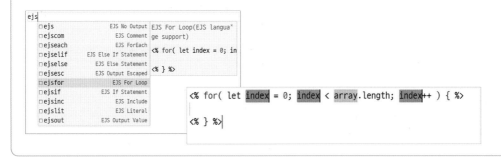

# 10-3 | EJS 템플릿 구상하기

EJS 엔진은 HTML 문법과 비슷하므로 HTML을 이미 사용해 본 적이 있거나 HTML 문서가 미리 준비되어 있는 상태라면 템플릿 파일을 만들기 쉽습니다. 우선 어떤 템플릿이 필요할지 생각해 보고 화면에서 똑같이 반복되는 코드를 따로 파일로 작성해서 가져오는 방법도 함께 알아보겠습니다.

**Do it! 실습** ▶ **정적인 파일 연결하기**

**준비** app.js  **결과 비교** results\app-13.js

웹 페이지는 단순히 HTML 문서만 있는 게 아니라 스타일 시트 파일(.css)이나 자바스크립트 파일(.js), 여러 이미지 파일이 함께 연결되어 있습니다. 이런 파일은 정적인 파일이므로 따로 폴더에 모아 놓고 서버에게 정적인 파일들이 어디에 있는지 알려 주면 됩니다. 정적인 파일의 위치는 어디에 두어도 상관없지만 주로 public이라는 폴더를 만들고 그 안에 스타일 시트 파일이나 자바스크립트 파일, 이미지를 저장합니다. 그리고 app.js에서 정적인 파일들이 어디에 있는지 알려 줍니다.

이때 익스프레스에 내장된 미들웨어인 express.static 함수를 사용합니다. static 함수에서 루트는 정적인 파일들이 있는 폴더를 가리킵니다. 만일 public이라는 폴더 안에 정적인 파일을 넣었다면 public이 루트 폴더가 되죠.

**기본형**  express.static(*루트*, [*옵션*])

정적인 파일이 들어 있는 폴더

**1.** VS Code의 파일 창에서 작업 폴더의 빈 공간을 마우스 오른쪽 버튼으로 클릭한 후 [새 폴더]를 선택하고 public이라는 폴더를 만듭니다. 그리고 public 폴더를 마우스 오른쪽 버튼으로 클릭한 후 [새 폴더]를 선택하고 css 폴더를 만듭니다.

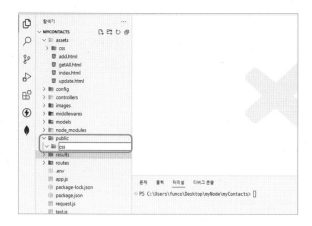

**2.** VS Code의 파일 창에는 public\css라는 형태로 표시될 것입니다. css 폴더를 마우스 오른쪽 버튼으로 클릭한 후 [새 파일]을 선택해 style.css 파일을 만듭니다.

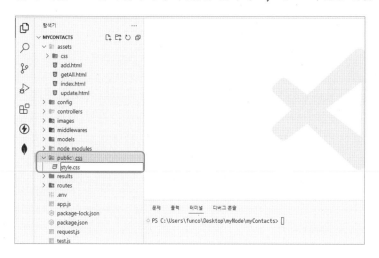

**3.** 제공하는 실습 파일의 assets\css 폴더에는 미리 만들어 둔 style.css 파일이 있습니다. 그 파일을 열고 코드를 모두 선택한 후 복사합니다.

▶ 윈도우라면 Ctrl+A → Ctrl+C를 누르고, 맥OS라면 Command+A → Command+C를 누릅니다.

**4.** 방금 만든 public\css\style.css 파일로 돌아와 복사한 코드를 붙여 넣고 저장합니다. 이 책에서는 style.css 파일만 사용하지만 이미지나 자바스크립트 코드도 사용한다면 public 폴더 안에 images 폴더나 js 폴더를 따로 만들어 두고 필요한 파일을 저장합니다.

▶ images 폴더나 js 폴더의 이름은 얼마든지 바꿔도 됩니다.

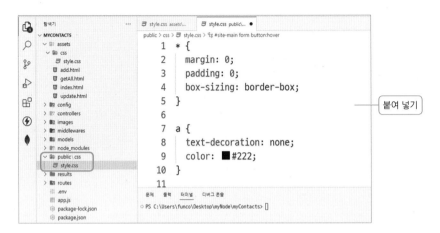

**5.** public 폴더를 만들었다면 이제 app.js에서 정적인 파일들이 어디에 있는지 알려 주어야 합니다. VS Code에 app.js 파일을 불러와 뷰 엔진을 등록한 코드 다음에 추가합니다. 이제부터 public 폴더 안에 있는 스타일 시트나 이미지 파일을 마치 views 폴더에 있는 파일처럼 사용할 수 있습니다.

**Do it! 코딩해 보세요!**　　　　　　　　　　　　　　　　　　　　　　　　• app.js

```
(... 생략 ...)
app.set("view engine", "ejs");
app.set("views", "./views"));

// load public files
app.use(express.static("./public"));
(... 생략 ...)
```

정적인 파일을 연결할 때 가상 경로를 사용할 수도 있습니다. **가상 경로**란 폴더가 실제로 존재하지 않지만 파일을 링크할 때 경로를 하나 더 추가하는 것입니다. 예를 들어 EJS 파일에서 style.css 파일을 링크할 때 다음과 같이 작성합니다.

```
<link rel="stylesheet" href="static/css/style.css">
```

static이라는 가상 경로를 추가해서 링크하려면 정적인 파일을 지정할 때 다음과 같이 사용합니다.

```
app.use("/static", express.static("public"));
```

## 실습 파일에서 제공하는 HTML 파일

EJS 템플릿을 만들기 전에 연락처 애플리케이션에서 어떤 화면이 필요할지 생각해 보겠습니다. 연락처 정보 전체를 보여 주는 파일(index.ejs)과 연락처를 추가하는 화면(add.ejs), 그리고 특정 연락처를 수정하는 화면(update.ejs)이 필요합니다. 연락처를 삭제할 때는 화면이 따로 필요하지 않습니다.

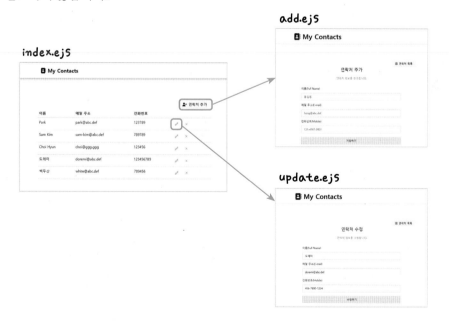

제공하는 실습 파일 안의 assets 폴더에는 미리 만들어 둔 index.html과 add.html, update.html이 포함되어 있습니다. 이 HTML 파일을 사용해서 EJS 파일을 만들어 보겠습니다.

### assets\index.html

assets\index.html을 브라우저에서 열어 보면 '이름'과 '이메일 주소', '전화번호' 칼럼이 있고 임시로 넣은 연락처가 하나 보일 것입니다. 이 파일을 index.ejs 파일로 바꿔 보겠습니다. index.ejs 파일에는 데이터베이스에 저장된 연락처들을 가져와 보여 주겠습니다.

전체 연락처를 표시하는 index.html

### assets\add.html

add.html은 연락처를 추가하는 폼이 포함되어 있는데 이 파일의 코드를 복사해서 add.ejs 파일을 만들 것입니다. add.ejs에서는 폼 안의 [이름]과 [메일 주소], [전화번호] 항목에 내용을 입력하고 [저장하기] 버튼을 클릭하면 데이터베이스에 저장합니다. 그리고 저장된 새 연락처는 index.ejs 화면에도 자동으로 나타납니다.

연락처를 추가하는 add.html

## assets\update.html

update.html 파일에는 연락처를 수정하는 폼이 있습니다. 이 코드를 복사해서 update.ejs 파일을 만들 것입니다. update.ejs 파일의 폼에서 각 항목에는 수정할 연락처의 값들이 표시

됩니다. update.ejs에서 수정할 내용을 입력하고 [수정하기] 버튼을 클릭하면 데이터베이스에서도 수정됩니다.

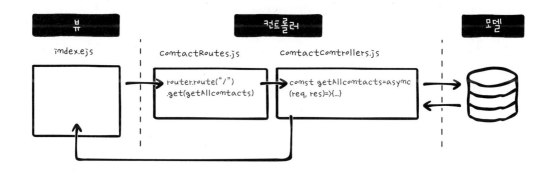

연락처를 수정하는 update.html

---

**Do it! 실습** ▶ **전체 연락처 표시 화면 만들기**

준비   assets\index.html, routes\contactRoutes.js, controllers\contactController.js
결과 비교   results\views\index-1.ejs, results\controllers\contactController-11.js

몽고DB에 저장된 연락처를 불러와서 화면에 보여 주는 템플릿부터 만들어 보겠습니다. 전체 화면 코드는 assets\index.html에 있으므로 이 파일을 사용해서 index.ejs 파일을 만들어 보겠습니다. index.ejs 파일뿐만 아니라 라우트 파일과 컨트롤러 파일을 오가면서 실습해야 하니 어떤 파일을 수정하는지 잘 확인하면서 따라 하세요.

**1.** assets\index.html 파일을 열고 전체 코드를 선택해 복사합니다.

복사

**2.** views 폴더에 새 파일을 만들고 파일 이름은 index.ejs로 지정합니다. 그리고 index.ejs 파일에 방금 복사한 코드를 붙여 넣습니다.

붙여 넣기

**3.** 브라우저 화면에 localhost:3000/contacts라고 입력하면 index.ejs로 연결해서 보여 주려고 합니다. 그러면 라우트 코드를 작성해야겠죠? routes\contactRoutes.js를 열어 보면 이미 localhost:3000/contacts로 GET 요청을 했을 때 처리할 컨트롤러가 지정되어 있습니다. 라우트 코드는 따로 작성하지 않아도 되겠군요.

```
router.route("/").get(getAllContacts).post(createContact)
```

**4.** 그렇다면 getAllContacts 함수로 넘어가 보겠습니다. controllers\contactController.js 파일을 열어 보세요. getAllContacts 함수에는 10-2절에서 연습했던 코드가 남아 있네요. 다음처럼 표시한 대로 코드를 삭제합니다.

```
(... 생략 ...)
const getAllContacts = asyncHandler(async (req, res) => {
  const contacts = await Contact.find();
  const users = [
    { name: "John", email: "john@aaa.bbb", phone: "123456789" },
    { name: "Jane", email: "jane@aaa.bbb", phone: "67891234" },
  ];
  res.render("getAll", { heading: "User List", users: users });
});
(... 생략 ...)
```

**5.** 삭제한 코드 자리에 다음 코드를 추가합니다. Contact 모델에서 가져온 자료를 contacts 라는 변수에 저장했는데 그 변수를 index.ejs 파일로 넘겨 화면에 그리라는 뜻입니다.

```
(... 생략 ...)
const getAllContacts = asyncHandler(async (req, res) => {
  const contacts = await Contact.find();
  res.render("index", { contacts: contacts });
});
(... 생략 ...)
```

**6.** 컨트롤러에서 index.ejs 파일로 contacts 변수를 넘겨줬으니 index.ejs에서 그 내용을 표시합니다. index.ejs 코드 중에서 가져온 연락처를 표시할 부분은 〈tbody〉와 〈/tbody〉 사이에 있는 〈tr〉~〈/tr〉 부분입니다. 원래 있던 코드를 다음과 같이 수정합니다.

```
(... 생략 ...)
<tbody>
// contacts 배열의 각 요소 contact 모두에 대해 반복
  <% contacts.forEach(contact => { %>
  <tr>
    <td><%= contact.name %></td>
    <td><%= contact.email %></td>
```

```
    <td><%= contact.phone %></td>
    <td>
      <a href="#" class="btn update">
        <i class="fas fa-pencil-alt"></i>
      </a>
      <a href="#" class="btn delete">
          <i class="fas fa-times"></i>
      </a>
    </td>
  </tr>
  <% }); %>
</tbody>
```

**7.** VS Code의 터미널 창에서 서버를 실행합니다. 오류 없이 DB connected까지 표시되나요?

```
문제    출력    터미널    디버그 콘솔

○ PS C:\Users\funco\Desktop\myNode\myContacts> nodemon app
  [nodemon] 2.0.22
  [nodemon] to restart at any time, enter `rs`
  [nodemon] watching path(s): *.*
  [nodemon] watching extensions: js,mjs,json
  [nodemon] starting `node app.js`
● 3000번 포트에서 서버 실행 중
  DB connected
```

**8.** 웹 브라우저를 열고 주소 표시줄에 localhost:3000/contacts라고 입력한 후 Enter 를 누릅니다. 브라우저 주소 표시줄에 요청 URL을 입력하고 Enter 를 누르면 GET 요청이 서버로 넘겨집니다. 여러분이 데이터베이스에 만들어 둔 자료를 가져와서 보여 줄 것입니다.

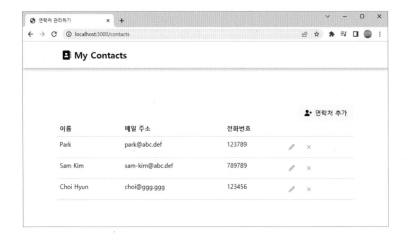

준비　views\index.ejs

결과 비교　results\views\index-2.ejs, results\views\include\_header-1.ejs,
results\views\include\_footer.ejs

인터넷 사이트나 애플리케이션을 사용하다 보면 실제 내용이 나타나는 부분 외에 화면 레이아
웃이나 로고, 메뉴 등 여러 부분이 항상 고정되어 있을 것입니다. 앞에서 살펴본 HTML 화면
들도 My Contacts라는 애플리케이션 제목이 똑같이 나타나죠. 실제로 HTML 문서 코드를 보
면 그 부분에 같은 코드를 반복해서 작성하고 있습니다. 이럴 경우 EJS 템플릿에서는 반복되
는 코드만 별도의 파일로 저장한 후 include 문을 사용해서 템플릿 안에 넣을 수 있습니다.

**1.** views\index.ejs 파일의 코
드를 자세히 들여다보겠습니다.
⟨! - - Header - - ⟩라는 주석
바로 아래 13번 줄 숫자 위에 마
우스 커서를 올려 ☑로 활성화
되면 클릭해 보세요.

```
 9      <link rel="stylesheet" href="https://cdnjs.cloudflare.
10    </head>
11  ∨ <body>
12      <!-- Header -->
13  ☑ <header class="border-shadow">
14        <div class="container ">
15  ∨       <nav>
16            <a href="/"><i class="fa-solid fa-address-book">
17          </nav>
18        </div>
```

**2.** ⟨header⟩ 태그에서 ⟨/header⟩ 태그까지 접혀서 표시됩니다. 같은 방법으로 ⟨main⟩ 태그
가 있는 23번 줄 숫자 옆에 있는 ☑를 클릭해서 ⟨main⟩ 코드 영역도 접습니다. index.ejs의
⟨body⟩ 태그 부분은 크게 사이트 제목이 있는 헤더 부분과 동적인 콘텐츠가 표시되는 메인
부분으로 구성되는 걸 알 수 있습니다.

```
11  <body>
12      <!-- Header -->
13  >   <header class="border-shadow"> …        ┐
19      </header>                                │ 헤더
20      <!-- /Header -->                         ┘
21
22      <!-- Main -->                            ┐
23  >   <main id="site-main"> …                  │ 메인
58      </main>                                  │
59      <!-- /Main -->                           ┘
60  </body>
```

**3.** 헤더 부분의 코드들은 add.html이나 update.html에서도 똑같이 반복됩니다. 이 코드를 모든 파일에 넣지 않고 반복 부분만 별도로 저장한 후 연결해서 사용할 수 있습니다. views 폴더 안에 include 폴더를 만들고 또 그 폴더 안에 _header.ejs라는 파일을 만듭니다.

▶ include 안의 파일에 이름을 붙일 때는 다른 ejs 파일과 혼동하지 않도록 흔히 이름 맨 앞에 밑줄(_)을 넣습니다.

**4.** index.ejs에서 코드 첫 번째 줄부터 〈! - - Main - -〉주석 코드 바로 윗부분까지 선택한 후 Ctrl + X 나 Command + X 를 눌러 잘라 냅니다. 반복되는 코드를 잘라 낸 것이죠.

**5.** 방금 만든 _header.ejs 파일에 잘라 낸 코드를 붙여 넣습니다. 여기에서 style.css 파일을 연결한 〈link〉 태그를 다음과 같이 수정합니다. public 폴더에 넣어 둔 정적인 파일을 연결할 때는 하위 폴더 이름 앞에 슬래시(/)를 붙여야 합니다.

| 수정 전 | • views\include\_header.ejs |
| --- | --- |
| `<link rel="stylesheet" href="css/style.css">` | |

| 수정 후 | • views\include\_header.ejs |
| --- | --- |
| `<link rel="stylesheet" href="/css/style.css">` | |

```
        index.ejs        _header.ejs ×
views > include > _header.ejs > html
    1   <!DOCTYPE html>
    2   <html lang="ko">
    3   <head>
    4     <meta charset="UTF-8">
    5     <meta name="viewport" content="width=device-width, ini
    6     <title>연락처 관리하기</title>
    7     <link rel="stylesheet" href="https://cdn.jsdelivr.net/
    8     <link rel="stylesheet" href="/css/style.css">
    9     <link rel="stylesheet" href="https://cdnjs.cloudflare.
   10   </head>
   11   <body>
   12     <!-- Header -->
   13     <header class="border-shadow">
   14       <div class="container ">
   15         <nav>
   16           <a href="/"><i class="fa-solid fa-address-book">
```

**6.** 다시 index.ejs로 돌아옵니다. 코드를 잘라 낸 부분에 다음과 같이 작성합니다. include 문을 사용해 include 폴더에 있는 _header.ejs 파일을 끼워 넣은 것입니다. 이렇게 하나의 파일을 다른 파일에 끼워 넣는 것을 **인클루드한다**고 합니다.

**Do it! 코딩해 보세요!** • views\index.ejs

```
<!-- include header -->
<%- include('./include/_header') %>
<!-- /include header -->

(... 생략 ...)
```

**7.** 같은 방법으로 푸터footer 파일도 만들 수 있습니다. 푸터 파일이란 사이트나 애플리케이션 맨 아래쪽 영역을 말하며, 흔히 저작권이나 연락처, 사이트맵 링크 등 본문과 관련없지만 노출해야 하는 정보로 구성합니다. index.ejs에서 코드 마지막에 있는 \</body>와 \</html> 코드를 잘라 냅니다.

▶ index.ejs에는 푸터가 따로 없지만 웹 사이트나 애플리케이션에는 대부분 모든 페이지에 반복되는 푸터 정보가 들어 있습니다.

```
        index.ejs ×        _header.ejs
views > index.ejs > ?
    1   <!-- include header -->
    2   <%- include('./include/_header') %>
    3   <!-- /include header -->
    4
    5     <!-- Main -->
    6     <main id="site-main">..
   41     </main>
   42   <!-- /Main -->
   43 </body>
   44 </html>
```

**8.** views\include 폴더에 _footer.ejs 파일을 만든 후 방금 잘라 낸 푸터 코드를 붙여 넣고 저장합니다.

**9.** index.ejs로 돌아와 코드를 잘라 낸 위치에 다음과 같이 푸터 파일을 인클루드합니다.

**Do it! 코딩해 보세요!**                                                                    • views\index

```
(... 생략 ...)


<!-- include footer -->
<%- include('./include/_footer') %>
<!-- /include footer -->
```

**10.** 이렇게 헤더와 푸터를 따로 작성한 후 인클루드해도 index.ejs는 제대로 동작합니다. 웹 브라우저에서 localhost:3000/contacts를 입력해서 확인해 보세요.

▶ 템플릿 파일을 만들 때 레이아웃 파일을 따로 만들어서 사용할 수도 있습니다. 이 방법은 14장에서 설명합니다.

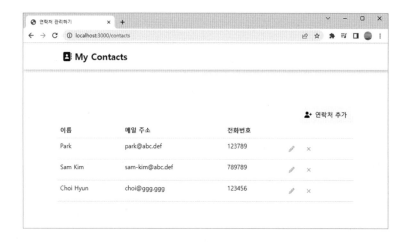

**Q1**  EJS에서 HTML에 데이터를 삽입할 때 사용하는 태그는 무엇인가요?

① {{ data }}                           ② <%= data %>

③ ${ data }                            ④ [[ data ]]

해답 ②

**Q2**  익스프레스에서 라우팅을 설정할 때 사용하는 함수는 무엇인가요?

① app.route 함수                       ② app.use 함수

③ app.set 함수                         ④ app.router 함수

해답 ①

**Q3**  /template 경로로 요청했을 때 template.ejs 파일을 렌더링하는 코드를 작성하세요.
template.ejs 파일은 작성하지 않아도 됩니다.

문제 quiz\quiz-10-3.js  해답 quiz\sol-10-3.js

**Q4**  '/' 경로로 사용자 이름과 함께 요청하면 username 변수를 index.ejs로 보내서 출력하는 애플
리케이션을 만들기 위해 app.js 파일을 작성하세요. username 변수를 받아 화면에 인사말을 표시하는
index.ejs도 작성하세요. 결과 파일은 실행할 수 있어야 합니다.

← → C  ⓘ localhost:3000/백두산

# Hello, 백두산

**힌트**
① 애플리케이션을 실행할 수 있어야 하므로 익스프레스를 사용해서 서버를 구축해야 합니다.
② ejs 파일은 views 폴더에 저장해야 합니다.

문제 quiz\quiz-10-4.js  해답 quiz\sol-10-4.js, views\index.ejs

# 11

# 폼에서 라우트 처리하기

지금까지 CRUD를 처리하는 API를 만들면서 선더 클라이언트 확장을
사용해 테스트했습니다. 선더 클라이언트에서는 테스트할 정보를 직
접 입력해서 서버로 전송하여 API가 정상으로 동작하는지를 알 수 있
었죠. 실제 애플리케이션에서는 자료를 서버로 전송할 때 폼을 사용합
니다. 애플리케이션 레이아웃을 일관되게 유지하면서 사용자가 내용을
쉽게 입력할 수 있기 때문이죠.

이 장에서는 백엔드 개발에서 폼을 사용할 때 주의할 점을 살펴보고, 폼
이 포함된 템플릿 파일을 만드는 방법을 알아볼 것입니다. 그리고 폼과
API를 연결하는 방법도 함께 살펴보겠습니다.

# 11-1 | 폼, 꼭 기억해 두세요

웹 문서에서 사용자 입력이 필요한 곳에 항상 등장하는 것이 폼<sup>form</sup> 요소입니다. **폼**은 웹 문서에서 사용자 입력을 받을 수 있는 형태를 가리키는 용어로, 흔히 만나는 로그인 폼이나 주문서 폼 등을 예로 들 수 있습니다.  내용을 입력하는 필드도 다양하고 버튼을 클릭해서 입력한 내용을 서버로 전송하는 기능도 있습니다. 폼이 있는 템플릿 파일을 만들기 전에 알아 두어야 할 내용을 정리해 보겠습니다.

앞에서 API를 테스트할 때는 선더 클라이언트를 통해 새로운 연락처를 서버로 직접 보내서 결과를 확인했습니다.

연락처 정보 직접 전송하기

하지만 애플리케이션으로 동작하려면 사용자가 연락처 정보를 입력하고 [추가하기] 버튼을 클릭해야만 서버로 보냅니다. 이럴 때 적절한 요소가 폼입니다. 애플리케이션에서 로그인하거나 물건을 구입할 때 사용자가 제공하는 정보는 모두 폼을 통해 서버로 보내집니다.

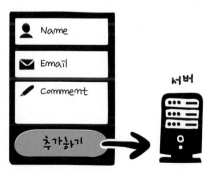

폼으로 서버에 사용자 정보 보내기

## name 속성을 빠뜨리지 마세요

사용자 입력을 받는 폼은 백엔드 개발자가 직접 작성할 수도 있고, 프런트엔드 개발자가 만든 HTML 문서를 받아서 백엔드에 연결할 수도 있습니다. 이때 입력 필드에 name 속성이 있는 지 꼭 확인해야 합니다.

▶ 입력 필드란 텍스트 필드나 비밀번호 필드 등 사용자가 정보를 입력할 수 있는 영역을 가리킵니다.

프런트엔드에서 폼을 다룰 때는 class나 id 속성만 있어도 됩니다. 그래서 간혹 프런트엔드 개발자에게서 받은 폼에 name 속성이 빠져 있는 경우가 있습니다. 하지만 서버에서 폼 필드의 값을 인식할 때는 name 속성을 사용하므로 없다면 반드시 추가해야 합니다.

다음 코드는 연락처 추가를 위해 만든 add.html에서 일부분만 표시한 것입니다. 〈input〉 태그마다 name 속성이 포함된 것을 볼 수 있고, 여기에 입력 필드를 구분할 수 있는 이름을 담아서 서버로 넘깁니다.

```
<input type="text" class="form-control" name="name" id="name" placeholder="홍길동">
<input type="text" class="form-control" name="email" id="email" placeholder=
"hong@abc.def">
<input type="text" class="form-control" name="phone" id="phone" placeholder="123-4567-
8901">
```

## 폼의 요청 방식은 GET과 POST뿐입니다

폼을 통해 정보를 서버로 보낼 때 사용할 수 있는 요청 방식은 GET과 POST뿐입니다. 이때 GET 방식에서는 주소 URL에 정보를 함께 넣어서 보내고, POST 방식에서는 요청 본문, 즉 req.body에 정보를 담아서 보내죠.

예를 들어 검색 창은 GET 방식을 사용하므로 검색어를 입력한 후 검색 버튼을 누르면 주소 표시줄에 검색어가 담겨서 서버로 전송됩니다. 요청 방식은 개발자 도구에서 확인할 수 있습니다. 윈도우는 Ctrl + Shift + I 를, 맥에서는 Option + Command + I 를 누르면 활성화됩니다.

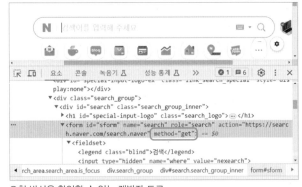

요청 방식을 확인할 수 있는 개발자 도구

GET 방식을 사용한 검색 폼

그런데 로그인 폼에서는 아이디와 비밀번호를 입력한 후 로그인 버튼을 클릭하면 주소 표시
줄에 드러나지 않은 상태로 서버로 전송되죠. 왜냐하면 로그인 폼에서는 POST 방식을 사용
하기 때문입니다.

POST 방식을 사용한 로그인 폼

그런데 앞에서 만들었던 API에는 GET 방식을 비롯해 POST, PUT, DELETE 등 여러 가지
요청 방식이 포함되어 있습니다. 사용자 정보를 수정할 경우에는 PUT 방식을 사용해서 정보
를 서버로 넘겨줘야 데이터베이스의 정보가 수정되는데, 폼의 요청 방식은 GET과 POST뿐
이라고 했죠.

그렇다면 PUT, DELETE 요청은 어떻게 처리해야 할까요? 이럴 경우에는 AJAX <sup>Asynchronous</sup>
<sup>Javascript and XML</sup> 기법을 사용하거나 method-override라는 미들웨어를 사용합니다. AJAX란
XMLHttpRequest라고 하는 HTTP 요청을 만들어서 요청 방식과 넘겨줄 정보 등을 지정해
주는 비동기 통신 방법입니다. 지금까지 공부한 방법으로는 라우트 코드에서 요청 방식과 경
로를 따로 지정했죠? 그런데 AJAX에서는 요청 방식과 요청 경로를 한꺼번에 넘겨주는 방식
을 사용합니다.

다음 예시 코드는 xhr 객체를 만들고 open 함수를 사용해 그 안에 요청 방식과 요청 경로(서버 주소)를 한꺼번에 넣어서 실행합니다.

```javascript
document.getElementById("add-user").addEventListener("submit", function(event) {
  event.preventDefault();

  let data = {
    name: nameInput.value,
    email: emailInput.value,
    phone: phoneInput.value
  };

  const xhr = new XMLHttpRequest();
  xhr.open("PUT", "서버 주소", true);
  xhr.setRequestHeader("Content-Type", "application/json");

  xhr.onreadystatechange = function() {
    if (xhr.readyState === XMLHttpRequest.DONE) {
      if (xhr.status === 200) {
        console.log("전송 성공:", xhr.responseText);
      } else {
        console.log("전송 실패:", xhr.status);
      }
    }
  };

xhr.send(JSON.stringify(data));
```

이 코드는 폼에 있는 값을 받아서 PUT 방식으로 서버로 보내는 예시입니다. 폼에서 [추가하기] 버튼을 클릭했을 때 자바스크립트 코드에서 AJAX를 사용해 PUT 요청을 보내죠. AJAX도 자주 사용하는 방법이지만 여기에서는 다른 방식을 사용하겠습니다.

method-override 미들웨어는 요청 방식을 덮어씌우는override 방법으로 처리합니다. 폼에서 POST 방식으로 전송하면 그것을 중간에 받아서 PUT 방식으로 바꿔 서버로 전달하는 식이죠. method-override 미들웨어를 설치한 후 연락처 수정 폼에서 _method 속성을 추가하면 됩니다.

▶ method-override 미들웨어를 사용하는 방법은 11-3절에서 자세히 설명합니다.

```
<form method="POST" id="add-user" _method="PUT">
(... 생략 ...)
</form>
```

여기에서 기억해 둘 것은 폼 자체에서는 GET 방식과 POST 방식만 처리한다는 점, 그래서 PUT 방식과 DELETE 방식을 처리하려면 미들웨어를 사용해 바꿔 주는 단계를 더 거쳐야 한다는 점입니다.

## express.urlencoded 함수

폼을 사용하려면 API 코드를 작성할 때 사용한 express.urlencoded 미들웨어 함수를 이해해야 합니다.

## URL 인코딩이란

인터넷을 통해 서버로 전송할 수 있는 문자는 아스키 문자<sup>ASCII character</sup>뿐입니다. 숫자와 영문 대소 문자, 특수 기호, 공백 문자를 표시할 때에는 아스키 문자를 사용하기로 약속되어 있으며, 이는 컴퓨터나 통신 장비에서 많이 사용하는 문자 인코딩 방법입니다. 인터넷 전송에서 아스키 문자를 사용할 수 있다고 해서 그 외의 문자를 전송할 수 없다는 것은 아닙니다. 만일 한글로 작성한 정보를 서버로 전송한다면 한글을 아스키 문자 형태로 바꿔서 전송하면 됩니다. 이것을 URL 인코딩이라고 합니다. 예를 들어 검색 사이트에서 '익스프레스'를 검색한다면 실제로 URL을 통해 전달하는 값은 다음처럼 인코딩된 형태입니다.

▶ 웹 개발자 도구의 [네트워크] 탭에서 요청 URL을 확인하면 URL이 인코딩된 것을 확인할 수 있습니다.

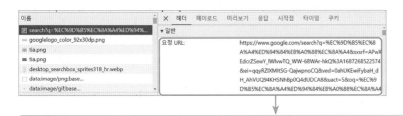

```
https://www.google.com/search?q=%EC%9D%B5%EC%8A%A4%ED%94%84%EB%A0%88%EC%8A%A4....
```

특수 기호를 사용할 때도 인코딩이 필요할 수 있습니다. URL 주소를 표기할 때 사용하는 슬래시(/)를 예로 들어 볼까요? 슬래시에 해당하는 아스키 문자는 '14'입니다. 그런데 서버로 넘기는 자료 중에 슬래시(/)가 포함되어 있다면 URL 표시 기호와 구분하기 위해서 %2F%0D%0A라고 인코딩해서 전송합니다.

### express.urlencoded

폼에서 자료를 서버로 전송할 때도 인코딩된 URL 형식을 사용합니다. 그런데 서버로 전송하는 자료를 애플리케이션 안에서 사용해야 할 때가 있습니다. 이미 인코딩되어 있는 자료를 가져와서 사용하려면 내용을 풀어 주는 과정이 필요하겠죠? 이것을 **파싱**parsing이라고 합니다. 익스프레스에서는 인코딩된 URL을 파싱해 주는 미들웨어 함수를 제공하는데 바로 express.urlencoded 함수입니다. express.urlencoded 함수로 파싱된 자료는 req.body에 저장됩니다. 이렇게 파싱해야 POST 같은 요청을 처리할 수 있습니다. express.urlencoded 함수는 extended 옵션을 사용해 어떤 모듈을 통해 파싱할지 지정할 수 있습니다.

| 옵션 | 파싱에 사용하는 모듈 |
|---|---|
| extended: false | • 노드의 querystring 모듈<br>• 간단한 문자열이나 단순 배열을 파싱 |
| extended: true | • 익스프레스의 qs 모듈<br>• 복잡한 객체나 배열까지 파싱 |

다음 코드는 /login으로 요청하면 req.body에 담겨 있는 정보 중에서 name과 password를 가져와서 화면에 표시하는 예제입니다. req.body에는 인코딩된 내용이 있는데 이것을 가져와 애플리케이션에서 사용하기 위해 express.urlencoded 미들웨어를 등록했습니다.

```
const express = require('express');

const app = express();

// 미들웨어 등록(인코딩된 URL 파싱을 위해)
app.use(express.urlencoded({ extended: true}));

// 파싱한 자료를 가져와 사용
app.post('/login', (req, res) => {
  const username = req.body.username;
```

```
  const password = req.body.password;

  res.send(`입력된 username: ${username}, 입력된 password: ${password}`);
});

app.listen(3000, () => {
  console.log('서버가 3000번 포트에서 실행 중입니다.');
});
```

---

**한걸음 더!** **body-parser 미들웨어**

클라이언트에서 입력한 자료를 가져올 때 예전 익스프레스 버전에서는 body-parser라는 패키지를 사용했습니다. body.parser 패키지를 따로 설치한 후 다음과 같이 사용했죠.

```
app.use(bodyParser.urlencoded(…));
```

그런데 Express 4.x 버전 이후에는 body-parser가 내장되어 body-parser 패키지를 설치하지 않고 다음처럼 사용할 수 있습니다.

```
app.use(express.urlencoded(…));
```

혹시 다른 개발자의 코드에서 body-parser와 관련된 코드를 보더라도 잘못 사용한 것이 아니라 예전 버전의 익스프레스를 사용했다고 이해하면 됩니다.

# 11-2 | 연락처 추가하기

연락처를 추가하는 화면 구성은 HTML 문서로 미리 만들어 두었습니다. HTML 문서를 활용해서 EJS 템플릿을 작성한 후 실습에서 만들었던 API를 연결해 보겠습니다.

## 처리할 내용 구상하기

10장에서 전체 연락처를 보여 주는 템플릿을 만들었죠? 지금부터 만들 기능은 전체 연락처 화면에서 [연락처 추가] 버튼을 클릭했을 때 해당 화면을 보여 주고, 이어서 추가할 연락처 정보를 입력하고 [저장하기] 버튼을 클릭하면 데이터베이스에 연락처를 추가하는 것입니다.

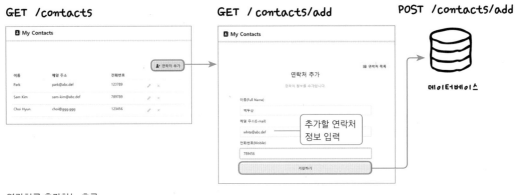

연락처를 추가하는 흐름

**Do it! 실습** ▶ add.ejs 파일 만들기

준비 assets\add.html    결과 비교 results\views\add-1.ejs

10장에서 index.ejs를 만들면서 헤더와 푸터를 별도의 파일로 저장해 두었습니다. add.ejs 파일에서도 미리 만들어 둔 헤더와 푸터를 사용하겠습니다.

**1.** VS Code에서 assets\add.html 파일을 불러옵니다. 화면이 어떻게 구성되어 있는지 살펴보겠습니다. 화면을 마우스 오른쪽 버튼으로 클릭한 후 [Open with Live Server]를 선택합니다.

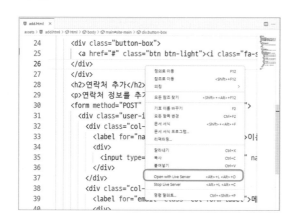

해당 옵션이 보이지 않으면 VS Code 확장에서 Live Server를 검색해서 설치해!

**2.** 브라우저 화면에 add.html 내용이 나타납니다. [이름]과 [메일 주소], [전화번호]를 입력할 수 있는 필드가 있고, 마지막에 [저장하기] 버튼이 보이는군요. 이 파일을 EJS 템플릿으로 바꿀 것입니다. 새로운 연락처를 입력하고 [저장하기] 버튼을 클릭하면 내용이 서버로 전송됩니다.

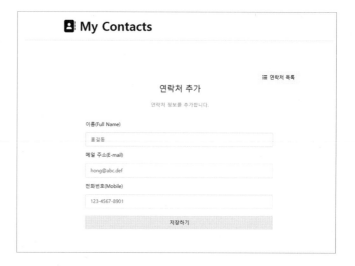

**3.** VS Code로 돌아와 views 폴더를 마우스 오른쪽 버튼으로 클릭한 후 [새 파일]을 선택합니다. 파일 이름은 add.ejs라고 입력하세요.

**4.** assets\add.html에 있는 코드를 모두 선택한 후 복사해서 views\add.ejs에 붙여 넣습니다.

**5.** add.ejs에서 ⟨!-- Main --⟩ 주석 표시 이전까지 모두 선택한 후 삭제합니다. 그리고 삭제한 위치에 _header.ejs를 인클루드하는 코드를 작성합니다.

**Do it! 코딩해 보세요!** • views\add.ejs

```
<!-- include header -->
<%- include('./include/_header') %>
<!-- /include header -->
```

**6.** 같은 방법으로 add.ejs 코드의 마지막 2줄을 삭제한 후 그 자리에 _footer.ejs를 인클루드하는 코드를 작성합니다. 이것으로 add.ejs 파일 작성은 끝났습니다.

**Do it! 코딩해 보세요!** • views\add.ejs

```
<!-- include footer -->
<%- include('./include/_footer') %>
<!-- /include footer -->
```

이제 add 경로로 요청하면 방금 만들어 놓은 add.ejs 화면을 브라우저 창에 그리도록 작성해 보겠습니다. 어떤 순서로 진행할지 미리 생각해 볼까요?

| 작업 내용 | 파일 |
|---|---|
| ① 컨트롤러에서 add.ejs 화면을 렌더링하는 함수를 만듭니다. | contactController.js |
| ② ejs 화면을 가져와서 보여 주므로 GET 방식을 사용합니다. /add 경로에서 GET 요청이 있을 때 컨트롤러에서 만든 함수를 실행합니다. | contactRoutes.js |

**1.** 폼에서 넘겨준 값을 사용하려면 먼저 파싱이 필요하다고 했습니다. app.js 파일을 불러온 후 다음과 같은 코드가 있는지 확인합니다. 없다면 추가하세요. 이 코드가 없다면 폼에서 넘겨준 값을 애플리케이션에서 해석할 수 없습니다.

▶ 파싱 코드는 243쪽에서 추가했습니다.

**Do it! 코딩해 보세요!** • app.js

```
(... 생략 ...)
dbConnect();

app.use(express.json());
app.use(express.urlencoded({ extended: true }));

app.use("/contacts", require("./routes/contactRoutes"));

app.listen(port, () => {
  console.log(`${port}번 포트에서 서버 실행 중`);
});
```

**2.** 이제 /add 경로에서 GET 요청이 있을 때 처리하는 컨트롤러를 먼저 작성하겠습니다. controllers\contactController.js 파일을 엽니다. 그리고 GET 요청이 들어왔을 때 add.ejs 를 렌더링하는 addContactForm 함수를 작성합니다.

▶ 코드의 위치는 상관없지만 여기에서는 getAllContacts 함수 다음에 작성하겠습니다.

**Do it! 코딩해 보세요!**　　　　　　　　　　　　　　• controllers\contactController.js

```
(... 생략 ...)
// @desc Get all contacts
// @route GET /contacts
const getAllContacts = asyncHandler(async (req, res) => {
  const contacts = await Contact.find();
  res.render("index", { contacts: contacts });
});

// @desc View add contact form
// @route GET /contacts/add
const addContactForm = (req, res) => {
  res.render("add");  // views/add.ejs 렌더링하기
};
(... 생략 ...)
```

**3.** 방금 만든 addContactForm을 다른 파일에서도 사용할 수 있도록 컨트롤러 코드 맨 아래에 있는 module.export에 추가합니다.

**Do it! 코딩해 보세요!**　　　　　　　　　　　　　　• controllers\contactController.js

```
(... 생략 ...)
module.exports = {
  getAllContacts,
  createContact,
  getContact,
  updateContact,
  deleteContact,
  addContactForm,
};
```

**4.** addContactForm 함수는 /add 경로로 요청했을 때 실행할 함수이므로 요청 경로와 실행할 함수를 연결해 주어야 합니다. 라우트 코드를 추가하기 위해 routes\contactRoutes.js 파일을 엽니다. 그리고 가장 먼저 addContactForm을 임포트한 후 /add 경로에 대한 라우트 코드를 추가합니다.

```
const express = require("express");
const router = express.Router();
const {
  getAllContacts,
  createContact,
  getContact,
  updateContact,
  deleteContact,
  addContactForm,
} = require("../controllers/contactController");

router.route("/").get(getAllContacts).post(createContact);
router.route("/add").get(addContactForm);
router.route("/:id").get(getContact).put(updateContact).delete(deleteContact);

module.exports = router;
```

**5.** 서버가 실행 중인지 확인합니다. 서버가 실행 중이 아니라면 VS Code 터미널 창에 nodemon app을 입력해 서버를 실행합니다. 브라우저 창에서 주소 표시줄에 localhost:3000/contacts/ add를 입력한 후 Enter 를 눌러 보세요. 연락처 추가 폼이 있는 add.ejs 화면으로 연결된다면 지금까지 잘 따라오고 있다는 뜻입니다.

## 6. 링크 수정하기

애플리케이션에서는 바로 localhost:3000/contacts/add 경로로 이동하는 것이 아니라 연락처 목록 화면에서 [연락처 추가]를 눌렀을 때 /add 요청 화면으로 이동할 것입니다. 링크를 수정해 주어야겠죠? VS Code에서 views\index.ejs 파일을 열고 연락처 추가에 해당하는 〈a〉 태그 부분을 수정합니다. contactRoutes.js에서 /contacts 폴더를 기준으로 라우트했으므로 링크를 만들 때는 /contacts/add로 링크해야 /add 경로로 요청하게 됩니다.

〈main〉 태그가 닫혀 있다면 ⟩ 를 클릭한 후 〈a〉태그를 수정하면 돼!

| 수정 전 | • views\index.ejs |
|---|---|

```
<a href="#" class="btn btn-light"><i class="fa-solid fa-user-plus"></i>연락처 추가</a>
```

| 수정 후 | • views\index.ejs |
|---|---|

```
<a href="/contacts/add" class="btn btn-light"><i class="fa-solid fa-user-plus"></i>연락처 추가</a>
```

## 7. 마찬가지로 add.ejs에서도 화면 오른쪽 위에 있는 [연락처 목록]을 클릭했을 때 '/' 경로로 요청하도록 링크를 수정합니다.

| 수정 전 | • views\add.ejs |
|---|---|

```
<a href="#" class="btn btn-light"><i class="fa-solid fa-list"></i>연락처 목록</a>
```

| 수정 후 | • views\add.ejs |
|---|---|

```
<a href="/contacts" class="btn btn-light"><i class="fa-solid fa-list"></i>연락처 목록</a>
```

## 8. 이제 브라우저에서 제대로 동작하는지 확인해 볼까요? localhost:3000/contacts를 입력해서 index.ejs로 이동하는지 확인합니다. 그리고 index.ejs 화면에서 [연락처 추가]를 눌러 add.ejs로 이동하는지도 확인합니다. 2개 화면이 정상적으로 나타나고 버튼을 클릭했을 때 원하는 화면으로 이동한다면 지금까지 잘 따라온 것입니다.

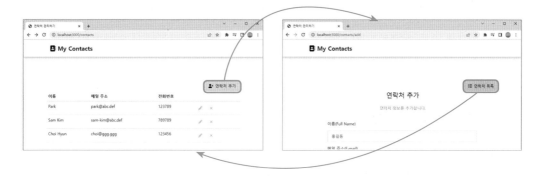

## Do it! 실습 ▶ API 적용하기

**준비** routes\contactRoutes.js, controllers\contactController.js, views\add.ejs
**결과 비교** results\routes\contactRoutes-5.js, results\controllers\contactController-12.js,
results\views\add-3.ejs

이제 남은 것은 폼에 내용을 입력하고 [저장하기]를 눌렀을 때 새로 추가한 연락처를 데이터 베이스에 저장하는 것입니다. 09장에서 CRUD API를 만들었죠? 이 API를 활용해 보겠습니다. 사용하는 파일이 많으므로 미리 어떤 파일에서 어떤 일을 할지 정리해 보겠습니다.

| 작업 내용 | 파일 |
|---|---|
| ① 컨트롤러에 연락처 추가 함수가 있는지 확인합니다. | contactController.js |
| ② 라우트 파일에서 /add 경로와 POST 방식에 연락처 추가 함수를 연결합니다. | contactRoutes.js |
| ③ 연락처 추가 폼에서 action 속성에 요청 경로를 추가합니다. | add.ejs |
| ④ 전체 연락처를 표시하도록 연락처 추가 함수를 수정합니다.<br>전체 연락처 표시하는 화면은 index.ejs입니다. | contactController.js |

**1.** 09-3절에서 연락처를 추가하는 createContact 함수를 작성한 지 시간이 지났으니 다시 한번 살펴보겠습니다. controllers\contactController.js 파일을 엽니다. createContact 함

수는 POST 요청이 있을 때 실행 하고 성공하면 화면에 'Create Contacts'라고 표시합니다.

```
17  // @desc Create a contact
18  // @route POST /contacts
19  const createContact = asyncHandler(async (req, res) => {
20    // console.log(req.body);
21    const { name, email, phone } = req.body;
22    const contact = Contact.create({
23      name,
24      email,
25      phone,
26    });
27    res.status(201).send("Create Contacts");
28  });
```

**2.** routes\contactRoutes.js 파일을 열어 보면 createContact 함수를 '/' 경로에서 POST 방식으로 요청했을 때 실행하도록 되어 있습니다. 우리는 '/add' 경로에서 POST 방식으로 요청할 것이므로 기존의 라우트 코드를 다음과 같이 수정합니다.

수정 전 • routes\contactRoutes.js

```
router.route("/").get(getAllContacts).post(createContact);
router.route("/add").get(addContactForm);
router.route("/:id").get(getContact).put(updateContact).delete(deleteContact);
```

수정 후 • routes\contactRoutes.js

```
router.route("/").get(getAllContacts).post(createContact);
router.route("/add").get(addContactForm).post(createContact);
router.route("/:id").get(getContact).put(updateContact).delete(deleteContact);
```

**3.** 이번에는 연락처 추가 폼이 있는 add.ejs 파일을 열어 보겠습니다. ⟨form⟩ 태그를 보면 요청 방식이 POST로 되어 있습니다. 요청 방식은 그대로 사용하면 되고 요청을 어떤 경로로 보낼지만 지정하면 됩니다. 폼 양식에서 [저장하기] 버튼을 클릭했을 때 어떤 경로로 요청할 것인지는 ⟨form⟩ 태그의 action 속성에 지정합니다. ⟨form⟩ 태그에 action="/contacts/add"를 추가하면 최종 요청 URL이 /contacts/add가 되겠죠.

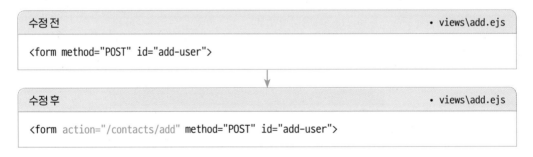

수정 전 • views\add.ejs

```
<form method="POST" id="add-user">
```

수정 후 • views\add.ejs

```
<form action="/contacts/add" method="POST" id="add-user">
```

**4.** 웹 브라우저에서 localhost:3000/contacts/add를 입력해서 연락처 추가 화면으로 이동한 후 적당한 내용을 입력하고 [저장하기]를 클릭합니다.

**5.** 브라우저 화면에 'Create Contacts'라고 표시 되면 데이터베이스가 정상으로 추가된 것입니다.

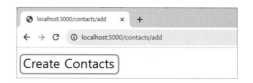

**6.** 연락처 추가가 끝났을 때 'Create Contacts'라고만 표시되면 무언가 허전하죠? 연락처 추가가 끝나자마자 전체 연락처 목록이 있는 화면으로 이동해 보겠습니다. 전체 연락처 목록은 index.ejs 화면에 표시되는데 이 화면을 표시하려면 /contacts로 요청하면 됩니다. controllers\contactController.js 파일에서 마지막 줄을 삭제한 후 다음과 같이 추가합니다. res.redirect 함수는 요청 경로를 강제로 바꾸는 함수입니다.

**Do it! 코딩해 보세요!** • controllers\contactController.js

```
// @desc Create a contact
// @route POST /contacts/add
const createContact = asyncHandler(async (req, res) => {
  const { name, email, phone } = req.body;
  const contact = Contact.create({
    name,
    email,
    phone,
  });
  res.status(201).send("Create Contacts");
  res.redirect("/contacts");
});
```

createContact 함수의 요청 경로가 /contacts/add로 바뀐게 보이지?

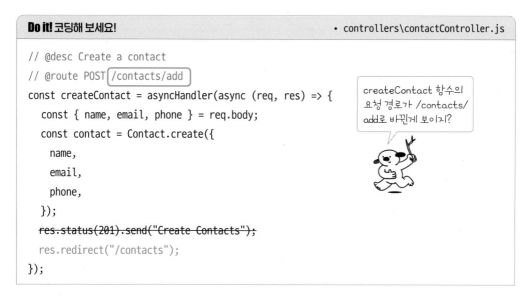

**7.** 다시 한번 웹 브라우저에서 연락처 추가 화면으로 이동한 뒤 새로운 연락처를 입력하고 [저장하기]를 클릭합니다. 전체 연락처 목록이 표시되면서 방금 추가한 연락처가 표시된다면 연락처 추가를 제대로 마무리한 것입니다.

# 11-3 | 연락처 수정하기, 삭제하기

데이터베이스에 저장한 연락처 정보를 가져와서 필요한 부분만 수정해서 다시 데이터베이스에 저장하는 템플릿을 만들어 보겠습니다. 그리고 더 이상 사용하지 않는 연락처를 데이터베이스에서 삭제하는 방법도 알아보겠습니다.

## 처리할 내용 구상하기

10장에서 만든 전체 연락처 목록에는 2개의 아이콘이 있는데 ✏️ 아이콘을 클릭하면 해당 정보를 수정하고 ✖️ 아이콘을 클릭하면 해당 정보를 삭제할 것입니다. 연락처를 수정하려면 ✏️ 아이콘을 클릭했을 때 그 아이콘이 있는 연락처 정보를 가져와서 보여 줘야 합니다. 그리고 필요한 정보를 수정한 후 [수정하기]를 클릭하면 수정한 정보를 데이터베이스에 저장합니다.

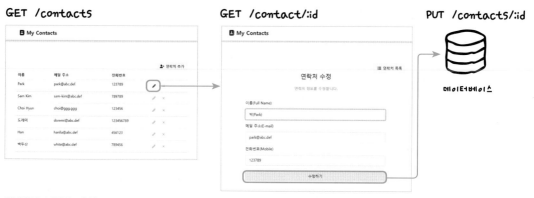

연락처를 수정하는 흐름

연락처를 수정하려면 GET 요청과 PUT 요청을 처리해야 합니다. GET 요청을 하면 수정 화면을 가져와서 보여 주고 PUT 요청을 하면 화면에 입력한 내용으로 데이터베이스를 수정하는 과정이 필요합니다. 연락처를 삭제한다면 DELETE 요청을 보냅니다. 자, 이제 하나씩 따라가 볼까요?

**1.** 연락처 수정 문서는 assets\update.html 파일의 코드를 복사해서 만들겠습니다. VS Code에서 assets\update.html을 가져온 후 마우스 오른쪽 버튼으로 클릭해서 [Open with Live Server]를 선택합니다.

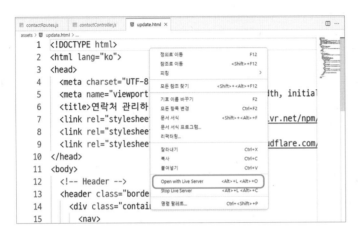

**2.** add.html과 비슷하게 생겼지만, 각 필드에 값이 들어가 있다는 차이가 있죠. 현재는 '도레미'의 연락처 정보가 들어가 있지만 EJS 파일을 만들어서 id값에 따라 다른 정보들이 나타나도록 할 것입니다. 그리고 화면 오른쪽 위에 [연락처 목록] 버튼이 있는데 이 버튼을 클릭하면 전체 연락처 목록으로 연결할 것입니다.

**3.** views 폴더에 update.ejs라는 새 파일을 만듭니다.

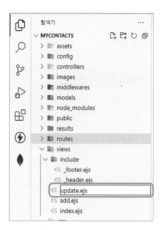

**4.** 열어 놓았던 assets/update.html의 코드를 모두 복사한 후 update.ejs에 붙여 넣습니다.

assets/update.html의 코드 복사하기

update.ejs에 코드 붙여넣기

**5.** update.ejs 파일 코드에서 ⟨!-- Main --⟩ 직전까지 선택해서 삭제한 후 미리 만들어 둔 헤더를 인클루드합니다.

**Do it! 코딩해 보세요!**　　　　　　　　　　　　　　　　　　　　　• views\update.ejs

```
<!-- include header -->
<%- include('./include/_header') %>
<!-- /include header -->
```

**6.** update.ejs 파일의 코드에서 〈!-- /Main --〉 다음에 오는 코드를 삭제한 후 푸터를 인클루드합니다.

> **Do it! 코딩해 보세요!** • views\update.ejs

```
<!-- include footer -->
<%- include('./include/_footer') %>
<!-- /include footer -->
```

```
36        </main>
37
38     <!-- /Main -->
39
40  <!-- include footer -->
41  <%- include('./include/_footer') %>
42  <!-- /include footer -->
```

**7.** update.ejs 화면에는 [연락처 목록]이라는 버튼이 있습니다. 이 버튼을 클릭하면 전체 연락처 목록으로 돌아가야 하므로 〈a〉 태그의 href 속성을 수정합니다.

> **Do it! 코딩해 보세요!** • views\update.ejs

```
<div class="button-box">
    <a href="/contacts" class="btn btn-light"><i class="fa-solid fa-list"></i>연락처 목록
</a>
</div>
```

> **Do it! 실습** ▶ **수정 아이콘을 클릭하면 id값 넘겨주기**

> **준비** views\index.ejs, controllers\contactController.js, views\update.ejs
> **결과 비교** results\views\index-3.js, results\controllers\contactController-13.js, results\views\update-2.ejs

기본적인 update.ejs 파일은 만들었으니 이번에는 연락처 목록에서 ✎아이콘을 클릭했을 때 update.ejs에 해당 정보가 나타나도록 해보겠습니다. ✎아이콘을 클릭했을 때 해당 정보의 id값을 update.ejs로 넘겨주도록 하면 되겠죠? 사용하는 파일이 많으므로 어떤 파일에서 어떤 일을 할지 미리 정리해 보겠습니다.

| 작업 내용 | 파일 |
|---|---|
| ① 전체 화면 목록에서 수정 아이콘 ✎에 요청 경로를 추가합니다. | index.ejs |

| | |
|---|---|
| ② /contacts/:id에서 GET 방식으로 요청하면 update.ejs 파일을 렌더링합니다. id에 해당하는 연락처 정보를 update.ejs로 넘겨주어야 합니다. | contactRoutes.js |
| ③ 라우트 코드에서 넘겨받은 연락처 정보를 수정 화면에 표시합니다. | update.ejs |

**1.** 전체 연락처 목록을 표시하는 화면은 views\index.ejs 파일에 만들었으니 index.ejs 파일을 불러옵니다. 수정 아이콘에 해당하는 코드를 찾아보세요.

```
<a href="#" class="btn update" title="수정">
    <i class="fas fa-pencil-alt"></i>
</a>
```
— 수정 아이콘에 해당하는 코드

**2.** 수정 아이콘을 클릭했을 때 /contacts/:id 형태로 API를 호출해야 합니다. 수정 아이콘의 코드를 다음과 같이 수정합니다.

**Do it! 코딩해 보세요!** • views\index.ejs

```
(... 생략 ...)
<a href="/contacts/<%= contact._id %>" class="btn update" title="수정" >
<i class="fas fa-pencil-alt"></i>
</a>
(... 생략 ...)
```

**3.** 주소 표시줄에 /contacts/:id를 입력한다는 것은 id에 해당하는 정보를 가져온다는 뜻입니다. /contacts/:id에서 GET 방식으로 요청할 때 처리하는 API를 수정해 보겠습니다. API 코드가 있는 컨트롤러 소스를 수정해야겠군요. controllers\contactController.js 파일을 불러와서 getContact 함수를 찾아보세요. 연락처 정보를 update.ejs에 렌더링하도록 코드를 수정합니다. 렌더링한다는 것은 ejs 파일을 불러와 브라우저 화면에 보여 주는 것을 말합니다. 렌더링하면서 연락처 정보가 담긴 contact 객체도 update.ejs에 함께 넘겨줍니다.

getContact 함수는 09장에서 만들었어! id를 기준으로 해당 정보를 가져오는 함수였지.

**Do it! 코딩해 보세요!** • controllers\contactController.js

```
(... 생략 ...)
// @desc Get contact
// @route GET /contacts/:id
```

```
const getContact = asyncHandler(async (req, res) => {
    const contact = await Contact.findById(req.params.id);
    res.status(200).send(contact);
    res.render("update", { contact: contact });
});
(... 생략 ...)
```

**4.** 방금 getContact 함수에서 contact 정보를 넘겨주었으므로 그 정보를 넘겨받는 update.
ejs도 수정해 보겠습니다. update.ejs에는 임시로 '도레미' 연락처가 표시되죠? 이 정보 대신
넘겨받은 contact 정보를 표시해 보겠습니다. update.ejs의 폼에서 세 군데 〈input〉 태그의
value 속성을 다음과 같이 수정합니다. 넘겨받은 contact에서 연락처의 이름과 메일 주소,
전화번호를 꺼내서 표시하는 것입니다.

---

**Do it! 코딩해 보세요!** • views\update.ejs

```
(... 생략 ...)
<form method="POST" id="add-user">
  <div class="user-info">
    ...
    <input type="text" class="form-control" name="name" id="name" value="<%= contact.name
%>">
    ...
    <input type="text" class="form-control" name="email" id="email" value="<%= contact.
email %>">
    ...
<input type="text" class="form-control" name="phone" id="phone" value="<%= contact.
phone %>">
...
</div>
</form>
(... 생략 ...)
```

---

**5.** 필요한 수정을 모두 마쳤습니다. 제대로 동작하는지 확인해 보겠습니다. 서버가 실행 중인
지 확인하고, 브라우저 주소 표시줄에 localhost:3000/contacts를 입력해 전체 목록을 표시
합니다. 첫 번째 항목에 있는 📝아이콘을 클릭해 보세요.

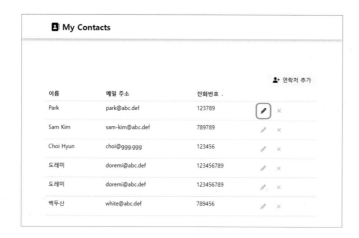

**6.** 첫 번째 연락처 정보가 화면에 나타나면 성공입니다. 정보를 보여 주기만 할 뿐 아직 수정할 수는 없습니다. 이제 [수정하기] 버튼을 클릭하면 데이터베이스를 업데이트하는 단계로 넘어가겠습니다.

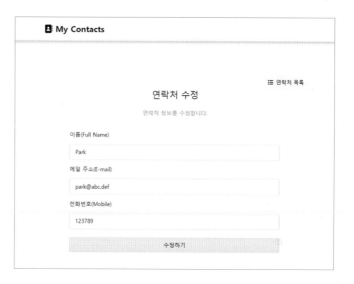

**한 걸음 더!** id가 아니라 _id인 이유

연락처를 데이터베이스에 저장할 때마다 id값이 할당됩니다. 몽고DB에서 자동으로 만든 속성에는 밑줄을 1개, 또는 2개를 붙여서 사용자가 만든 항목들과 구별하죠. 그래서 몽고DB에서 사용하는 id 속성도 이름 앞에 밑줄 하나가 더 붙고, contact에서 id값에 접근할 때도 contact._id라고 해야 합니다.

```json
{} myContacts.contacts("$oid":"64867c307c63af700cda4320").json ) ...
1  {
2    "_id": {
3      "$oid": "64867c307c63af700cda4320"
4    },
5    "name": "Park",
6    "email": "park@abc.def",
7    "phone": "123789",
8    "createdAt": {
9      "$date": "2023-06-12T02:00:16.935Z"
10   },
11   "updatedAt": {
12     "$date": "2023-06-17T12:42:00.077Z"
13   },
14   "__v": 0
15 }
```

**준비** app.js, views\update.ejs, controllers\contactController.js

**결과 비교** results\app-15.js results\views\update-3.ejs, results\controllers\contactController-14.js

id값을 사용해서 수정할 연락처 정보를 가져오고 update.ejs 화면에 표시하는 것까지 완성했습니다. 내용을 수정하고 나서 [수정하기] 버튼을 클릭하면 어떻게 처리해야 할까요? 앞에서 만들어 둔 CRUD 코드를 사용하면 됩니다. 그런데 09장에서 작성한 updateContact 함수는 PUT 방식일 때에만 실행하는데 폼에서는 GET 방식과 POST 방식만 지원하죠. 그래서 폼에서는 PUT 방식을 어떻게 처리하는지 알아보겠습니다.

| 작업 내용 | 파일 |
|---|---|
| ① POST를 PUT으로 바꾸는 모듈을 설치하고 등록합니다 | app.js |
| ② 수정 화면에서 폼을 보낼 경로와 요청 방식을 지정합니다. | update.ejs |
| ③ PUT 요청을 처리할 함수가 있는지 확인하고, 수정이 끝나면 전체 목록으로 이동할 수 있도록 합니다. | contactController.js |

### 1. method-override 미들웨어 사용하기

요청 방식을 중간에 바꾸는 여러 방법 가운데 method-override 미들웨어를 사용하면 가장 간단히 할 수 있습니다. method-override 미들웨어는 원래 요청 방식을 원하는 방식으로, 예를 들어 POST 방식에서 PUT 방식으로 덮어씌워서 처리합니다. VS Code의 터미널 창에 다음과 같이 입력해서 method-override 미들웨어를 설치합니다.

▶ 서버를 실행 중이라면 Ctrl+C를 눌러 종료한 후 method-override 미들웨어를 설치하세요.

**터미널**

```
npm i method-override
```

```
문제   출력   터미널   디버그 콘솔

PS C:\Users\funco\Desktop\myNode\myContacts> npm i method-override

added 2 packages, and audited 103 packages in 1s

11 packages are looking for funding
  run `npm fund` for details

found 0 vulnerabilities
PS C:\Users\funco\Desktop\myNode\myContacts>
```

**2.** 미들웨어를 설치했다면 애플리케이션에 미들웨어를 등록해야 합니다. 애플리케이션 파일인 app.js 파일을 열고 다음과 같이 추가합니다.

**Do it! 코딩해 보세요!** • app.js

```
const express = require("express");
const dbConnect = require("./config/dbConnect");
const methodOverride = require("method-override");

const port = 3000;

const app = express();

app.set("view engine", "ejs");
app.set("views", "./views"));

app.use(express.static("./public"));

app.use(methodOverride("_method"));

dbConnect();
(... 생략 ...)
```

**3.** 미들웨어를 준비했으므로 update.ejs 파일을 수정하겠습니다. update.ejs에서 〈form〉 태그 코드에서 POST 방식을 사용하고 있습니다. 우선 action 속성을 사용해서 현재 폼의 내용을 어디로 전송할 것인지 지정해야 합니다. 〈form〉 태그에 다음과 같이 action 속성을 추가합니다.

**Do it! 코딩해 보세요!** • views\update.ejs

```
(... 생략 ...)
<form action="/contacts/<%= contact._id %>" method="POST" id="add-user">
  ...
</form>
(... 생략 ...)
```

**4.** POST 방식으로 폼 내용을 전송하는 것을 PUT 방식으로 사용하려면 다음과 같이 action 값 뒤에 ?_method=PUT을 추가합니다. 원래는 POST지만 PUT으로 바꾸라는 의미입니다. /contacts/:id 경로에서 PUT 요청을 처리하는 함수(updateContact)를 컨트롤러에 정의해 놓았으니 PUT 요청이 전송되면 그 함수를 실행할 것입니다.

**Do it! 코딩해 보세요!** • views\update.ejs

```
(... 생략 ...)
<form action="/contacts/<%= contact._id %>?_method=PUT" method="POST" id="add-user">
 ...
</form>
(... 생략 ...)
```

**5.** 제대로 동작하는지 확인해 보겠습니다. 서버가 실행 중인지 확인하고 웹 브라우저에서 localhost:3000/contacts로 접속합니다. 수정할 항목에서 ✎아이콘을 클릭합니다. 여기에 서는 '한라산'이라는 항목을 수정해 보겠습니다.

**6.** 연락처 정보에서 [이름]의 내용을 바꾼 후 [수정하기]를 클릭해 보겠습니다.

**7.** 웹 브라우저의 주소 표시줄 맨 끝에 ?_method=PUT이 붙어 있습니다. PUT 요청을 해서 09장에서 만들었던 updateContact 함수가 실행되었습니다. 실행 결과는 브라우저 창에 JSON 형식으로 표시되네요. name 키의 값도 바뀌었고요.

**8.** 주소 표시줄에 localhost:3000/contacts를 입력해서 연락처 목록을 확인해 보세요. 수정한 내용이 데이터베이스에 적용된 것을 확인할 수 있습니다.

| 이름 | 메일 주소 | 전화번호 | | |
|------|-----------|----------|---|---|
| Park | park@abc.def | 123789 | ✎ | ✕ |
| Sam Kim | sam-kim@abc.def | 789789 | ✎ | ✕ |
| Choi Hyun | choi@ggg.ggg | 123456 | ✎ | ✕ |
| 도레미 | doremi@abc.def | 123456789 | ✎ | ✕ |
| Han | hanlla@abc.def | 456123 | ✎ | ✕ |
| 백두산 | white@abc.def | 789456 | ✎ | ✕ |

연락처 추가

**9.** 연락처를 수정하자마자 결과를 확인할 수 있도록 PUT 요청을 실행한 후 연락처 목록으로 즉시 이동하면 좋겠죠? API를 수정해 보겠습니다. controllers\contactController.js 파일을 열고 updateContact 함수를 다음과 같이 수정합니다. res.redirect 함수는 특정 경로로 강제 이동시킬 때 사용합니다.

**Do it! 코딩해 보세요!** • controllers\contactController.js

```
(... 생략 ...)
// @desc Update contact
// @route PUT /contacts/:id
const updateContact = asyncHandler(async (req, res) => {
  const id = req.params.id;
  const { name, email, phone } = req.body;
  const updatedContact = await Contact.findByIdAndUpdate(
    id,
    { name, email, phone },
```

```
      { new: true }
    );
    res.status(200).send(updatedContact);
    res.redirect("/contacts");
  });
(... 생략 ...)
```

**10.** 다시 한번 웹 브라우저에서 localhost:3000/contacts를 입력하여 전체 목록을 표시한 후 ✏️아이콘을 클릭해 보세요. 연락처 수정 화면으로 이동하면 내용을 수정하고 [수정하기] 를 클릭합니다. 연락처 전체 목록 화면으로 돌아오면서 수정한 내용이 반영되었다면 연락처 수정은 성공한 것입니다.

### Do it! 실습 ▶ 연락처 삭제하기

준비 controllers\contactController.js, views\index.ejs

결과 비교 results\controllers\contactController-15.js, results\views\index-4.ejs

이제 남은 것은 연락처 목록에서 원하는 항목을 삭제하는 것입니다. PUT이나 DELETE 같은 요청을 전송할 때는 method-override 모듈을 사용해서 폼의 POST 요청을 덮어씌워서 보낸다는 점을 기억하면서 따라 하세요.

**1.** controllers\contactController.js 파일을 불러옵니다. 이미 09-3절에서 DELETE 요청을 처리할 deleteContact 함수를 작성해 놓았죠? 기존 코드를 다음과 같이 간략하게 바꿔 보겠습니다. 기존 코드에서는 findById 함수를 사용해 자료를 찾은 후 deleteOne 함수를 사용해 자료를 삭제했지만, 수정한 코드에서는 findByIdAndDelete 함수를 사용해 자료를 찾아 삭제하는 작업을 한꺼번에 처리했습니다. 그러고 나서 연락처 목록을 표시하도록 리다이렉트하겠습니다. 요청 경로가 /contacts/:id라는 것도 기억해 두세요.

▶ 리다이렉트<sup>redirect</sup>란 웹 브라우저가 다른 URL로 자동으로 넘어가는 것을 말합니다.

> **Do it! 코딩해 보세요!**　　　　　　　　　　　• controllers\contactController.js
>
> ```
> (... 생략 ...)
> // @desc Delete contact
> // @route DELETE /contacts/:id
> const deleteContact = asyncHandler(async (req, res) => {
>   const contact = await Contact.findById(req.params.id);
>   if (!contact) {
>     res.status(404);
>     throw new Error("Contact not found");
>   }
>   await Contact.deleteOne();
>   res.status(200).send(`Delete Contact for ID: ${req.params.id}`);
>   await Contact.findByIdAndDelete(req.params.id);
>   res.redirect("/contacts");
> });
>
> module.exports = {
>   getAllContacts,
>   createContact,
>   getContact,
>   updateContact,
>   deleteContact,
>   addContactForm,
> };
> ```

**2.** 이제 연락처 목록 중에서 ⌧ 아이콘을 클릭했을 때 라우트 코드를 실행하도록 요청 경로와 요청 방식을 전달하면 됩니다. 연락처를 삭제하려면 DELETE 요청을 해야 하는데 이 요청 방식을 사용하려면 〈a〉 태그가 아닌 〈form〉 태그를 사용해야 합니다. 폼의 POST 방식을 DELETE 방식으로 바꿔서 전달해야 하죠.

▶ 〈a〉 태그의 href 속성은 브라우저 주소를 바꾸는 것이므로 GET 요청을 하게 됩니다.

기존의 〈a〉 태그를 〈form〉 태그로 수정합니다. 그리고 action 속성을 사용해서 요청 경로와 요청 방식을 지정합니다.

수정 전 • views\index.ejs

```
<a href="#" class="btn delete" title="삭제">
  <i class="fas fa-times"></i>
</a>
```

수정 후 • views\index.ejs

```
<form action="/contacts/<%= contact._id %>?_method=DELETE" method="POST"
style="display:inline">
    <input type="submit" class="btn delete" title="삭제" value="X" >
</form>
```

**3.** 서버가 실행 중인지 확인한 후 주소 표시줄에 localhost:3000/contacts를 입력해서 전체 목록을 표시합니다. 첫 번째 항목을 삭제해 볼까요? 항목 오른쪽에 있는 ⊠ 아이콘을 클릭합니다.

**4.** 첫 번째 항목이 삭제되어 보이지 않습니다.

**CRUD 작업을 서로 다른 폴더로 요청하기**

여기에서는 간단하게 ⊠ 아이콘을 클릭해서 한 번에 삭제했지만, 그 전에 내용을 한 번 더 확인한 후 삭제하도록 할 수도 있습니다. 즉, 삭제를 위한 ejs 파일을 만들어서 보여 주는 것이죠.

지금까지 살펴본 예제는 간단해서 모두 /contacts 폴더 안에서 요청했지만 대부분의 애플리케이션에서는 처리할 작업을 각각의 폴더로 구성합니다. 예를 들어 추가하는 작업은 /add 폴더에서, 수정하는 작업은 /update 폴더에서 하는 식이죠.

만일 삭제하기 전에 확인하는 delete.ejs 파일을 따로 만든다면 라우트 코드를 다음과 같이 작성해서 요청 폴더를 구분하면 됩니다.

**라우트 코드**

```
(... 생략 ...)
router.route("/").get(checkLogin, getAllContacts);
router.route("/add").get(addContactForm).post(createContact);
router.route("/update/:id").get(getContact).put(updateContact)
router.route("/delete/:id").get(confirmContact).delete(deleteContact);
(... 생략 ...)
```

컨트롤러에서 confirmContact 함수는 delete.ejs 파일을 렌더링해야 합니다.

**컨트롤러**

```
(... 생략 ...)
// @desc Delete contact
// @route GET /contacts/delete/:id
const confirmContact = asyncHandler(async (req, res) => {
  const contact = await Contact.findById(req.params.id);
  res.render("delete", { contact: contact });
});
(... 생략 ...)
```

# 11 마무리 문제

지금까지 공부한 내용을 떠올려 보면서 다음 문제를 해결해 보세요.

**Q1** HTML 폼에서 POST 메서드를 사용하려면 어떤 코드를 사용해야 할까요?

① `<form action="/submit" type="POST">`

② `<form action="/submit" post>`

③ `<form action="/submit" method="post">`

④ `<form url="/submit" method="post">`

해답 ③

**Q2** 라우트 코드에서 EJS 파일에 데이터를 전달하려면 어떤 함수를 사용해야 할까요?

① res.render 함수             ② res.send 함수

③ res.write 함수              ④ res.json 함수

해답 ①

**Q3** /form 경로로 POST 요청을 하여 전달된 폼 데이터 중에서 username 필드를 터미널에 출력하는 코드를 작성하세요.

**힌트**

① 라우트 코드에 해당하는 부분만 작성하면 됩니다. POST 요청 방식을 처리하기 위해 app.post 함수를 사용합니다.

② 폼 데이터는 req.body에 담겨서 전송되므로 username 필드에 접근하려면 req.body.username을 사용합니다.

문제 quiz\quiz-11-3.js    해답 quiz\sol-11-3.js

**Q4** /form 경로로 DELETE 요청을 받아 'Deleted!' 메시지를 화면에 표시하는 라우트 코드를 작성하세요.

**힌트**

① DELETE 요청 방식을 처리하기 위해 app.delete 함수를 사용합니다.

② res.send 함수를 사용해 브라우저 화면에 메시지를 표시하고 res.end 함수로 종료합니다.

③ 표시할 메시지가 1개이므로 res.end 함수 하나로 처리해도 됩니다.

문제 quiz\quiz-11-4.js    해답 quiz\sol-11-4.js

# 12 웹 애플리케이션에서 관리자 등록하기

백엔드 개발은 웹 애플리케이션의 심장이라고 볼 수 있습니다. 중요한 정보가 저장된 데이터베이스로 접근하는 통로이므로 보안이 특히 중요하죠. 웹 개발에서 보안과 관련된 부분은 공부해야 할 것이 많지만 여기에서는 가장 기본이라 할 수 있는 사용자 인증을 살펴볼 것입니다. 또한 로그인할 때 입력하는 비밀 정보를 알아볼 수 없도록 암호화해서 서버로 전송하는 방법과 관리자만 연락처 정보를 보거나 편집할 수 있도록 관리자 계정을 등록하는 방법도 알아보겠습니다.

# 12-1 | 로그인 처리하기

지금까지 만든 연락처 애플리케이션은 /contacts 경로로 요청하면 연락처 목록을 보여 줍니다. 이 연락처 목록을 보기 전에 루트 경로('/')로 요청했을 때 가장 먼저 로그인 화면이 나타나도록 할 것입니다. 우선 로그인 화면을 완성하고 로그인 처리 API를 한 단계씩 만들어 보겠습니다.

### Do it! 실습 ▶ 로그인을 위한 EJS 파일 만들기

준비 assets\home.html    결과 비교 views\home-1.ejs

애플리케이션에서 루트 경로('/')로 요청했을 때 로그인 화면이 나타나야 하므로 우선 로그인 화면부터 만들어 보겠습니다. 프런트엔드 화면 코드는 미리 준비해 두었습니다.

**1.** assets\home.html을 불러온 후 [Ctrl]+[A] 이어서 [Ctrl]+[C]를 눌러 전체 코드를 복사합니다.

**2.** 왼쪽 탐색기 창에서 views 폴더에 새로운 파일을 만들고 home.ejs라는 이름을 지정합니다. home.ejs 파일에 방금 복사한 파일을 붙여 넣습니다.

**3.** 〈! -- Main --〉 코드 직전까지 선택해서 삭제한 후 미리 만들어 둔 _header.ejs 코드를 인클루드합니다.

**Do it! 코딩해 보세요!** • views\home.ejs

```
<!-- include header -->
<%- include('./include/_header') %>
<!-- /include header -->

<!-- Main -->
<main id="site-main">
(... 생략 ...)
```

**4.** 같은 방법으로 〈! -- /Main --〉 이후 코드를 삭제한 후 _footer.ejs 코드를 인클루드합니다.

**Do it! 코딩해 보세요!** • views\home.ejs

```
(... 생략 ...)
</main>
<!-- /Main -->

<!-- include footer -->
<%- include('./include/_footer') %>
<!-- /include footer -->
```

준비 app.js

결과 비교 results\controllers\loginControllers-1.js, results\routes\loginRoutes-1.js, results\app-16.js

애플리케이션에서 루트 경로로 요청했을 때 로그인 화면이 나타나야 합니다. 그렇다면 '/' 경로에 대한 GET 요청을 처리하는 코드가 필요하겠죠? 로그인 처리를 위해 로그인 라우트와 컨트롤러를 작성해 보겠습니다. 컨트롤러 파일을 하나만 만들고 거기에 연락처와 로그인 함수를 작성해도 되지만 기능별로 컨트롤러를 따로 작성해야 나중에 관리하기도 쉽습니다.

**1.** controllers 폴더에 loginController.js 파일을 만든 후 다음과 같이 작성합니다. '/' 경로로 요청이 들어오면 home.ejs 파일을 렌더링하라고 알려 줍니다.

**Do it! 코딩해 보세요!** • controllers\loginController.js

```
const asyncHandler = require("express-async-handler");


//@desc Get login page
//@route GET /
const getLogin = (req, res) => {
  res.render("home");
};


module.exports = { getLogin };
```

**2.** 컨트롤러에 있는 함수를 '/' 경로에 라우팅하는 코드도 필요합니다. 여기에서는 routes 폴더에 loginRoutes.js 파일을 만든 후 다음과 같이 작성합니다.

**Do it! 코딩해 보세요!** • routes\loginRoutes.js

```
const express = require("express");
const router = express.Router();
const { getLogin } = require("../controllers/loginController");


router.route("/").get(getLogin);


module.exports = router;
```

**3.** 로그인을 위한 라우트 파일을 애플리케이션에 등록해 줘야겠죠? app.js 파일을 열고 다음과 같이 loginRoutes.js를 등록합니다.

• app.js

```
(... 생략 ...)
app.use(express.json());
app.use(express.urlencoded({ extended: true }));

app.use("/", require("./routes/loginRoutes"));
app.use("/contacts", require("./routes/contactRoutes"));

app.listen(port, () => {
  console.log(`${port}번 포트에서 서버 실행 중`);
});
```

**4.** 터미널 창에서 서버가 실행 중인지 확인하고 웹 브라우저에서 localhost: 3000을 입력해 보세요. 앞에서 작성한 home.ejs가 렌더링되면 로그인 폼이 보일 것입니다.

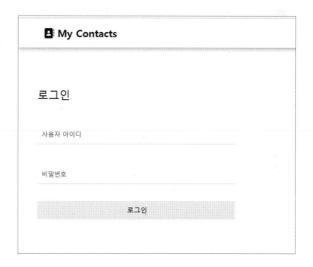

**로그인 테스트하기**

준비 ▸ views\home, controllers\loginController.js, routes\loginRoutes.js
결과 비교 ▸ results\views\home-2.ejs, results\controllers\loginController-2.js,
results\routes\loginRoutes-2.js

로그인 화면에서 아이디와 비밀번호를 입력하고 [로그인]을 클릭했을 때 실행할 함수도 만들어 보겠습니다.

**1.** 로그인 폼은 '/' 경로로 POST 요청을 보내야 하므로 〈form〉 태그에 action과 method 속성을 추가합니다. views\home.ejs 파일에서 다음과 같이 〈form〉 태그를 수정하세요.

**Do it! 코딩해 보세요!**                                                    • views\home.ejs

```
<form action="/" method="POST" class="login">
(... 생략 ...)
  <button type="submit" class="login-btn">로그인</button>
</form>
```

**2.** loginController.js 파일을 열고 POST 요청을 처리할 loginUser 함수를 작성합니다. 아이디는 'admin', 비밀번호는 '1234'일 때 로그인에 성공했다고 표시하고, 그 외의 값을 입력하면 로그인에 실패했다고 알려 주는 함수입니다. loginUser 함수를 다른 모듈에서도 사용할 수 있도록 내보내는 것<sup>export</sup>도 잊지 마세요.

**Do it! 코딩해 보세요!**                                          • controllers\loginController.js

```
(... 생략 ...)
//@desc Login user
//@route POST /
const loginUser = asyncHandler(async(req, res) => {
  const { username, password } = req.body;

  if (username === "admin" && password === "1234") {
    res.send("Login success");
  } else {
    res.send("Login failed");
  }
});

module.exports = { getLogin, loginUser };
```

**3.** 이제 loginUser 함수를 '/' 경로에 연결해 보겠습니다. 라우트 파일을 열어야겠죠? 컨트롤러에 있는 loginUser 함수를 임포트한 후에 '/' 경로에서 POST 요청이 있을 때 실행할 함수로 지정합니다.

```
const express = require("express");
const router = express.Router();
const { getLogin, loginUser } = require("../controllers/loginController");

router.route("/").get(getLogin).post(loginUser);

module.exports = router;
```

**4.** 웹 브라우저로 돌아와서 localhost:3000으로 접속합니다. 로그인 창에 'admin'과 '1234'
를 입력한 후 [로그인]을 클릭해 보세요.

▶ 웹 브라우저 창에 localhost:3000이 이미 열려 있다면 새로 고침 버튼을 클릭해 다시 불러옵니다.

혹시 경고 창이 나타나도 걱정하지 마! 1234는 비밀번호로 안전하지 않기 때문이야. 지금 테스트 중이니까 [확인]을 클릭하고 넘어가자. 실제 비밀번호는 좀 더 복잡하게 설정하는 게 좋겠지?

**5.** Login success 메시지가 나타나죠?

**6.** 다시 한번 localhost:3000으로 접속한 후 이번에는 아이디나 비밀번호의 값을 바꿔서 입력한 후 [로그인]을 클릭해 보세요. 'Login failed'라는 메시지가 나타납니다. loginUser 함수가 제대로 동작한다는 의미입니다.

**7.** loginUser 함수 코드를 보니 문제가 있습니다. 로그인 폼에 입력한 비밀번호의 값이 req.body에 담겨 있어서 자바스크립트 코드를 이용하면 누구나 그 값을 알아낼 수 있다는 것이죠. 다음 12-2절에서 로그인 폼에 입력한 비밀번호를 서버로 안전하게 전송하는 방법을 알아보겠습니다.

```
const loginUser = asyncHandler((req, res) => {
  const { username, password } = req.body;

  if (username === "admin" && password === "1234") {
    res.send("Login success");
  } else {
    res.send("Login failed");
  }
});
```

# 12-2 | 비밀번호 암호화하기 — bcrypt 모듈

로그인 폼의 비밀번호처럼 드러나면 안 되는 정보는 최대한 알아볼 수 없게 포장한 후 전송해야 합니다. 이 절에서는 노드에서 네트워크를 통해 전송할 때 비밀번호가 드러나지 않도록 암호화하는 방법을 알아보겠습니다.

### 해시 함수란

노드에서는 비밀번호를 암호화할 때 해시 함수를 사용합니다. 우선 해시 함수가 무엇이고 어떤 특징이 있는지 간단히 살펴보겠습니다.

**해시 함수**는 입력값을 받아서 또 다른 값을 반환하는데, 이때 반환하는 값을 **해시**<sup>hash</sup>라고 합니다. 해시 함수는 일방향 함수이므로 해시만 보고 원래 입력값을 복원하는 것은 거의 불가능합니다. 만일 해시가 노출되었다고 해도 원래 입력값을 알아낼 수 없겠죠.

해시 함수는 몇 가지 특징이 있습니다. 우선 입력값이 같으면 항상 같은 해시를 반환하지만 입력값을 조금만 변경해도 해시는 완전히 다른 값이 됩니다. 예를 들어 123과 1234는 끝 자리 하나만 다르다고 생각할 수 있지만 두 숫자의 해시는 완전히 다른 값입니다. 그리고 해시는 입력값의 길이에 상관없이 항상 일정한 길이를 가집니다. 예를 들어 123 또는 123456789을 변환해도 반환되는 해시는 같은 길이입니다.

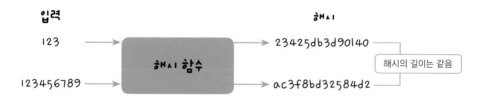

반환되는 길이가 항상 같은 해시 함수

웹 개발에서는 이런 해시 함수를 사용해 비밀번호를 안전하게 저장할 수 있습니다. 사용자 비밀번호를 해시 함수에 입력하면 해시가 만들어지고, 이 해시값을 데이터베이스에 저장합니다. 실제 비밀번호를 저장한 것이 아니므로 데이터베이스가 해킹되더라도 비밀번호를 알아낼 수 없겠죠? 그리고 비밀번호를 다시 확인해야 할 때는 입력된 비밀번호를 해시 함수에 넣어 생성된 해시값과 데이터베이스에 저장된 해시값을 비교하여 일치하는지 여부를 확인할 수 있습니다.

## bcrypt 모듈 사용하기

노드에서는 비밀번호를 안전하게 저장하고 검증하기 위해 bcrypt 모듈을 사용합니다. bcrypt 모듈은 내부에서 해시 함수를 사용하므로 사용자의 비밀번호를 해시로 변환해서 데이터베이스에 저장할 수 있습니다.

### 모듈 설치 및 임포트하기

bcrypt 모듈을 사용하려면 먼저 설치부터 해야겠죠? 터미널 창에 다음 코드를 입력하면 모듈을 설치할 수 있습니다.

이어지는 실습에서 설치할 것이니 지금은 보기만 해도 괜찮아!

▶ bcrypt와 같은 기능을 하는 bcryptjs 모듈도 있습니다. bcrypyjs 모듈은 bcrypt 이후에 개발된 해싱 모듈입니다.

```
npm i bcrypt
```

모듈을 설치했다면 require 문을 사용해 임포트합니다. 여기까지는 다른 모듈을 사용할 때와 같습니다.

```
const bcrypt = require("bcrypt");
```

### 비밀번호 해시하기 — bcrypt.hash 함수

bcrypt로 비밀번호를 해시하려면 hash 함수를 사용합니다. 콜백 함수를 사용해 비동기로 처리합니다. saltRounds는 비밀번호를 추측하기 어렵게 하기 위해 해시 함수를 몇 번 반복할지 지정할 수 있습니다. 반복을 많이 하면 할수록 더 철저하게 암호화되겠지만 해시 작업에 더 많은 시간이 걸립니다. saltRounds는 주로 10~12 사이의 값을 사용합니다.

bcrypt.hash( *data*, *saltRounds*, *callback* )

해시하려는 값 ｜ 해시를 반복할 횟수 ｜ 입력값을 해시한 후에 실행할 함수

예를 들어 다음과 같은 형태로 hash 함수를 사용할 수 있습니다. hash 함수를 직접 사용하는 코드는 12-3절에서 작성할 것이므로 hash 함수의 형태만 기억해 두세요.

```
const password = "1234";

bcrypt.hash(password, 10, (err, hash) => {
  try {
    // 해시화된 비밀번호(hash)를 데이터베이스에 저장하거나 다른 처리
  } catch (error) {
    // 오류 처리
  }
});
```

## 비밀번호 확인하기 — bcrypt.compare 함수

hash 함수를 사용해서 비밀번호를 해시한 후 데이터베이스에 저장했다면, 사용자가 로그인할 때마다 입력한 비밀번호가 데이터베이스에 있는지 확인할 수 있습니다. 한번 해시된 값은 원래 입력값으로 되돌릴 수 없다는 것 기억하죠? 그래서 비밀번호를 비교할 때는 사용자가 입력한 비밀번호를 해시한 후 데이터베이스에 있는 해시값과 같은지 확인합니다. 같은 입력값에는 항상 같은 해시를 반환한다는 해시 함수의 특성 때문에 가능한 것이죠.

bcrypt에서 값을 2개 비교할 때는 compare 함수를 사용합니다.

```
bcrypt.compare(data, encrypted, callback)
```

비교할 입력값 | 비교할 대상 | 값 2개를 비교한 후에 실행할 함수

예를 들어 사용자가 입력한 비밀번호는 loginPassword로 할당하고 데이터베이스에서 가져온 비밀번호는 hashedPassword로 할당한 후 다음과 같이 비교할 수 있습니다. 값을 비교한 결과가 true라면 값이 일치한다는 의미입니다. 다음 예시 코드로 흐름만 살펴보겠습니다.

```javascript
const loginPassword = '로그인 비밀번호 ';
const hashedPassword = '데이터베이스에서 가져온 해시값';

bcrypt.compare(loginPassword, hashedPassword, (error, result) => {
  try {
    if (result === true) {
      // 비밀번호 일치
    } else {
      // 비밀번호 불일치
    }
  } catch (error) {
  // 오류 처리
  }
});
```

# 12-3 | 관리자 등록하기

지금까지 작성한 코드에는 연락처 정보를 저장하는 contacts라는 데이터베이스만 만들었습니다. 이제부터 로그인한 사용자만 연락처 정보를 사용할 수 있게 하려면 사용자 정보를 저장할 데이터베이스도 필요하겠죠? 여기에서는 관리자 1명만 등록한 후 접속할 것입니다. 등록 폼을 만들고 users라는 데이터베이스에 저장해 보겠습니다.

**Do it! 실습** ▶ 등록 폼 만들고 라우팅하기

**준비** assets\register.html, controllers\loginController.js, routes\loginRouts.js
**결과 비교** results\views\register-1.ejs, results\controllers\loginController-3.js,
results\routes\loginRoutes-3.js

연락처 관리 애플리케이션에서는 등록 사용자가 1명만 있으면 되므로 등록 폼을 따로 만들지 않고 코드에서 직접 지정해도 됩니다. 하지만 회원제로 운영하는 애플리케이션을 제작한다면 등록 폼이 필요하겠죠. 그런 경우를 대비해 등록 폼을 만들고 데이터베이스와 연결하는 방법을 함께 알아보겠습니다.

**1.** views 폴더에 register.ejs 파일을 만듭니다.

2. assets\register.html을 불러온 후 전체 코드를 복사해서 방금 만든 views\register.ejs에 붙여 넣습니다.

assets 폴더에 있는 register.html 파일

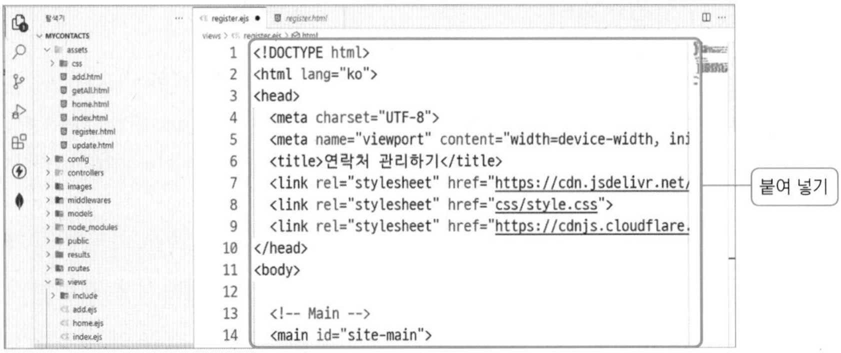


코드를 복사해 넣은 views 폴더의 register.ejs 파일

3. 〈! -- Main --〉 코드 직전까지 선택해서 삭제한 후 _header.ejs 코드를 인클루드합니다.

**Do it! 코딩해 보세요!** • views\register.ejs

```
<!-- include header -->
<%- include('./include/_header') %>
<!-- /include header -->

<!-- Main -->
<main id="site-main">
(... 생략 ...)
```

**4.** 같은 방법으로 〈! -- /Main --〉 이후의 코드를 삭제한 후 _footer.ejs 코드를 인클루드합니다.

**Do it! 코딩해 보세요!** • views\register.ejs

```
(... 생략 ...)
</main>
<!-- /Main -->

<!-- include footer -->
<%- include('./include/_footer') %>
<!-- /include footer -->
```

**5.** 브라우저 창에서 /register 경로로 요청했을 때 등록 화면을 보여 주도록 getRegister 함수를 만듭니다. module.exports에 추가하는 것도 잊지 마세요. loginController.js에 코드를 추가합니다.

**Do it! 코딩해 보세요!** • controllers\loginController.js

```
const asyncHandler = require("express-async-handler");

//@desc Register Page
//@route GET /register
const getRegister = (req, res) => {
  res.render("register");
};
(... 생략 ...)

module.exports = { getRegister, getLogin, loginUser };
```

**6.** 라우트 코드만 모아 놓은 loginRoutes.js 파일에서 방금 만든 getRegister 파일을 임포트합니다. 그리고 /register 경로와 GET 요청 방식에 맞춰 getRegister 함수를 실행하는 코드를 작성합니다.

**Do it! 코딩해 보세요!** • routes\loginRoutes.js

```
const express = require("express");
const router = express.Router();
const {
```

```
    getRegister,
  getLogin,
  loginUser,
} = require("../controllers/loginController");

router.route("/").get(getLogin).post(loginUser);
router.route("/register").get(getRegister);

module.exports = router;
```

**7.** 웹 브라우저에서 localhost:3000/
register로 접속해 보세요. 방금 작성
한 register.ejs 화면이 나타나면 성공
입니다.

접속하기 전에 서버가
실행 중인지 확인해!

**Do it! 실습** **users 데이터베이스 만들기**

결과 비교 results\models\userModel.js

애플리케이션에서 회원 가입과 로그인 기능을 처리하려면 사용자 데이터베이스를 만들어야
합니다. 사용자 등록 폼에서 [가입하기]를 클릭했을 때 넘겨받은 정보를 저장한 모델을 정의
해 보겠습니다.

**1.** models 폴더에 userModel.js라는 새 파일을 만듭니다.

로그인한 사용자 정보를 저장할 데이터베이스 모델을 만들 거야!

**2.** 다음 코드를 userModel.js에 입력합니다. 사용자 정보에는 username과 password를 저장하는데 username은 중복되면 안 되므로 unique 속성을 true로 설정합니다.

**Do it! 코딩해 보세요!**　　　　　　　　　　　　　　　　　　　• models\userModel.js

```javascript
const mongoose = require("mongoose");

// Mongoose 스키마 가져오기
const Schema = mongoose.Schema;

// 사용자 스키마를 만들기
const UserSchema = new Schema({
  username: {
    type: String,
    required: true, // 필수 속성으로 설정
    unique: true,   // 중복할 수 없도록 설정
  },
  password: {
    type: String,
    required: true, // 필수 속성으로 설정
  },
});

// User 모델을 만들고 내보내기
module.exports = mongoose.model("User", UserSchema);
```

준비 views\register.ejs, controllers\loginController.js, routes\loginRoutes.js

결과 비교 results\views\register-2.ejs, results\controllers\loginController-4.js,

results\routes\loginRoutes-4.js

데이터베이스 모델을 만들었으므로 관리자 계정을 추가해 보겠습니다. 여기에서는 관리자 1
명만 등록할 것입니다.

**1.** 사용자 등록 화면에서 [사용자 이름]과 [비밀번호], [비밀번호 확인] 항목에 입력한 후 [등
록] 버튼을 클릭하면 폼의 내용은 /register 경로로 POST 요청을 하게 됩니다. 다음과 같이
〈form〉 태그에 코드를 추가합니다.

**Do it! 코딩해 보세요!** • views\register.ejs

```
<h3>사용자 등록</h3>


<form action="/register" method="POST" class="register">
(... 생략 ...)
</form>
```

**2.** 사용자 인증을 처리하기 위해 터미널 창에 다음 코드를 입력해서 bcrypt 모듈을 설치합
니다.

터미널
```
npm i bcrypt
```

**3.** 모듈을 준비했으니 loginController.js 파일을 열고 POST 요청을 처리할 registerUser 함
수를 작성합니다. 우선 등록 폼에서 비밀번호를 2번 입력하므로 비밀번호 2개가 일치했을 때
와 일치하지 않았을 때를 나눠서 생각해야 합니다. if ~ else 문을 사용해서 구분해 보겠습니다.

**Do it! 코딩해 보세요!** • controllers\loginController.js
```
const asyncHandler = require("express-async-handler");


(... 생략 ...)
```

```
//@desc Register user
//@route POST /register
const registerUser = asyncHandler(async (req, res) => {
  // 폼에서 넘겨받은 내용(req.body)을 username과 password, password2로 추출합니다.
const { username, password, password2 } = req.body;
  // 비밀번호와 비밀번호 확인이 일치하는지 확인합니다.
  if (password === password2) {

  } else {
    res.send("Register Failed");
  }
});


(... 생략 ...)
```

**4.** if 문을 완성해 보겠습니다. 비밀번호 2개가 일치한다면 비밀번호를 암호화하고, 데이터베이스에는 사용자 이름과 암호화된 비밀번호를 사용해 저장합니다. 데이터베이스에 저장할 수 있도록 User 모델을 임포트하고 비밀번호를 암호화할 때 bcrypt 모듈을 사용해야 하므로 bcrypt 모듈을 임포트하는 코드를 추가합니다. 그리고 registerUser 함수를 모듈로 내보내는 것도 잊지 마세요.

**Do it! 코딩해 보세요!** • controllers\loginController.js

```
const asyncHandler = require("express-async-handler");
const User = require("../models/userModel");
const bcrypt = require("bcrypt");

(... 생략 ...)

//@desc Register user
//@route POST /register
const registerUser = asyncHandler(async (req, res) => {
  const { username, password, password2 } = req.body;
if (password === password2) {
    // bcrypt를 사용해 비밀번호를 암호화합니다.
    const hashedPassword = await bcrypt.hash(password, 10);
    // 사용자 이름과 암호화된 비밀번호를 사용해서 새 사용자를 만듭니다.
```

```
    const user = await User.create({ username, password: hashedPassword });
    // 성공 메시지를 출력합니다. 확인하기 위해 user도 화면에 출력합니다.
    res.status(201).json({ message: "Register successful", user });
  } else {
    res.send("Register Failed");
  }
});

(... 생략 ...)

module.exports = { getRegister, registerUser, getLogin, loginUser };
```

**5.** 컨트롤러를 만들었으니 라우트 코드를 작성해 줍시다. routes\loginRoutes.js 코드를 열어 registerUser 함수를 임포트하고 /register 경로에 POST 라우트 코드를 추가합니다.

**Do it! 코딩해 보세요!** • routes\loginRoutes.js

```
const express = require("express");
const router = express.Router();
const {
  getRegister,
  registerUser,
  getLogin,
  loginUser,
} = require("../controllers/loginController");

router.route("/").get(getLogin).post(loginUser);
router.route("/register").get(getRegister).post(registerUser);

module.exports = router;
```

**6.** 데이터베이스 모델을 만들고 컨트롤러와 라우트 코드까지 마쳤으니 웹 브라우저에서 확인해 볼까요? 서버를 실행하고 localhost:3000/register로 접속합니다. 관리자로 사용할 사용자 이름과 비밀번호를 입력하고 [등록]을 클릭해 보세요.

▶ 사용자 스키마를 만들 때 username 속성에서 unique: true로 지정했으므로 같은 id는 허용하지 않습니다. 중복된 id를 입력할 경우 오류가 발생합니다.

**7.** 코드를 작성할 때 데이터베이스에 저장된 사용자 정보를 화면에 표시하도록 지정했죠? 사용자 등록이 성공적으로 끝나면 성공 메시지와 함께 username과 password가 화면에 나타납니다. password에 암호화된 내용이 보이나요? 이 부분이 바로 bcrypt를 통해 암호화한 것입니다.

{"message":"Register successful","user":
{"username":"admin","password":"$2b$10$qxRqToGJuweu82/ASIPCgOKZ7QaYiUa285IX6PdPn
ptkSgRaHfKsi","_id":"64a6cc55998fae2bcd9f4208","__v":0}}

**8.** 관리자 계정만 추가하고 사용자 계정은 더 이상 추가하지 않을 것이므로 라우트 코드 중에서 /register 경로와 관련된 부분을 삭제합니다. 컨트롤러 함수는 아직 그대로 남아 있으므로 나중에 필요할 경우 라우트 코드만 다시 추가해서 사용하면 됩니다.

**Do it! 코딩해 보세요!** • routes\loginRoutes.js

```javascript
const express = require("express");
const router = express.Router();
const {
  getRegister,
  registerUser,
  getLogin,
  loginUser,
} = require("../controllers/loginController");

router.route("/").get(getLogin).post(loginUser);
router.route("/register").get(getRegister).post(registerUser);

module.exports = router;
```

## 12 마무리 문제

지금까지 공부한 내용을 떠올려 보면서 다음 문제를 해결해 보세요.

**Q1** bcrypt 모듈의 주된 기능은 무엇인가요?

① 데이터베이스 관리          ② 이미지 처리

③ API 요청          ④ 비밀번호 해싱

해답 ④

**Q2** bcrypt.hash 함수를 사용할 때 두 번째 매개변수로 넘겨주는 숫자의 의미는 무엇인가요?

① 해시 길이          ② 솔트 라운드

③ 해시 알고리즘의 버전          ④ 키 길이

해답 ②

**Q3** bcyrpt를 사용해 myPassword라는 문자열을 해시하고 그림에서 보는 것처럼 터미널 창에 출력하는 코드를 작성하세요.

```
PS C:\Users\rances\Desktop\mynode\mycontacts\quiz-sol> nodemon
[nodemon] 2.0.22
[nodemon] to restart at any time, enter `rs`
[nodemon] watching path(s): *.*
[nodemon] watching extensions: js,mjs,json
[nodemon] starting `node sol-12-3.js`
$2b$10$xSRfYZmUQuBrXADktjnuhum02/Iy3ZnAJCLNh0bHMjnpYySqBn3mS
[nodemon] clean exit - waiting for changes before restart
```

**힌트**

① 문자열을 해시하려면 bcrypt.hash 함수를 사용합니다.

② bcrypt.hash 함수에서 솔트 라운드는 10 정도로 지정합니다.

문제 quiz\quiz-12-3.js    해답 quiz\sol-12-3.js

Q4 userInput이라는 변수에 사용자로부터 받은 비밀번호가 저장되어 있습니다. 이 비밀번호가 myPassword라는 문자열을 해시한 값과 일치하는지 판단하는 함수를 작성하세요.

```
[nodemon] clean exit - waiting for changes before restart
[nodemon] restarting due to changes...
[nodemon] starting `node sol-12-4.js`
비밀번호가 일치합니다
```

**힌트**

① 퀴즈 3을 참고해서 'myPassword'를 해시한 후 hashed 변수에 할당합니다.

② userInput 변수에는 여러 값을 넣을 수 있습니다. 'myPassword'도 넣어보고, 그외의 값도 넣어보면서 테스트해 보세요.

③ hashed 변수와 userInput 변수를 비교할 때는 bcrypt.compare 함수를 사용합니다.

문제   quiz\quiz-12-4.js   해답   quiz\sol-12-4.js

Q5 quiz 폴더에는 미리 만들어 둔 사용자 모델 파일 userMode.js가 있습니다. 이 모델을 사용해서 사용자를 등록하는 API를 작성하세요. name과 email, password를 받아서 등록합니다. 따로 컨트롤러 코드를 작성하지 않고 quiz\quiz-12-5.js 파일 안에 한꺼번에 작성하세요.

```js
const mongoose = require("mongoose");

const userSchema = new mongoose.Schema({
  name: String,
  email: String,
  password: String
});

module.exports = mongoose.model('User', userSchema);
```

**힌트**

① 등록 요청은 POST 방식을 사용합니다.

② 요청 본문을 처리하기 위해서는 바디 파서가 필요하죠. express.json을 포함시켜야 합니다.

③ 요청 본문에 담긴 정보를 가져와서 name, email, password로 할당하고, password는 암호화해야 합니다.

④ create 함수를 사용해서 name과 email, 암호화된 password를 추가합니다.

문제   quiz\userModel.js, quiz\quiz-12-5.js   해답   quiz\sol-12-5.js

# 13 웹 애플리케이션에서 사용자 인증하기

애플리케이션에서 사용자 인증은 꼭 필요한 기능입니다. 특히 서버와 데이터베이스를 조작할 수 있는 기능을 사용한다면 인증된 사용자만 접근할 수 있어야 하죠.

노드와 익스프레스에서 사용하는 인증 방법은 다양합니다. 그중에서 자주 사용하는 JSON 웹 토큰<sup>JSON Web Token</sup> (이하 줄여서 JWT)을 공부하고 연락처 애플리케이션에 적용해 볼 것입니다.

사용자 인증 기능을 만들려면 브라우저의 쿠키와 세션 개념을 알아야 합니다. JWT 없이 쿠키와 세션만으로 사용자를 인증하는 방법도 함께 살펴보겠습니다.

# 13-1 | 쿠키와 세션 이해하기

웹 애플리케이션에서 사용할 사용자 인증 기능을 만들려면 쿠키와 세션이란 개념을 어느 정도 이해하고 있어야 합니다. 먼저 쿠키와 세션이란 무엇인지, 애플리케이션을 만들 때 쿠키와 세션 개념이 왜 필요한지 알아보겠습니다.

## 쿠키와 세션

웹 개발에 관심이 있다면 '쿠키'와 '세션'이라는 말을 들어 본 적이 있을 겁니다. 하지만 쿠키와 세션이 무엇인지 개념을 명확하게 설명하기 어려워하는 경우가 많죠. 이번 기회에 쿠키와 세션을 확실히 이해해 보세요.

HTTP 프로토콜의 가장 큰 특징은 '상태가 없다stateless'는 것입니다. 이게 무슨 뜻인지 앞에서 만든 연락처 관리 애플리케이션을 예로 들어 설명해 보겠습니다.

사용자가 /contacts 경로로 GET 요청을 보내면 서버에서 연락처 정보를 모두 가져와 화면에 보여 줍니다. 그리고 같은 사용자가 /contacts 경로로 POST 요청을 보내면 연락처 정보를 추가할 수 있죠. 그런데 서버 입장에서는 GET 요청을 보낸 사용자와 POST 요청을 보낸 사용자가 같은 사람이라는 것을 알 수 없습니다. 요청을 보내고 응답이 끝나면 HTTP 프로토콜이 클라이언트와 서버 사이의 연결을 끊어 버리기 때문입니다. 요청할 때마다 계속 새로 연결하고 응답을 받는 식이죠. 지금까지 만든 애플리케이션은 이런 상황에서도 별다른 문제없이 사용할 수 있었습니다. HTTP 연결 상태가 계속 유지되지 않으므로 이런 것을 상태가 없다, 즉 stateless라고 얘기합니다.

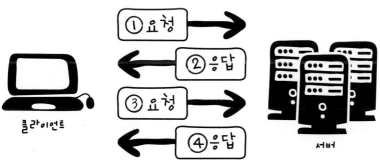

상태가 없는 HTTP 프로토콜

하지만 로그인한 사용자만 연락처 정보를 보거나 편집할 수 있는 애플리케이션을 만든다면 어떨까요? HTTP 프로토콜은 상태가 없다고 했죠? 그래서 연락처 정보를 가져오거나 추가할 때도 로그인 화면이 계속해서 나타날 것입니다. 이런 문제를 해결하려면 쿠키와 세션이 필요합니다.

GET이든 POST든 요청을 처리하기 전에 쿠키와 세션을 사용하면 로그인한 사용자가 맞는지 확인할 수 있습니다. 쿠키와 세션이 왜 필요한지 감을 잡았다면 다음으로 쿠키와 세션을 통해 사용자를 어떻게 식별하는지 알아보겠습니다.

### 쿠키를 이용해 사용자 식별하기

쿠키cookie는 웹 브라우저를 이용할 때 사용자 컴퓨터에 저장되는 정보입니다. 웹 사이트를 이용할 때 문제가 발생하면 흔히 쿠키 정보를 삭제해 보라는 조언을 들어 본 적이 있을 것입니다. 쿠키는 사용자가 웹 사이트에 접속했을 때 컴퓨터에 다운로드되어 브라우저에 저장되는 작은 텍스트 파일입니다. 쿠키에는 사용자의 설정이나 이용 내역 등이 저장되는데, 한번 방문했던 사이트에 다시 접속하면 쿠키를 통해 사용자의 장치를 인식합니다.

우선 쿠키가 어떤 형태인지 살펴보겠습니다. 웹 브라우저에서 https://naver.com에 접속한 후 Ctrl+Shift+I를 눌러 웹 개발자 도구 창을 엽니다. [애플리케이션] 탭을 누르면 왼쪽에 여러 항목이 있는데 그중에서 [쿠키]를 클릭해 보세요. 폴더가 여러 개 있다면 https://www.naver.com을 클릭해 보세요. 네이버 첫 화면에서 사용하는 쿠키 정보가 오른쪽에 나타납니다. 네이버 서버에 접속하는 클라이언트가 어떤 상태인지 여러 항목으로 구분해서 값을 지정해 놓았습니다.

웹 개발자 도구 창의 쿠키 정보

쿠키 정보는 서버에서 만들어서 클라이언트로 보내기도 하고 필요할 경우 클라이언트에서 직접 만들어서 쿠키로 저장할 수도 있습니다. 서버에서 만든 쿠키는 접속하는 클라이언트를 식별하는 정보나 사이트 화면을 표시할 때 필요한 옵션들입니다. 앞에서 네이버 사이트에 접속했을 때 나타난 쿠키 정보들이 해당하죠. 클라이언트에서 만드는 쿠키는 사용자의 환경을 저장할 때 사용합니다. 예를 들어 팝업 창을 일정 시간 동안 표시하지 않도록 하거나 브라우저 창을 닫았다가 열더라도 장바구니에 담아 놓은 상품이 그대로 유지되게 할 수 있습니다.

쿠키를 활용해 팝업 창 설정하기

쿠키 정보는 클라이언트와 서버 간에 어떻게 주고받을까요? 웹 사이트에서 로그인하는 과정을 예로 들어 설명해 보겠습니다.

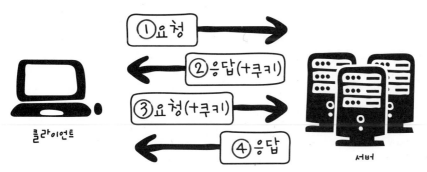
HTTP 프로토콜과 쿠키

❶ 사용자가 아이디와 비밀번호를 입력하고 [로그인] 버튼을 클릭해서 요청을 보냅니다.

❷ 서버에서 사용자 검증이 완료되면 사용자를 식별할 수 있는 쿠키를 만들고 HTTP 응답 헤더에 담아 클라이언트로 보냅니다. 웹 브라우저는 서버로부터 받은 쿠키를 사용자의 컴퓨터에 저장합니다.

❸ 사용자가 서비스 내에서 다른 페이지로 이동하거나 추가 정보를 요청할 때, 웹 브라우저는 저장된 쿠키를 HTTP 요청 헤더에 담아 서버로 전송합니다.

❹ 서버에서는 쿠키를 보고 사용자를 식별하고 인증합니다. 사용자를 확인하면 요청을 처리하고 응답합니다.

사용자가 개인 설정을 변경하거나 로그아웃하면 서버는 새로운 상태를 반영하기 위해 쿠키를 업데이트할 수 있습니다. 만일 쿠키가 업데이트되었다면 다시 HTTP 응답 헤더를 통해 클라이언트로 전송됩니다.

## 세션을 이용해 사용자 식별하기

쿠키가 사용자 컴퓨터에 저장되는 정보라면 세션<sup>session</sup>은 서버에 저장되는 정보입니다. 클라이언트가 서버에 요청할 때는 요청 객체에 쿠키를 담아서 보내는데 이때 쿠키 정보에는 세션 ID도 포함되어 있습니다.

클라이언트(웹 브라우저)에서 서버로 요청을 보내면 함께 보면 쿠키 안에 세션 ID가 있는지 확인하는데, 세션 ID가 없다면 접속한 클라이언트의 세션 정보를 만들어 서버에 저장합니다. 그리고 클라이언트에게는 세션 ID를 보냅니다. 요청 객체에 세션 ID가 있다면 그 정보를 사용해 인증 처리합니다.

▶ 세션은 서버의 메모리나 데이터베이스, 혹은 기타 저장 장소 등에 저장할 수 있습니다.

사용자 컴퓨터에 저장하는 쿠키보다 서버에 저장하는 세션 정보가 더 안전하므로 로그인같이 보안 등 중요한 작업을 할 때 세션을 많이 사용합니다. 웹 사이트에 접속할 때 로그인한 사용자마다 세션을 발급하면 사용자를 인증할 수 있습니다.

---

**한 걸음 더! 쿠키의 구성 요소**

네이버(https://naver.com)의 웹 개발자 도구 창을 열어 보면 여러 가지 요소로 구성된 쿠키들을 볼 수 있습니다.

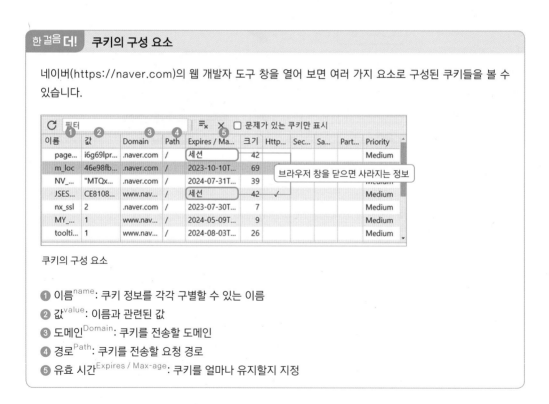

쿠키의 구성 요소

**①** 이름<sup>name</sup>: 쿠키 정보를 각각 구별할 수 있는 이름
**②** 값<sup>value</sup>: 이름과 관련된 값
**③** 도메인<sup>Domain</sup>: 쿠키를 전송할 도메인
**④** 경로<sup>Path</sup>: 쿠키를 전송할 요청 경로
**⑤** 유효 시간<sup>Expires / Max-age</sup>: 쿠키를 얼마나 유지할지 지정

---

## 쿠키와 세션을 사용한 인증 방법

지금까지 쿠키와 세션의 개념을 살펴봤는데 좀 더 쉽게 이해할 수 있도록 쿠키와 세션을 이용해서 사용자를 인증하는 방법을 자세히 알아보겠습니다. 클라이언트와 서버 간에 세션 정보를 주고받는 방식은 다음과 같습니다.

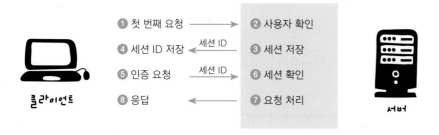

❶ 클라이언트가 서버로 첫 번째 요청을 보냅니다. (예) 로그인

❷ 서버는 데이터베이스에 사용자가 있는지 확인합니다.

❸ 사용자가 확인되면 서버에서 세션을 발급하고 저장합니다. 그리고 클라이언트에게 응답할 때 세션 ID를 함께 보냅니다.

❹ 클라이언트에서는 발급받은 세션 ID를 쿠키 형태로 저장합니다.

❺ 클라이언트에서 로그인이 필요할 때 서버에 세션 ID도 함께 보내서 요청합니다.

❻ 서버에서는 세션을 확인합니다.

❼ 세션을 가지고 있다면, 즉 인증된 사용자라면 서버에서 요청을 처리합니다. 필요할 경우 서버에서는 세션 정보를 수정해서 저장합니다.

❽ 사용자가 확인되면 요청 처리 결과를 클라이언트에게 넘겨줍니다.

서버에 저장된 세션에는 상태가 함께 저장됩니다. 한번 세션이 만들어지면 클라이언트의 쿠키에 세션 ID를 저장하므로 클라이언트 요청이 있을 때마다 세션 ID와 서버의 세션 정보만 확인하면 됩니다.

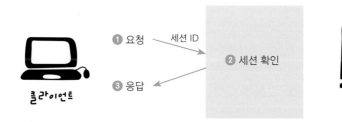

# 13-2 | 쿠키와 세션을 활용할 때 사용하는 모듈

애플리케이션을 만들 때 어떤 모듈을 사용할지는 프로젝트 기획 단계에서 결정합니다. 여기에서는 쿠키와 세션을 활용할 때 자주 사용하는 모듈을 알아보겠습니다.

**Do it! 실습** ▶ **쿠키 연습하기 — cookie-parser 모듈**

**결과 비교** `results\cookie.js`

cookie-parser 모듈은 웹 애플리케이션에서 쿠키를 만들거나 구문을 분석할 때 사용합니다. 예를 들어 팝업 창을 24시간 동안 보지 않게 쿠키를 설정할 수도 있고 서버에서 만든 세션 정보를 쿠키에 저장해 둘 수도 있습니다. 이번 실습에서는 cookie-parser 모듈의 사용법을 알아보겠습니다.

**1.** 작업 폴더의 루트에 cookie.js 파일을 만들고 서버를 실행하는 기본 코드를 작성합니다. 여기에서는 5000번 포트를 사용했습니다.

▶ 루트는 최상위 폴더를 의미한다고 배웠죠? 현재 실습하고 있는 myContacts 폴더에 파일을 만들면 됩니다.

**Do it! 코딩해 보세요!** • cookie.js

```
const express = require("express");

const app = express();

app.listen(5000, () => {
  console.log('서버 실행 중');
});
```

**2.** 모듈을 설치하겠습니다. cookie-parser 모듈은 터미널에서 쉽게 설치할 수 있습니다.

**터미널**

```
npm i cookie-parser
```

**3.** cookie-parser 모듈을 설치했다면 cookie-parser를 미들웨어로 사용하겠다고 알려 줘야 합니다. 이때 cookieParser 함수를 사용합니다.

> 기본형              **app.use(cookieParser())**

**4.** cookie.js에서 cookie-parser 모듈을 임포트한 후 미들웨어로 등록합니다.

**Do it! 코딩해 보세요!** • cookie.js

```javascript
const express = require("express");
const cookieParser = require("cookie-parser");

const app = express();
app.use(cookieParser());
(... 생략 ...)
```

**5.** 서버에서 만든 쿠키는 응답 객체에 포함되므로 res.cookie를 사용해서 만들 수 있습니다. 쿠키는 name과 value가 쌍으로 이루어지고 필요할 경우 option을 추가할 수 있습니다.

> 기본형              **res.cookie(*name, value, option*)**

예를 들어 사용자 이름과 비밀번호를 쿠키에 설정하고 싶다면 다음과 같이 작성합니다. 이때 httpOnly 옵션을 true로 설정하면 HTTP 통신에서만 쿠키가 설정되도록 제한할 수 있습니다. 이렇게 해야 자바스크립트를 통해서 쿠키를 조작하거나 쿠키에 접근하는 것을 막을 수 있습니다.

**Do it! 코딩해 보세요!** • cookie.js

```javascript
const express = require("express");
const cookieParser = require("cookie-parser");

const app = express();
app.use(cookieParser());

app.get("/", (req, res) => {
```

```
    res.cookie("Kim", "1234", { httpOnly: true });
    res.send("쿠키 생성");
});
(... 생략 ...)
```

httpOnly 외에도 다음 옵션을 사용할 수 있습니다.

| 옵션 | 속성 |
|---|---|
| domain | 쿠키의 유효 도메인을 설정합니다. |
| path | 쿠키의 유효 경로를 설정합니다. |
| expires | 쿠키의 만료 날짜를 설정합니다. |
| maxAge | 쿠키의 최대 수명을 밀리초 단위로 설정합니다. |
| secure | 쿠키를 안전한 연결(HTTPS)에서만 전송되도록 설정합니다. |

▶ res.cookie를 자세히 알고 싶다면 https://expressjs.com/en/4x/api.html#res.cookie를 참고하세요.

**6.** VS Code 터미널 창에서 실행 중이던 서버가 있다면 Ctrl+C를 눌러 종료한 후 새로운 서버를 실행합니다.

**7.** 웹 브라우저에서 localhost:5000으로 접속한 후 Ctrl+Shift+I를 눌러 웹 개발자 도구 창을 엽니다. 그리고 [애플리케이션] 탭을 누른 후 [쿠키]를 찾아보세요. 방금 만든 쿠키가 저장되어 있을 것입니다.

**8.** 클라이언트에 저장된 쿠키는 서버에 접속할 때마다 서버로 넘겨줍니다. 이때 req.cookies 를 사용해서 쿠키를 요청 객체에 담아서 보냅니다. 서버에서는 필요한 쿠키 정보를 사용할 수 있고 만일 수정한 쿠키 내용이 있다면 다시 클라이언트로 보내죠.

| 기본형 | req.cookies |
|---|---|

cookie.js에서 다음과 같은 라우트 코드를 추가합니다. /cookie 경로로 접속하면 쿠키 내용을 터미널 창에 표시하도록 한 것입니다.

**Do it! 코딩해 보세요!** • cookie.js

```
(... 생략 ...)
app.get("/", (req, res) => {
  res.cookie("Kim", "1234", { httpOnly: true });
  res.send("쿠키 생성");
});
app.get("/cookie", (req, res) => {
  console.log(req.cookies);
});
(... 생략 ...)
```

**9.** 웹 브라우저에서 localhost:5000/cookie로 접속해 보세요. 그리고 VS Code의 터미널 창을 보면 쿠키 내용이 나타납니다. 클라이언트에 저장된 쿠키 정보에 접근할 때는 req. cookies를 사용하면 됩니다.

```
문제   출력   터미널   디버그 콘솔

PS C:\Users\funco\Desktop\myNode\myContacts> nodemon cookie
[nodemon] 2.0.22
[nodemon] to restart at any time, enter `rs`
[nodemon] watching path(s): *.*
[nodemon] watching extensions: js,mjs,json
[nodemon] starting `node cookie.js`
서버 실행 중
{ Kim: '1234' }
```

**10.** 쿠키를 만들 때 유효 기간을 지정하면 그 날짜 이후에는 자동으로 삭제됩니다. 하지만 응답 객체에서 clearCookie 함수를 사용하면 유효 기간 전에도 쿠키를 삭제할 수 있습니다.

기본형

```
res.clearCookie(name)
```

삭제할 쿠키 항목의 이름

**11.** 이번 실습에서 만든 쿠키를 삭제해 보겠습니다. cookie.js에 다음 코드를 추가해서 /delete-cookie로 접속했을 때 이름이 Kim인 쿠키가 삭제되도록 합니다.

**Do it! 코딩해 보세요!**
• cookie.js

```javascript
(... 생략 ...)
app.get("/delete-cookie", (req, res) => {
  res.clearCookie("Kim");
  res.send("쿠키 삭제");
});

app.listen(5000, () => {
  console.log("서버 실행 중");
});
```

**12.** 웹 브라우저에서 localhost:5000/delete-cookie로 접속합니다. 화면에는 [쿠키 삭제]라고 표시될 것이고 웹 개발자 도구 창에서 [쿠키] 항목을 살펴보면 기존의 쿠키 정보가 사라진 것을 볼 수 있습니다.

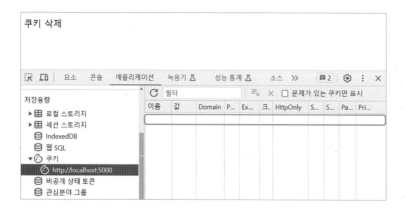

익스프레스에서 세션 관리를 할 때 express-session 모듈을 자주 사용합니다. 세션 정보를 암호화해서 서버에 저장하고 클라이언트에게 세션 ID를 전달하죠. 그리고 connect-mongo 모듈은 몽고DB에 세션을 저장하고 세션 정보를 조회합니다. 세션 정보는 서버 메모리나 데이터베이스 등 어디든 저장할 수 있는데 connect-mongo 모듈을 사용하면 몽고DB에 세션 정보를 저장할 수 있습니다.

**1.** 작업 폴더에 session.js 파일을 만든 후 기본 코드를 작성합니다.

**Do it! 코딩해 보세요!** • session.js

```javascript
const express = require("express");

const app = express();

app.listen(5000, () => {
  console.log('서버 실행 중');
});
```

**2.** VS Code 터미널 창에서 서버가 실행 중이면 `Ctrl`+`C`를 눌러 종료합니다. 그리고 다음과 같이 입력해서 모듈 2개를 설치합니다.

모듈의 순서는 상관 없어!

**터미널**

```
npm i express-session connect-mongo
```

**3.** 설치한 모듈을 사용할 수 있도록 session.js에서 임포트합니다.

**Do it! 코딩해 보세요!** • session.js

```javascript
const express = require("express");
const session = require("express-session");
const MongoStore = require("connect-mongo");
```

```
const app = express();

app.listen(5000, () => {
  console.log('서버 실행 중');
});
```

**4.** express-session은 미들웨어로 사용하므로 다음 형식으로 세션을 등록해야 합니다.

```
app.use(session(옵션))
```

세션을 등록할 때 사용하는 주요 옵션 6가지를 알아보겠습니다.

| 옵션 | 속성 |
|------|------|
| name | • 세션 식별자를 지정하는 쿠키 이름입니다.<br>• 기본값은 connect.sid입니다. |
| secret | • 쿠키 변조를 막기 위해 사용하는 비밀 키입니다.<br>• 반드시 설정해야 하며 어떤 값을 사용해도 됩니다. |
| store | • 세션 데이터를 저장할 위치를 지정합니다.<br>• 메모리에 저장하는 것이 기본이지만 connect-mongo를 사용하면 몽고DB에 저장할 수도 있습니다. |
| cookie | • 세션 쿠키의 유효 기간(maxAge)이나 HTTP 연결에서만 사용하도록(httpOnly) 지정할 수 있습니다. |
| resave | • 세션에 변경 사항이 없을 때도 세션을 저장할 것인지 지정합니다.<br>• false로 지정하면 변경 사항이 있을 때만 세션을 다시 저장합니다. |
| saveUninitialized | • 초기화되지 않은 세션을 저장할지 지정합니다.<br>• 일반적으로 true를 사용해서 초기화되지 않은 세션도 저장합니다. |

다음과 같이 session.js에 세션을 설정합니다. connect-mongo 모듈의 create 함수를 사용해서 몽고DB에 세션을 저장할 것입니다.

**Do it! 코딩해 보세요!**　　　　　　　　　　　　　　　　　　　　　　　　• session.js

```
const express = require("express");
const session = require("express-session");
const MongoStore = require("connect-mongo");
require("dotenv").config();
```

```
const app = express();

app.use(
  session({
    secret: "secret code",      // 세션 비밀 키
    resave: false,              // 변경할 내용이 없으면 다시 저장하지 않음
    saveUninitialized: true,    // 초기화되지 않은 세션 저장
    store: MongoStore.create({ mongoUrl: process.env.DB_CONNECT }),  // 몽고DB에 저장
    cookie: { MaxAge: 60 * 60 * 24 * 1000 },  // 쿠키 유효 기간 24시간(밀리초 단위)
  })
);
(... 생략 ...)
```

**5.** '/' 경로로 접속했을 때 세션을 만들도록 하겠습니다. 서버로 요청을 보낼 때마다 세션이 몽고DB에 저장되는지 확인해 보기 위해 여기에서는 [새로 고침] 버튼을 누를 때마다, 즉 접속할 때마다 카운터가 1씩 늘도록 세션에 count 항목을 만들 것입니다.

**Do it! 코딩해 보세요!**  • session.js

```
app.use(
  session({ … })
);

app.get("/", (req, res) => {
  if (req.session.count) {    // 세션에 count가 있다면
    req.session.count++;       // count값을 1 증가시키고
// 세션에 저장된 count값을 가져와 출력합니다.
    res.send(`${req.session.count}번째 방문입니다.`);
  } else {                     // 세션에 count가 없다면
    req.session.count = 1;  // count를 추가하고
    res.send("첫 번째 방문입니다.");  // 첫 방문임을 알려 줍니다.
  }
});

(... 생략 ...)
```

**6.** 세션이 제대로 만들어지는지 확인해 볼까요? VS Code 터미널 창에서 서버를 실행합니다.

**7.** 웹 브라우저에 localhost:5000을 입력해서 접속합니다. 그리고 웹 개발자 도구 창의 [애플리케이션] 탭에서 [쿠키]를 찾아보세요. 세션 ID가 추가되어 있고 기본 이름인 connect.sid를 사용하고 있군요.

**8.** 웹 브라우저에서 [새로 고침] 버튼을 누를 때마다 count값이 1씩 증가하고 화면에는 방문 횟수가 표시됩니다.

**9.** 세션 정보가 정말 몽고DB에 저장되었을까요? VS Code에서 MongoDB 아이콘 🍃을 클릭한 후 08-3절에서 등록해 놓은 몽고DB 커넥션 스트링을 클릭합니다. 데이터베이스에 연결되면 데이터베이스 이름인 myContacts를 클릭합니다. sessions 폴더가 새로 생겼지요? 바로 이 폴더에 세션이 저장됩니다. sessions 안에 Documents가 있는데 현재 1개 만들어져 있습니다. Documents 아래에서 아이디를 클릭하면 세션 정보를 확인할 수 있습니다.

▶ session.js를 실행하면서 쿠키에 있던 세션 ID를 직접 삭제하고 만들기를 반복했다면 몽고DB에 세션이 여러 개 만들어집니다.

**10.** 세션 정보를 애플리케이션에서 사용하고 싶다면 req.session을 사용합니다. req.session 은 클라이언트에 저장된 세션 정보를 가지고 있는 객체입니다.

| 기본형 | | |
|---|---|---|
| `req.session` | // session 객체 | |
| `req.sessionID` | // 세션 ID | |
| `req.session.cookie` | // 세션의 쿠키 정보(유효 기간이나 httpOnly값 등) | |

세션 정보를 활용해 /session 경로로 접속했을 때 세션 ID 정보를 표시하고 싶다면 다음과 같이 작성합니다.

**Do it! 코딩해 보세요!** • session.js

```
(... 생략 ...)
app.get("/", (req, res) => { … });

app.get("/session", (req, res) => {
  res.send(`session ID : ${req.sessionID}`);
});
(... 생략 ...)
```

**11.** 웹 브라우저에서 localhost:5000/session으로 접속합니다. 화면에 세션 ID가 나타날 것입니다.

## 12. 세션 정보 삭제하기

쿠키에 저장된 세션은 필요에 따라 삭제할 수도 있습니다. 세션을 삭제하는 함수는 req. session.destroy입니다. 세션을 삭제한 후에 처리해야 할 명령이 있다면 콜백 함수로 지정합니다.

| 기본형 | req.session.destroy(콜백) |
|---|---|

delete-session 경로로 접속하면 세션을 삭제하도록 다음과 같이 작성합니다. 참고로 express-session을 사용해서 세션을 삭제할 때 서버에 있는 세션은 삭제되지만 쿠키에 세션 ID가 남아 있을 수 있습니다. 그래서 세션을 삭제한 후에는 클라이언트 쿠키에서 세션 ID를 삭제하는 코드도 함께 추가해야 합니다.

**Do it! 코딩해 보세요!**  • session.js

```javascript
(... 생략 ...)
app.get("/delete-session", (req, res) => {
  req.session.destroy((err) => {
    if (err) {
      console.log(err);
    } else {
      res.clearCookie("connect.sid");
      res.send("세션 삭제");
    }
  });
});

app.listen(5000, () => {
  console.log("서버 실행 중");
});
```

**13.** 웹 브라우저에서 localhost:5000/delete-session으로 접속합니다. 화면에 [세션 삭제]라는 문구가 표시되고 쿠키에 있던 세션 ID가 삭제되었죠?

**14.** 그렇다면 몽고DB, 즉 서버에 저장되었던 세션 정보도 삭제됐을까요? VS Code에서 MongoDB 아이콘 ◆을 클릭한 후 몽고DB 주소를 마우스 오른쪽 버튼으로 클릭해 [Refresh]를 선택합니다. 그리고 sessions 폴더를 보면 Document 옆에 0이 표시되어 있을 것입니다. 몽고DB에 있던 세션도 삭제되었네요.

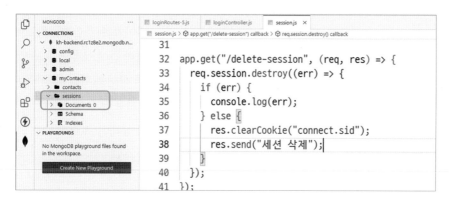

**한 걸음 더!** **소켓 통신과 웹 소켓**

지금까지 연습해 본 방법은 클라이언트가 서버에 요청을 보내면 서버가 응답하는 통신 방식입니다. 이때 클라이언트와 서버에서 각각 소켓을 열고 소켓을 통해 자료를 주고받으므로 소켓 통신이라고 합니다.

웹 소켓web socket은 실시간 양방향으로 자료를 주고받기 위한 방식입니다. 기존의 소켓 방식이 클라이언트가 요청하고 응답을 받는 방식이었다면 웹 소켓은 언제든지 클라이언트나 서버가 자료를 보내고 즉시 받을 수 있습니다. 그래서 채팅 앱이나 온라인 게임, 주식 자료 같은 실시간 이벤트를 처리할 때는 웹 소켓 방식을 사용합니다.

# 13-3 | 토큰을 활용해 인증하기

앞에서 쿠키와 세션으로 사용자를 인증하는 방법을 알아보았습니다. 그런데 노드에서는 JWT 방식을 자주 사용합니다. 두 방법은 어떤 차이가 있는지 알아보고, JWT를 사용해 로그인 사용자를 처리하는 방법을 살펴보겠습니다.

## 토큰 방식이란

세션은 서버에 저장되어 있으면서 클라이언트에 있는 세션 ID와 비교해서 사용자를 처리했죠? 반면에 토큰에는 사용자 정보를 비롯해 위조를 막는 서명에 이르기까지 인증할 때 필요한 모든 정보가 포함되어 있습니다. 특정 서버에 저장하는 것이 아니므로 서버 간에 공유할 수도 있습니다. 예를 들어 온라인 티켓을 구매할 때처럼 사용자가 갑자기 몰리면 서버를 확장해야 하는데 이때 서버마다 인증 정보를 저장하지 않고 간단하게 토큰을 공유해서 사용할 수 있습니다.

토큰을 사용하는 인증 방식은 상태가 없으므로stateless 서버에서 사용자 상태를 저장하지 않습니다. 그 대신 토큰 안에 사용자를 증명하는 내용이 포함됩니다.

## 왜 토큰 방식을 사용할까?

쿠키와 세션에서는 서버에 세션을 저장해 놓고 상태가 없는 HTTP 프로토콜을 마치 상태가 있는 것처럼 사용합니다. 하지만 이 방법은 세션이 저장 공간을 차지한다는 단점이 있습니다. 메모리든 데이터베이스든 서버에 세션을 저장할 공간이 필요하므로 사용자가 많아질수록 그만큼 공간도 많이 차지하겠죠. 이에 비해 토큰 방식은 저장 공간이 따로 필요하지 않습니다. 서버에 저장하지 않는다는 뜻입니다. 토큰 자체에 여러 정보를 담아서 클라이언트와 서버가 주고받기 때문입니다.

## 토큰 방식의 동작 방법

토큰 방식은 상태가 저장되지 않으므로 요청할 때마다 JWT를 담아서 서버로 보내고, 서버는 JWT에 담겨 있는 사용자 정보를 확인한 후 요청을 처리합니다. 그 과정을 자세히 살펴봅시다.

❶ 사용자가 첫 번째 로그인 요청을 합니다.

❷ 서버는 데이터베이스에 사용자가 있는지 확인합니다.

❸ 사용자가 확인되면 서버에서 토큰을 발급하고, 이것을 응답 객체에 담아 클라이언트에게 보냅니다.

❹ 클라이언트의 쿠키에 토큰을 저장합니다.

❺ 클라이언트에서 로그인이 필요할 때 요청 헤더에 토큰을 담아 서버에 요청합니다.

❻ 서버에서는 JWT를 검증해서 사용자 정보를 확인합니다.

❼ 사용자가 확인되면 요청한 처리 결과를 클라이언트에게 넘겨줍니다.

▶ 세션 방식을 사용할 경우 사용자 상태를 세션 형태로 서버에 저장해 두었다가 클라이언트에서 넘겨준 세션 ID를 사용해 세션 정보를 매번 조회해야 합니다.

## JWT의 구성

노드에서 자주 사용하는 토큰 방식 모듈은 JWT입니다. JWT는 JSON Web Token의 줄임말로 웹 개발자에게 익숙한 JSON 형식을 사용합니다.

▶ 노드에서 자주 사용하는 또 다른 패키지인 Passport는 세션 방식과 토큰 방식 모두 사용할 수 있습니다.

우선 JWT 토큰이 어떻게 생겼는지 확인해 보겠습니다. 웹 브라우저에서 JWT 공식 웹 사이트(https://jwt.io/)에 접속해서서 화면을 조금 내리면 JWT 토큰이 나타납니다. 맨 위에 있는 [Algorithm]은 토큰으로 암호화할 때 어떤 알고리즘을 사용했는지를 보여 줍니다. 여러 알고리즘이 있지만 HS256을 가장 많이 사용합니다. 그리고 화면 왼쪽의 [Encoded]는 토큰이고 오른쪽의 [Decoded]는 토큰에 담긴 실제 내용입니다. 오른쪽 내용이 왼쪽의 토큰에 담겨 있는 것이죠.

JWT 토큰의 모습

웹 토큰은 하나의 문자열이면서 마침표를 기준으로 3개 영역으로 나뉘어 있습니다. 첫 번째 영역은 '헤더', 두 번째는 '페이로드', 세 번째는 '서명' 부분이죠. 암호화되어 있는 토큰을 해독하면 다음처럼 3개 영역으로 해석됩니다.

| 영역 | 속성 |
|---|---|
| 헤더<sup>Header</sup> | 토큰의 알고리즘과 유형이 담겨 있습니다. 헤더에 있는 각각의 필드를 헤더 파라미터라고 합니다.<br>• "alg" 헤더 파라미터: 토큰에 사용한 서명 알고리즘<br>• "typ" 헤더 파라미터: 토큰의 유형 |
| 페이로드<sup>Payload</sup> | 사용자 인증 정보가 담겨 있습니다. 페이로드에 있는 각각의 필드를 클레임<sup>claim</sup>이라고 합니다.<br>• "sub" 클레임: 토큰 제목<br>• "name" 클레임: 사용자 이름<br>• "iat" 클레임: 토큰 발급 시간 |
| 서명<sup>Verify Signature</sup> | 헤더와 페이로드 뒤에 붙이는 비밀 키입니다. 이 비밀 키는 외부로 공개하면 안 되므로 .env 파일처럼 서버의 안전한 곳에 저장해 두고 사용합니다. |

JWT 웹 사이트에서 볼 수 있듯이 토큰을 해석(디코딩)하면 JSON 문자열로 쉽게 바꿀 수 있습니다. 그러다 보니 JWT 토큰에 중요한 정보를 담아서는 안 됩니다. 로그인을 위한 토큰이라면 사용자 이름과 암호화된 비밀번호 정도만 넣고 사용자와 관련된 다른 정보는 데이터베이스에서 조회하도록 하는 것이 좋습니다.

## JWT로 사용자 인증하는 방법

JWT 토큰을 사용해 어떤 순서로 사용자를 인증하는지 알아보겠습니다. 그리고 그 과정에서 사용하는 sign 함수와 decode 함수, verify 함수도 함께 살펴보겠습니다.

▶ 각 함수에서 사용하는 옵션을 자세히 알고 싶다면 https://www.npmjs.com/package/jsonwebtoken을 참고하세요.

## 1. 서버에서 토큰 만들기 — jwt.sign 함수

사용자가 로그인을 요청하면 서버에서는 jwt.sign 함수를 사용해 토큰을 만듭니다.

> **기본형**    jwt.sign(*페이로드*, *비밀키*, [*옵션*, *콜백*])

페이로드는 토큰에 담아 둘 내용입니다. JSON 형식으로 되어 있어야겠죠? 그리고 비밀 키를 함께 지정합니다. 필요하다면 콜백 함수를 지정해서 비동기로 처리할 수도 있습니다. 예를 들어 사용자 이름을 담고 있는 토큰을 만들겠다면 다음과 같이 작성할 수 있습니다.

```
const token = jwt.sign({ name: "Kim" }, "secret key");
```

만일 토큰의 유효 기간을 함께 지정하고 싶다면 sign 함수 안에 옵션을 추가합니다. 다음 코드는 1시간 동안 유효하도록 설정한 것입니다.

```
const token = jwt.sign({ name: "Kim" }, "secret key", { expiresIn: "1h" });
```

## 2. 클라이언트에서 토큰 전송하기

서버에서 클라이언트에 응답할 때 토큰을 보냅니다. 이 정보는 쿠키 등에 보관해 두었다가 클라이언트에서 서버로 요청할 때 요청 헤더에 함께 넣습니다.

## 3. 서버에서 토큰 검증하기

서버에서 요청 헤더에 있는 토큰을 받으면 마침표를 기준으로 앞의 두 부분을 해석합니다. 헤더와 페이로드가 JSON 형식으로 해석되겠죠? jwt.decode 함수를 사용하면 토큰을 해석해서 페이로드를 반환합니다. 서명은 검증하지 않죠. 반면에 jwt.verify 함수는 서명을 검증한 후 페이로드를 반환합니다.

> **기본형**    jwt.decode(*토큰*, *비밀키*, [*옵션*])
> jwt.verify(*토큰*, *비밀키*, [*옵션*])

예를 들어 토큰의 서명을 검증한 다음 토큰 안에 포함된 페이로드 정보를 알고 싶다면 다음과 같이 사용합니다.

```
const decoded = jwt.verify(token, jwtSecret);
```

조금 어렵게 느껴지는 내용이었죠? 하지만 이제부터 실습을 따라가다 보면 차차 이해할 수 있을 것입니다. 서버에서 토큰을 만들고 이 토큰을 사용해 사용자를 인증하는 방법을 공부하다 보면 JWT와 조금 더 가까워질 것입니다. JWT를 사용해서 앞에서 만들던 애플리케이션을 완성해 보겠습니다.

**Do it! 실습** ▶ **JWT를 사용해 토큰 만들기**

**준비** controllers\loginController.js **결과 비교** results\controllers\loginController-5.js

12-1절에서 간단한 로그인 API를 만들었습니다. 이 코드를 수정해서 로그인 요청이 들어오면 웹 토큰을 만들도록 해보겠습니다.

**1.** 코드를 작성하기 전에 로그인 과정을 정리해 보겠습니다. 로그인 화면에서는 username과 password를 입력받는데 가장 먼저 데이터베이스에서 username과 일치하는 사용자가 있는지 찾아봅니다. 일치하는 사용자가 있다면 password를 확인합니다. 로그인 창에 입력한 비밀번호는 bcrypt를 사용해서 암호화한 후 데이터베이스에 있는 암호화된 비밀번호와 같은지 비교하면 됩니다. 비밀번호까지 일치한다면 사용자를 확인했으니 토큰을 만들면 됩니다.

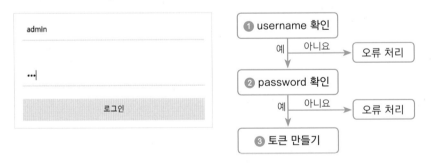

**2.** 앞에서 세션을 연습했다면 5000번 포트에서 서버가 실행되고 있을 것입니다. VS Code 터미널 창에서 Ctrl+C를 눌러 서버를 종료합니다. 그리고 JWT 토큰을 만들기 위해 json webtoken 패키지를 설치합니다.

```
npm i jsonwebtoken
```

**3.** loginController.js에서 loginUser 함수로 로그인을 처리했죠? 앞에서 작성한 if ~ else 문은 더 이상 사용하지 않을 것입니다. 함수에서 if ~ else 문에 해당하는 코드는 모두 삭제합니다.

**Do it! 코딩해 보세요!**　　　　　　　　　　　　　　　　　　• controllers\loginController.js

```javascript
//@desc Login user
//@route POST /
const loginUser = asyncHandler( async(req, res) => {
  const { username, password } = req.body;

  if (username === "admin" && password === "1234") {
    res.send("Login success");
  } else {
    res.send("Login failed");
  }
});
```

**4.** JWT 토큰을 만들거나 검증하려면 비밀 키가 필요합니다. 비밀 키는 외부에 드러나지 않도록 .env 파일에 담아서 사용합니다. .env 파일을 열고 원하는 비밀 키를 입력합니다. 비밀 키는 토큰이 사용자 소유인지 단순히 확인하는 용도이므로 어떤 값이어도 됩니다. 여기에서는 JWT_SECRET라는 변수를 사용해서 비밀 키를 지정하겠습니다.

**Do it! 코딩해 보세요!**　　　　　　　　　　　　　　　　　　　　　　　　　• .env

```
DB_CONNECT = mongodb+srv:// ...
JWT_SECRET = 12345
```

**5.** 이제 loginController.js로 돌아와 jsonwebtoken 모듈과 dotenv 모듈을 임포트합니다. 그리고 비밀 키의 값을 담아 둘 변수도 설정합니다.

```
const asyncHandler = require("express-async-handler");
const User = require("../models/userModel");
const bcrypt = require("bcrypt");
require("dotenv").config();
const jwt = require("jsonwebtoken");
const jwtSecret = process.env.JWT_SECRET;
(... 생략 ...)
```

**6.** loginUser 함수에서 가장 먼저 할 일은 사용자 입력 내용을 가져와서 username과 password 를 추출하는 것입니다. 그리고 username을 사용해서 데이터베이스에서 사용자 이름을 검색합니다. 만일 일치하는 사용자가 없다면 오류를 표시하고, 일치하는 사용자가 있다면 비밀번호를 비교합니다.

```
//@desc Login user
//@route POST /
const loginUser = asyncHandler(async (req, res) => {
  const { username, password } = req.body;  // 사용자 이름과 비밀번호 추출

  const user = await User.findOne({ username });  // username으로 DB 조회

  if (!user) {   // 일치하는 사용자가 없다면 오류 메시지 표시
    return res.status(401).json({ message: "일치하는 사용자가 없습니다." });
  }

  // 입력된 비밀번호와 사용자의 비밀번호 비교
  const isMatch = await bcrypt.compare(password, user.password);
});
```

**7.** 비밀번호도 일치한다면 사용자가 확인되었으므로 토큰을 만듭니다. 토큰은 클라이언트에 쿠키 형태로 저장하기 위해 응답 객체에 담아서 보냅니다. 로그인에 성공했다면 연락처 목록을 보여 주는 것이 좋겠죠? 연락처 목록을 보여 주려면 /contacts 경로로 요청해야 하므로 리다이렉트하겠습니다.

```
//@desc Login user
//@route POST /
const loginUser = asyncHandler(async (req, res) => {
  const { username, password } = req.body;

  const user = await User.findOne({ username });

  if (!user) {
    return res.status(401).json({ message: "일치하는 사용자가 없습니다." });
  }

  const isMatch = await bcrypt.compare(password, user.password);

  if (!isMatch) {  // 비밀번호가 일치하지 않으면 오류 메시지 표시
    return res.status(401).json({ message: "비밀번호가 일치하지 않습니다." });
  }

  // 사용자 ID를 기반으로 JWT 토큰 생성
  const token = jwt.sign({ id: user._id }, jwtSecret);
  // 생성된 토큰을 쿠키에 저장
  res.cookie("token", token, { httpOnly: true });

  // 로그인에 성공하면 '/contacts'로 이동시킴
  res.redirect("/contacts");
});
```

**8.** VS Code 터미널 창에 다음과 같이 입력해서 서버를 실행합니다.

터미널

nodemon app

**9.** 웹 브라우저에서 localhost:3000에 접속해 보세요. 12-3절에서 관리자 계정으로 만들었던 사용자 이름과 비밀번호를 입력하고 [로그인]을 클릭합니다.

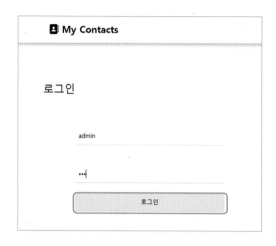

**10.** 사용자 이름과 비밀번호가 일치하는 사용자를 발견했겠죠? 로그인 화면이 연락처 목록 화면으로 바뀔 것입니다. 그리고 웹 개발자 도구 창에서 [애플리케이션] 탭을 클릭한 후 [쿠키] 항목에서 http://localhost:3000을 선택하면 앞에서 만든 토큰이 저장된 것을 볼 수 있습니다. 이 토큰은 이제 애플리케이션 안에서 사용자를 인증할 때 사용될 것입니다.

**Do it! 실습 ▶ 로그인을 확인하는 미들웨어 작성하기**

준비 routes\contactRoutes.js

결과 비교 results\routes\contactRoutes-6.js, results\middlewares\checkLogin.js

토큰을 만드는 것까지 실습했으니 이제 연락처를 추가·삭제하는 작업을 할 텐데 그 전에 로그인했는지 체크하는 과정이 필요합니다. 기능과 기능 사이에 중간 역할을 해주는 미들웨어를 만들어 보겠습니다.

**1.** 사용자가 애플리케이션에 접속하는 과정을 생각해 보겠습니다. 애플리케이션 중에는 로그인한 사용자에게만 제공하는 회원제 서비스가 있습니다. 우리가 만드는 애플리케이션에서는 연락처 관리를 위한 기능을 예로 들 수 있죠. 사용자가 로그인하지 않은 채 회원제 서비스에 접근한다면 로그인하라고 알려 주어야 합니다. 그래서 회원제 서비스로 요청을 보낼 경우 로그인한 상태인지 확인하는 미들웨어가 필요합니다. 이 미들웨어에서는 로그인했는지 체크하고, 로그인하지 않은 상태라면 로그인할 수 있는 경로로 연결해 주어야 합니다.

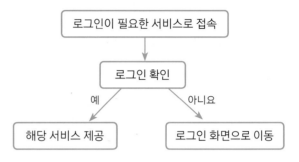

**2.** 미들웨어는 middlewares 폴더에 만들겠습니다. middlewares 폴더에 checkLogin.js 파일을 만듭니다. 토큰을 사용해 로그인을 확인할 것이므로 jsonwebtoken 모듈과 비밀 키를 임포트합니다.

**Do it! 코딩해 보세요!**　　　　　　　　　　　　　　　　　　　　　　• middlewares\checkLogin.js

```
const jwt = require("jsonwebtoken");
require("dotenv").config();
const jwtSecret = process.env.JWT_SECRET;
```

**3.** 로그인했는지 확인하려면 어떻게 해야 할까요? 로그인한 상태라면 쿠키에 토큰이 저장되어 있을 것입니다. 토큰이 있다면 jwt.verify 함수로 해석해서 토큰에 담겨 있던 username을 다음 작업으로 넘겨주면 됩니다. 쿠키에 토큰이 없다면 로그인하지 않은 것이므로 로그인 화면으로 이동합니다.

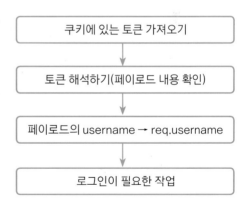

**4.** 로그인을 확인하는 checkLogin 함수를 작성합니다. 가장 먼저 할 일은 캐시 처리에 관한 코드를 작성하는 것입니다. 이 코드는 브라우저의 캐시를 막기 위해 필요합니다.

▶ 여기에서는 checkLogin 함수를 정의하면서 동시에 모듈로 내보내도록 했습니다.

▶ 캐시에 대해서는 457쪽의 〈한 걸음 더〉를 참고하세요.

```javascript
const jwt = require("jsonwebtoken");
require("dotenv").config();
const jwtSecret = process.env.JWT_SECRET;

const checkLogin = async (req, res, next) => {
  res.setHeader("Cache-Control", "no-cache, no-store, must-revalidate");
}                                              ❶         ❷            ❸

module.exports = checkLogin;
```

res.setHeader 함수를 사용해서 Cache-Control을 설정하는 코드입니다. 값의 의미는 각각 다음과 같습니다.

❶ no-cache: 브라우저에서 캐시를 사용하지 않고 서버에서 응답을 매번 다시 받아야 합니다.

❷ no-store: 서버의 응답을 캐시에 저장하지 않습니다.

❸ must-revalidate: 만일 캐시에 있는 정보를 사용하더라도 반드시 서버에 다시 확인해야 합니다.

**5.** 이제 토큰을 가져와서 해석하고 다음 작업으로 넘겨주는 코드를 추가합니다.

```javascript
(... 생략 ...)
const checkLogin = async (req, res, next) => {
  res.setHeader("Cache-Control", "no-cache, no-store, must-revalidate");
  // 요청에 포함된 쿠키에서 토큰값 가져오기
  const token = req.cookies.token;

  if (!token) {  // 토큰이 없을 경우 로그인 페이지로 이동
    return res.redirect("/");
  }

  try {
    const decoded = jwt.verify(token, jwtSecret); // 토큰 해석
    req.username = decoded.username;   // 토큰의 사용자 이름을 요청하고 사용자 이름에 할당
    next();
  } catch (error) {
```

```
      return res.status(401).json({ message: "로그인이 필요합니다." });
    }
  };

module.exports = checkLogin;
```

**6.** 이 미들웨어는 언제 사용해야 할까요? 연락처 목록을 보여 주거나 연락처를 추가하기 전에 사용해야겠죠. 그렇다면 라우트 코드를 수정해야 합니다. routes\contactRoutes.js 파일을 열고 먼저 미들웨어를 임포트합니다. 그리고 checkLogin 미들웨어가 쿠키에서 토큰을 읽어 오므로 쿠키 파서도 함께 임포트합니다. 필요한 모듈을 모두 가져왔다면 각 함수를 실행하기 전에 미들웨어를 추가합니다.

**Do it! 코딩해 보세요!** • routes\contactRoutes.js

```
const express = require("express");
const router = express.Router();
const cookieParser = require("cookie-parser");
const checkLogin = require("../middlewares/checkLogin");
const {
  getAllContacts,
  createContact,
  getContact,
  updateContact,
  deleteContact,
  addContactForm,
} = require("../controllers/contactController");

router.use(cookieParser());

router.route("/").get(checkLogin, getAllContacts);

router
  .route("/add")
  .get(checkLogin, addContactForm)
  .post(checkLogin, createContact);

router
  .route("/:id")
```

```
    .get(checkLogin, getContact)
    .put(checkLogin, updateContact)
    .delete(checkLogin, deleteContact);

module.exports = router;
```

**7.** 13-3절의 실습을 따라 하면서 이미 토큰을 만든 상태입니다. 쿠키에 토큰이 저장되어 있으므로 localhost:3000/contacts로 접속하면 checkLogin을 거쳐서 토큰을 확인하고 연락처 목록을 볼 수 있습니다.

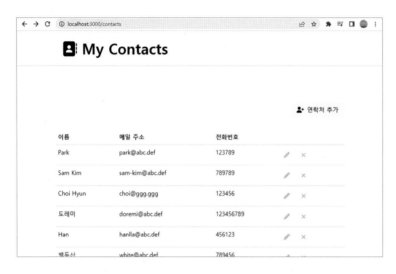

**8.** 이번에는 토큰을 삭제한 후 똑같이 요청해 보겠습니다. 웹 개발자 도구 창을 열고 [쿠키]에 저장된 [token]을 마우스 오른쪽 버튼으로 클릭한 후 [삭제]를 클릭해서 삭제합니다.

▶ 웹 개발자 도구 창이 영문으로 표시되어 있다면 Delete 를 눌러 삭제하세요.

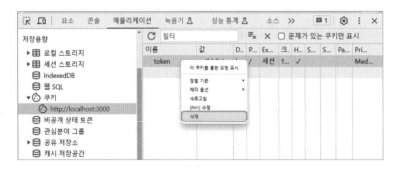

**9.** 다시 localhost:3000/contacts로 접속하면 로그인 화면으로 이동합니다. 앞에서 작성한 checkLogin 미들웨어가 제대로 잘 동작하고 있습니다.

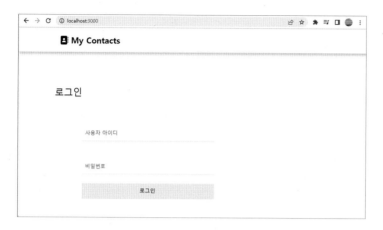

한 걸음 더! **사이트 접속을 빠르게 해주는 캐시**

브라우저에서는 사이트에 접속할 때 관련 정보를 **캐시**<sup>cache</sup>라는 공간에 저장해 둡니다. 그리고 나중에 같은 사이트에 접속하면 일단 캐시에 있던 정보를 가져와서 사용합니다. 서버에서 다시 가져오지 않아도 되므로 사이트 접속이 좀 더 빠르다는 장점이 있습니다. 하지만 PC방이나 공공 장소에서 접속했다면 브라우저에 남아 있는 캐시 때문에 문제가 생길 수도 있겠죠? 그래서 로그인을 처리할 때는 브라우저에서 캐시를 읽어 오는 것을 막는 코드가 필요합니다.

**Do it! 실습** **로그인/로그아웃 마무리하기**

> **준비** views\include\_header.js, controllers\loginController.js, routes\loginRoutes.js
> **결과 비교** results\views\include\_header-2.js, results\views\include\_home_header.js,
> results\controllers\loginController-6.js, results\routes\loginRoutes-6.js

지금까지 사용자 로그인을 처리하는 방법을 알아보고, 미들웨어를 만들어서 요청이 발생하면 로그인하도록 유도했습니다. 이제 남은 것은 로그인한 상태일 때 로그아웃할 수 있는 기능입니다.

**1.** 로그아웃 기능이 필요한 곳은 어디일까요? 로그아웃 링크는 사용자에게 표시하는 EJS 파일 중에서 어디에 있어야 할까요? 지금까지 작성한 EJS 파일을 정리해 보겠습니다. add.ejs와 index.ejs, update.ejs에는 로그아웃 링크가 필요하지만 home.ejs에는 필요하지 않습니다.

▶ register.ejs는 관리자 계정 등록을 할 때 한 번만 사용한 파일이므로 여기에선 제외했습니다.

| EJS 파일 | 역할 | 로그아웃 링크 |
|---|---|---|
| home.ejs | 로그인 화면 | 필요 없음 |
| add.ejs | 연락처 추가 | 필요 |
| index.ejs | 연락처 목록 표시 | 필요 |
| update.ejs | 연락처 수정 | 필요 |

모든 EJS 파일에는 똑같은 헤더 파일이 사용됩니다. 그래서 _header.ejs 파일 안에 로그아웃 링크를 넣겠습니다. 단, home.ejs 파일에는 로그아웃 링크가 필요 없으므로 _home_headers. ejs 파일을 따로 만들어서 인클루드하겠습니다.

```
<!-- include header -->
<%- include('./include/_header') %>
<!-- /include header -->
```

**2.** VS Code에서 views\include\_header.ejs 파일을 불러옵니다. 현재 코드엔 로그아웃 링크가 없습니다. 파일을 불러온 채로 VS Code 왼쪽 위에서 [파일 → 다른 이름으로 저장]을 선택합니다. 그리고 views\include 폴더에 _home_header로 저장하세요.

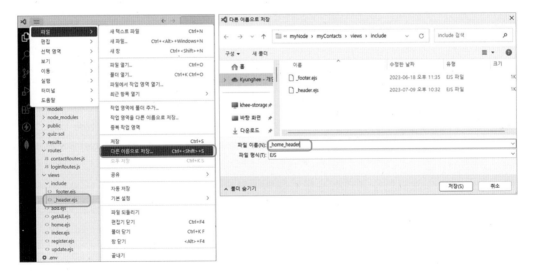

**3.** home_header.ejs 파일은 home.ejs 파일에 인클루드할 헤더 파일입니다. VS Code에서 views\home.ejs 파일을 불러와서 헤더 부분의 코드를 수정합니다.

**Do it! 코딩해 보세요!** • views\home.ejs

```
<!-- include header -->
<%- include('./include/_home_header') %>
<!-- /include header -->


  <!-- Main -->
<main id="site-main">
(... 생략 ...)
```

**4.** 이번에는 나머지 EJS 파일에 표시할 로그아웃 링크를 추가해 보겠습니다. VS Code에 views\include\_header.js 파일을 불러옵니다. 그리고 다음과 같이 기존 코드에 로그아웃 링크 코드를 추가합니다.

**Do it! 코딩해 보세요!** • views\include\_header.ejs

```
(... 생략 ...)
<!-- Header -->
  <header class="border-shadow">
    <div class="container ">
      <nav>
        <a href="/contacts"><i class="fa-solid fa-address-book"></i> My Contacts</a>
      </nav>
      <div class="login-box">
        <a href="#">로그아웃</a>
      </div>
    </div>
  </header>
<!-- /Header -->
```

**5.** 웹 브라우저에서 localhost:3000으로 접속해 보세요. 그리고 관리자 계정으로 로그인하세요.

▶ 로그인 화면에는 로그아웃 링크가 없습니다.

**6.** 연락처 목록 화면에는 [로그아웃] 버튼이 나타날 것입니다. [연락처 추가] 버튼이나 연락처 수정 아이콘(✏)을 클릭해도 역시 [로그아웃] 버튼이 나타납니다. 이 화면들은 모두 로그인한 상태에서만 사용할 수 있기 때문이죠.

**7.** [로그아웃] 버튼을 클릭했을 때 실제로 로그아웃할 수 있도록 컨트롤러 함수를 만들어 보겠습니다. 로그아웃하려면 쿠키에 있는 토큰을 삭제하고 로그인 화면으로 이동시키면 됩니다. controllers\loginController.js 파일을 열고 다음처럼 logout 함수를 추가합니다. 그리고 모듈로 익스포트합니다.

**Do it! 코딩해 보세요!**  • controllers\loginController.js

```
(... 생략 ...)
//@desc Login user
//@route POST /
```

```
const loginUser = asyncHandler(async (req, res) => {
  ...
});


// @desc Logout
// @route GET /logout
const logout = (req, res) => {
  res.clearCookie("token");
  res.redirect("/");
};


module.exports = { getRegister, registerUser, getLogin, loginUser, logout };
```

**8.** routes\loginRoutes.js 파일을 열고 /logout 경로로 요청했을 때 logout 함수를 실행하도록 코드를 작성합니다.

**Do it! 코딩해 보세요!** • routes\loginRoutes.js

```
const express = require("express");
const router = express.Router();
const {
  getLogin,
  loginUser,
  logout,
} = require("../controllers/loginController");

router.route("/").get(getLogin).post(loginUser);
router.route("/logout").get(logout);

module.exports = router;
```

**9.** 앞에서 만들었던 로그아웃 링크 코드를 수정해서 링크를 클릭했을 때 /logout 경로로 요청할 수 있도록 합니다.

```
(... 생략 ...)
<header class="border-shadow">
    <div class="container ">
      <nav>
        <a href="/contacts"><i class="fa-solid fa-address-book"></i> My Contacts</a>
      </nav>
      <div class="login-box">
        <a href="/logout" >로그아웃</a>
      </div>
    </div>
</header>
```

**10.** 웹 브라우저에서 localhost:3000/contacts로 접속합니다. 혹시 현재 localhost:3000/ contacts가 열려 있는 상태라면 [F5] 또는 새로 고침 버튼을 눌러 페이지를 다시 불러옵니다.

로그인한 상태이므로 [로그아 웃]을 클릭하세요. 혹시 연락 처 목록이 보이지 않고 로그인 창이 나타난다면 관리자 계정 으로 로그인하세요.

**11.** 현재 계정에서 로그아웃 되면서 로그인 화면으로 이동 합니다. 우리가 만들려고 했던 로그인 기능과 로그아웃 기능 을 모두 완성했습니다.

## 13 마무리 문제

> 지금까지 공부한 내용을 떠올려 보면서 다음 문제를 해결해 보세요.

**Q1** HTTP 쿠키는 어떤 정보를 저장할 때 사용하나요?

① 클라이언트 IP 주소

③ 서버의 로그 정보

② 사용자 세션 정보

④ 데이터베이스 접속 정보

해답 ②

**Q2** JWT 토큰의 구성 요소는 무엇인가요?

① 헤더, 페이로드, 서명

③ 세션 아이디, 유효기간, 데이터

② 사용자 이름, 비밀번호, 역할

④ 키, 값, 시간

해답 ①

**Q3** 노드에서 name 키의 값을 Kim으로 설정하는 쿠키 설정 코드를 작성하세요. 전체 코드가 아닌 조각 코드(snippet)으로 작성하세요.

**힌트**

① 서버에서 만든 쿠키들은 응답 객체에 포함됩니다.

② 쿠키는 name과 value가 하나의 쌍으로 이루어져 있고 필요할 경우 옵션을 추가할 수 있습니다.

문제 quiz\quiz-13-3.js 해답 quiz\sol-13-3.js

**Q4** jsonwebtoken 모듈을 사용해서 JWT 토큰을 생성하는 코드를 작성하세요. 토큰에는 user._id값이 들어가야 하고, 비밀번호는 secretKey 변수에 담겨 있다고 가정합니다. 전체 코드가 아닌 조각 코드(snippet)으로 작성하세요.

**힌트**

① jsonwebtoken 모듈을 가져옵니다.

② JWT 토큰을 만들 때는 jwt.sign 함수를 사용합니다.

③ jwt.sign(내용, 비밀 키) 형식을 사용하는데, 여기에서는 비밀 키가 secretKey 변수에 담겨 있습니다.

문제 quiz\quiz-13-4.js 해답 quiz\sol-13-4.js

넷째
마당

# 실전 프로젝트
# – 나만의 블로그 앱 만들기

지금까지 백엔드 개발에 필요한 기본 문법을 공부했습니다. 처음 공부한다면 낯선 개념이 많아 실습을 따라오면서도 전체 흐름이 잘 이해되지 않을 수도 있을 거예요. 넷째마당에서는 간단한 블로그를 기획 단계부터 시작해 애플리케이션을 하나하나 만들어 보면서 컨트롤러와 뷰, 모델을 어떻게 연결하는지 복습하겠습니다.

여기에서는 애플리케이션 개발의 전체 과정을 다루므로 자세한 설명은 생략합니다. 설명이 필요한 부분은 참고할 곳을 표시할 것이므로 기억이 잘 나지 않을 때에는 찾아가서 복습하고 오세요.

# 14 블로그 애플리케이션 시작하기

지금까지 공부한 노드와 익스프레스, 그리고 다양한 패키지를 복습하면서 간단한 블로그를 만들어 보겠습니다. 여기에서 만드는 블로그는 관리자라면 게시물을 쓰거나 수정, 삭제할 수 있는 기능이 있고, 관리자가 아니라면 게시물 내용만 볼 수 있습니다. 일반 블로그에 비하면 기능이 다양하지 않지만 지금까지 공부한 내용만으로도 기본 기능을 갖춘 애플리케이션을 만들어 볼 수 있습니다. 애플리케이션을 만들 때 어떤 것을 미리 생각하고 기획해야 하는지, 어떤 순서로 진행하는지에 중점을 두고 따라오기 바랍니다.

# 14-1 | 블로그 애플리케이션 기획하기

애플리케이션을 만들 때는 무턱대고 코딩부터 시작하는 게 아니라 애플리케이션의 형태나 사용 방법을 먼저 생각해야 합니다. 여기에서 만들 블로그 애플리케이션이 어떻게 동작할지 미리 생각해 보겠습니다.

## 누가 사용할까?

애플리케이션을 만들기 전에 먼저 누가 사용하는지를 생각해야 합니다. 예를 들어 로그인하지 않아도 사용할 수 있는지, 로그인이 필요하다면 어느 시점에서 로그인하게 할 것인지 등을 고려해야 하죠.

블로그에서는 게시물을 작성하는 사람과 보는 사람의 권한을 다르게 해야 합니다. 블로그에 접속하는 모든 사람이 게시물을 작성하거나 수정할 수 있다면 엉망이 되겠죠? 그래서 블로그는 관리자만 게시물을 작성·수정·삭제할 수 있게 하고, 그 외 일반 사용자는 게시물 내용을 보는 것만 가능하게 해야 합니다. 그래서 이번 애플리케이션은 일반 사용자 기능과 관리자 계정으로 로그인해야만 사용할 수 있는 관리자 기능으로 나눌 것입니다. 물론 관리자 기능에는 일반 사용자 기능도 들어 있습니다.

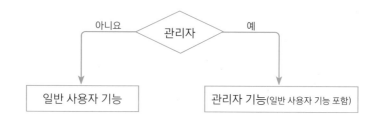

## 처리할 기능 생각하기

애플리케이션에서 어떤 기능을 만들어야 하는지를 생각해 보겠습니다. 앞에서 설명한 것처럼 일반 사용자 기능과 관리자 기능으로 나누어 생각해야 합니다.

## 일반 사용자 기능

브라우저 창에서 블로그 루트 경로로 요청하면 블로그 첫 화면이 표시되도록 하고, 이 화면은 views\index.ejs에 작성할 것입니다. 화면은 다음 그림처럼 구성할 텐데, 여기에서 웹 사이트 첫 화면에 표시되는 큰 이미지를 **히어로 이미지**라고 합니다. 히어로 이미지는 밋밋할 수 있는 사이트의 분위기를 전환해 주는 역할을 합니다. 이 화면에서 게시물 제목을 클릭하면 바로 게시물 내용을 볼 수 있습니다. 만일 관리자라면 화면 오른쪽 위에 있는 [관리자 로그인] 버튼을 클릭해서 관리자 화면으로 넘어갈 수 있지만, 일반 사용자라면 게시물 목록을 보고 선택해서 내용을 확인하는 기능만 제공합니다.

일반 사용자가 볼 수 있는 애플리케이션 첫 화면 — 일반 사용자 기능

블로그에 접속했을 때 첫 화면에서 처리해야 할 요청을 정리하면 다음과 같습니다. 이 요청을 관리하는 라우트 코드도 필요하겠죠? 메뉴에는 여러 가지 항목이 있지만 한꺼번에 묶어서 설명합니다.

| 구분 | 처리할 요청 내용 |
|---|---|
| 처음 접속했을 때 | 일반 사용자를 위한 화면을 표시합니다. |
| 메뉴를 클릭했을 때 | 메뉴 내용에 해당하는 화면(EJS 파일)으로 이동합니다. |
| 제목을 클릭했을 때 | 게시물 내용을 보여 줄 화면(EJS 파일)으로 이동합니다. |
| [로그인]을 클릭했을 때 | 로그인 화면(EJS 파일)으로 이동합니다. |

여기에서 처리해야 할 요청 방식과 요청 경로는 다음과 같습니다.

| 구분 | 요청 방식 | 요청 경로 | 설명 |
|---|---|---|---|
| 처음 접속했을 때 | GET | / | views/index.ejs 렌더링합니다. |
| 메뉴를 클릭했을 때 | GET | /메뉴명 | views/메뉴명.ejs 렌더링합니다. |
| 제목을 클릭했을 때 | GET | /post/:id | views/post.ejs에서 id에 해당하는 게시물 내용을 보여 줍니다. |
| [로그인]을 클릭했을 때 | GET | /login | views/login.ejs 렌더링합니다. |

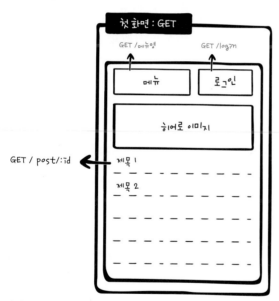

처리해야 할 요청 방식과 경로 — 일반 사용자 기능

## 관리자 기능

블로그의 게시물은 누구나 작성하고 수정할 수 없으므로 첫 화면에 있는 [로그인] 버튼을 통해 로그인한 관리자 계정만 게시물을 관리할 수 있습니다. 로그인에 성공해서 관리자로 접속하면 블로그의 게시물을 한눈에 살펴볼 수 있고, 새로운 게시물을 작성하는 것은 물론 수정하거나 삭제할 수도 있습니다.

관리자 계정으로 로그인하면 볼 수 있는 관리자 화면

일반 사용자 기능 외에 관리자 화면에서 처리해야 할 기능은 다음과 같습니다.

| 구분 | 처리할 요청 내용 |
|---|---|
| [로그아웃]을 클릭했을 때 | 로그아웃 후 첫 화면으로 이동합니다. |
| 새 게시물을 클릭했을 때 | 게시물 작성 화면(EJS 파일)으로 이동합니다. |
| [편집]을 클릭했을 때 | 게시물 내용을 보여 주는 화면(EJS 파일)으로 이동해 내용을 입력한 후 수정합니다. |
| [삭제]를 클릭했을 때 | 데이터베이스에서 게시물 삭제합니다. |

여기에서 처리해야 할 요청 방식과 요청 경로는 다음과 같습니다.

| 구분 | 요청 방식 | 요청 경로 | 설명 |
|---|---|---|---|
| 첫 화면 | GET | /admin | views/admin/index.ejs 렌더링합니다. |
| 새 게시물을 클릭했을 때 | GET | /add | views/admin/add.ejs 렌더링합니다. |
| | POST | /add | 게시물을 데이터베이스에 저장합니다. |
| [편집]을 클릭했을 때 | GET | /edit/:id | views/admin/eidt.ejs 렌더링합니다. |
| | PUT | /edit | 수정한 게시물을 데이터베이스에 저장합니다. |
| [삭제]를 클릭했을 때 | DELETE | /delete/:id | 게시물을 데이터베이스에서 삭제합니다. |
| [로그아웃]을 클릭했을 때 | GET | /logout | 관리자 로그아웃한 후 첫 화면으로 이동합니다. |

# 14-2 │ 기본 환경 만들기

어떤 블로그를 만들지 계획을 세웠다면 그에 맞춰서 기능을 하나씩 만들어 가면 됩니다. 백엔드 프로그래밍에서 가장 먼저 할 일은 서버를 만들고 제대로 동작하는지 확인하는 것입니다. VS Code에서 개발 환경을 설정하고 서버를 만들어 보겠습니다.

**Do it! 실습** ▶ **개발 환경 설정하기**

노드 애플리케이션을 만들 때에는 가장 먼저 VS Code에 작업 폴더를 추가한 후 package.json을 만들고 필요한 패키지를 설치해야 합니다.

**1.** VS Code를 실행한 후 [파일 → 폴더 열기]를 클릭해 내려받은 실습 파일에서 myBlog 폴더를 선택한 후 [폴더 선택]을 클릭합니다.

**2.** Ctrl + Shift + ` 를 눌러 VS Code에서 터미널 창을 엽니다. 그리고 다음 코드를 입력해서 package.json 파일을 만듭니다. -y는 각 항목을 기본값으로 지정하므로 package.json을 빠르게 만들 수 있습니다.

터미널
```
npm init -y
```

**3.** package.json 파일을 열고 입력된 내용에 변경할 부분이 있으면 수정합니다. 여기에서는 메인 파일을 index.js에서 app.js로 바꾸겠습니다.

**Do it! 코딩해 보세요!** • package.json

```
{
  "name": "myblog",
  "version": "1.0.0",
  "description": "",
  "main": "index.js app.js",
(... 생략 ...)
}
```

**4.** 서버를 만들기 위해 express 패키지와 dotenv 패키지를 설치합니다. express는 서버를 만드는 패키지이고 dotenv는 환경 변수를 저장한 .env 파일을 읽어 오는 패키지입니다.

**터미널**

```
npm i express dotenv
```

**5.** package.json에 익스프레스와 dotenv 패키지 정보가 추가된 것을 확인합니다.

**Do it! 코딩해 보세요!** • package.json

```
{
(... 생략 ...)
  "keywords": [],
  "author": "",
  "license": "ISC",
  "dependencies": {
  "dotenv": "^16.3.1",
    "express": "^4.18.2"
  }
}
```

**Do it! 실습** ▸ **서버 만들기**

결과 비교 results\app-1.js

익스프레스를 설치했으니 서버를 만들어 보겠습니다.

**1.** VS Code에서 새 파일을 만들겠습니다. 파일 탐색 창에서 빈 공간을 마우스 오른쪽 버튼으로 클릭한 후 [새 파일]을 선택합니다.

**2.** 앞에서 메인 파일을 app.js로 지정했으므로 파일 이름을 app.js로 지정합니다.

**3.** 다음 코드를 입력해서 서버를 만듭니다.

**Do it! 코딩해 보세요!**  • app.js

```
require("dotenv").config();          // .env에 있는 변수 가져오기
const express = require("express");

const app = express();
const port = process.env.PORT || 3000; // .env에 PORT가 없으면 3000번 포트 사용

app.get("/", (req, res) => {
  res.send("Hello World!");          // Hello World! 출력
});

app.listen(port, () => {
  console.log(`App listening on port ${port}`);
});
```

> 포트를 3000이 아닌 다른 숫자로 저장하려면, .env 파일을 만들고 PORT 변수를 지정하면 돼!

**4.** 우선 서버를 실행해야 합니다. VS Code 터미널 창에 다음처럼 입력해서 서버를 실행합니다.

▶ 노드몬 패키지는 06-1절에서 글로벌로 설치했으므로 다시 설치하지 않아도 됩니다. 만약 설치하지 않았다면 06-1절을 참고하세요.

**5.** 서버가 정상으로 실행된다면 다음 메시지가 표시됩니다.

**6.** 클라이언트에서 보내는 요청을 제대로 처리하는지 선더 클라이언트를 통해 확인해 보겠습니다. VS Code의 왼쪽 사이드 바에 있는 🔘 아이콘을 클릭한 후 [New Request]를 클릭합니다.

▶ VS Code에 'Thunder Client' 확장이 설치되어 있지 않다면 06-2절을 참고해서 설치한 후 따라 하세요.

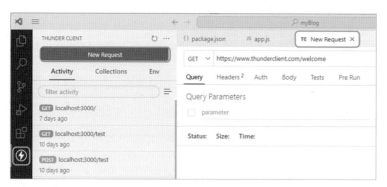

**7.** 주소 표시줄에 localhost:3000을 입력합니다. 서버에서 요청을 잘 처리하고 있다면 선더 클라이언트 창 오른쪽에 'Hello World!'가 표시됩니다. 계속해서 선더 클라이언트에서 결과를 확인해야 하므로 탭은 아직 닫지 마세요. 이제 서버를 준비했으니 다음 과정으로 넘어가 보겠습니다.

**Do it! 실습** ▶ **라우터 미들웨어 사용하기**

준비 `app.js`　결과 비교 `results\app-2.js, results\routes\main-1.js`

방금 만든 app.js 파일에는 라우트 코드가 하나뿐이지만 앞으로 여러 개를 추가할 것입니다. 게다가 애플리케이션을 실행하는 데 필요한 코드도 계속 추가해야 하죠. 그래서 라우트 관련 코드는 별도 폴더로 만들고 라우터 미들웨어를 사용해 관리하는 것이 좋습니다.

**1.** VS Code의 탐색 창에서 작업 폴더 이름, 곧 [MYBLOG] 위에 마우스 커서를 올리면 생기는 새 폴더 아이콘 을 선택합니다. 새 폴더 이름은 routes라고 하겠습니다.

▶ 탐색 창의 빈 공간을 마우스 오른쪽 버튼으로 클릭한 후 [새 폴더]를 선택해도 됩니다.

**2.** 여기에서 만들 블로그 애플리케이션에서는 일반 사용자들이 보는 화면에서 사용할 라우터와 관리자 화면에서 사용할 라우터가 필요합니다. 우선 일반 사용자들이 보는 화면에서 사용할 라우터를 만들겠습니다. routes 폴더를 마우스 오른쪽 버튼으로 클릭한 후 [새 파일]을 선택합니다. 파일 이름은 main.js로 지정하세요.

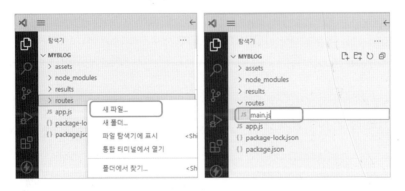

**3.** main.js에 다음 코드를 작성합니다.

**Do it! 코딩해 보세요!** • routes\main.js

```javascript
const express = require("express");
const router = express.Router();

router.get("/", (req, res) => {
  res.send("Hello World!");
});


module.exports = router;
```

**4.** 이제 app.js에 있던 라우트 코드를 지우고, 그 자리에 라우터 미들웨어를 사용하는 데 필요한 코드를 추가합니다.

**Do it! 코딩해 보세요!** • app.js

```javascript
require("dotenv").config();              // .env에 있는 변수 가져오기
const express = require("express");

const app = express();
const port = process.env.PORT || 3000; // .env에 PORT가 없으면 3000번 포트 사용

app.get("/", (req, res) => {
  res.send("Hello World!"); // Hello World! 출력
});

// 루트(/) 경로로 접속하면 routes\main.js의 라우트 사용
app.use("/", require("./routes/main"));

app.listen(port, () => {
  console.log(`App listening on port ${port}`);
});
```

**5.** 열려 있는 선더 클라이언트 탭에서 다시 [Send]를 클릭해 보세요. 앞에서와 같은 결과가 나타나는 것을 보면 라우터 미들웨어가 잘 동작한다는 것을 알 수 있습니다.

## 필요한 폴더 만들기

노드로 애플리케이션을 만들려면 파일을 용도에 따라 여러 폴더에 저장합니다. 일단 서버가 동작하는 것을 확인했으니 먼저 작업 폴더 안에 필요한 폴더를 만들겠습니다. 여기에서 사용할 폴더는 다음과 같습니다.

▶ 폴더 경로 구분자는 역슬래시(\)로 나타냈습니다.

```
\
├── app.js      서버 메인 코드
├── \config     데이터베이스 연결
├── \models     데이터베이스 모델
├── \public     정적 파일
├── \routes     다양한 라우트 코드
└── \views      브라우저 화면에 표시할 EJS 파일
```

475쪽의 routes 폴더를 만드는 방법을 참고해서 작업 폴더 안에 config, models, public, views 폴더를 만들어 보세요. 새로 만든 폴더가 다른 폴더 안에 생성되지 않게 주의하세요.

▶ 탐색 창에서 assets 폴더와 results 폴더는 내려받은 실습 파일에 포함되어 있습니다.

# 14-3 | 뷰 엔진 등록하고 레이아웃 만들기

웹 애플리케이션은 대부분 웹 브라우저를 통해 서버로 요청을 보내므로 브라우저에 표시할 화면이 필요합니다. 화면에 표시할 파일을 템플릿 파일이라고 하는데, 템플릿 파일을 만드는 엔진은 여러 가지 있습니다. 여기에서는 EJS라는 뷰 엔진을 설치하고 등록한 후 레이아웃을 만드는 것까지 살펴보겠습니다.

### Do it! 실습 ▶ 기본 레이아웃과 EJS 파일 만들기

준비 `app.js`, `routes\main.js`

결과 비교 `results\app-3.js`, `results\views\layouts\main-1.ejs`, `results\views\index-1.ejs`,
`results\views\about-1.ejs`, `results\routes\main-2.js`

레이아웃 파일은 모든 EJS 파일에서 똑같이 표시되는 부분을 따로 떼어 놓은 것으로, EJS 파일을 감싸는 파일이라고 생각하면 쉽습니다. 템플릿 파일을 만들 때 동일한 내용은 레이아웃 파일로 만들고, 실제 바뀌는 내용만 EJS 파일에 작성하면 됩니다. 그리고 요청 경로에 따라 EJS 파일을 렌더링할 때 레이아웃 파일만 알려 주면 됩니다.

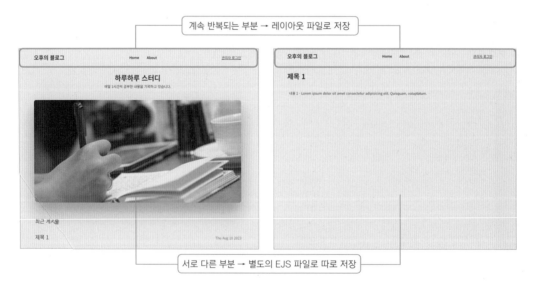

**1.** EJS 엔진 패키지와 레이아웃 패키지를 설치합니다. 서버가 실행 중이라면 종료하고 설치하세요.

```
터미널
npm i ejs express-ejs-layouts
```

**2.** 이제 서버에게 익스프레스 레이아웃과 EJS 엔진을 사용할 것이고, 템플릿 파일은 views 폴더에 있다고 알려 줘야 합니다. app.js 파일을 연 후 다음 코드를 추가하세요.

**Do it! 코딩해 보세요!** • app.js

```javascript
require("dotenv").config();
const express = require("express");
const expressLayouts = require("express-ejs-layouts");

const app = express();
const port = process.env.PORT || 3000;

//레이아웃과 뷰 엔진 설정
app.use(expressLayouts);
app.set("view engine", "ejs");
app.set("views", "./views");

(... 생략 ...)
```

**3.** 블로그 레이아웃 2개 중에서 우선 일반 사용자가 보는 화면 레이아웃을 만들겠습니다. VS Code의 탐색 창에서 views 폴더를 마우스 오른쪽 버튼으로 클릭한 후 [새 폴더]를 선택합니다. 새 폴더 이름은 layouts로 지정합니다. layouts 폴더에는 레이아웃과 관련된 파일만 저장할 것입니다.

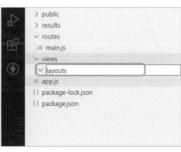

**4.** views\layouts 폴더에 main.ejs 파일을 새로 만듭니다. 편집 창에서 '!'를 입력한 후 [Tab] 키나 [Enter]를 누르면 웹 문서 코드가 자동으로 입력됩니다. ⟨body⟩와 ⟨/body⟩ 사이에 ⟨%- body %⟩을 입력한 후 저장합니다. ⟨%- body %⟩ 자리에는 요청이 생길 때마다 서로 다른 EJS 파일이 들어갑니다.

> **Do it!** 코딩해 보세요!　　　　　　　　　　　　　　　　　　• views\layouts\main.ejs

```
<!DOCTYPE html>
<html lang="en">
<head>
  <meta charset="UTF-8">
  <meta name="viewport" content="width=device-width, initial-scale=1.0">
  <title>Document</title>
</head>
<body>
  <%- body %>   <!-- 실제 내용이 바뀔 부분 -->
</body>
</html>
```

**5.** 레이아웃 파일을 만들었으니 이제 내용이 서로 다른 EJS 파일을 만들겠습니다. EJS 파일은 요청 경로에 따라 달라지겠죠? 예를 들어 /home 경로와 /about 경로로 접속할 때 레이아웃은 똑같이 유지하면서 내용만 바뀐다고 가정해 보겠습니다.

▶ 게시물을 작성하고 수정하는 등 게시물 관련 작업은 나중에 만들 관리자 모드에서 처리할 것입니다.

| 요청 경로 | 요청 방식 | EJS 파일 |
|---|---|---|
| /home | GET | index.ejs |
| /about | GET | about.ejs |

**6.** views 폴더 안에 index.ejs 파일과 about.ejs 파일을 새로 만든 후 각각 다음 코드를 입력합니다.

> **Do it!** 코딩해 보세요!　　　　　　　　　　　　　　　　　　　　• views\index.ejs

```
<h1>Home</h1>
```

> **Do it!** 코딩해 보세요!　　　　　　　　　　　　　　　　　　　　• views\about.ejs

```
<h1>About</h1>
```

**7.** 레이아웃 파일도 만들었고 내용이 들어 있는 EJS 파일도 만들었습니다. 이제 레이아웃은 그대로 유지하면서 ⟨%- body %⟩ 위치에 /home 경로로 접속하면 index.ejs를 보여 주고, / about 경로로 접속하면 about.ejs를 보여 주도록 하겠습니다. 그렇게 하려면 EJS 파일을 어떻게 연결해야 할까요? EJS 파일은 요청이 들어왔을 때 브라우저 창에 보여 주는 역할을 합니다. 따라서 라우트 코드를 수정하면 됩니다. EJS 파일과 레이아웃 파일을 함께 렌더링할 때는 다음처럼 res.render 함수 안에 2가지 파일을 함께 지정합니다.

> **기본형**  res.render(ejs *파일*, { layout: *레이아웃 파일* });

routes\main.js 파일을 선택해서 편집 창에 표시합니다. 우선 레이아웃을 가져와 mainLayout 이라는 이름으로 지정합니다.

---

**Do it! 코딩해 보세요!**  • routes\main.js

```
const express = require("express");
const router = express.Router();
const mainLayout = "../views/layouts/main.ejs";
( ...생략 ...)
```

---

**8.** routes\main.js 파일에는 현재 '/' 경로로 GET 요청을 했을 때 Hello World!를 표시하는 코드가 있죠? 이 부분을 삭제하고 다음과 같이 '/' 경로와 /home 경로, /about 경로에 대한 라우트 코드를 추가합니다. '/' 경로와 /home 경로는 똑같이 동작하므로 ["/", "/home"]처럼 경로 2개를 한꺼번에 지정할 수 있습니다.

---

**Do it! 코딩해 보세요!**  • routes\main.js

```
const express = require("express");
const router = express.Router();
const mainLayout = "../views/layouts/main.ejs";

router.get("/", (req, res) => {
  res.send("Hello World!");
});

router.get(["/", "/home"], (req, res) => {
  // index.ejs를 렌더링하는데 mainLayout 레이아웃으로 감싸기
```

```
    res.render("index", { layout: mainLayout });
});

router.get("/about", (req, res) => {
  // about.ejs를 렌더링하는데 mainLayout 레이아웃으로 감싸기
  res.render("about", { layout: mainLayout });
});

module.exports = router;
```

**9.** 레이아웃이 적용된 것을 확인하려면 서버가 실행 중인지 확인하고, 선더 클라이언트에서 Get 요청으로 localhost:3000 경로를 입력한 뒤 [Send] 를 클릭합니다.

▶ 서버가 실행되지 않는다면 VS Code 터미널 창에 nodemon app이라고 입력해서 서버를 먼저 실행하세요.

오른쪽에 HTML 코드가 보이나요? 혹시 코드가 보이지 않는다면 화면 왼쪽 아래에 있는 [Raw Html]을 클릭해 보세요.

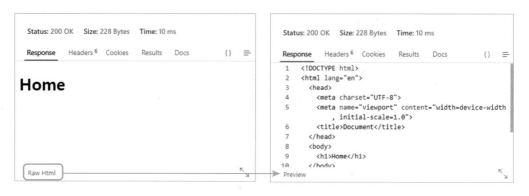

'/' 경로로 요청하면 index.ejs를 화면에 렌더링하도록 했는데, 실제 완성된 화면은 main.ejs 라는 레이아웃 안에 index.ejs 내용이 포함되어 있습니다. 레이아웃 파일에서 〈%- body %〉 로 지정했던 부분이 index.ejs 내용으로 바뀐 것을 알 수 있습니다.

**10.** 완성된 코드에서 ⟨title⟩Document⟨/title⟩은 웹 브라우저의 탭 부분에 표시되는 내용입니다. 요청 경로가 달라질 때마다 브라우저 탭에 나타나는 내용을 바꾸고 싶다면 라우트 코드 안에서 locals 변수를 사용합니다. routes\main.js에서 라우트 코드를 다음과 같이 변경해 보세요. 요청을 보낼 때 locals 객체의 title 키에 Home이라는 값을 담아서 함께 보내는 거죠. 그리고 이 값은 index.ejs를 렌더링할 때 같이 표시하도록 res.render 안에 담아서 보냅니다.

**Do it! 코딩해 보세요!** • routes\main.js

```javascript
const express = require("express");
const router = express.Router();
const mainLayout = "../views/layouts/main.ejs";

router.get(["/", "/home"], (req, res) => {
  const locals = {
    title: "Home",
  };
  res.render("index", { locals, layout: mainLayout });
});
(... 생략 ...)
```

**11.** 라우트 코드에서 레이아웃 파일로 locals값을 넘겨줬으니 레이아웃 파일에서 locals. title값을 받아서 보여 줘야겠죠? views\layouts\main.ejs 코드에서 ⟨title⟩ 태그의 내용을 다음처럼 수정합니다.

**수정 전**

```
<title>Document<title>
```

↓

**수정 후**

```
<title><%= locals.title %></title>
```

**12.** 다시 한번 선더.클라이언트에서 localhost:3000으로 요청해 보세요. 완성된 코드를 보면 〈title〉 태그와 〈title〉 태그 사이에 locals.title인 Home이 삽입된 것을 확인할 수 있습니다. 화면이 바뀔 때마다, 즉 요청이 바뀔 때마다 브라우저 탭에 표시되는 제목을 바꾸고 싶다면 이런 방법을 활용하면 됩니다.

 선더 클라이언트에서 localhost:3000/about로 요청했을 때도 about.ejs 내용(〈h1〉About〈/h1〉)이 레이아웃 안에 각각 포함되는지 확인해 보세요.

# 14-4 | 첫 화면 만들기

지금까지 서버를 만들고 레이아웃 파일과 템플릿 파일이 어떻게 동작하는지 알아보았습니다. 이제부터 본격적으로 EJS 파일을 만들어 보겠습니다. 그리고 EJS 파일에서 사용할 정적 파일을 관리하는 방법도 함께 살펴보죠.

**Do it! 실습 ▶ 정적 파일 등록하기**

준비 `app.js` 결과 비교 `results\app-4.js`

브라우저 화면에 표시할 EJS 파일을 만들다 보면 CSS 파일이나 이미지 파일 같은 정적인 파일을 많이 사용합니다. **정적 파일**<sup>static file</sup>이란 서버에서 값을 가져오지 않고 코드가 항상 똑같이 유지되는 파일입니다.

**1.** 템플릿 파일에서 사용할 정적 파일은 public 폴더에 저장해서 사용하는데, 실습에 필요한 CSS 파일과 이미지 파일이 실습 폴더에 미리 준비되어 있습니다. 우선 public 폴더 안에 css 폴더와 img 폴더, js 폴더를 만드세요.

**2.** 작업 폴더의 assets\css 폴더에는 미리 만들어 둔 style.css 파일이 있습니다. 이 파일을 복사해서 public\css 폴더에 붙여 넣습니다.

**3.** 같은 방법으로 assets\img 폴더에 있는 top-hero. jpg 파일도 복사해서 public\img 폴더에 붙여 넣으세요. 최종 구성은 오른쪽과 같습니다.

▶ public 폴더의 하위 js 폴더는 자바스크립트 코드를 작성할 것을 대비해 만들어 두었습니다. 프런트엔드 화면을 구성할 때 자바스크립트 코드를 사용한다면 js 폴더에 저장해서 사용하면 됩니다.

**4.** 정적 파일을 모두 준비했다면 서버에서 처리할 수 있도록 어디에 모여 있는지 알려 주어야 합니다. app.js에 코드를 추가합니다.

**Do it! 코딩해 보세요!** • app.js

```
require("dotenv").config();
const express = require("express");
const expressLayouts = require("express-ejs-layouts");

const app = express();
const port = process.env.PORT || 3000;

//레이아웃과 뷰 엔진 설정
app.use(expressLayouts);
app.set("view engine", "ejs");
app.set("views", "./views");

// 정적 파일
app.use(express.static("public"));

app.use("/", require("./routes/main"));

app.listen(port, () => {
  console.log(`App listening on port ${port}`);
});
```

## Do it! 실습 블로그에서 사용할 레이아웃과 첫 화면 만들기

준비 assets\layout.html, assets\index.html, views\layouts\main.ejs, views\index.ejs

결과 비교 results\views\layouts\main-2.ejs, results\views\index-2.ejs

앞에서 레이아웃을 만들고 EJS 파일과 어떻게 연결되는지 확인해 봤습니다. 앞에서 만들었던 레이아웃 파일 layouts\main.ejs와 첫 화면 index.ejs를 우리가 원하는 형태로 만들어 보겠습니다. ▶ 여기에서 about.ejs는 따로 만들지 않습니다. 여러분이 직접 만들어 보세요.

### 레이아웃(layouts\main.ejs) 만들기

**1.** 작업 폴더의 assets 폴더에는 미리 만들어 둔 웹 문서가 있습니다. assets\layout.html을 불러와 Ctrl+A를 눌러 코드를 모두 선택한 후 Ctrl+C를 눌러 복사합니다.

**2.** views\layouts\main.ejs 문서를 불러와 기존의 코드를 모두 삭제하고 방금 복사한 코드를 붙여 넣습니다. 이 문서의 〈title〉 ~ 〈/title〉 태그에는 My Blog라고 표시되어 있는데 이 부분을 다음과 같이 수정합니다. 라우트 코드에서 넘겨주는 locals값을 받아서 표시하게 해줍니다.

---

**Do it! 코딩해 보세요!** • views\layouts\main.ejs

```
<!DOCTYPE html>
<html lang="ko">
<head>
  <meta charset="UTF-8">
  <meta http-equiv="X-UA-Compatible" content="IE=edge">
  <meta name="viewport" content="width=device-width, initial-scale=1.0">
  <title>My Blog<%= locals.title %></title>
```

```
    <meta name="description" content="My first application using 노드, Express and Mon-
goDB">
    <link rel="stylesheet" href="/css/style.css">
</head>
<body>
(... 생략 ...)
```

**3.** main.ejs 코드의 〈body〉~〈/body〉 태그 부분을 보면 헤더 영역과 메인 영역으로 구성되어 있습니다. 헤더 영역에는 로고와 상단 메뉴, 로그인 링크가 있고, 메인 영역은 히어로 이미지와 게시물 목록을 표시하는 부분입니다.

```
<body>

  <div class="container">

    <!-- 헤더: 로고, 상단 메뉴, 로그인 -->
    <header class="header"> … </header>

    <!-- 메인: 실제 내용이 들어갈 부분 (히어로 이미지와 게시물 목록)-->
    <main class="main"> … </main>

  </div>

</body>
```

**4.** 상단 메뉴 부분의 링크를 '#'에서 다음과 같이 수정합니다.

**Do it! 코딩해 보세요!** • views\layouts\main.ejs

```
(... 생략 ...)
    <!-- 상단 메뉴 -->
  <nav class="header-nav">
    <ul>
      <li>
        <a href="/home">Home</a>
      </li>          ┌─ #을 /home으로 수정 ─┐
```

```
      <li>
        <a href="/about">About</a>
      </li>
                    ┌─────────────────┐
      </ul>          #을 /about으로 수정
                    └─────────────────┘
    </nav>
(... 생략 ...)
```

**5.** EJS 파일이 바뀔 때마다 내용을 보여 주려면 붙여 넣은 코드에서 〈main〉 태그와 〈/main〉 태그 사이에 있는 코드를 다음과 같이 수정합니다.

> **Do it! 코딩해 보세요!**  • views\layouts\main.ejs
>
> ```
> <!-- 메인 : 실제 내용이 들어갈 부분 -->
> <main class="main">
>     여기 내용
>     <%- body %>
> </main>
> ```

## 첫 화면(index.ejs) 만들기

**1.** assets\index.html 파일을 열고 Ctrl + A 를 눌러 코드를 복사합니다.

**2.** 블로그 첫 화면으로 사용할 views\index.ejs 파일을 열어 기존 코드를 모두 삭제하고 방금 복사한 코드를 붙여 넣습니다. 이 파일은 첫 화면에서 최근 게시물을 표시할 예정인데 우선 예시로 게시물 제목(Title 1)과 날짜(2023.01.01)를 넣어 두었습니다.

```
(... 생략 ...)
<!-- 최근 게시물 -->
<section class="articles">
  <h2 class="articles-heading">최근 게시물</h2>
  <ul class="article-ul">
    <li>
      <a href="#">
        <span>Title 1</span>
        <span class="article-list-date">2023.01.01</span>
      </a>
    </li>
  </ul>
</section>
```

**3.** 레이아웃과 첫 화면을 만들었으니 제대로 동작하는지 확인해 봐야겠죠? index.ejs는 CSS 를 적용해서 웹 문서 레이아웃을 만들었으므로 선더 클라이언트로는 확인하기 어렵습니다. 적 용된 레이아웃을 제대로 확인하려면 웹 브라우저 창에 localhost: 3000이라고 입력해 보세요. main.ejs 레이아웃과 index.ejs가 합쳐져서 완성된 화면을 만날 수 있습니다. 화면 아래에는 임시로 넣어 놓은 [최근 게시물]도 보이죠? 다음 14-5절에서는 데이터베이스를 만들어서 게 시물을 저장하고 최근 게시물이 화면에 나타나도록 해보겠습니다.

일반 사용자 계정으로 접속한 블로그의 첫 화면

# 14-5 | 몽고DB 연결하기

블로그 애플리케이션에서는 게시물이나 관리자 정보를 데이터베이스에 저장해야 합니다. 여기에서는 몽고DB를 사용할 것이이므로 우선 몽고DB에 접속할 수 있는 환경을 만들어 보겠습니다.

**Do it! 실습** ▶ **몽고DB에 연결하기**

08장에서 몽고DB에 프로젝트를 만들었으므로 여기에서는 블로그에서 사용할 데이터베이스를 만들 수 있습니다. 둘째 마당에서는 데이터베이스를 먼저 만들고 VS Code에 연결했지만, 이번에는 VS Code에 연결하는 커넥션 스트링에서 새 데이터베이스를 직접 추가해 보겠습니다.

**1.** 웹 브라우저에서 https://www.mongodb.com으로 접속한 후 가입한 계정으로 로그인합니다. Atlas 화면이 나타나면 [Connect]를 클릭합니다.

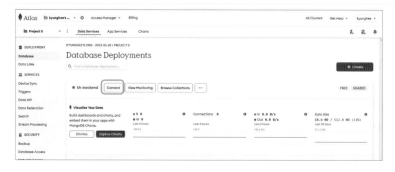

▶ 몽고DB에 계정이 없다면 08-2절 '몽고DB 시작하기'를 참고해서 계정을 만든 후 따라 하세요.

**2.** [MongoDB for VS Code]를 클릭합니다.

**3.** [3. Connect to your MongoDB deployment.] 항목 아래 코드 오른쪽에 있는  아이콘을 클릭해서 코드를 복사합니다.

▶ 이 코드를 커넥션 스트링<sup>connection string</sup>이라고 합니다.

**4.** VS Code로 돌아와서 작업 폴더에 .env 파일을 새로 만드세요. 그리고 방금 복사한 커넥션 스트링을 붙여 넣습니다.

**5.** 커넥션 스트링에 MONGODB_URI라는 이름을 붙여 주겠습니다. 이 이름은 뒤에서 데이터베이스에 연결할 때 사용할 환경 변수입니다. 그리고 커넥션 스트링 중에서 〈name〉 부분에는 각자 사용자 계정을 입력하고, 〈password〉에는 사용자 비밀번호를 입력합니다. 책에서 예시로 나오는 이름과 비밀번호가 아닌 직접 설정한 정보를 입력하세요.

▶ 여기에 입력하는 계정은 08-2절에서 데이터베이스에 접근할 수 있도록 추가한 사용자 계정입니다. 혹시 정보가 기억나지 않는다면 Atlas 화면에서 [Database Access] 메뉴를 클릭하면 등록한 사용자를 확인할 수 있습니다.

**6.** 커넥션 스트링 끝에는 '/' 다음에 아무것도 없지만, 새로 데이터베이스를 만들고 싶다면 새 데이터베이스 이름을 추가하면 됩니다. 여기에서는 myBlog라는 데이터베이스 이름을 추가하겠습니다. myBlog는 현재 없는 데이터베이스이므로 접속하면서 새로 만들어집니다.

Do it! 실습 ▶ **데이터베이스에 접속하기**

준비 app.js  결과 비교 results\config\db.js, results\app-5.js

몽고DB에 접속할 스트링을 .env에 저장해 두었습니다. 이 커넥션 스트링을 사용해서 데이터베이스에 접속해 보겠습니다.

**1.** 몽고DB에 접속할 때 mongoose 패키지를 사용하면 편리합니다. 그리고 데이터베이스 관리를 위해 비동기 처리할 때 try ~ catch 문을 반복하지 않으려면 express-async-handler 패키지도 설치합니다. VS Code 터미널 창에 다음과 같이 입력해서 mongoose 패키지와 express-async-handler 패키지를 한꺼번에 설치하세요.

▶ 서버가 실행 중이라면 Ctrl+C를 눌러 종료한 후 설치하세요.

```
터미널
npm i mongoose express-async-handler
```

**2.** config 폴더에 db.js 파일을 만든 후 다음 코드를 작성합니다. 몽고 DB에 접속할 때는 mongoose.connect( ) 함수를 사용하고, 괄호 안에 데이터베이스 커넥션 스트링을 넣습니다. 커넥션 스트링은 .env 파일에 환경 변수로 저장되어 있으므로 process.env를 사용합니다.

**Do it! 코딩해 보세요!** • config\db.js

```
const mongoose = require("mongoose");
const asynchandler = require("express-async-handler");
require("dotenv").config();  // .env 파일을 사용하기 위해

const connectDb = asynchandler(async () => {
  // .env 파일에 있는 MONGODB_URI값을 사용해 접속
  const connect = await mongoose.connect(process.env.MONGODB_URI);
  console.log(`DB connected: ${connect.connection.host}`);  // DB 연결 성공 시 터미널에 출력
});

module.exports = connectDb;
```

**3.** db.js에서 만든 connectDb 함수는 app.js에서 실행해야 합니다. app.js에 다음과 같이 코드를 추가합니다.

**Do it! 코딩해 보세요!** • app.js

```
require("dotenv").config();
const express = require("express");
const expressLayouts = require("express-ejs-layouts");
const connectDb = require("./config/db");

const app = express();
const port = process.env.PORT || 3000;

// DB 연결
connectDb();
(... 생략 ...)
```

**4.** VS Code 터미널 창에서 서버를 실행합니다. 데이터베이스에 제대로 접속하면 다음과 같이 VS Code 터미널 창에 호스트 주소가 나타납니다.

▶ 각자 접속한 호스트 주소가 결과로 나타납니다.

---

한걸음 **더!** **VS Code의 몽고DB 확장에서 데이터베이스 추가하기**

VS Code에 설치한 몽고DB 확장은 굳이 몽고DB 사이트에 접속하지 않더라도 VS Code에서 데이터베이스의 내용을 확인할 수 있어서 편리합니다. 노드를 공부하다 보면 데이터베이스를 여러 개 사용하게 되는데 몽고DB 확장에 필요한 데이터베이스를 추가해 놓으면 여러 데이터베이스를 살펴볼 수 있습니다.

가장 먼저 491쪽에서 설명한 방법으로 연결할 데이터베이스의 커넥션 스트링을 복사합니다. 그리고, VS Code의 왼쪽 사이드 막대에서 ◆를 클릭한 후 오른쪽 화면에서 [Connect]를 클릭합니다. 복사한 커넥션 스트링을 붙여 넣고 사용자 이름과 비밀번호까지 수정한 후 Enter 를 누르면 몽고DB 확장에 데이터베이스가 추가됩니다.

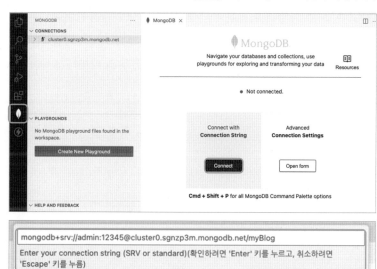

# 14-6 | 게시물 표시하기

일반 사용자가 블로그에 접속했을 경우를 생각해 봅시다. 첫 화면에는 최근 게시물이 표시되고 게시물 제목을 클릭했을 때 내용을 볼 수 있어야 합니다. 그러려면 게시물이 저장되어 있어야겠죠? 게시물을 저장할 Post 모델을 만들고 임시 데이터를 사용해 게시물이 제대로 표시되는지 확인해 보겠습니다.

**Do it! 실습 ▶ 모델 만들고 임시 자료 저장하기**

> **준비** routes\main.js **결과 비교** results\models\Post.js, results\routes\main-3.js

몽고DB에 저장할 게시물이 어떤 유형의 값을 가질지 지정하는 것을 스키마라고 합니다. 그리고 이 스키마를 기본으로 모델을 만들어서 데이터를 저장합니다.

▶ 스키마가 잘 기억나지 않는다면 08-4절을 참고하세요.

**1.** 게시물의 스키마와 모델은 models 폴더에 작성합니다. models 폴더에 Post.js 파일을 만들고 다음과 같이 작성합니다. 모델 파일의 이름은 첫 글자를 대문자로 사용합니다. 게시물은 제목(title)과 내용(body)이 있고 최근 게시물에 날짜를 함께 표시하기 위해 작성일(createdAt)도 함께 구성합니다. 각 속성에서 type은 속성값의 유형을 나타내고, required는 필수 속성인지 여부를 true/false로 지정합니다.

**Do it! 코딩해 보세요!** • models\Post.js

```
const mongoose = require("mongoose");

// 스키마 정의
const PostSchema = new mongoose.Schema({
  // 게시물 제목
  title: {
    type: String,
    required: true,
```

```
  },
  // 게시물 내용
  body: {
    type: String,
    required: true,
  },
  // 게시물 작성일
  createdAt: {
    type: Date,
    default: Date.now(),
  },
});
```

**2.** 스키마를 만들었다면 모델로 바꿔야 합니다. 앞에서 작성한 코드 뒤에 새 코드를 추가합니다. 모델 이름은 대문자로 시작하고 단수형을 사용합니다. 모델 이름을 Post로 하면 몽고DB에 있는 posts 컬렉션에 연결됩니다.

**Do it! 코딩해 보세요!** • models\Post.js

```
(... 생략 ...)
// PostSchema를 사용해 Post 모델 만들어서 내보냄
module.exports = mongoose.model("Post", PostSchema);
```

**3.** 아직 CRUD API를 만들지 않았으므로 임시 데이터를 몽고DB에 저장해 보겠습니다. 서버를 실행 중이라면 Ctrl+C를 눌러 서버를 종료합니다. 몽고DB에서 여러 데이터를 한꺼번에 저장할 때는 insertMany 함수를 사용합니다. routes\main.js 파일을 불러와 다음과 같이 데이터를 저장합니다. 이때 데이터는 Post 모델에 맞게 title과 body를 입력하면 됩니다.

nodemon으로 서버를 실행한 상태에서 코드를 입력하면 서버가 재시작될 때마다 DB에 자료가 반복해서 저장 돼!

**Do it! 코딩해 보세요!** • routes\main.js

```
const express = require("express");
const router = express.Router();
const mainLayout = "../views/layouts/main.ejs";
const Post = require("../models/Post");
```

```
router.get("/", (req, res) => {
  const locals = {
    title: "Home",
  };
  res.render("index", { locals, layout: mainLayout });
});
```
(... 생략 ...)

```
// 임시 데이터 저장하기
Post.insertMany([
  {
    title: "제목 1",
    body: "내용 1 - Lorem ipsum dolor sit amet consectetur adipisicing elit. Quisquam,
voluptatum.",
  },
  {
    title: "제목 2",
    body: "내용 2 - Lorem ipsum dolor sit amet consectetur adipisicing elit. Quisquam,
voluptatum.",
  },
  {
    title: "제목 3",
    body: "내용 3 - Lorem ipsum dolor sit amet consectetur adipisicing elit. Quisquam,
voluptatum.",
  },
  {
    title: "제목 4",
    body: "내용 4 - Lorem ipsum dolor sit amet consectetur adipisicing elit. Quisquam,
voluptatum.",
  },
  {
    title: "제목 5",
    body: "내용 5 - Lorem ipsum dolor sit amet consectetur adipisicing elit. Quisquam,
voluptatum.",
  },
]);
```

**4.** 터미널 창에 nodemon app을 입력해서 서버를 실행해야 데이터가 저장됩니다. 몽고DB 사이트로 가서 myBlog 데이터베이스를 확인해 보겠습니다. Atlas 화면에서 [Browse Collections]를 클릭합니다.

**5.** 앞에서 만들었던 myBlog 데이터베이스에 posts라는 컬렉션이 생겼고 그 안에 도큐먼트 5개가 저장되어 있을 것입니다.

**6.** 데이터베이스에 임시 데이터가 저장되었다면 main.js로 돌아와 방금 만들었던 임시 데이터 부분의 코드를 삭제합니다. 데이터를 한 번만 추가하는 작업입니다. 삭제하지 않는다면 app.js를 실행할 때마다 계속 같은 데이터가 데이터베이스에 저장됩니다.

> **Do it! 코딩해 보세요!**        • routes\main.js

```javascript
const express = require("express");
const router = express.Router();
const mainLayout = "../views/layouts/main.ejs";
const Post = require("../models/Post");
```

```
router.get("/", (req, res) => {
  const locals = {
    title: "Home",
  };
  res.render("index", { locals, layout: mainLayout });
});

(... 생략 ...)

// 임시 데이터 저장하기
Post.insertMany([
  {
    title: "제목 1",
    body: "내용 1 - Lorem ipsum dolor sit amet consectetur adipisicing elit. Quisquam,
voluptatum.",
  },
  (... 생략 ...)
  {
    title: "제목 5",
    body: "내용 5 - Lorem ipsum dolor sit amet consectetur adipisicing elit. Quisquam,
voluptatum.",
  },
]);
```

**Do it! 실습 ▶ 최근 게시물 표시하기**

준비 routes\main.js, views\index.ejs
결과 비교 results\routes\main-4.js, results\views\index-2.ejs

블로그의 첫 화면에 최근 게시물을 표시하기로 했죠? main.js의 라우트 코드에서 find 함수를 사용해 데이터베이스에서 데이터를 가져오도록 수정한 후, 이 데이터를 index.ejs로 넘겨서 화면에 표시하도록 하면 됩니다.

**1.** '/' 경로로 요청이 들어오면 데이터베이스에서 데이터를 가져오도록 해야 합니다. 그렇다면 라우트 코드를 수정해야겠죠? routes\main.js 파일을 불러온 후 라우트 코드 부분을 다음과 같이 수정합니다. 데이터베이스와 통신해야 하므로 비동기로 처리한다는 점도 잊지 마세요.

find 함수는 데이터베이스에 있는 도큐먼트를 모두 가져오는 함수입니다. 이 함수를 사용해서 데이터베이스 자료를 모두 가져와 data 변수에 할당합니다. 그리고 index.ejs를 렌더링할 때 데이터베이스에서 가져온 data도 함께 넘겨주죠.

**Do it! 코딩해 보세요!** • routes\main.js

```javascript
const express = require("express");
const router = express.Router();
const mainLayout = "../views/layouts/main.ejs";
const Post = require("../models/Post");
const asynchandler = require("express-async-handler");

router.get(
  ["/", "/home"],
  asynchandler(async (req, res) => {
    const locals = {
      title: "Home",
    };

    const data = await Post.find({}); // 데이터베이스에 있는 데이터 모두 가져오기
    res.render("index", { locals, data, layout: mainLayout });
  })
);
(... 생략 ...)
```

**2.** 라우트 코드에서 index.ejs로 넘겨준 data 자료를 화면에 보여 줘야겠죠? views\index. ejs 파일을 불러옵니다. 현재는 간단히 틀만 잡아 놓은 상태라서 제목과 날짜를 임시로 사용한 상태입니다.

```
(... 생략 ...)
<!-- 최근 게시물 -->
<section class="articles">
  <h2 class="articles-heading">최근 게시물</h2>
  <ul class="article-ul">
```

```
      <li>
        <a href="#">
        <span>Title 1</span>                              // 제목 표시 부분
          <span class="article-list-date">2023.01.01</span>   // 날짜 표시 부분
        </a>
      </li>
    </ul>
  </section>
```

이 부분을 EJS 문법을 사용해 다음과 같이 수정합니다. data 안에 있는 데이터를 post라는 이름으로 받고, post.title은 제목 부분에 표시합니다. 그리고 post.createdAt값에는 날짜와 시간 정보 전체가 들어 있으므로 toDateString 함수를 사용해서 날짜만 사용합니다.

**Do it! 코딩해 보세요!** • views\index.ejs

```
(... 생략 ...)
<!-- 최근 게시물 -->
<section class="articles">
  <h2 class="articles-heading">최근 게시물</h2>
  <ul class="article-ul">
    <% data.forEach(post => { %>
      <li>
        <a href="#">
            <span>Title 1<%= post.title %></span>
            <span class="article-list-date">2023.01.01
                <%= post.createdAt.toDateString() %></span>
        </a>
      </li>
    <% }) %>
  </ul>
</section>
```

**3.** 데이터를 제대로 가져오는지 확인해 보겠습니다. 서버가 실행 중인지 확인하고 웹 브라우저에서 localhost:3000으로 접속해 보세요. 화면 중앙의 히어로 이미지 아래에 최근 게시물이 표시된다면 성공입니다.

하루하루 스터디
매일 1시간씩 공부한 내용을 기록하고 있습니다.
최근 게시물
제목 1
Thu Aug 10 2023
제목 2
Thu Aug 10 2023
제목 3
Thu Aug 10 2023
제목 4
Thu Aug 10 2023
제목 5
Thu Aug 10 2023

## Do it! 실습 게시물 내용 표시하기

준비 routes\main.js, views\index.ejs

결과 비교 results\routs\main-5.js, results\views\post-1.ejs, results\views\index-3.ejs

첫 화면에 최근 게시물을 표시하는 것까지 완성했습니다. 이제 최근 게시물에서 제목을 클릭했을 때 내용이 나타나도록 만들 차례입니다. /post/:id 경로로 GET 요청을 하는 라우트 코드와 게시물 내용을 보여 줄 ejs 파일을 작성하겠습니다.

**1.** 라우트 코드가 있는 routes\main.js 파일을 불러와서 다음과 같이 라우트 코드를 추가합니다. 데이터베이스에 있는 내용을 가져오려면 findOne 함수를 사용하는데, 이 함수에서 사용하는 인자는 params.id입니다. params.id에는 요청 경로에 포함된 id값이 들어 있죠. 데이터베이스에서 가져온 값은 data 변수에 할당하고, post.ejs에게 렌더링하라고 넘겨줍니다. 이때 mainLayout을 사용하라고 레이아웃도 함께 넘겨줍니다.

**Do it! 코딩해 보세요!** • routes\main.js

```
(... 생략 ...)
router.get(
  ["/", "/home"],
```

```
    asynchandler(async (req, res) => {
      const locals = {
        title: "Home",
      };

      const data = await Post.find({});
      res.render("index", { locals, data, layout: mainLayout });
    })
  );

/**
 * GET post/:id
 * 게시물 상세 보기
 */
router.get(
  "/post/:id",
  asynchandler(async (req, res) => {
    const data = await Post.findOne({ _id: req.params.id });  // 데이터 1개 가져오기
    res.render("post", { data, layout: mainLayout });
  })
);
(... 생략 ...)
```

**2.** main.js에서 넘겨준 data값을 화면에 보여 줄 수 있도록 post.ejs 파일을 만들어 보겠습니다. views 폴더에 post.ejs라는 새로운 파일을 만듭니다. 그리고 data 객체에 담긴 title값과 body값을 화면에 표시하는 코드를 작성합니다.

**Do it! 코딩해 보세요!** • views\post.ejs

```
<h1><%= data.title %></h1>
<article class="article">
  <%= data.body %>
</article>
```

**3.** 블로그 첫 화면에는 최근 게시물 목록이 표시되는데, 그중 게시물을 클릭했을 때 내용을 표시할 수 있게 바꿔야겠죠? views\index.ejs 파일을 불러와 기존 코드를 다음과 같이 수정합니다. 게시물을 클릭했을 때 요청 URL을 /post/:id 형태가 되도록 바꾸는 거죠.

```
(... 생략 ...)
<!-- 최근 게시물 -->
<section class="articles">
  <h2 class="articles-heading">최근 게시물</h2>
  <ul class="article-ul">
    <% data.forEach(post => { %>
      <li>
        <a href="/post/<%= post._id %>">
          <span><%= post.title %></span>
          <span class="article-list-date"><%= post.createdAt.toDateString() %></span>
        </a>
      </li>
    <% }) %>
  </ul>
</section>
```

**4.** 서버가 실행 중인지 확인하고 웹 브라우저에서 localhost:3000을 다시 불러옵니다. 그리고 최근 게시물 가운데 하나를 선택해 클릭해 보세요.

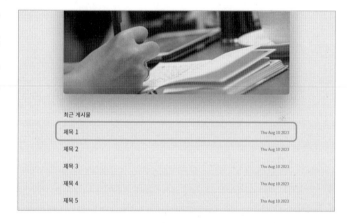

**5.** 클릭한 게시물의 제목과 내용이 화면에 보이면 성공입니다. 단순히 post.ejs의 내용만 보여 주는 것이 아니라 mainLayout 레이아웃을 사용하므로 첫 화면과 똑같은 헤더를 유지하는 걸 볼 수 있습니다.

# 블로그 관리자 페이지 만들기

14장에서 만든 첫 화면은 블로그에 접속하면 누구나 볼 수 있습니다. 하지만 블로그에 게시물을 작성하거나 기존 게시물을 수정하는 작업은 블로그 관리자만 할 수 있어야 합니다. 이 장에서는 관리자로 로그인했을 때 화면으로 보여주는 있는 관리자 페이지를 만들어 보겠습니다.

# 15-1 | 관리자 기능 구상하기

14장에서는 일반 사용자가 접속했을 때 보여 주는 라우트 코드와 화면을 구성했는데, 관리자 화면도 크게 다르지 않습니다. 관리자 화면에서는 어떤 기능이 필요할지를 생각하면서 기능별 경로와 요청 방식을 하나씩 정리해 보겠습니다.

## 관리자 화면에 필요한 기능

블로그의 게시물은 로그인한 관리자만 작성하거나 수정할 수 있어야 합니다. 로그인에 성공해서 관리자로 접속하면 블로그의 게시물을 한눈에 살펴볼 수 있고, 새로운 게시물을 작성하는 것은 물론 원하는 게시물을 수정하거나 삭제할 수 있습니다.

여러분이 관리자라고 생각하고 관리자 화면에서 어떤 요청을 처리해야 할지 생각해 보세요.

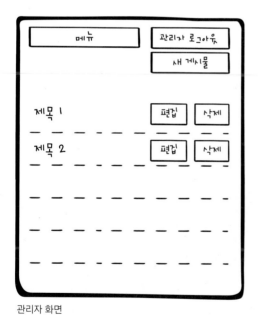

관리자 화면

❶ 블로그에 접속해 첫 화면에서 [관리자 로그인]을 클릭하면 관리자 로그인 화면을 보여 줍니다.
  → /admin 경로로 GET 요청을 하면 views/admin/index.ejs를 렌더링합니다.

❷ 로그인에 성공하면 관리자 화면에 블로그 전체 게시물을 표시합니다.
  → /allPosts 경로로 GET 요청을 하면 /views/admin/allPosts.ejs를 렌더링합니다.

❸ 관리자 화면에서 [새 게시물]을 클릭하면 게시물을 작성할 수 있는 화면으로 이동하고, 내용을 작성한 후 [등록]을 클릭하면 데이터베이스에 게시물을 저장합니다.
  → /add 경로로 GET 요청을 하면 /views/admin/add.ejs를 렌더링합니다.
  → /add 경로로 POST 요청을 하면 추가한 게시물을 데이터베이스에 저장합니다.

❹ 관리자 화면에 있는 게시물을 클릭하면 게시물 내용을 표시합니다.
  → /edit/:id 경로로 GET 요청을 하면 /views/admin/edit.ejs를 렌더링합니다.

❺ 게시물 보기 화면에서 [편집]을 선택하고 내용을 수정한 뒤 [수정]을 클릭하면 데이터베이스에 수정 내용을 저장합니다.

→ /edit/:id 경로로 PUT 요청을 하면 수정한 내용을 데이터베이스에 저장합니다.

❻ 게시물 보기 화면에서 [삭제]를 클릭하면 해당 게시물을 삭제합니다.

→ /delete/:id 경로로 DELETE 요청을 하면 게시물을 데이터베이스에서 삭제합니다.

❼ 관리자 화면에서 [관리자 로그아웃]을 클릭하면 로그아웃합니다.

→ /logout 경로로 GET 요청을 하면 로그아웃한 후 첫 화면으로 이동합니다. 일반 사용자에게 보여 주는 화면과 같습니다.

이 내용을 정리하면 다음과 같습니다.

| 번호 | 경로 | 방식 | 기능 | 작성할 코드 |
|---|---|---|---|---|
| ❶ | /admin | GET | 관리자 로그인하기 | views/admin/index.ejs 렌더링합니다. |
| ❷ | /allPosts | GET | 전체 게시물 표시 | views/admin/allPosts.ejs 렌더링합니다. |
| ❸ | /add | GET | 게시물 추가 화면 표시 | views/admin/add.ejs 렌더링합니다. |
| ❸ | /add | POST | 게시물 추가하기 | 게시물을 데이터베이스에 저장합니다. |
| ❹ | /edit/:id | GET | 게시물 편집 화면 표시 | views/admin/eidt.ejs 렌더링 |
| ❺ | /edit/:id | PUT | 게시물 수정하기 | 수정한 게시물을 데이터베이스에 저장합니다. |
| ❻ | /delete/:id | DELETE | 게시물 삭제하기 | 게시물을 데이터베이스에서 삭제합니다. |
| ❼ | /logout | GET | 관리자 로그아웃하기 | 관리자가 로그아웃하면 첫 화면으로 이동합니다. |

## 관리자 화면의 레이아웃

여기에서 구현하려는 관리자 기능은 간단해서 일반 사용자에게 보여 주는 화면과 관리자가 보는 화면에 큰 차이가 없습니다. 블로그의 로고를 관리자 페이지에 맞게 [Admin Page]로 바꾸고 [관리자 로그인]을 [관리자 로그아웃]으로 바꿀 것입니다. 일반 사용자 화면과 관리자 화면이 다르므로 관리자 화면을 위한 레이아웃도 따로 만들겠습니다.

일반 사용자 화면

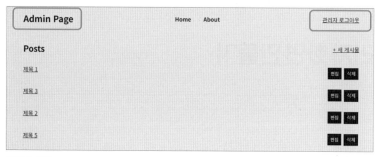
관리자 화면

## 로그인 확인하기

관리자 화면은 관리자 계정으로 로그인해야만 사용할 수 있어야 합니다. 그래서 로그인을 확인하는 과정이 필요합니다. 13장에서 공부한 JWT를 사용하면 관리자로 로그인했을 때 쿠키에 토큰이 저장됩니다.

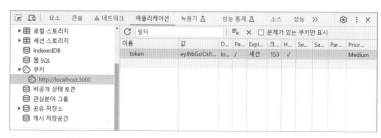
쿠키에 저장된 토큰

이 기능을 활용해서 누군가가 게시물을 수정하거나 삭제하려고 할 때 토큰이 있는지 확인해보고, 토큰이 없는 요청일 경우 로그인하도록 연결할 것입니다.

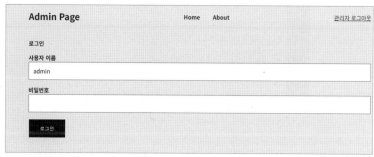
관리자 확인을 위한 로그인 화면

# 15-2 | 관리자 화면 만들기

이제부터 /admin으로 요청하면 관리자 화면으로 이동하는 코드를 작성해 보겠습니다. 요청을 처리할 라우트 코드와 요청하면 웹 페이지를 보여 주는 EJS 파일도 필요합니다. 여기에서는 라우트 코드와 EJS 파일을 만들면서 /admin으로 요청했을 때 관리자 화면으로 이동하는 방법을 알아보겠습니다.

### Do it! 실습 ▶ 라우트 코드 작성하기

준비 app.js  결과 비교 results\routes\admin-1.js, results\app-6.js

라우트 코드를 작성하는 것과 EJS 파일을 만드는 것 중에 어떤 것부터 먼저 해도 상관없습니다. 여기에서는 /admin 경로로 요청하면 관리자 화면으로 이동하는 라우트 코드를 먼저 작성하겠습니다.

**1.** routes 폴더에 admin.js라는 새 파일을 만듭니다. 관리자 화면과 관련된 라우트 코드를 작성할 파일입니다.

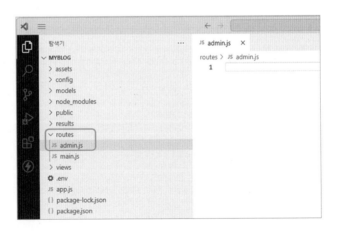

**2.** admin.js에 다음과 같이 작성합니다. 라우터에서 /admin 경로로 GET 요청이 들어오면 화면에 Admin page라고 표시하는 코드입니다.

Do it! 코딩해 보세요!                                    • routes\admin.js

```
const express = require("express");
const router = express.Router();

/**
 * GET /admin
 * Admin page
 */
router.get("/admin", (req, res) => {
  res.send("Admin page");
});

module.exports = router;
```

**3.** 애플리케이션의 메인 파일인 app.js에게 새로운 미들웨어가 있다고 알려 주어야 합니다.
app.js를 열어 미들웨어를 등록합니다.

Do it! 코딩해 보세요!                                         • app.js

```
(... 생략 ...)

app.use("/", require("./routes/main"));
app.use("/", require("./routes/admin"));

app.listen(port, () => {
  console.log(`App listening on port ${port}`);
});
```

**4.** 서버가 실행 중인지 확인한 후 웹 브라우저에서 localhost:3000/admin으로 접속해 보세요. 브라우저 화면에 Admin page라고 나타나면 라우트 코드가 정상으로 동작한다는 뜻입니다. 이제 관리자 화면 레이아웃과 EJS 파일을 만들어 Admin page 라는 텍스트 대신 표시해 보겠습니다.

**결과 비교** results\views\layouts\admin-1.ejs

이제 관리자 화면의 레이아웃 파일을 만들겠습니다. 일반 사용자 화면과 크게 다르지 않은데 [관리자 로그인]을 [관리자 로그아웃] 링크로 바꿀 것입니다.

**1.** views\layouts 폴더에 admin.ejs 파일을 새로 만듭니다.

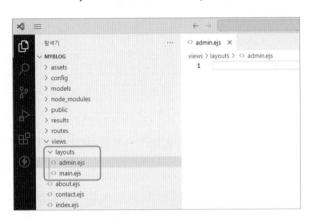

**2.** 관리자 화면 레이아웃은 일반 사용자 화면 레이아웃과 거의 비슷하다고 했죠? 그래서 기존의 레이아웃 코드를 복사해서 붙여 넣은 뒤 필요한 부분만 수정하겠습니다. 먼저 views\layouts\main.ejs 파일을 열고 Ctrl + A 와 Ctrl + C 를 차례로 눌러 코드를 복사합니다.

**3.** 새로 만든 admin.ejs 탭으로 이동한 후 Ctrl + V 를 눌러 복사한 코드를 붙여 넣습니다. 그중에 로고 부분과 관리자 로그인 부분만 수정한 후 저장합니다. 이제부터 이 레이아웃을 사용해서 관리자 화면을 구성해 보겠습니다.

```
(... 생략 ...)
<!-- 헤더 : 로고, 상단 메뉴, 로그인 -->
<header class="header">
  <!-- 로고 -->
  <a href="/" class="header-logo">오후의 블로그 Admin Page</a>

  <!-- 상단 메뉴 -->
  <nav class="header-nav"> … </nav>

  <!-- 관리자 로그아웃 -->  ─── 주석도 '관리자 로그아웃'으로 수정하세요.
<div class="header-button">
    <a href="#">관리자 로그인 관리자 로그아웃</a>
  </div>
</header>
```

**Do it! 실습** ▶ **첫 관리자 화면 만들기**

준비 routes\admin.js, views\layouts\admin.ejs

결과 비교 results\views\admin\index-1.ejs, results\routes\admin-2.js, views\layouts\admin-nologout.ejs

앞에서 관리자 화면을 구상할 때 /admin 경로로 접속하면 views/admin/index.ejs 화면을 렌더링하기로 했죠? 블로그에서 관리자 계정으로 접속하면 처음 만나는 화면을 만들어 보겠습니다.

**1.** views 폴더에 관리자 화면에 사용할 폴더를 따로 만들어 관리하겠습니다. views 폴더에 admin이라는 새 폴더를 만들고 그 안에 index.ejs 파일을 새로 만듭니다.

▶ 일반 사용자 화면은 index.ejs, 관리자 화면은 admin\index.ejs로 지정했습니다. 혼동하지 않게 주의하세요.

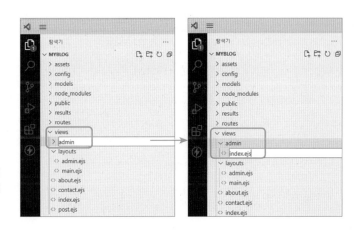

**2.** index.ejs에서 할 일은 관리자 화면으로 들어온 사용자가 관리자인지 확인하는 것입니다. 즉, 관리자로 로그인할 수 있는 로그인 폼을 표시해야 합니다. 방금 만든 index.ejs에 다음과 같이 작성합니다.

**Do it! 코딩해 보세요!** • views\admin\index.ejs

```
<h3>로그인</h3>

<form action="/admin" method="POST">
  <label for="username"><b>사용자 이름</b></label>
  <input type="text" name="username" id="username">

  <label for="password"><b>비밀번호</b></label>
  <input type="password" name="password" id="password">

  <input type="submit" value="로그인" class="btn">
</form>
```

**3.** /admin으로 요청이 들어오면 방금 만든 admin\index.ejs 화면이 나타나도록 해보겠습니다. 요청을 받아서 화면을 렌더링하는 것이므로 라우트 코드를 수정해야겠죠? routes\admin.js 파일을 불러옵니다. 관리자 화면 레이아웃도 함께 사용하므로 레이아웃을 가져오는 코드도 함께 추가합니다. 그리고 /admin 경로로 요청했을 때 Admin page를 표시하는 코드를 삭제한 후 다음과 같이 추가합니다.

**Do it! 코딩해 보세요!** • routes\admin.js

```
const express = require("express");
const router = express.Router();
const adminLayout = "../views/layouts/admin";        // 레이아웃 가져오기

/**
 * GET /admin
 * Admin page
 */
router.get(
  "/admin",
(req, res) => {
```

```
  res.send("Admin page");
    const locals = {
      title: "관리자 페이지",    // 브라우저 탭에 표시할 내용
    };

  // adminLayout을 사용해서 admin/index.ejs 렌더링하기
    res.render("admin/index", { locals, layout: adminLayout })
  });

module.exports = router;
```

**4.** 코드를 모두 수정했다면 서버가 실행 중인지 확인하고, 웹 브라우저 주소 표시줄에
localhost:3000/admin을 입력해서 접속해 보세요. 다음처럼 로그인 폼이 나타난다면 성공
입니다.

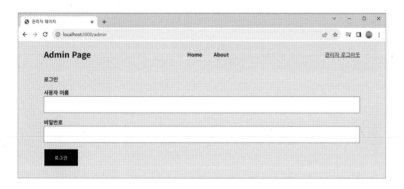

admin 레이아웃을 사용했기 때문에 화면 왼쪽 위에는 로고 대신 [Admin Page]가 표시되고,
화면 오른쪽 위에는 [관리자 로그아웃] 링크가 나타납니다. 그리고 locals.title에 관리자 페이
지라고 담아서 전달했으므로 브라우저 탭도 그렇게 나타납니다.

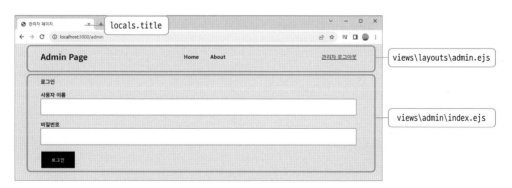

**5.** 로그인 첫 화면에서는 아직 관리자로 로그인한 상태가 아니어서 오른쪽 위에 [관리자 로그아웃]이 표시되는 것이 적절하지 않습니다. 로그인 첫 화면에서는 [관리자 로그아웃] 링크가 없고, 로그인한 후에만 [관리자 로그아웃]이 나타나도록 하는 것이 좋겠죠? 그렇다면 여기에서 할 일은 관리자 화면 레이아웃을 2개로 나누는 것입니다. [관리자 로그아웃] 버튼이 있는 레이아웃과 [관리자 로그아웃] 버튼이 없는 레이아웃, 이렇게 말이죠. views\layouts\admin.ejs 파일을 불러와 [파일 → 다른 이름으로 저장]을 선택하고 admin-nologout.ejs로 저장합니다.

▶ views\layouts 폴더에 저장합니다.

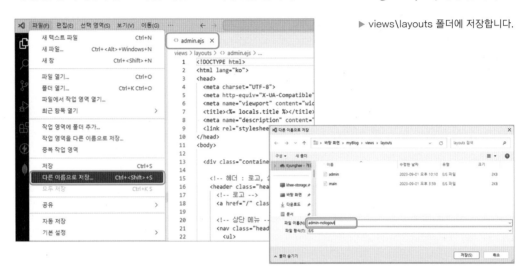

**6.** 이제 admin-nologout.ejs 파일이 편집 창에 보일 것입니다. 코드에서 관리자 로그아웃 태그가 있는 부분을 삭제하고 저장합니다.

```
      </div>
    </header>

    <!-- 메인 : 실제 내용이 들어갈 부분 -->
    <main class="main">
      <%- body %>
    </main>
  </div>

</body>
</html>
```

**7.** 방금 작성한 라우트 경로를 수정해서 admin-nologout 레이아웃을 사용하도록 바꿔 보겠습니다. 코드 앞쪽에 admin-nologout 레이아웃 모듈을 가져온 후, res.render 함수에서 사용할 레이아웃을 수정합니다.

**Do it! 코딩해 보세요!**  • routes\admin.js

```
const express = require("express");
const router = express.Router();
const adminLayout = "../views/layouts/admin";
const adminLayout2 = "../views/layouts/admin-nologout";

/**
 * GET /admin
 * Admin page
 */
router.get(
  "/admin",
  (req, res) => {
    const locals = {
      title: "관리자 페이지",    // 브라우저 탭에 표시할 내용
    };

    // adminLayout을 사용해서 admin/index.ejs 렌더링하기
    res.render("admin/index", { locals, layout: adminLayout2 })
  })

module.exports = router;
```

**8.** 이제 브라우저에서 다시 한번 확인해 보겠습니다. localhost:3000/admin으로 접속하면 로그인 화면이 나타나면서 [관리자 로그아웃] 링크는 보이지 않습니다.

[관리자 로그아웃]이
보이지 않음

# 15-3 │ 관리자 정보 등록하기

블로그 애플리케이션에서는 데이터베이스에 관리자 정보를 저장하고, 누군가가 로그인하려
고 하면 데이터베이스에 저장된 관리자 정보와 일치하는지 확인하는 과정이 필요합니다. 여기
에서는 User라는 사용자 모델을 만들어서 관리자 정보를 저장하는 방법을 알아보겠습니다.

> **Do it! 실습** ▶ 로그인 처리를 위한 라우트 코드 작성하기

> **준비** routes\admin.js, app.js  **결과 비교** results\routes\admin-3.js, results\app-7.js

관리자 페이지의 첫 화면에서 로그인 폼에 사용자 이름과 비밀번호를 입력하고 로그인하면
POST 요청이 전송됩니다. POST 요청을 처리하는 라우트 코드를 작성해 보겠습니다.

**1.** 라우트 코드를 작성하려면 routes\admin.js 파일을 불러와 다음과 같이 코드를 추가합니
다. 사용자 모델을 아직 만들지 않았으므로 우선 여기에서는 사용자 이름과 비밀번호 모두
admin을 입력한다고 가정하고 로그인을 제대로 처리하는지 확인하겠습니다. 이제부터는 비
동기 코드를 작성해야 하므로 express-async-handler 모듈을 가져옵니다.

**Do it! 코딩해 보세요!** • routes\admin.js

```
(... 생략 ...)
const asyncHandler = require("express-async-handler");   // try/catch 대신 사용하기 위해
/**
 * GET /admin
 * Admin page
 */
router.get( … );

/**
 * POST /admin
 * Check admin login
 */
router.post(
  "/admin",
```

```
  asyncHandler(async (req, res) => {
    const { username, password } = req.body;

    if (username === "admin" && password === "admin") {
      res.send("Success");
    } else {
      res.send("Fail");
    }
  })
);

module.exports = router;
```

2. 입력한 사용자 이름과 비밀번호는 req.body에 담겨서 전달되므로 이 안의 값을 프로그램에서 사용할 수 있도록 파싱해야 합니다. 그렇게 하려면 app.js를 불러와 다음처럼 코드를 추가합니다.

**Do it! 코딩해 보세요!** • app.js

```
(... 생략 ...)
// 정적 파일
app.use(express.static("public"));

app.use(express.json());
app.use(express.urlencoded({ extended: true }));

app.use("/", require("./routes/main"));
app.use("/", require("./routes/admin"));

app.listen(port, () => {
  console.log(`App listening on port ${port}`);
});
```

3. POST 요청이 제대로 적용되는지 테스트해 볼까요? 서버가 실행 중인지 확인하고 브라우저 주소 표시줄에서 localhost:3000/admin으로 접속합니다. 사용자 이름과 비밀번호에 admin을 각각 입력하고 [로그인]을 클릭합니다.

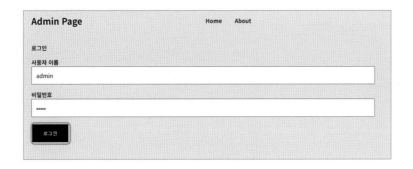

**4.** Success가 나타나면 라우트 코드가 정상으로 동작한다는 뜻입니다. 이제 사용자 모델을 만드는 단계로 넘어가 보겠습니다.

**Do it! 실습** ▶ **관리자 등록하기**

준비 ┃ views\admin\index.ejs, routes\admin.js
결과 비교 ┃ results\views\admin\index-2.ejs, results\routes\admin-4.js

애플리케이션에서 여러 사용자 정보를 저장하겠다면 사용자 등록 폼 화면을 따로 만들고 라우트 처리를 해야 합니다. 하지만 여기에서는 관리자 1명만 등록하고 더 이상 사용하지 않을 것이므로 등록 폼을 로그인 폼 화면에 잠시 추가해서 사용자를 등록한 후 삭제하겠습니다.

**1.** views\admin\index.ejs 파일을 불러온 후 기존 코드 아래쪽에 다음 코드를 추가합니다. 사용자 이름과 비밀번호를 입력한 후 [등록] 버튼을 클릭하면 /register 경로로 POST 요청을 보내는 폼입니다.

**Do it! 코딩해 보세요!** • views\admin\index.ejs

```
<h3>로그인</h3>

<form action="/admin" method="POST"> … </form>

<!-- 관리자 등록 -->

<h3>등록</h3>
```

```
<form action="/register" method="POST">

  <label for="username"><b>사용자 이름/b></label>
  <input type="text" placeholder="Enter Username" name="username">

  <label for="password"><b>비밀번호/b></label>
  <input type="password" placeholder="Enter Password" name="password">

  <input type="submit" value="등록" class="btn">

</form>
```

**2.** 이제 라우트 코드를 만들어 볼까요? 라우트 코드는 /register로 GET 요청을 했을 때 EJS 파일을 보여 주고, POST 요청을 하면 입력한 정보를 데이터베이스에 추가하도록 하면 됩니다. POST 요청을 처리할 때는 간단히 텍스트 Register를 표시하도록 했습니다. POST 요청을 하는 라우트 코드는 다음 실습에서 자세히 다룰 것입니다. routes\admin.js 파일을 불러와 다음과 같이 /register 경로에 대한 라우트 코드를 추가합니다.

**Do it! 코딩해 보세요!** • routes\admin.js

```
(... 생략 ...)
/**
 * GET /register
 * Register administator
 */

router.get(
  "/register", asyncHandler(async (req, res) => {
    res.render("admin/index", { layout: adminLayout2 });
  })
);

/**
 * POST /register
 * Register administator
 */

router.post(
```

```
    "/register",
    asyncHandler(async (req, res) => {
      res.send("Register");
    })
);

module.exports = router;
```

**3.** 이제 라우트 코드가 제대로 동작하는 확인해 보겠습니다. 브라우저 주소 표시줄에 localhost: 3000/register를 입력한 후 접속해 보세요. [로그인] 폼과 [등록] 폼이 있는 화면으로 이동할 것입니다. [등록] 폼에 사용자 이름과 비밀번호를 입력한 후 [등록]을 클릭해 보세요.

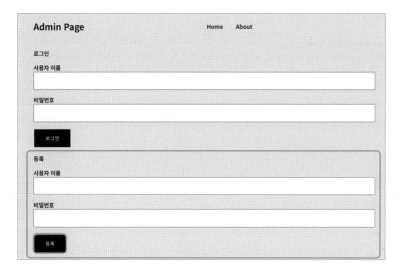

**4.** [Register] 텍스트까지 나타난다면 라우트 코드는 제대로 작성된 것입니다. 라우트 코드는 정상으로 동작하지만 아직 관리자 정보가 데이터베이스에 저장되지는 않았죠? 등록 정보를 암호화해서 데이터베이스로 저장하는 단계로 넘어가 보겠습니다.

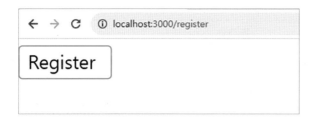

**결과 비교** results\models\User.js

데이터베이스에 사용자 정보를 저장하려면 먼저 사용자 정보를 어떻게 구성할지 스키마를
정의한 후 그 스키마를 사용해 모델을 만들어야 합니다.

사용자 모델은 models 폴더에 User.js 파일을 만든 후 다
음과 같이 작성합니다. 모델 파일 이름은 대문자로 시작합
니다.

▶ 스키마와 모델에 대해 자세히 알고 싶다
면 08-4절 '스키마와 모델 만들기'를 참
고하세요.

---

**Do it! 코딩해 보세요!** • models\User.js

```javascript
const mongoose = require("mongoose");

const userSchema = new mongoose.Schema({
  username: {
    type: String,    // 자료 유형은 문자열
    required: true, // 필수 항목
    unique: true,    // username은 중복할 수 없음
  },
  password: {
    type: String,    // 자료 유형은 문자열
    required: true, // 필수 항목
  },
});

// 스키마를 모델로 변환한 후 내보내기
module.exports = mongoose.model("User", userSchema);
```

---

**Do it! 실습** ▶ **등록 정보 암호화해서 저장하기**

**준비** routes\admin.js, views\admin\index.ejs
**결과 비교** results\routes\admin-5.js, results\views\admin\index-3.ejs

등록 폼에 사용자 이름과 비밀번호를 입력한 후 [등록] 버튼을 클릭하면 정보가 네트워크(인
터넷)를 통해 데이터베이스로 전달됩니다. 이때 비밀번호 같은 중요 정보가 노출되지 않도록
암호화해서 넘겨주는 과정을 연습해 보겠습니다.

**1.** 프로그래밍에서 사용하는 암호화 기법은 다양한데 여기에서는 bcrypt라는 방법을 사용할 것입니다. 먼저 bcrypt 모듈을 설치해야 합니다. VS Code 터미널 창에서 Ctrl+C를 눌러 실행 중인 서버를 멈춘 후 다음과 같이 입력해서 bcrypt 모듈을 설치합니다.

▶ bcrypt 모듈을 자세히 알고 싶다면 12-2절 '비밀번호 암호화하기 - bcrypt 모듈'을 참고하세요.

**터미널**
```
npm i bcrypt
```

**2.** [등록] 폼에서 POST 요청을 했을 때 입력 내용을 암호화해서 데이터베이스로 보내려면 POST 라우트 코드를 수정해야 합니다. routes\admin.js 파일을 불러와 bcrypt 모듈과 사용자 모델을 가져오는 코드를 추가합니다.

**Do it! 코딩해 보세요!** • routes\admin.js
```
const express = require("express");
const router = express.Router();
const asyncHandler = require("express-async-handler");
const adminLayout = "../views/layouts/admin";
const adminLayout2 = "../views/layouts/admin-nologout";
const bcrypt = require("bcrypt");
const User = require("../models/User");
(... 생략 ...)
```

**3.** routes\admin.js에 있는 /register 경로의 POST 라우트 코드에서 일부 코드를 삭제한 후 다음 코드를 추가합니다. bcrypt.hash 함수는 등록 폼에 입력한 비밀번호의 값을 암호화합니다. User.create 함수는 User 모델에 username과 password를 추가하는데, 이때 암호화된 hashed 비밀번호를 저장한다는 점에 주의하세요. 그리고 사용자 등록에 성공하면 user created라는 메시지가 나타나도록 했습니다.

▶ 해시 함수를 자세히 알고 싶다면 12-2절 '비밀번호 암호화하기'를 참고하세요.

**Do it! 코딩해 보세요!** • routes\admin.js
```
(... 생략 ...)
/**
 * POST /register
```

```
 * Register administator
 */

router.post(
  "/register",
  asyncHandler(async (req, res) => {
    res.send("Register")
    const hashedPassword = await bcrypt.hash(req.body.password, 10);  // 비밀번호 암호화
    const user = await User.create({
      username: req.body.username,
      password: hashedPassword,  // 암호화된 비밀번호
    });
    res.json(`user created : ${user}`);  // 성공하면 메시지 출력
  })
);

module.exports = router;
```

**4.** 앞에서 서버를 중지했으므로 다시 서버를 실행합니다. 그리고 웹 브라우저에서 localhost:
3000/register로 접속한 후 원하는 사용자 이름과 비밀번호를 입력하고 [등록]을 클릭하
세요.　　　　　　　　　　　　▶ 서버를 실행하려면 VS Code의 터미널 창에서 nodemon app을 입력합니다.

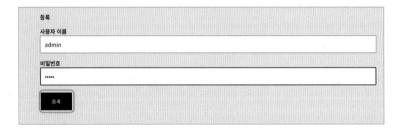

**5.** user created라는 메시지와 함께 사용자 정보가 나타난다면 등록에 성공한 것입니다.

**6.** 사용자 등록에 성공했으니 데이터베이스에도 제대로 저장되었는지 살펴볼까요? VS Code의 왼쪽 사이드 바에서 MongoDB 아이콘 ♦ 을 클릭하면 현재 애플리케이션에 연결된 몽고DB 커넥션 스트링이 나타납니다. 몽고DB가 연결되어 있지 않다면 커넥션 스트링을 마우스 오른쪽 버튼으로 클릭한 후 [Connect]를 선택합니다.

▶ 확인하려는 데이터베이스가 보이지 않는다면 495쪽의 〈한 걸음 더〉를 참고해서 몽고DB 확장에 데이터베이스를 추가하세요.

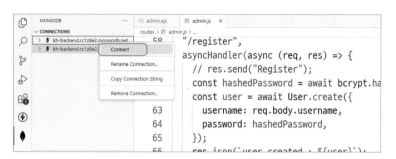

**7.** 몽고DB에 연결되면 커넥션 스트링 왼쪽에 있는 ⟩를 클릭합니다. 14-5절에서 만들었던 myBlog가 보이죠? myBlog에는 users 데이터베이스가 있는데, 이것은 앞에서 User 모델을 사용했기 때문에 자동으로 만들어진 데이터베이스입니다.

▶ User처럼 모델 이름을 대문자 단수로 지정하면 몽고DB에는 users로 소문자 복수 형태의 데이터베이스가 만들어집니다.

users 안에 있는 Documents를 열어 보면 방금 저장한 도큐먼트가 1개 있습니다. 등록한 사용자 이름은 username에 들어 있고, password에는 암호화한 비밀번호가 저장되어 있습니다.

**8.** 관리자 등록까지 모두 마쳤으니 사용자 등록 폼은 이제 더 이상 필요하지 않습니다. views\amdin\index.ejs에서 등록 폼 코드를 삭제하거나 주석으로 처리합니다. 마찬가지로 routes\admin.js에 있는 /register 경로와 관련된 라우트 코드도 삭제하거나 주석으로 처리합니다.

• views\admin\index.ejs

```
<h3>로그인</h3>

<form action="/admin" method="POST"> … </form>

<!-- 관리자 등록 -->

<h3>등록</h3>

<form action="/register" method="POST">

  <label for="username"><b>Username</b></label>
  <input type="text" placeholder="Enter Username" name="username">

  <label for="password"><b>Password</b></label>
  <input type="password" placeholder="Enter Password" name="password">

  <input type="submit" value="등록" class="btn">

</form>
```

• routes\admin.js

```
(... 생략 ...)
/**
 * POST /register
 * Register administator
 */

router.post(
  "/register",
  asyncHandler(async (req, res) => {
    const hashedPassword = await bcrypt.hash(req.body.password, 10);
    const user = await User.create({
      username: req.body.username,
      password: hashedPassword,
    });
    res.json(`user created : ${user}`);
  })
);

module.exports = router;
```

# 15-4 | 관리자 로그인 처리하기

관리자 정보를 등록했으니 이제부터 누군가가 로그인 폼에 정보를 입력하고 [로그인]을 클릭하면 관리자가 맞는지 확인하는 작업을 해야 합니다. 그리고 로그인한 사용자가 관리자가 맞다면 블로그의 전체 게시물을 볼 수 있는 화면을 만들어야 합니다.

### Do it! 실습 ▶ 로그인 정보 확인하고 로그인 유지하기

> 준비 app.js, .env, routes\admin.js
>
> 결과 비교 results\app-8.js, results\.env, results\routes\admin-6.js

블로그 애플리케이션에서는 사용자를 확인할 때 토큰 방식을 사용할 것입니다. 웹 브라우저에서 로그인 정보를 서버로 전송하면 서버에서 사용자를 검증한 후 토큰을 발행하여 브라우저의 쿠키에게 전달합니다. 이후에 관리자 페이지로 접속할 때마다 요청 헤더에 토큰이 담겨서 서버로 넘겨지므로 사용자 정보를 확인할 수 있습니다. 노드에서 사용하는 토큰 방식은 JSON Web Token, 줄여서 JWT라는 것 생각나죠?        ▶ JWT는 13-3절에서 살펴봤습니다.

**1.** JWT 토큰을 사용하려면 cookie-parser와 jsonwebtoken 모듈을 설치해야 합니다. VS Code 터미널 창에서 Ctrl+C를 눌러 서버를 중지한 후 모듈을 설치합니다.

```
터미널
npm i cookie-parser jsonwebtoken
```

**2.** cookie-parser는 미들웨어 방식으로 사용하므로 app.js 파일을 불러온 후 미들웨어로 등록합니다.

```
Do it! 코딩해 보세요!                                                    • app.js
require("dotenv").config();
const express = require("express");
const expressLayouts = require("express-ejs-layouts");
```

```
const connectDb = require("./config/db");
const cookieParser = require("cookie-parser");

const app = express();
const port = process.env.PORT || 3000;

(... 생략 ...)

app.use(cookieParser());

app.use("/", require("./routes/main"));
app.use("/", require("./routes/admin"));

app.listen(port, () => {
  console.log(`App listening on port ${port}`);
});
```

**3.** JWT 토큰을 만들거나 검증하려면 비밀 키가 필요합니다. 비밀 키는 외부에 드러나지 않도록 .env 파일에 담아서 사용합니다. .env 파일을 열고 원하는 비밀 키를 입력합니다. 비밀 키는 어떤 값이어도 됩니다. 여기에서는 JWT_SECRET라는 변수를 사용하겠습니다.

**Do it! 코딩해 보세요!** • .env

```
MONGODB_URI = mongodb+srv://admin:12345@kh-backend.rc1z8e2.mongodb.net/myBlog
JWT_SECRET = mycode
```

**4.** 관리자 로그인을 위해 라우트 코드가 있는 routes\admin.js 파일을 불러옵니다. JWT를 사용할 것이므로 jsonwebtoken 모듈과 .env 파일에 설정한 JWT_SECRET도 가져옵니다.

**Do it! 코딩해 보세요!** • routes\admin.js

```
const express = require("express");
const router = express.Router();
const asyncHandler = require("express-async-handler");
const adminLayout = "../views/layouts/admin";
```

```
const adminLayout2 = "../views/layouts/admin-nologout";
const bcrypt = require("bcrypt");
const User = require("../models/User");
const jwt = require("jsonwebtoken");
const jwtSecret = process.env.JWT_SECRET;
(... 생략 ...)
```

**5.** 로그인했을 때, 즉 /admin 경로로 POST 요청했을 때 성공하면 간단히 Success를 표시했지만 이 코드는 확인용이었으므로 삭제할 것입니다. 그 대신 username을 사용해 데이터베이스에서 사용자 이름을 검색합니다. 만일 일치하는 사용자가 없다면 오류를 표시하고, 일치하는 사용자가 있다면 비밀번호를 비교합니다.

**Do it! 코딩해 보세요!**                                      • routes\admin.js

```
(... 생략 ...)
/**
 * POST /admin
 * Check admin login
 */
router.post(
  "/admin",
  asyncHandler(async (req, res) => {
    const { username, password } = req.body;

    if (username === "admin" && password === "admin") {
      res.send("Success");
    } else {
      res.send("Fail");
    }

    // 사용자 이름으로 사용자 찾기
    const user = await User.findOne({ username });

    // 일치하는 사용자가 없으면 401 오류 표시
    if (!user) {
      return res.status(401).json({ message: "일치하는 사용자가 없습니다." });
    }
```

```
    // 입력한 비밀번호와 DB에 저장된 비밀번호 비교
    const isValidPassword = await bcrypt.compare(password, user.password);
  })
);
(... 생략 ...)
```

**6.** 비밀번호도 일치한다면 사용자가 확인되었으므로 토큰을 만듭니다. 토큰은 클라이언트에 쿠키 형태로 저장되므로 응답 객체에 담아서 보냅니다. 로그인에 성공하면 /allPosts 경로로 GET 요청을 해서 게시물 전체를 표시하도록 하겠습니다.

**Do it! 코딩해 보세요!** • routes\admin.js

```
(... 생략 ...)
/**
 * POST /admin
 * Check admin login
 */
router.post(
  "/admin",
  asyncHandler(async (req, res) => {
    const { username, password } = req.body;

    // 사용자 이름으로 사용자 찾기
    const user = await User.findOne({ username });

    // 일치하는 사용자가 없으면 401 오류 표시
    if (!user) {
      return res.status(401).json({ message: "일치하는 사용자가 없습니다." });
    }

    // 입력한 비밀번호와 DB에 저장된 비밀번호 비교
    const isValidPassword = await bcrypt.compare(password, user.password);

    // 비밀번호가 일치하지 않으면 401 오류 표시
      if (!isValidPassword) {
        return res.status(401).json({ message: "비밀번호가 일치하지 않습니다." });
      }
    // JWT 토큰 생성
```

```
        const token = jwt.sign({ id: user._id }, jwtSecret);

        // 토큰을 쿠키에 저장
        res.cookie("token", token, { httpOnly: true });

        // 로그인에 성공하면 전체 게시물 목록 페이지로 이동
        res.redirect("/allPosts");
      })
    );
(... 생략 ...)
```

**7.** VS Code 터미널 창에서 서버를 실행한 후 웹 브라우저에서 localhost:3000/admin으로 접속합니다. 관리자 계정으로 만들었던 사용자 이름과 비밀번호를 입력하고 [로그인]을 클릭하세요.

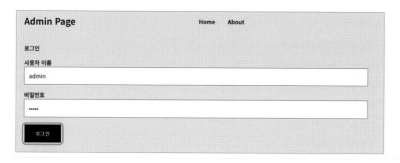

**8.** 아직 views\admin\allPosts.ejs를 만들지 않았으므로 페이지가 없다는 오류가 표시됩니다. 이 화면은 곧 만들 것이니 신경 쓰지 않아도 됩니다. 여기에서 확인할 것은 브라우저 쿠키에 토큰이 저장되어 있는지입니다.

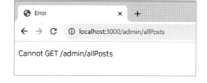

Ctrl + Shift + J 를 눌러 웹 브라우저 콘솔 창이 나타나면 [애플리케이션] 탭을 클릭한 후 [쿠키] 항목에서 http://localhost:3000을 선택해 보세요. 서버에서 보낸 토큰이 저장되어 있을 것입니다. 이제부터 이 토큰을 사용해서 사용자를 인증할 것입니다.

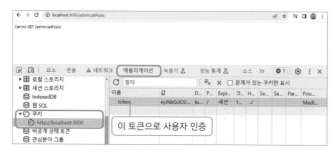

준비 routes\admin.js

결과 비교 results\routes\admin-7.js, results\views\admin\allPosts-1.ejs

관리자 로그인에 성공했다면 가장 먼저 전체 게시물 목록 화면을 만납니다. 앞에서 로그인에 성공했을 때 리다이렉트하겠다고 지정한 화면이죠.

**1.** 우선 게시물을 다루려면 게시물 모델을 가져와야 합니다. routes\admin.js의 코드 상단에 Post 모델을 가져오는 코드를 추가합니다. ▶ 모듈을 가져오는 코드의 순서는 중요하지 않습니다. 여기에서는 보기 쉽도록 User 모듈 다음에 Post 모듈을 추가했습니다.

**Do it! 코딩해 보세요!** • routes\admin.js

```
const express = require("express");
const router = express.Router();
const asyncHandler = require("express-async-handler");
const adminLayout = "../views/layouts/admin";
const adminLayout2 = "../views/layouts/admin-nologout";
const bcrypt = require("bcrypt");
const User = require("../models/User");
const Post = require("../models/Post");
const jwt = require("jsonwebtoken");
const jwtSecret = process.env.JWT_SECRET;
(... 생략 ...)
```

**2.** /allPosts 경로로 GET 요청을 하면 /views/admin/allPosts.ejs를 렌더링하도록 라우트 코드를 작성해야 합니다. routes\admin.js 파일을 불러와 다음처럼 코드를 추가합니다. Post.find 함수는 게시물 전체를 가져옵니다. 여기에서 data는 Post 모델에 저장된 자료를 모두 가져와 저장한 변수입니다.

**Do it! 코딩해 보세요!** • routes\admin.js

```
(... 생략 ...)
/**
 * GET /allPosts
 * Get all posts
 */
```

```
router.get(
  "/allPosts",
  asyncHandler(async (req, res) => {
    const locals = {
      title: "Posts",
    };
    const data = await Post.find();     // 전체 게시물 가져오기
    res.render("admin/allPosts", {      // locals값과 data 넘기기
      locals,
      data,        ——————  Post 모델에서 저장된 자료를 모두 가져와 저장한 변수
      layout: adminLayout,
    });
  })
);

module.exports = router;
```

**3.** 이제 allPosts.ejs 파일을 작성해 보겠습니다. views\admin 폴더에 새 파일을 만들고 allPosts.ejs로 이름을 지정합니다. 그리고 다음 코드를 추가합니다. admin.js에서 넘겨준 data를 받는데 data에는 여러 게시물이 들어 있습니다. data 안의 개별 게시물을 여기에서는 post로 받았습니다. post는 여러 개일 테니 forEach 문을 사용해서 계속 반복하면서 제목을 목록 형태로 표시합니다. 그리고 게시물 제목에는 /post/:id 형태로 링크를 만들어 해당 게시물의 내용을 id값에 따라 볼 수 있도록 합니다. 나중에 CRUD를 작성할 수 있도록 [새 게시물]과 [편집], [삭제] 버튼도 포함되어 있습니다.

▶ 넘겨받은 post에는 _id와 title, body, createdAt 정보가 들어 있습니다.

**Do it!** 코딩해 보세요!
• views\admin\allPosts.ejs

```
<div class="admin-title">
  <h2><%=locals.title %></h2>
  <a href="#" class="button">+ 새 게시물</a>
</div>

<ul class="admin-posts">
  <!-- post 전체를 반복하면서 목록의 각 항목으로 표시하기 -->
  <% data.forEach(post => { %>
    <li>
        <!-- 제목 부분을 클릭하면 해당 게시물 내용 표시하기 -->
```

```
      <a href="/post/<%= post._id %>">
        <%= post.title %>
      </a>
      <div class="admin-post-controls">
        <a href="#" class="btn">편집</a>
        <form action="#">
          <input type="submit" value="삭제" class="btn-delete btn">
        </form>
      </div>
    </li>
  <% }) %>
</ul>
```

**4.** 웹 브라우저로 돌아와 localhost:3000/admin으로 접속하세요. 관리자로 로그인했을 때
allPosts.ejs 화면으로 넘어간다면 성공입니다.

**Do it! 실습** ▶ 로그인을 확인하는 미들웨어 작성하기

**준비** routes\admin.js  **결과 비교** results\routes\admin-9.js

관리자로 로그인한 후에 /allPosts 경로로 접속한다면 문제가 없지만, 일반 사용자가 /
allPosts 경로로 접근한다면 로그인하라고 알려 주어야 합니다. 이때 로그인 상태인지 확인하

는 미들웨어를 사용합니다. 미들웨어를 별도 파일로 만든 후 가져와서 사용할 수도 있지만 여기에서는 routes\admin.js 파일 안에 만들어 보겠습니다.

▶ 로그인을 확인하는 미들웨어를 별도 파일로 만들고 싶다면 452쪽을 참고하세요.

**1.** 사용자가 로그인한 상태라면 토큰 정보가 웹 브라우저 쿠키에 저장되어 있습니다. 요청을 보낼 때마다 요청 헤더에 토큰을 담아서 서버로 보내죠. 그래서 사용자가 로그인한 상태인지 확인하려면 요청 헤더에 토큰이 있는지 살펴야 합니다. 토큰이 없다면 로그인한 화면으로 이동하고, 토큰이 있다면 사용자 정보를 요청에 추가합니다. routes\admin.js 파일을 불러와서 다음처럼 checkLogin 함수를 작성합니다.

**Do it! 코딩해 보세요!** • routes\admin.js

```javascript
const express = require("express");
const router = express.Router();
const asyncHandler = require("express-async-handler");
const adminLayout = "../views/layouts/admin";
const adminLayout2 = "../views/layouts/admin-nologout";
const bcrypt = require("bcrypt");
const User = require("../models/User");
const Post = require("../models/Post");
const jwt = require("jsonwebtoken");
const JWT_SECRET = process.env.JWT_SECRET;

/**
 * Check Login
 */

const checkLogin = (req, res, next) => {
  const token = req.cookies.token;   // 쿠키 정보 가져오기

  // 토큰이 없다면
  if (!token) {
    res.redirect("/admin");
  } else {

  // 토큰이 있다면 토큰을 확인하고 사용자 정보를 요청에 추가하기
  try {
```

```
        const decoded = jwt.verify(token, jwtSecret); // 토큰 해석하기
        req.userId = decoded.userId;                    // 토큰의 사용자 ID를 요청에 추가하기
        next();
    } catch (error) {
        res.redirect("/admin");
    }
  }
};
(... 생략 ...)
```

**2.** 누군가가 /allPosts 경로로 접근하려고 하면 이 미들웨어를 사용해서 접근 권한이 있는지 확인합니다. 앞에서 작성한 /allPosts 라우트 코드에 미들웨어를 추가합니다.

**Do it! 코딩해 보세요!**  • routes\admin.js

```
(... 생략 ...)
/**
 * GET /allPosts
 * Get all posts
 */
router.get(
  "/allPosts",
  checkLogin,
  asyncHandler(async (req, res) => {
    const locals = {
      title: "전체 게시물",
    };
    const data = await Post.find();
    res.render("admin/allPosts", {
      locals,
      data,
      layout: adminLayout,
    });
  })
);

module.exports = router;
```

**3.** 지금까지 실습을 따라 하면서 관리자로 로그인했으므로 쿠키에는 토큰 정보가 저장되어 있습니다. 토큰을 삭제한 후 /allPosts 경로로 요청해 보겠습니다. 브라우저에서 웹 개발자 도구 창을 열고 [쿠키]에 저장된 [token]을 마우스 오른쪽 버튼으로 클릭한 후 [삭제]를 선택해서 토큰을 삭제합니다.

**4.** 웹 브라우저의 주소 표시줄에서 localhost:3000/allPosts로 접속해 보세요. 쿠키에 토큰이 없는 상태, 즉 로그인하지 않은 상태이므로 로그인 화면으로 즉시 이동합니다.

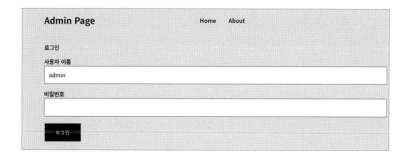

---

**Do it! 실습**  **관리자 로그아웃하기**

---

**준비** views\layouts\admin.ejs, routes\admin.js, views\layouts\main.ejs
**결과 비교** results\views\layouts\admin-2.ejs, results\routes\admin-10.js, results\views\layouts\main-3.ejs

사용자 로그인을 처리하는 방법과 미들웨어를 만들어서 요청이 발생했을 때 로그인하도록 유도하는 방법까지 알아보았습니다. 이번에는 관리자로 로그인한 상태에서 로그아웃하는 코드를 작성해 보겠습니다. 로그아웃하면 일반 사용자가 보는 화면, 즉 views\index.ejs로 이동하면 됩니다.

**1.** 로그아웃 버튼이 어느 파일에 작성되어 있는지 기억하나요? 관리자 화면의 레이아웃 파일에 있습니다. views\layouts\admin.ejs 파일을 불러옵니다. 관리자 로그아웃 텍스트의 링크가 #로 되어 있죠? 이 부분을 /logout으로 수정합니다.

```
(... 생략 ...)
  <!-- 관리자 로그아웃 -->
  <div class="header-button">
    <a href="/logout">관리자 로그아웃</a>
  </div>
</header>
(... 생략 ...)
```

#를 /logout으로 수정

**2.** 이제 /logout 경로로 요청했을 때의 라우트 코드를 작성해 보겠습니다. 로그아웃한다는 것은 쿠키에서 토큰을 삭제한다는 뜻입니다. routes\admin.js 파일을 불러와서 다음 코드를 추가합니다.

```
(... 생략 ...)
/**
 * GET /logout
 * Admin logout
 */
router.get("/logout", (req, res) => {
  res.clearCookie("token");
  res.redirect("/");
});

module.exports = router;
```

**3.** 웹 브라우저에서 localhost:3000/admin으로 접속해 관리자로 로그인합니다. 전체 게시물 목록이 나타나면 화면 오른쪽 위에 있는 [관리자 로그아웃] 링크를 클릭해 보세요.

| Admin Page | Home | About | 관리자 로그아웃 |
|---|---|---|---|
| **Posts** | | | + 새 게시물 |
| 제목 1 | | | 편집 삭제 |
| 제목 2 | | | 편집 삭제 |
| 제목 3 | | | 편집 삭제 |
| 제목 4 | | | 편집 삭제 |
| 제목 5 | | | 편집 삭제 |

**4.** 관리자 계정에서 로그아웃되면서 블로그의 첫 화면으로 이동합니다. 그런데 다시 로그인하기 위해 [관리자 로그인]을 클릭해도 변화가 없군요. 블로그 첫 화면에 있는 [관리자 로그인] 링크가 동작하도록 코드를 수정해 보겠습니다.

**5.** [관리자 로그인] 링크는 레이아웃에 포함되어 있는데, 블로그 첫 화면은 layouts\main.ejs 레이아웃을 사용하고 있습니다. layouts\main.ejs 파일을 불러와서 관리자 로그인 링크에 있던 #을 삭제하고 /admin으로 수정합니다.

```
Do it! 코딩해 보세요!                                    • views\layouts\main.ejs
(... 생략 ...)
<!-- 관리자 로그인 -->
  <div class="header-button">
      <a href="/admin">관리자 로그인</a>
  </div>            #를 /admim으로 수정
</header>
(... 생략 ...)
```

**6.** 웹 브라우저로 돌아와 화면을 새로 고침 한 후 [관리자 로그인]을 클릭해 보세요. 로그인 화면으로 즉시 이동할 것입니다.

# 15-5 │ 게시물 작성, 수정, 삭제하기

일반 사용자 화면과 관리자 화면을 만들고, 이어서 관리자로 로그인, 로그아웃하는 기능까지 만들었습니다. 이제 남은 것은 관리자 권한으로 게시물을 작성하고 수정, 삭제하는 기능입니다. 데이터베이스에 데이터를 작성하고 수정, 삭제하는 과정을 만들어 보겠습니다.

## 필요한 기능 정리하기

게시물을 작성하고 수정하려면 웹 브라우저 화면에 무엇인가를 보여 주어야 합니다. 그래서 /add 경로나 /edit/:id 경로로 GET 요청이 오면 EJS 파일을 렌더링해야죠.

| /add | GET | 게시물 작성 화면 표시 | views/admin/add.ejs 렌더링 |
| /edit/:id | GET | 게시물 편집 화면 표시 | views/admin/edit.ejs 렌더링 |

/add 경로에서 POST 요청이 들어오면 입력 폼에 있는 내용을 데이터베이스에 저장하고, /edit/:id 경로에서 PUT 요청이 들어오면 데이터베이스에서 id에 해당하는 게시물을 찾아 입력 폼의 내용으로 수정합니다.

| /add | POST | 게시물 작성하기 | 게시물을 데이터베이스에 저장합니다. |
| /edit/:id | PUT | 게시물 수정하기 | 수정한 게시물을 데이터베이스에 저장합니다. |

마지막으로 /delete/:id 경로로 DELETE 요청이 들어오면 id에 해당하는 게시물을 데이터베이스에서 삭제합니다.

| /delete/:id | DELETE | 게시물 삭제하기 | 게시물을 데이터베이스에서 삭제합니다. |

준비  views\admin\allPosts.ejs, routes\admin.js

결과 비교  results\views\admin\allPosts-2.ejs, results\views\admin\add.ejs, results\routes\admin-11.ejs

새 게시물을 작성하려면 views\admin\allPosts.ejs 파일에 있는 [+ 새 게시물] 링크를 클릭해야 합니다. 그래서 allPosts.ejs의 코드도 일부 수정해야겠죠? 그리고 새 게시물을 작성할 새로운 EJS 파일을 만들고, routes\admin.js 파일에서 EJS 파일을 렌더링하도록 라우트 코드를 작성하면 됩니다.

**1.** views\admin\allPosts.ejs 파일을 불러옵니다. [+ 새 게시물] 링크에서 # 부분을 /add로 수정합니다.

**Do it! 코딩해 보세요!** • views\admin\allPosts.ejs

```
<div class="admin-title">
  <h2><%= locals.title %></h2>
  <a href="/add" class="button">+ 새 게시물</a>
</div>
            #를 /add로 수정
( ... 생략 ... )
```

**2.** /add 경로로 GET 요청이 들어오면 add.ejs 파일을 렌더링하기로 했죠? views\admin 폴더에 새 파일을 만든 후 add.ejs로 이름을 붙입니다. 그리고 다음 코드를 작성하세요. 게시물을 작성할 수 있는 간단한 폼입니다.

**Do it! 코딩해 보세요!** • views\admin\add.ejs

```
<a href="/allPosts">&larr; 뒤로</a>
<div class="admin-title">
  <h2><%= locals.title %></h2>
</div>

<form action="/add" method="POST">
  <label for="title"><b>제목</b></label>
  <input type="text" placeholder="게시물 제목" name="title" id="title">

  <label for="body"><b>내용</b></label>
```

```
  <textarea placeholder="게시물 내용" name="body" cols="50" rows="10"></textarea>

  <input type="submit" value="등록" class="btn">
</form>
```

**3.** /add 경로로 GET 요청이 들어오면 방금 작성한 add.ejs 파일을 렌더링하고, /add 경로로 POST 요청을 하면 폼에 있는 내용을 데이터베이스에 저장해야 합니다. 데이터베이스에 저장한 후에는 전체 게시물 목록을 표시할 것입니다. routes\ admin.js 파일을 불러와 다음 코드를 추가합니다.

▶ 로그인하지 않고 /add 경로로 접속할 것을 대비해 CRUD 라우트 코드에서 checkLogin 미들웨어를 사용했습니다.

**Do it! 코딩해 보세요!** • routes\admin.js

```
(... 생략 ...)
/**
 * GET /add
 * Admin - Add Post
 */

router.get(
  "/add",
  checkLogin,
  asyncHandler(async (req, res) => {
    const locals = {
      title: "게시물 작성",
    };
    res.render("admin/add", {
      locals,
      layout: adminLayout,
    });
  })
);

/**
 * POST /add
 * Admin - Add Post
 */
router.post(
```

```
    "/add",
    checkLogin,
    asyncHandler(async (req, res) => {
      const { title, body } = req.body;

      const newPost = new Post({
        title: title,
        body: body,
      });

      await Post.create(newPost);

      res.redirect("/allPosts");
    })
  );

module.exports = router;
```

**4.** 제대로 동작하는지 확인해 볼까요? 웹 브라우저에서 localhost:3000/allPosts로 접속해서 관리자로 로그인하면 전체 게시물 목록을 표시합니다. 화면 오른쪽 위에 있는 [+ 새 게시물] 링크를 클릭합니다.

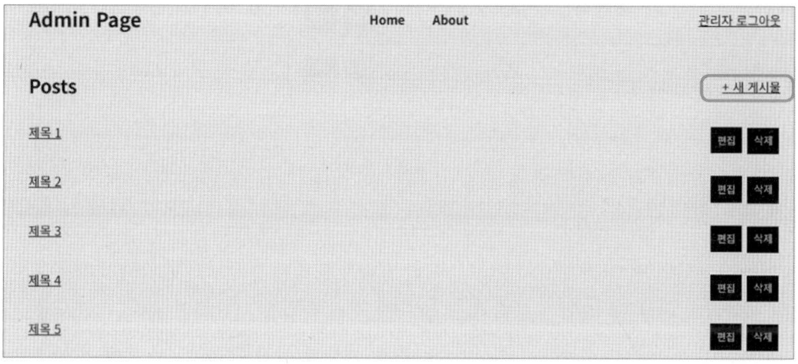

**5.** 새로 만든 add.ejs 화면이 나타날 것입니다. 새 게시물 제목과 내용을 입력한 후 [등록]을 클릭해 보세요.

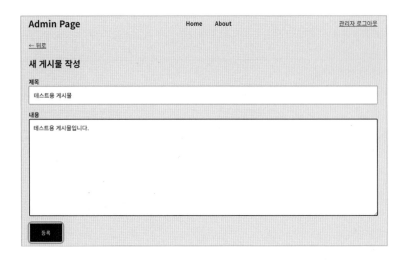

**6.** 전체 게시물 목록으로 이동하면서 맨 아래에 방금 작성한 새 게시물이 추가된 것을 볼 수 있습니다.

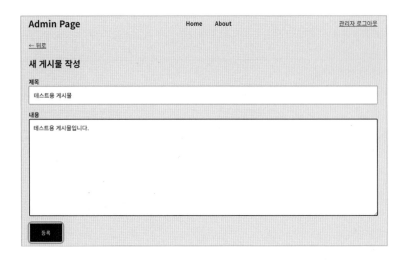

> ### 한 걸음 더! 최신 게시물부터 표시하려면
>
> 새로운 게시물을 추가했을 때 게시물 목록의 맨 아래에 표시됩니다. 작성 날짜가 오래된 순서부터 표시하기 때문이죠. 하지만 가장 최근에 작성한 게시물이 목록 맨 위에 오도록 하고 싶다면 sort 함수를 사용하면 됩니다. 게시물의 스키마를 작성할 때 createdAt이라는 속성을 사용해서 게시물이 작성된 날짜를 지정했었죠? 게시물을 가져올 때 createdAt 속성을 기준으로 내림차순(desc)으로 정렬하도록 지정할 수 있습니다. 또한 게시물을 수정할 때 updatedAt 속성도 함께 사용했다면 2가지 시간 관련 속성을 함께 지정할 수 있습니다.
>
> routes\admin.js 파일에서 allPosts 함수의 코드를 다음과 같이 수정합니다. 게시물에 수정한 시간(updateAt)이 수정한 시간을 사용하고, 수정한 시간이 없다면 작성한 시간(createdAt)을 사용해서 내림차순으로 정렬합니다.

```
/**
 * GET /allPost
 * Get all posts
 */
router.get("/allPosts", checkLogin, asyncHandler(async (req, res) => {
  const locals = {
    title: "전체 게시물",
  };

  const data = await Post.find().sort({ updatedAt: "desc", createdAt: "desc" });
  res.render("admin/allPosts", { locals, data, layout: adminLayout });
}));
```

**Do it! 실습** ▶ 게시물 수정하기

준비 app.js, routes\admin.js, views\admin\allPosts.ejs

결과 비교 results\app-10.js, results\views\admin\edit-1.ejs, results\routes\admin-12.ejs,
results\views\admin\allPost-3.ejs

게시물 목록에서 오른쪽에 있는 [편집] 버튼을 클릭하면 해당 게시물의 내용을 편집하는 화면으로 넘어가도록 처리하겠습니다. 게시물 내용을 보여 주는 화면에서는 PUT 방식의 요청을 처리해야 하는데, 폼은 POST 방식만 지원하죠. 이 문제를 해결하려면 method-override 패키지를 설치해야 합니다.

**1.** VS Code 터미널 창에서 [Ctrl]+[C]를 눌러 실행 중인 서버를 종료합니다. 그리고 다음과 같이 입력해서 method-override 패키지를 설치합니다.

터미널

```
npm i method-override
```

**2.** app.js 파일을 불러와서 method-override를 미들웨어로 등록합니다.

```
Do it! 코딩해 보세요!                                                    • app.js

require("dotenv").config();
const express = require("express");
const expressLayouts = require("express-ejs-layouts");
const connectDb = require("./config/db");
const cookieParser = require("cookie-parser");
const methodOverride = require("method-override");


const app = express();
const port = process.env.PORT || 3000;

(... 생략 ...)

app.use(express.json());
app.use(express.urlencoded({ extended: true }));

app.use(methodOverride("_method"));
(... 생략 ...)
```

**3.** 게시물 목록에서 [편집] 버튼을 클릭하면 게시물 내용을 보여 주는 EJS 화면을 렌더링할 것입니다. 게시물 편집 화면에서는 게시물 내용을 수정한 후 [수정]을 클릭해서 데이터를 변경할 수도 있고, [삭제]를 클릭해서 데이터를 삭제할 수도 있습니다.

views\admin 폴더에 edit.ejs라는 새로운 파일을 만들고 코드를 작성합니다. 게시물 내용을 보여 주는 화면이므로 앞에서 만들었던 add.ejs와 비슷한 코드를 사용합니다. 단, 〈form〉 태그의 action 속성을 보면 /edit/〈%= data._id %〉처럼 데이터 id값을 /edit 경로에 함께 넣어서 전송하고 있습니다.

```
Do it! 코딩해 보세요!                                          • views\admin\edit.ejs

<a href="/allPosts">&larr; 뒤로</a>
<div class="admin-title">
  <h2> <%= locals.title %></h2>
  <form>
    <input type="submit" value="삭제" class="btn-delete btn">
```

```
      </form>
  </div>

                        라우터에서 넘겨받은 게시물

  <form action="/edit/<%= data._id %>" method="POST">
    <label for="title"><b>제목</b></label>
    <input type="text" name="title" id="title" value="<%= data.title %>">

    <label for="body"><b>Content</b></label>
    <textarea name="body" id="body" cols="50" rows="10"><%= data.body %></textarea>

    <input type="submit" value="수정" class="btn">
  </form>
```

**4.** 여기에서 주의할 것은, 데이터베이스의 데이터를 수정하려면 PUT 방식으로 요청해야 하는데 웹에서 폼은 POST 방식을 사용한다는 것입니다. 그래서 먼저 설치했던 method_override 모듈을 사용합니다. edit.ejs에 있는 두 번째 폼에서 action 속성값을 다음과 같이 수정합니다. 이렇게 하면 폼에서는 POST 방식으로 요청하지만 중간에 method_override 모듈을 거치면서 PUT 방식으로 덮어씁니다.

**Do it! 코딩해 보세요!**                                              • views\admin\edit.ejs

```
(... 생략 ...)

<form action="/edit/<%= data._id %>?_method=PUT" method="POST">...</form>
```

**5.** 이제 라우트 코드를 작성해 볼까요? routes\admin.js 파일을 불러옵니다. 그리고 /edit/:id 경로에서 GET 요청을 했을 때 views\admin\edit.ejs 파일을 렌더링하는 라우트 코드를 추가합니다. [편집] 버튼을 클릭했을 때 id값을 사용해서 데이터베이스에서 게시물을 가져옵니다. 그리고 이 값을 edit.ejs로 넘겨주죠.

**Do it! 코딩해 보세요!**                                              • routes\admin.js

```
(... 생략 ...)
/**
 * GET /edit/:id
 * Admin - Edit Post
```

```
*/
router.get(
  "/edit/:id",
  checkLogin,
  asyncHandler(async (req, res) => {
    const locals = {
      title: "게시물 편집",
    };

    // id값을 사용해서 게시물 가져오기
    const data = await Post.findOne({ _id: req.params.id });
    res.render("admin/edit", {
      locals,
      data,
      layout: adminLayout,
    });
  })
);

module.exports = router;
```

**6.** 방금 작성한 코드에 이어서 /edit/:id 경로로 PUT 요청을 했을 때 게시물 내용을 수정하는 라우트 코드를 추가합니다. id를 사용해서 데이터베이스의 데이터를 수정할 때는 findeByIdAndUpdate 함수를 사용합니다. 게시물을 수정한 후 전체 목록을 다시 표시하도록 했습니다.

**Do it! 코딩해 보세요!** • routes\admin.js

```
(... 생략 ...)
/**
 * PUT /edit/:id
 * Admin - Edit Post
 */
router.put(
  "/edit/:id",
  checkLogin,
  asyncHandler(async (req, res) => {
```

```
    await Post.findByIdAndUpdate(req.params.id, {
      title: req.body.title,
      body: req.body.body,
      createdAt: Date.now(),
    });
    // 수정한 후 전체 목록 다시 표시하기
    res.redirect("/allPosts");
  })
);


module.exports = router;
```

**7.** 라우트 코드를 완성했으니 이젠 전체 게시물 화면에서 [편집] 버튼에 링크를 만들어야 합니다. views\admin\allPosts.ejs 파일을 불러옵니다. 편집 텍스트에 링크가 '#'으로 되어 있는데, 이것을 다음과 같이 수정합니다.

**Do it! 코딩해 보세요!** • views\admin\allPosts.ejs

```
(... 생략 ...)
<div class="admin-post-controls">
  <a href="/edit/<%= post._id %>" class="btn">편집</a>

                      #을 이렇게 수정

  <form action="#">
    <input type="submit" value="삭제" class="btn-delete btn">
  </form>
(... 생략 ...)
```

**8.** 제대로 동작하는지 확인해 볼까요? VS Code 터미널 창에서 서버를 다시 실행한 후 웹 브라우저에서 localhost:3000/allPosts로 접속합니다. 게시물 제목 오른쪽 끝에 있는 [편집] 버튼을 클릭해 보세요. 여기에서는 첫 번째 게시물 [제목 1]의 [편집] 버튼을 클릭해 보겠습니다.

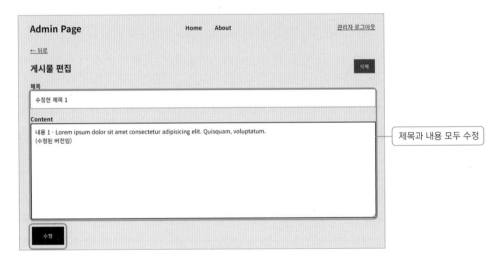

**9.** 첫 번째 게시물의 제목과 내용이 나타나는 것을 볼 수 있습니다. GET 요청이 제대로 처리되었다는 뜻입니다. 이번에는 게시물의 제목과 내용을 수정한 후 [수정] 버튼을 클릭해 보세요.

제목과 내용 모두 수정

**10.** 수정을 모두 마쳤다면 전체 목록이 나타나고 제목이 수정되었을 것입니다. 게시물을 클릭해서 들어가면 내용도 정상으로 수정되어 있습니다.

**준비** views\admin\allPosts.ejs, views\admin\edit.ejs, routes\admin.js

**결과 비교** results\views\admin\allPosts-4.ejs, results\views\admin\edit-2.ejs, results\routes\admin-13.ejs

게시물 목록이나 편집 화면에서 [삭제] 버튼을 클릭하면 게시물이 삭제되도록 해보겠습니다. 게시물을 삭제할 때는 렌더링할 EJS 파일이 없으므로 /delete/:id 경로의 DELETE 요청과 관련한 라우트 코드만 작성하면 됩니다. 이때도 method-override 모듈을 사용해 POST 요청을 DELETE로 감싸서 보내야 합니다.

**1.** 우선 전체 목록 표시 화면에서 [삭제] 버튼의 링크를 수정해야 합니다. views\admin\allPosts.ejs 파일을 불러온 후 다음과 같이 링크를 수정하세요.

**Do it! 코딩해 보세요!** • views\admin\allPosts.ejs

```
(... 생략 ...)
                                라우터에 넘겨 준 data에 들어 있는 개별 게시물
        <form action="/delete/<%= post._id %>?_method=DELETE" method="POST">
          <input type="submit" value="삭제" class="btn-delete btn">
        </form>
      </div>
    </li>

  <% }) %>
</ul>
```

**2.** 편집 화면에 있는 [삭제] 버튼에 링크를 추가하겠습니다. views\admin\edit.ejs 파일을 불러온 후 〈form〉 태그를 다음과 같이 수정합니다.

**Do it! 코딩해 보세요!** • views\admin\edit.ejs

```
<a href="/allPosts">&larr; 뒤로</a>
<div class="admin-title">
  <h2> <% = local.title %></h2>         라우터에서 넘겨 준 자료
  <form action="/delete/<%= data._id %>?_method=DELETE" method="POST">
    <input type="submit" value="삭제" class="btn-delete btn">
  </form>
</div>
(... 생략 ...)
```

**3.** 이제 DELETE 요청과 관련한 라우트 코드를 작성해 볼까요? routes\admin.js를 불러온 후 다음 코드를 추가합니다. deleteOne 함수는 id값에 해당하는 데이터를 찾아서 그 항목 하나를 삭제합니다. 게시물을 삭제한 후에는 전체 게시물 목록으로 연결합니다.

▶ deleteOne 함수 대신 findByIdAndDelete 함수를 사용할 수도 있습니다.

**Do it! 코딩해 보세요!** • routes\admin.js

```
(... 생략 ...)
/**
 * DELETE /delete/:id
 * Admin - Delete Post
 */
router.delete(
  "/delete/:id",
  checkLogin,
  asyncHandler(async (req, res) => {
    await Post.deleteOne({ _id: req.params.id });
    res.redirect("/allPosts");
  })
);

module.exports = router;
```

**4.** 이제 브라우저로 확인해 볼까요? localhost:3000/allPosts로 접속해서 전체 게시물이 나타나도록 한 후 게시물을 삭제해 보세요. 여기에서는 첫 번째 게시물의 오른쪽 끝에 있는 [삭제]를 클릭해 보겠습니다.

**5.** 게시물이 즉시 삭제된 것을 확인할 수 있습니다.

---

> **한 걸음 더!** | **무엇을 더 공부해야 하나요?**
>
> 지금까지 노드의 기초 문법을 공부한 뒤 노드와 Express.js, 몽고DB를 사용해 간단한 애플리케이션을 만드는 방법을 살펴봤습니다. 하지만 이것으로 애플리케이션 만들기가 끝난 것은 아닙니다. 노드에 어느 정도 익숙해져서 자신이 만든 애플리케이션을 공개(배포)하고 싶다면 이 책에 이어 다음 4가지를 공부하는 것이 좋습니다.
>
> **1. 깃/깃허브**
> 애플리케이션을 배포할 때는 주로 깃허브 저장소에 코드를 올려놓고 사용합니다. 그리고 코드를 어떻게 수정했는지 변경 이력도 확인할 수 있죠. 따라서 깃과 깃허브를 공부하는 것은 필수입니다.
>
> **2. 테스트 도구**
> 애플리케이션을 배포하려면 그 전에 오류가 없는지 꼼꼼하게 테스트해야 합니다. 제스트$^{Jest}$나 모카$^{Mocha}$를 비롯해 다양한 테스트 도구로 유닛 테스트(블록별로 테스트)와 통합 테스트(블록 간의 연결 테스트)를 해야 합니다.
>
> **3. 배포**
> 배포란 내가 만든 애플리케이션을 다른 사람들이 사용할 수 있도록 공개하는 것을 말합니다. 앞에서 설명한 것처럼 깃허브에 코드를 업로드해 두면 배포하기가 쉬워집니다. AWS나 애저$^{Azure}$ 같은 클라우드 서비스는 유료이지만 일정 기간 무료로 사용할 수 있으니 활용해도 좋습니다. 무료로 배포하고 싶다면 클라우드타입$^{cloudtype}$ 같은 서비스를 사용해 보세요.
>
> **4. 다양한 프레임워크** 노드에서 API 서버를 개발할 때 다양한 프레임워크를 사용할 수 있습니다. 앞에서 공부한 익스프레스 외에도 코아$^{koa.js}$나 네스트$^{Nest.js}$, 패스티파이$^{Fastify}$ 등 여러 프레임워크가 있죠. 개발 프로젝트의 요구 사항이나 개발자의 선호도에 따라 선택할 수 있고, 프레임워크의 공식 문서나 커뮤니티를 통해서 프레임워크를 익힐 수 있습니다.
>
> 물론 이 외에도 공부할 것은 계속 등장할 것입니다. 그러므로 노드 사용법을 확실하게 익혀 두는 것이 가장 중요합니다. 그다음에 여기에서 소개한 4가지를 하나씩 공부해 보기 바랍니다.

## 웹 프로그래밍 코스

Web Programming Course

웹 기술의 기본은 HTML, CSS, 자바스크립트!
기초 단계를 독파한 후 응용 단계로 넘어가세요!

**기초 단계**

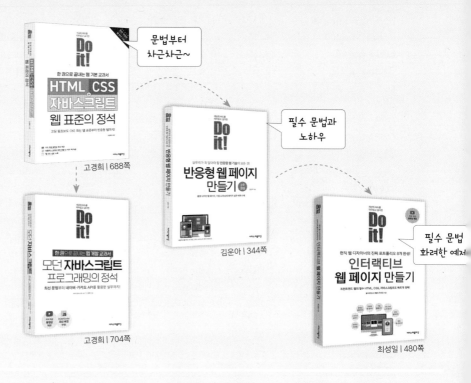

문법부터 차근차근~

HTML CSS + 자바스크립트 웹 표준의 정석
고경희 | 688쪽

필수 문법과 노하우

반응형 웹 페이지 만들기
김운아 | 344쪽

모던 자바스크립트 프로그래밍의 정석
고경희 | 704쪽

필수 문법 화려한 예제

인터랙티브 웹 페이지 만들기
최성일 | 480쪽

**응용 단계**

Node.js 프로그래밍 입문
고경희 | 560쪽

점프 투 스프링 부트 3
박응용 | 408쪽

장고 + 부트스트랩 파이썬 웹 개발의 정석
이성용, 김태곤 | 640쪽

나는 어떤 코스가 적합할까?

**A** 프런트엔드 개발자가 되고 싶은 사람

- Do it! HTML + CSS + 자바스크립트 웹 표준의 정석
- Do it! 모던 자바스크립트 프로그래밍의 정석
- Do it! 반응형 웹 페이지 만들기
- Do it! 인터랙티브 웹 페이지 만들기
- Do it! 자바스크립트 + 제이쿼리 입문
- Do it! Vue.js 입문

**B** 백엔드 개발자가 되고 싶은 사람

- Do it! HTML + CSS + 자바스크립트 웹 표준의 정석
- Do it! 모던 자바스크립트 프로그래밍의 정석
- Do it! Node.js 프로그래밍 입문
- Do it! 점프 투 장고
- Do it! 점프 투 스프링 부트 3
- Do it! 장고 + 부트스트랩 파이썬 웹 개발의 정석

## Basic Programming Course
# 기초 프로그래밍 코스
| 파이썬, C 언어, 자바로 시작하는 프로그래밍!
기초 단계를 독파한 후 응용 단계로 넘어가세요!

**기초 단계**

박응용 | 432쪽

김성엽 | 576쪽

김동형 | 856쪽

시바타 보요 저, 강민 역 | 408쪽

시바타 보요 저, 강민 역 | 452쪽

시바타 보요 저, 강민 역 | 424쪽

**응용 단계**

김창현 | 384쪽

강성윤 | 720쪽

김종관 | 564쪽

**나는 어떤 코스가 적합할까?**

### A 파이썬 개발자가 되고 싶은 사람

- Do it! 점프 투 파이썬
- Do it! 점프 투 파이썬 — 라이브러리 예제 편
- Do it! 파이썬 생활 프로그래밍 with 챗GPT
- Do it! 점프 투 장고
- Do it! 장고 + 부트스트랩 파이썬 웹 개발의 정석
- Do it! 챗GPT + 파이썬으로 AI 직원 만들기

### B 자바·코틀린 개발자가 되고 싶은 사람

- Do it! 점프 투 자바
- Do it! 자바 완전 정복
- Do it! 자바 프로그래밍 입문
- Do it! 점프 투 스프링 부트 3

**기초
단계**

김동형 | 856쪽

정재곤 | 800쪽

강성윤 | 720쪽

강성윤 | 712쪽

송호정, 이범근 | 696쪽

**응용
단계**

조준수 | 488쪽

전예홍 | 580쪽

김응석 | 576쪽

나는 어떤
코스가
적합할까?

## A 빠르게 앱을 만들고 싶은 사람

- Do it! 안드로이드 앱 프로그래밍
- Do it! 깡샘의 안드로이드 앱
  프로그래밍 with 코틀린
- Do it! 스위프트로 아이폰 앱 만들기 입문
- Do it! 플러터 앱 개발&출시하기

## B 앱 개발 실력을 더 키우고 싶은 사람

- Do it! 자바 완전 정복
- Do it! 리액트로 웹앱 만들기
  with 타입스크립트
- Do it! 프로그레시브 웹앱 만들기
- Do it! 깡샘의 플러터&다트 프로그래밍